佛法王庭的光辉

——嵩山大法王寺佛教文化艺术论坛文集

何劲松 主编

社会科学文献出版社
SOCIAL SCIENCES ACADEMIC PRESS (CHINA)

编委会名单

名誉主编：卓新平　释延佛
主　　编：何劲松
副 主 编：恒　兴　吕宏军　张　总　张小燕
编委会成员：嘉木扬·凯朝　聂　清　林　宙　王敏庆

序 一

河南嵩山大法王寺是佛教传入中国后最早建立的寺庙之一，有着悠久的历史传承、丰富的文化内涵、众多的文物遗迹。然而，无论是教界还是学界，至今对之了解甚少。

2011年11月18~20日中国社会科学院世界宗教研究所与河南嵩山大法王寺共同举办"佛法王庭的光辉——嵩山大法王寺佛教文化艺术论坛"，我有幸受邀参会，了解和学习到了许多的东西。同时"中国社会科学院世界宗教研究所嵩山大法王寺宗教艺术研究基地"在此次论坛宣告成立，我在论坛祝词中说："宗教是离不开艺术的，艺术是宗教传播的重要方法和手段。""佛教是一种文化，可以净化人们的心灵，而佛教艺术是承载佛教文化、传播佛教文化，让佛教文化和人们生活紧密结合的一种重要载体。"我希望通过此次论坛和宗教所宗教艺术研究基地的成立，让学界、教界、艺术界更好地合作，从而进一步认识、探讨和发展宗教艺术，佛教艺术。

此次论坛围绕大法王寺的历史、文化、艺术、文物等深入探讨了许多问题，在提交论坛的30多篇论文中，既有探讨大法王寺与汉唐佛教、大法王寺与中日佛教交流、佛教舍利文化等历史文化方面的内容，也有联系现实的有关佛教胜境保护、发展，当代佛教文化建设，当代佛教艺术的继承、创新与发展等议题，内容十分丰富。

现在，论坛主办方准备把会议论文结集出版，以供各界同好学习、参考，这真乃功德无量之举。蒙编者厚爱，要我为论文集写几句话，于是就把此论文集的结集缘由，以及自己的一点感受写出来，权充作序。

楼宇烈
2012年7月18日

序 二

宗教与艺术的关系，是我们深化宗教研究时必然触及的。随着中国改革开放以来宗教生活的恢复和宗教文化艺术的繁荣发展，宗教艺术研究亦已成为多学科共同研究的一个重点，其学术成果正渐为人知。中国社会科学院世界宗教研究所早在1992年就设立了宗教文化艺术研究室，系统展开了这一领域的探讨。应该说，该研究室是我国建立的第一个综合性宗教艺术研究机构，经过20年来的研究努力，已经取得了丰硕的成果，推动了我国当代宗教研究，并且获得了较好的社会反响和效应。

回溯人类文明发展的历史，宗教艺术早在史前文明中就已经出现。这种艺术创作表达了远古人类的物质生活和精神生活，让人的思想追求以艺术想象的方式既反映且超越其所在的时代及处境。例如：在许多远古民族所留下的岩画中，宗教艺术已体态鲜明。这种与人的精神生活密切相关的宗教艺术，让人们关注到想象与思辨的不同特色，以及二者在宗教思维中的共构。人的思维大致可涵括形象思维、意象思维和抽象思维这三个层面。我们在宗教思考及其精神创作中则可发现这三种思维方式能够在宗教中共存，有时甚至可以达到浑然一体、天衣无缝的完美境界。这些思维方式的交织共构，将人的精神追求中的好奇感、惊讶感和敬畏感表达得淋漓尽致。

宗教文化艺术发展曾经历过高潮和低潮、凸显和沉潜。一般而论，其高潮时期多与相关社会的文化复兴相呼应，如欧洲中世纪"文艺复兴"时代的宗教艺术创作就给人们留下了深刻的印象。许多宗教在其鼎盛发展时期都有着光辉灿烂的创作，其留存构成了丰赡的人类文化艺术遗产。而且，这些宗教文化艺术并不是完全独自、孤立的发展，彼此之间乃多有交流、吸纳和融会。纵观当今中国文化艺术的发展及其辉煌成就，足能给人一种已经迎来了又一个"文艺复兴"光辉时代的感觉。其产生的许多艺术精品将是传世之作，势必会给后人带来感慨、惊叹和敬佩。对于当下宗教文化艺术发展所取得的成就，我们理应加以观察、追踪、梳理、研究。

中国宗教研究在过去的一个世纪经历了跌宕起伏的复杂发展。20世纪70年代末，这一研究走上了正轨，我们世界宗教研究所的宗教探究亦全面展开。应该承认，起初我们的研究注重于思想、文献、历史等领域的探索，资料搜索和形而上的研究比较多，对宗教艺术的关注也主要在考古等层面上。随着中国当代宗教艺术创作形成了一些亮点，引起了特别讨论，我们遂开始了这方面的调研，并且意识到当下的中国宗教文化艺术正面临一种超越以往、开启未来的重大转型。于是，对宗教文化艺术的研究时机已经成熟，我们顺应时势而有所开拓，开始专门从比较研究、跨学科或多学科研究的领域来探讨宗教文化艺术问题。

我们探究宗教文化艺术涉及中国和世界的发展，而且要关注中国发展与世界局势的密切关联。例如，我们从中国宗教文化传统来看，关注宗教文化艺术肯定要强调儒、佛、道。其中佛教文化艺术在我们中国的文化艺术研究中是一朵奇葩，它从印度文化中传过来，然后结合中国的传统文化而孕育开了一个全新的生命。中国佛教文化艺术的展示已与印度佛教文化明显不同，它以在中国文化土壤中产生的创意而推陈出新、以独特的成就而给世界文化发展作出了杰出的贡献。可以说，佛教把中国宗教艺术与世界宗教艺术加以成功结合，为此后的发展树立了典范。正是基于对佛教文化艺术研究的重视，我们研究所在宗教艺术探讨上乃以佛教研究为起步，所开创的相关研究室最早也定名为佛教文化艺术研究室。在中国佛教及其文化艺术研究中，我们还特别注意到河南佛教的重要性，因为根据历史考证，中国真正的佛教发展及其寺院的建立是始于河南的，我们由此即可联想到"白马驮经"的故事，以及白马寺的创建。所以，我们考虑到这一历史渊源和在河南存有的丰厚佛教文化艺术积淀，决定在河南设立我们研究所的"宗教艺术研究基地"。

当然，我们的宗教文化艺术研究并不仅仅局限于佛教，故此才有后来改名为"宗教文化艺术研究室"之举。我们现在正以更为开阔的眼界、更加开放的胸襟来研究更多的世界宗教文化艺术，如基督教文化艺术、伊斯兰教文化艺术、印度教文化艺术、犹太教文化艺术等。仅就中国宗教文化艺术的研究而言，我们把佛教文化艺术视为理解宗教文化的突破点，由此加以比较、对照，并扩展到道教等其他中国宗教文化传统。从开放性佛教文化艺术研究来看，我们可以举两个例子，一为无锡的梵宫，二为何劲松教授所强调并推动的"禅意书画"。"第二次世界佛教论坛"是在无锡灵山的梵宫举行的，人们一进入梵宫就可以体会到佛教、印度教、天主教等宗教文化艺术的融合、共构，其中印度宗教艺术的神秘、天主教梵蒂冈圣彼得大教堂的气势在此有机结合、融为一体。梵宫让人感到宗教文化艺术在达到一定境界后是可以互通的，其共存也是形象生动的艺术对话、精神沟通。而且，这种沟通有着非常直观的效果，容易被人体悟和接受。"禅意书画"则是在书画形象中生动地表达妙不可言的禅意，可以说，它的奇特之处就在于以艺术之形象表现方式把禅意这种抽象的观念及精神意境准确、生动地展示了出来。所以，"禅意书画"乃抽象中有具体、具体中有抽象，是一种诗画结合、哲学与艺术的沟通，有着广泛的发展前景。

从其他的中国宗教文化艺术表现形式来看，儒教或儒家所强调的礼仪文化主要是以宗教文化艺术的方式表达出来的，儒士的服饰、孔庙的建筑、祭孔大典的仪式，都闪现着宗教文化艺术的光亮。此外，道教或道家的核心表述"道"，既是一种思想表达，也是一种艺术展示。道教音乐、武术，道教礼拜仪式，道教宫观建构，道教神仙神话等文学创作，以"道法自然"的方式完成了道教文化艺术的畅想曲。其高深与浪漫、神秘与超脱，都是以"大道无名"却无所不在的艺术表现形式而令人叹为观止、尊道贵德。这种"一以贯之"的中国宗教文化艺术，就是其相关、相交、相和、相合的"融贯之道"。

在党的十七届六中全会提出繁荣社会主义文化、弘扬优秀中华传统文化、推动文化建设文化发展的指示精神鼓舞下，我们克服种种困难，与河南登封嵩山大法王寺联合举办了"佛法王庭的光辉——嵩山大法王寺佛教文化艺术论坛暨中国社会科学院世界宗教研究所宗教艺术研究基地授牌仪式"。这一学术活动邀请了全国许多著名的学者、艺术家参加，涉及考古学、建筑学、艺术学、宗教学、文献学等领域。河南的大法王寺等佛教寺院历史悠久，宗教文化艺术遗存丰富，其可贵的宗教意境和人文精神绵延不息，为我们今天的相关研究提供了理想场景和有利条件。建立宗教艺术研究基地的宗旨在于进一步加强宗教文化艺术的研究，并在其深度和广度上都有更大的开拓和新的突破。宗教文化艺术研究方兴未艾，需要一个有利的气场，而各领域专家的密切关注和积极参与，就能形成这一"场"，充满这种"气"。在我们社会文化发展的大潮中，我们应以专业研究的敏锐和胆识来追踪、观察、描述、探究宗教文化艺术的发展及其时代特色。我们的这种关注和参与就是实实在在地参加到了积极引导宗教与社会主义社会相适应、促进我们今天社会主义文化大发展大繁荣的伟大事业之中，做出了我们应有的贡献。让我们的宗教文化艺术在中国文化艺术中大放光彩，感染并感动整个世界。这是一个神圣的使命，是让中华文化真正自立于世界文化之林、影响并推动世界文化发展的宏伟事业。我们中国的宗教研究学者对此理应当仁不让，勇于创新走在前面，"敢为天下先"。

中国社会科学院世界宗教研究所主办、河南登封嵩山大法王寺承办的"佛法王庭的光辉——嵩山大法王寺佛教文化艺术论坛"的论文集即将出版，由此引发诸多感触。不当之处，尚请批评、指正。

是为序。

卓新平

2012 年 7 月 6 日于山西五台山

目录 CONTENTS

历史地理篇

钟灵毓秀嵩山法王寺 ………………………………… 周昆叔 / 003

佛舍利崇拜的地位、功能与现代价值 ………………… 魏道儒 / 007

龙牙居遁生平与禅法探讨 ……………………………… 徐文明 / 013

嵩山大法王寺与中国佛教 ……………………………… 李富华 / 036

佛教经咒翻译的实践与启示 …………………………… 周广荣 / 045

法王寺在嵩山佛教中的历史地位 ……………… 吕宏军 王海涛 / 059

大法王寺在中国佛教及文化中的地位管见

……………………………… 易 宏 翟建军 吕宇斐 / 065

简论嵩山大法王寺的宗教地位 ………………………… 桓占伟 / 072

隋唐时期的嵩山大法王寺

——兼论法王寺在中国佛教史上的地位 ……… 常松木 / 082

法王寺形胜与嵩门待月 ………………………………… 郑泰森 / 091

嵩山大法王寺的历史源流 ……………………………… 加 措 / 098

嵩山大法寺的历史演变及在中国汉传佛教史上的地位 ……… 释恒兴 / 105

艺术考古篇（上）

道宣的佛教表现艺术美学观念及其在《续高僧传》中的体现

　　…………………………………………………………………… 王志远 / 121

画梅参禅录

　　——《何劲松禅意书画·百梅图卷》序 ……………………… 何劲松 / 136

登封嵩岳寺佛牙舍利、佛舍利与嵩岳寺塔考

　　——兼谈法王寺舍利塔 …………………………………………… 黄夏年 / 139

关于大法王寺塔的建筑形式的探讨与研究 ………………… 路秉杰　路海军 / 152

佛道教书法异同初探 ……………………………………………………… 聂　清 / 169

假如没有美术史：国博藏《十一面观音变相》的阐释 ……………… 李　翎 / 180

法王寺古建筑浅析 ………………………………………………………… 杨焕成 / 195

浅论嵩山大法王寺为中国最早佛寺及其在中国佛教建筑上的蓝本作用

　　…………………………………………………………………… 张国昌 / 210

法王寺塔副阶周匝遗迹考略 …………………………………………… 张家泰 / 222

佛塔受花形制渊源考略

　　——从嵩山大法王寺单层唐塔说起 ……………………………… 王敏庆 / 235

金代教亨禅师墓塔建于嵩山法王寺考 ………………………………… 张建伟 / 253

艺术考古篇（下）

佛教舍利塔基的考古发现与有关舍利瘗埋的石刻 …………………… 赵　超 / 261

日高僧圆仁与大法王寺佛舍利的千年之秘 …………………………… 高志其 / 267

法王寺地宫出土的迦陵频伽玉棺和佛舍利 …………………………… 彭仁厚 / 284

嵩山大法王寺第十二代住持福海行实考 ……………………………… 赵长海 / 290

元代法王寺管窥
　　——以法王寺现存元代碑刻为中心 …………………… 张玉霞 / 303
敦煌贞观本《能断金刚经》浅议 ………………………… 马　德 / 314
法王寺二号塔地宫及其相关问题 ………………………… 田　凯 / 330
法王寺二号塔地宫出土瓷器初探 ………………………… 赵会军 / 337

人物文化交流篇

中日佛教交流两题 ………………………………………… 张　总 / 345
法王寺释尊舍利与中日佛教文化交流的思考 ………… 嘉木扬·凯朝 / 354
隋唐时嵩山佛寺与日僧圆仁法王寺之行 ………………… 吕宏军 / 365
试论元代嵩山大法王寺曹洞宗高僧群体 ………………… 任　学 / 385
嵩山大法王寺第九代住持复庵圆照史事考 ……………… 崔　波 / 392
唐代嵩山大法王寺与高僧元珪禅师 ……………………… 释门森 / 404
日本僧人圆仁与法王寺
　　——揭开尘封千年的佛教疑案 …………………… 闫振堂 / 409

历/史/地/理/篇

钟灵毓秀嵩山法王寺

周昆叔[*]

嵩山法王寺是嵩山也是全国继洛阳白马寺之后最早的佛教名寺，建于东汉明帝永平十四年，即公元 71 年，距今近两千年，较少林寺早 400 多年。法王寺累废累建，今在释延佛大师的潜心主持下，佛寺光大，佛弘誉广（见图 1）。

图 1 嵩山大法王寺山门

东汉明帝刘庄曾派人去印度取经，恭请天竺高僧摄摩腾、竺法兰主持法王寺，祀佛译经，后历代法师持之以恒，法王寺历久弥新，佛法大成。

印度高僧摄摩腾、竺法兰不可能知道嵩山法王寺这块建寺宝地，想必是东汉皇室派员探察遍寻，历经艰辛，方选定法王寺这块风水宝地。法王

---

[*] 周昆叔，中国科学院地质与地理研究所研究员。

寺欣欣向荣，有赖嵩山自然、人文环境。嵩山主体由海拔约1500米的太室山和少室山构成，二山一东一西，大致呈东西向展布。由海升陆，地史36亿年。法王寺便是依太室山山麓而建。

祖源嵩山之歌

升沉海陆化嵩山，地胆天心起自然。

山水相合流中岳，同脉一根是主源。

法王寺在嵩山山环水抱之中，深山藏古刹，钟灵毓秀，人杰地灵。要了解和评价法王寺形胜，必须先简介一下我国的风水学。一谈到风水往往被人斥为迷信，其实风水学属我国地理学之源。风水说迷信色彩不可信，但瑕不掩瑜，它是景观评价系统，是住宅、村落、市镇、庙寺选址评价的理论，其要点有三（见图2）。

图2　理想的风水示意图

（1）地形：马蹄形隐蔽地形，靠山，尤其靠山脊的主峰山脚下最吉祥，叫风水穴。前面地势开阔。靠山叫龙脉，主峰称龙山。左右有次峰岗阜，叫左辅（青龙山）、右弼（白虎山）。山有茂林。

（2）水：本身干燥，前临河流或水面。

（3）方位：向南，日照充足。

这样的地形叫"负阴抱阳，背山面水"。

基址本身不但在山环水抱之中，且地较平，有一定坡度。这样的地方谓之"藏风聚气"的风水宝地，因为在这样的地方建筑，背北方寒风，南迎阳光，气候凉爽，生态环境优越。

《黄帝宅经》曰："夫宅者，乃是阴阳之枢纽，天伦之轨模……人因宅而立，宅因人而得存，人宅相扶，感通天地。"由于有"天人感应""天人合一"效应，故有利人生。

这就是传承千年的中国建筑环境论。英国李约瑟博士对之十分赞赏："再也没有别的地方表现得像中国人那样热心体现他们伟大的设想'人不能离开自然的原则'……"

古人认为"万物之生，以承天地之气"。何谓"天地之气"，难以体会，大概是风、水、光之综合作用生灵吧！据射电天文学家研究，这种自然之气来自宇宙的微波辐射，也包括星体的磁辐射。山环水抱的地形极像一个接受微波的天线，因而能大量吸收这种微波，形成特殊的气场。这也许与"察气""望气"有关吧！

从上述看，法王寺坐落处几乎与风水学讲的一致。背靠陡峻的石英岩太室山山脉中的玉柱峰，海拔约1000米。坐落在倾角约10度斜坡上，两侧有由片麻岩构成的丘陵，海拔723.5~796.0米。丘陵上生长着茂盛的麻栎、柏等树木。法王寺有冲沟，沟中林茂水丰，喜阴暗潮湿的石松，翠绿如宝石（见图3）。该沟与大塔寺沟相汇合，称双溪河，流至嵩阳书院改称书院河，南流穿登封盆地，经低丘与箕山北的颍河汇流，终入淮河。

依风水学，基址前有案山，案山前还有朝山。法王寺南面宽敞的登封盆地，盆地南有玉案山，海拔约360.0米，该玉案山之名可能与风水学有关。玉案山南还有海拔约500~1000米的朝山——箕山（图4、图5）。可见法王寺是按风水学选定，也成为风水学指导下建寺庙的样板。法王寺是嵩山第一风水宝地，名实相归。

法王寺记

太室山麓法王寺，佛如银杏千年辉。

拥座山川毓秀地，大法王寺名实归。

潺潺溪水

石松翠绿

溪畔茂林

图 3　法王寺沟景观

图 4　法王寺素描

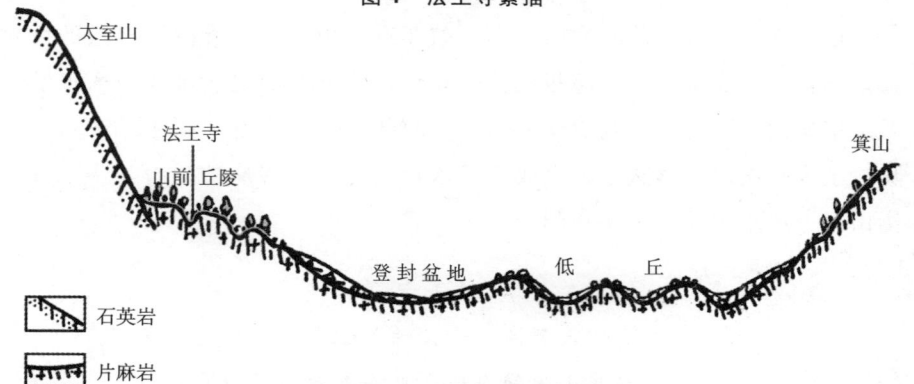

太室山

法王寺
山前 丘陵

箕山

登封盆地　低　丘

石英岩

片麻岩

图 5　太室山至箕山示意剖面图

佛舍利崇拜的地位、功能与现代价值

魏道儒[*]

一 舍利崇拜在佛教信仰文化中的地位

"舍利"一词是梵文的音译词,也作"驮都""设利罗"等,意译为灵骨、身骨、遗身等,是指僧人去世后经过火化留下的遗存物。佛教的"舍利"崇拜是从释迦牟尼开始,"佛舍利"就是指释迦牟尼的遗骨。根据《长阿含经》卷四《游行经》所述,释迦牟尼圆寂之后火化,其舍利被分为八份,由八个国家分别建塔供养。据说当时佛的弟子们在灰烬中得到的舍利有一块头顶骨、两块肩胛骨、四颗牙齿、一节中指骨,另外还有八万四千颗珍珠状舍利。佛祖的这些遗留物被信众视为圣物,争相供奉。据《阿育王传》卷一载,佛灭度百年后,阿育王搜集佛遗存的舍利,建造八万四千宝塔供养。从这些记载来看,佛教的舍利崇拜从释迦牟尼逝世就开始了,供养舍利是敬仰释迦牟尼的延续。在佛教传入中国之前,汉地流行土葬风俗,自然没有相关的舍利崇拜。佛教最初造塔供养舍利并不神秘,仅仅是信众们表达对佛的敬仰、怀念和崇拜。佛舍利成为圣物,成为人们礼拜的对象,源自人们对释迦牟尼的尊崇,对佛教教义的信仰。

到了大乘佛教时期,从朴素的宗教情感中发端的舍利崇拜,逐渐被赋予了多种功能。关于舍利种类、形成过程、价值、功能、崇拜方式等方面的论述,散见于各个部类的大乘经典中。所以,舍利崇拜是超越宗派、地区的,是整个佛教的共同信仰。归纳起来,大乘佛教经典对舍利的论述主要从四个方面展开。

---

[*] 魏道儒,中国社会科学院世界宗教研究所研究员。

第一，结合大乘佛教基本教义对舍利的形成、种类进行理论塑造，使舍利具有了超出朴素情感的神圣属性。

大乘经典在述及舍利形成的时候，增添了舍利形成与按照佛教规定修行有关系的内容，从而把大乘教义引入舍利崇拜。《金光明经》卷四《舍身品》说："舍利者，即是无量六波罗蜜功德所聚，舍利是由戒定慧之所熏修，甚难可得，最上福田。"既然舍利的形成与修习六度有关，与修习戒定慧三学有关，那么，不信仰佛教的人，不按照佛教规定修行的人，火化后就肯定没有舍利。这样的界定，就是以"舍利"为标准，把佛教信徒与非佛教信徒泾渭分明地区别开了。

当把佛教基本教义引入舍利形成过程的时候，舍利自然就不会只限于佛的遗存物，也与高僧大德的遗骨相联系，他们的遗存物也是舍利。这样一来，舍利的种类和数量就多了起来。① 佛教典籍中关于舍利种类的记载很多，就佛舍利而言，最重要的一个现象是把舍利概念扩大化，把佛的遗骨与佛的教法都称为舍利，即佛的身骨舍利和法身舍利。这样的学说出现，反映了把佛的遗骨与佛的教法同样看待的思想倾向。不仅如此，还有把佛舍利与佛相等同的说法，如《大般涅槃经》说："若见如来舍利，即是见佛"。既然把佛舍利与佛法、佛相等同，那么，供养佛身骨舍利本质上就是一种与六度、三学同样的修行法门。许多经典在讲供养佛舍利功德时，正是从这个思路发表议论的。

《大智度论》卷五十九指出："供养佛舍利，乃至如芥子许，其福报无边。"在许多典籍中，都讲了以各种方式供养佛舍利的功德。比如，《宝悉地成佛陀罗尼经》讲述了供养舍利的功德作用：

> 善男子等，假使世间若有愚童有情、愚夫有情、愚惑有情、老耄妇女、愚痴僧尼，如是有情得佛舍利，乃至一粒分散一分，及与舍利所置之物，带于身上，不论昼夜，若净若不净，若触若不触，不离其身，常可带之，所获功德无有所计比量。若顶上、若颈上、若心前、若背后、若两胁、若腰闲带舍利者……离一切罪业、恶业，恶趣不能

---

① 各类经典对舍利分类有不同的说法，仅就佛舍利而言，重要的是把身骨舍利和法舍利并列。

染著，善根渐生，恶障渐离；善人自遇，恶人自去。所作事业，皆同佛行，同释迦牟尼如来故，其身即是世间应化故，即是清净法身大毘卢遮那佛。其人必入大涅槃位，于现身中证得无相法身……

从这段论述可以看到，供养佛舍利的功德可以包括从事任何一种修行所获得的功德。因此，供养佛舍利本身就是追求解脱的一种修行方式。供养舍利与六度中的任何一度相比，在获取功德方面都毫不逊色。除了上述关于供养舍利的神奇功能之外，各类佛教典籍还记载了许多与供奉舍利有关的神异灵迹。灵异故事侧重宣传佛教的神圣、神秘和不可思议，同时也是推动舍利崇拜在社会上广泛流行的动力。总之，供养佛舍利在大乘佛教中成为修行的一个重要方面，不仅与获得无量功德联系起来，而且直接与解脱成佛联系起来。

总之，佛舍利崇拜并不是一个孤立的信仰理念，而是与佛祖崇拜、教义崇拜、经典崇拜密切联系的。从本质上说，佛舍利信仰是佛教整个信仰体系中一个不可或缺的内容，是佛教整体信仰的一个重要组成部分。

二 隋唐时期的佛舍利崇拜

舍利的出现，与古印度火葬的习俗直接相联系。舍利崇拜赋予了舍利宗教意义。在佛教传入中国之前，汉地的丧葬习俗是土葬，自然没有舍利概念，更没有舍利崇拜。印度佛教经典上对舍利形成、供养功德等方面的描述，直接为中国佛教所接受，为佛舍利崇拜在中国社会的流行提供了信仰保障。

把佛舍利传到中国来的，既有东来传法的外国僧人，也有西去求法返回的中国僧人。佛教经典中记载的各种舍利的灵异功能，几乎都在中国历史上有过反映。关于供养佛舍利的著名感应故事，在三国康僧会传教时期就开始出现了。到了隋唐时期，中国社会的舍利崇拜达到了高峰，其重要的标志有两个，一是隋文帝在全国范围内分送舍利建塔供养，二是唐王朝多次从法门寺迎请佛指舍利。这些都是中国社会崇拜舍利前所未有的事件，其影响遗存到现在还能看到。

隋文帝认为他能够得到天下是佛教护佑的结果，所以在仁寿年间仿效阿育王分送舍利造塔的故事，动用全国的人力、财力、物力，先后三次下敕在各州兴建舍利塔。这是中国舍利崇拜开始兴盛时期。这种席卷全国的舍利崇拜浪潮甚至影响到朝鲜半岛。

唐王朝从法门寺迎请佛指舍利在宫中供养，前后共7次，历经唐太宗、高宗、武则天、肃宗、德宗、宪宗、懿宗七朝。每次迎请都是场面盛大，礼仪隆重，影响广泛，对佛教在社会各阶层的传播起到了推波助澜的作用。公元873年以后，再也没有发生类似规模的崇拜舍利活动。

从隋文帝到唐懿宗的300多年时间里，正是中国佛教发展的鼎盛时期，其重要的表现是：中国佛教诸宗派相继成立，标志着中国佛教的理论创造达到了前所未有的巅峰，从此以后，再也没有出现过这样的佛教理论大发展和大繁荣时期。另外，中国佛教也正是从这个时期开始大规模向外传播，中国开始从佛教的输入国向佛教的输出国转变。因此，在中国历史上，从帝王到庶民的席卷全社会的舍利崇拜高峰，也正是在隋唐盛世时期出现的。

隋唐时期出现的佛舍利崇拜活动规模之大，影响范围之广，延续时间之长，在整个世界佛教史也堪称独一无二。隋炀帝仁寿年间在全国范围内造塔供奉舍利，从官方到民间，从京城到地方，各阶层民众踊跃参与，耗费的人力、财力和物力之巨大，可以说是空前的。隋唐时期的舍利崇拜在社会各界掀起了宗教信仰浪潮，其中产生的灵验故事、吉祥瑞兆之多，远远超出了翻译经典中的记载。在狂热的佛舍利崇拜中，出现了不少非理性烧身供养、自断肢体供养等惨烈事件。关于这些记载，直到今天读起来也令人震惊。因此，弘扬佛舍利文化，必须是理性的，必须有吸收之精华、去除之糟粕的精神，必须防止崇拜佛舍利过程中的非理性狂热行为。

三 佛舍利文化的现代价值

近些年兴起的佛舍利文化逐渐引起许多地方政界、教界、学界和商界的重视。改革开放以来，各地报道发现舍利的新闻也越来越多。现代弘扬佛舍利文化，可以追溯到隋唐盛世时期，但是，历史毕竟不能重演。结合现代的实际情况，发挥佛舍利文化的现代价值，已经取得了非常值得称道的积极作用。这里仅举三方面的例子。

第一，在"宗教搭台，经济唱戏"观念指导下，利用发现佛舍利来为当地的旅游事业服务。所谓"宗教搭台"是"文化搭台"的另一种说法。尽管现在人们已经认识到"文化搭台，经济唱戏"实际上体现了文化被边缘化的意义，但当初文化毕竟作为配角已经站在了前台。现在是经济建设、文化建设等五大建设协调发展，无疑向前跨进了一大步。不少地方弘扬舍利文化有着"宗教搭台，经济唱戏"的用意，主要是为发展当地的旅游事业服务。这大约是一个必须经历的阶段。

第二，佛舍利承担了强化两岸三地民族认同感的使命。送舍利到港台地区，供信众礼拜、瞻仰，其场面十分隆重、壮观、庄严。比如，2002年2月23日，佛指舍利开始了长达37天的台湾之旅。佛指舍利跨海赴台，台湾10多万佛教信众在长达几公里的马路上摆设香案，供奉鲜花、果品，齐诵佛号，有的信徒跟在车队后面三跪九叩，顶礼膜拜。人们认为，佛指舍利的送迎，是两岸最亲切、最自然、最和谐的交流，不仅是宗教方面的交流，更是两岸人民感情的交流，已经超出了宗教的范围。台湾佛教徒称之为"法亲、人更亲"，希望今后能进一步扩大两岸佛教界的交流和交往，以此促进两岸人民沟通，以佛教文化交流促进对中华文化的认同感，增强中华民族的凝聚力，推动两岸关系的正常发展，促进两岸和平统一的早日实现。

2004年5月25日，佛指舍利及珍贵文物乘包机抵达香港，香港举行了隆重的迎接及安奉仪式。佛指舍利自5月26日起在香港会展中心连续展出10天，受到社会各界人士的瞻仰和膜拜，创下一日有10万余人次排队瞻礼的记录。香港方面认为，佛指舍利的到来"会为香江带来无边福祉、无比智慧和祥和力量"。佛指舍利已经被认为是和谐、吉祥、智慧的象征。

第三，佛舍利承担了加深中国和其他国家人民之间传统友谊和促进两国在文化、宗教方面友好交往的使命。1994年11月至次年2月，为促进中泰人民友谊，应泰国国王、僧王的请求，经中央政府批准，佛指舍利首次离境，用专机护送到曼谷，供泰国广大佛教信众瞻拜85天。当时的泰国总理川·立派、副总理占隆·西蒙、空军司令西里蓬上将和专程到北京迎请佛指舍利的泰国外长他信·西那瓦等各界代表上千人参加了迎请仪式。佛指舍利在泰国供奉期间，泰国国王和僧王都曾前往瞻拜。2005年11月，佛指舍利被迎请到韩国供奉40天，引起很大轰动，受到韩国人民的热烈欢迎。韩国方面十分感谢中国政府和中国佛教协会以及法门寺，认为此次供奉满足了韩国佛教徒很久的心愿，认为在中韩两国佛教界共同推动下，中韩两国人民的友谊必将得到进一步的加强和发展。

龙牙居遁生平与禅法探讨

徐文明[*]

一 龙牙居遁生平事迹

龙牙居遁（835~923年）为洞山良价门人，唐代著名禅师。

有关居遁事迹的原始资料主要有《祖堂集》卷八、《宋高僧传》卷十三、《景德传灯录》卷十七等。

据《宋高僧传》卷十三：

> 龙牙山释居遁，姓郭氏，临川南城人也。年殆十四，警世无常，而守恬淡，白亲往求出家于庐陵满田寺。于嵩山受具戒已，思其择木，乃参翠微禅会。迷复未归，莫知投诣。闻洞上言玄格峻，而躬造之。遁少进问曰："何谓祖意？"答曰："若洞水逆流，即当为说。"而于言下体解玄微，隐众栖息。七八年间，孜孜戢曜。时不我知，久则通矣。天策府楚王马氏，素借芳音，奉之若孝悌之门禀毘长矣。乃请居龙牙山妙济禅院，侁侁徒侣，常聚半千。爰奏举诏，赐紫袈裟，并师号"证空"焉，则梁贞明初也。方岳之下，号为禅窟，窥其室、得其门者亦相继矣。至龙德三年癸未岁八月，遘疾弥留，九月十三日归寂。遁出世近四十余龄，语详别录。[①]

僧传虽然文字简短，但也明白地道出其一生主要经历。居遁生于大和九年（835年），大中二年（848年）十四岁时知世无常，辞亲出家于庐陵满田寺。他后于嵩山受具戒，时间不详。《祖堂集》称"依年具戒于嵩

---

[*] 徐文明，北京师范大学哲学与社会学学院教授。
[①] 《大正藏》50册，785页下。

岳",所谓依年,一般当指年满二十,即大中八年(854年),《禅林僧宝传》卷九便称其二十岁受具,夏六十九。然而由于当时佛教还处在渐次恢复阶段,立坛授戒并非容易。据《资治通鉴》卷二四九,大中十年(856年)十一月,宣宗下诏于灵感(西京)、会善(东都)两处设坛,令东、西两京各选大德十人主之。这是大中年间有记载的全国范围的开坛授戒,受戒人必须由有缺额的寺院长老选择,给予公凭,才能前来,而且优先旧僧,因此能够受具足戒很不容易。居遁于嵩山会善寺受戒,大中十年(856年)这次应该是最好的机会。

如此居遁很有可能是在大中十年(856年)在嵩山会善寺受具,当年他只有22岁,应该是很年轻、很幸运了。据《祖堂集》,他受具之后"初参翠微、香严、德山、白马,虽请益已劳而机缘未契,后闻洞山言玄格外,语峻时机,遂乃策筇而造其席"。

翠微无学为丹霞天然(738~823年)门人,居于终南山,是他参学的第一站。

据《景德传灯录》卷十七:

> 因参翠微和尚,问曰:"学人自到和尚法席一个余月,每日和尚上堂,不蒙一法示诲,意在于何?"翠微曰:"嫌什么!"有僧举前语问洞山,洞山云:"阇黎争怪得老僧!"法眼别云:"祖师来也。"东禅齐云:"此三人尊宿语,还有亲疎也无?若有,阿那个亲?若无亲疎,眼在什么处?"①

若是佛法,本无示诲,无言无示,方是真示。居遁乍入宗门,不明其理,也可理解。

据《景德传灯录》卷十七:

> 师在翠微时,问:"如何是祖师意?"翠微曰:"与我将禅板来。"师遂过禅板,翠微接得便打。师曰:"打即任打,要且无祖师意。"又问临济:"如何是祖师意?"临济曰:"与我将蒲团来。"师乃过蒲团,

---

① 《大正藏》51册,337页中。

临济接得便打。师曰："打即任打，要且无祖师意。"后有僧问："和尚行脚时问二尊宿祖师意，未审二尊宿道眼明也未？"师曰："明即明也，要且无祖师意。"（东禅齐云："众中道，佛法即有，只是无祖师意。若怎么会，有何交涉！别作么生会无祖师意底道理？"）①

看来是法无异味，居遁在翠微挨禅板，在临济挨蒲团，居遁虽受钳锤，却是不肯自屈，体现了他的个性。

如此看来，居遁离开翠微，便到河北参临济义玄（？～866年）。在临济也是机缘不契，只好再次南行，到南阳参香严。

香严智闲为沩山灵祐（771～853年）门人，在南阳慧忠国师旧居开法。居遁究竟在他那里参学多长时间，有什么佛法机缘，都不知悉，只知道他参过香严。

白马寺有很多，从时间地点来看，此白马可能是指荆州城西白马寺昙照，他是南泉普愿（748～834年）门人。

据《景德传灯录》卷十：

荆南白马昙照禅师，常云快活快活，及临终时叫苦苦。又云："阎罗王来取我也。"院主问曰："和尚当时被节度使抛向水中，神色不动，如今何得恁地？"师举枕子云："汝道当时是，如今是？"院主无对。（法眼代云："此时但掩耳出去"）②

白马昙照的事迹后来成为天王道悟的故事，在辈分上沾了光。看来他曾经触怒过荆州节度使，被抛向水中，但神色不动，平时也常常喊快活，临终却叫苦，这都是示化机缘，不可执着。从时间上讲，当时他应当在世；从地点来看，从南阳到江陵很近。

居遁参白马寺的机缘也无记载，他由此再次南下到湖南朗州，参德山宣鉴（782～865年）。宣鉴于咸通初年（860年）受刺史薛廷望之请住德山，居遁来此可能在咸通二年（861年）。

据《筠州洞山悟本禅师语录》卷一：

---

① 《大正藏》51册，337页中下。
② 《大正藏》51册，276页上中。

> 龙牙谒德山,问云:"远闻德山一句佛法,及乎到来,未曾见和尚说一句佛法?"德山曰:"嫌什么!"牙不肯。乃造师法席,如前问之。师曰:"争怪得老僧。"龙牙又举,"某甲日前问德山:'学人仗镆鎁剑,拟取师头时如何?'山引颈近前曰:'㘞!'龙牙云:'头落也。'山微笑。"师曰:"德山道什么?"云:"德山无语。"师曰:"莫道无语,且将德山落底头呈似老僧。"牙省过忏谢,遂止于师席,随众参请。①

看来居遁在德山时间也不长,主要原因是机缘不契。居遁公然弑师,德山心毒手辣,只有洞山老人慈悲为怀,肯救死人。据说后来德山听说后,道是洞山不知好恶,这汉死了多时,救得有什么用处。因果不失,善有善报,洞山老人大发慈心,收得一员战将,对于曹洞宗的发展意义重大。

据《筠州洞山悟本禅师语录》卷一:

> 龙牙问:"如何是祖师意?"师曰:"待洞水逆流,即向汝道。"牙始悟厥旨。②

龙牙念念不忘祖师意,见其恒心,然而祖师西来意,岂从人得!洞山一句子,与马祖"待汝一口吸尽西江水"有似,使龙牙顿悟玄旨。

龙牙悟道后,又服勤八载,直到洞山老人圆寂后,才离开。

史载居遁正式开法,是由于受到楚王马氏邀请,住龙牙山妙济禅林。据《旧唐书·昭宗纪》,乾宁三年(896年)四月,湖南军乱,三军杀其帅刘建锋,立其部将权知邵州刺史马殷为兵马留后。如此居遁住龙牙山最早在乾宁三年(896年),然而《祖堂集》称其出世近四十年,则应于光启年间(885~888年)开法。由于乾符年间王仙芝、黄巢犯湖南,此后主者屡易,争抢相继,一片混乱,似乎并不适合开法,然而其间中和元年(881年)十二月至光启二年(886年)二月,闵勖(顼)占据潭州③,他

---

① 《大正藏》47册,513页下、514页上。
② 《大正藏》47册,514页上。
③ 郁贤浩:《唐刺史考全编》,安徽大学出版社,2000,第2429页。

原为安南守将，实力较强，故这段时间潭州相对稳定。居遁当时不知是否在此地，若在，则有可能在此时开法，然而不一定是在龙牙山。既称"出世近四十年"，则其开法最早当在光启元年（885 年），由于次年又有兵乱，因此他在此年开法的可能性最大。

闵勖之后，周岳居潭州八年，又为邓处讷取代。乾宁元年（894 年）五月，孙儒部将刘建锋（封）、马殷陷潭州，此后刘建锋占据三年，又为马殷取代。马殷占据湖南三十多年，后号楚王，从此湖南进入一个相对稳定的时期。马殷对龙牙居遁的长期支持，是曹洞宗在湖南发展的一个至关重要的因素。

龙牙于梁贞明初年（915 年或 916 年）赐予紫袈裟，敕号"证空大师"，门下五百余人。龙牙是洞山门下最为长寿的禅师，福德深厚，富于文才，门人众多，他在云居、曹山入灭之后传法二十余年，成为曹洞宗最为重要的代表人物，对于本宗在唐末五代的发展起了至关重要的作用。

二　龙牙禅法思想与所作歌行偈颂

龙牙居遁得洞山真传，深通曹洞法门，又喜作歌行偈颂，流传天下，影响深远。

有关龙牙的禅法，由于没有语录传世，直接的资料并不是很多。

据《祖堂集》卷八：

> 师示众曰："夫参学者，须透过祖佛始得。所以新丰和尚道：'佛教、祖教如生怨家，始有学分。'汝若秀（透）过祖佛不得，则被祖佛谩。"有人问："祖佛还有谩人之心也无？"云："汝道江湖还有碍人之心也无？"师又云："江湖虽无碍人之心，为时人透过不得，所以成碍人去，不得道江湖不碍人；祖佛虽无谩人之心，为时人透过祖佛不得，所以成谩人去，不得道祖佛不谩人。若与摩透过得祖佛，此人却体得祖佛意，方与向上人同；如未透得，但学佛祖，则万劫无有得期。"

龙牙依照洞山的教导，强调"透得过佛祖"，即超越佛祖，只要超佛越祖，才能成佛成祖，因此对佛祖不可依恋执着，念念不忘，否则便生佛病，产生"净障"，反而成为修行障碍。假如透不过佛祖，就会被佛祖谩，虽然佛祖本无谩人之心，但只要学人自己产生执着，在客观上就会导致这样的结果。就如江河湖海，虽然本无碍人之心，但若自己不能渡过，就会为其所碍。因此，只有超越佛祖，才能了知佛祖之意，才能成为与之相同，直须自悟，始不被佛祖谩，否则万劫不能成就。

据《宗镜录》卷九十八：

> 龙牙和尚云：夫言修道者，此是劝喻之词，接引之语。从上已来，无法与人，只是相承种种方便为说，出意旨，令识自心。究竟无法可得，无道可修，故云"菩提道自然"。今言法者，是轨持之名。道是众生体性，"未有世界，早有此性"，世界坏时，此性不灭。唤作随流之性，常无变异，动静与虚空齐等，唤作"世间相常住"，亦名第一义空，亦名本际，亦名心王，亦名真如解脱，亦名菩提涅槃。百千异号，皆是假名，虽有多名，而无多体。会多名而同一体，会万义而归一心。若识自家本心，唤作"归根得旨"。譬如人欲得诸流水，但向大海中求；欲识万法之相，但向心中契会。会得玄理，举体全真；万像森罗，一法所印。①

这段话引用了多种经论及祖师语录，显示了其对经教禅理的熟悉。

据智升《集诸经礼忏仪》卷二初夜偈云：

> 烦恼深无底，生死海无边。
> 度苦船未立，云何乐睡眠！
> 勇猛勤精进，摄心常在禅。②
> 勤修六度行，菩提道自然。

又据《景德传灯录》卷二十八《赵州示众》：

> 未有世间时，早有此性，世界坏时，此性不坏。从一见老僧后，

---

① 《大正藏》48 册，945 页下、946 页上。
② 《大正藏》47 册，468 页下。

更不是别人，只是一个主人公。这个更用向外觅物作什么？正恁么时，莫转头换脑，若转头换脑即失却去也。时有僧问："承师有言：世界坏时，此性不坏，如何是此性？"师曰："四大五阴。"僧曰："此犹是坏底，如何是此性？"师曰："四大五阴。"（法眼云："是一个两个，是坏不坏，且作么生会？试断看。"）①

龙牙强调，所谓修道，指是劝喻众生修行的方便之说，实则无法可得，无道可修，此说见于其前多位禅师、如青原行思、大珠慧海、丹霞天然、黄檗希运等。龙牙虽用忏仪中"菩提道自然"一句，意思却与之相反，原文是说通过用功修行，菩提之道自然成就，此处却说不修而成，无道可修，体现了禅师活用经典、自由转经的作风。

值得注意的是，龙牙还引用《赵州语录》，表明他有可能到过赵州，既然他参过临济，往参赵州是完全可能的。此性即是自家主人公，虽有多种名字，其实则一。此性不变异，如《法华经》所言"世间相常住"。明了此性，即识取自性本心，如同《信心铭》所言"归根得旨"。赵州和尚最喜欢引用《信心铭》，看来龙牙也得其真传。最后又引《法句经》"森罗及万象，一法之所印"，这也是众多禅师及华严学者特别喜欢引用的一句话，以此说明了得此心，万事俱足，万象森罗，皆归一心。

据《祖堂集》：

问："一心不生时如何？"师答曰："什摩时不生心？"进曰："与摩时鸟道何分？"师云："正伊摩时行鸟道。"曰"如何弁[辨]？"师曰："却须行鸟道。"②

"一心不生，万法无咎"，也是源自《信心铭》，看来当时《信心铭》非常流行，龙牙对之也很重视。将"不生心"与洞山的"行鸟道"联系起来，行鸟道，即是心无挂碍，即是"一心不生"，体现了曹洞宗的理论特色。

据《景德传灯录》卷十七：

---

① 《大正藏》51 册，446 页下。
② 张美兰：《祖堂集校注》，商务印书馆，2009，第 236、237 页。

问:"如何是道?"师曰:"无异人心是。"又曰:"若人体得道无异人心,始是道人,若是言说,则勿交涉。道者,汝知打底道人否?十二时中,除却着衣吃饭,无丝发异于人心,无谁人心,此个始是道人。若道我得我会,则勿交涉。大不容易。"①

如此龙牙强调道即是人心,人心与道,无丝毫差异,这和马祖道一的"平常心是道"实无差别。据《宗镜录》卷九十八,黄檗门人千顷楚南亦云"汝今但能绝得见闻觉知,于物境上莫生分别。随时着衣吃饭,平常心是道"。② 这与龙牙所说的基本一样。所谓"道不远人",道心即是人心,人心道心不二,不可强加分别,不必向外寻觅。

龙牙创作了大量歌行偈颂,其中包含了丰富的禅学思想,值得发掘。《禅门诸祖师偈颂》卷一载齐己《龙牙和尚偈颂序》:

禅门所传偈颂,自二十八祖止于六祖已降则亡,厥后诸方老宿亦多为之,盖以吟畅玄旨也,非格外之学,莫将以名句拟议矣。洎咸通初,有新丰、白崖二大师,所作多流散于禅林。虽体同于诗,厥旨非诗也。迷者见之而为抚掌乎!近有升龙牙之门者,编集师偈,乞余序之。龙牙之嗣新丰也,凡托像寄妙,必含大意,犹夫骊颔蚌胎,炟耀波底。试捧玩味,但觉神虑澄荡,如游寥廓,皆不若文字之状矣。且曰鲁仲尼与温伯雪子,扬眉瞬目示其道,而何妨言语哉!乃为之序云耳。③

齐己指出,禅门所作偈颂,历史悠久,但西方二十八祖及东土六祖之作,亡而不传(此说实不符合事实,六祖偈颂便有很多保存在《坛经》之中),其后诸方老宿,亦多为之。咸通之初,新丰洞山、白崖香严两位大师作了大量偈颂,流传禅林,影响极大。这类作品,文体与诗不二,但意旨不同于诗,因为其目的是引导学人转迷为悟,不是一般的文学作品。龙牙得洞山真传,其作品的特点是"托像寄妙",其中蕴涵佛法大意,如同骊龙之颔、巨蚌之胎,包含了无价明珠。读之心澄神清、如游太虚,非是

---

① 《大正藏》51 册,337 页下。
② 《大正藏》48 册,945 页中。
③ 《卍新纂续藏经》66 册,726 页下。

文字。齐己对龙牙的偈颂评价很高，因为龙牙之作文意俱佳，为禅门偈颂中的上品。

《祖堂集》收其偈颂六首，《景德传灯录》收录十八首，《禅门诸祖师偈颂》则收九十五首，相当丰富。

在其作品中，劝人学道的部分很多，单是诗中有"学道"一词的就有多篇，这表明他作偈颂的主要目的之一就是引导学人学道。例如：

夫人学道莫贪求，万事无心道合头。无心体得无心道，体得无心道也休。

学道先须且学贫，学贫贫后道方亲。一朝体得成贫道，道用还如贫底人。

学道蒙师指却闲，无中有路隐人间。直饶讲得千经论，一句临机下口难。

学道先须立自身，直教行处不生尘。僧真不假居岩室，到处无心即在人。

学道先须有悟由，还如曾斗快龙舟。虽然旧阁闲田地，一度赢来方始休。

学道先须息万机，将机学道转生疑。此门广大无遮障，学者虽多达者稀。

学道如钻火，逢烟且莫休。直待金星现，归家始到头。

第一首强调学道要不学而学、无求而求，越是有心学道，离道越远，越是无心合道，越能与道相应。这是因为道本无心，佛自无求，有学有求，等于南辕北辙。无心方能体得无心之道，体得无心之时道也不存。

第二首学道必须首先学会安贫乐道，出家人自称"贫道"，是因为道非富贵，贫才能得道。富贵不仅学道难，而且得道更难。这如同基督教中流行的谚语：富人要想进入天堂，比骆驼穿过针眼还难。药山一系，一直特别强调节俭守贫，反对铺张浪费。这是因为富贵者总想享受，享受必然纵欲，纵欲自然背离大道。因此要想了解一个禅僧或者法师修行如何，只要看他是否注重个人享受就够了。贫与道亲，富与道远，一旦体会此理，修成贫道，自然道用自在，如同无欲无求的圣贤贫人。

第三首号称龙牙的悟道偈,意义重大。

据《祖堂集》卷八:

师问曰:"有人持镆铘之剑拟取师头时如何?"洞山云:"取即且从,阇梨且唤什摩作老僧头?"师持此问,在处不契其机,忽闻洞上斯言,当时失对,遂有抠衣之意,不慕他游,既罢禅征,宁有请益。洞山问:"阇梨名什摩?"对云:"玄机。""作摩生是玄底机?"又无对。洞山放三日,无对,师因此造偈:

学道蒙师指却闲,无中有路隐人间。
时人尽讲千经论,一句临时下口难。

洞山改末后语云:"一句教并下口难。"从此改名也。[①]

这里有一个奇特的说法,说是居遁原名"玄机",经过洞山指点后改名,此说不见于其他资料。此处所载与前引文字略有不同,《祖堂集》本不如前引可靠。《祖堂集》道是洞山改末后句为"一句教并(张美兰认为当作'伊')下口难",而前引未改,而且从意思上讲还是不改为好,可见《祖堂集》并不可靠。

居遁首先感谢其师洞山的指点,使其看到了一条隐在人间的无路之路。下两句说明禅宗强调的是智慧心法,纵然讲得千经万论,说得天花乱坠,临机一句,无尔下口处。因此单纯地积累学问、多学知解,是无法解脱生死的。真正高明的宗师,不是让人广学知见,而是单传直指,在关键时略加点拨,便能使学人顿见本性。

第四首,所谓立身行道,学道先须立身,身之不修,心之不正,意之不诚,所谓治国平天下都是妄言。那么怎样立身呢?即身无点污,行不生尘,如入蛊毒之乡,水也沾不得一滴。所谓步步生莲花,终日行,未曾踏着一片地。是真僧还是假僧,也不是完全看他是否身居山林岩室,而是看他是否真正达到了无心,若能无心,则随处行履,自由自在。

第五首,学道必须得个入处,有个悟由,犹如进行龙舟比赛,必须全力进取,力争第一,赢得比赛,不能懈怠。虽然佛性都是自家宝藏、旧院

[①] 《祖堂集校注》,第236页。

闲田,本来属于自己,但既然早就遗失了,必须全力再度赢回来,才能真正属于自己。

第六首,学道必须休息万机,若以机心学道,反而会产生更多的疑惑。《祖堂集》卷八《疏山和尚》载有疏山问香严不从自己、不重他圣时如何,香严答"万机休罢,千圣不携"的故事,看来居遁也可能与疏山一样,受到香严的影响。万机休罢,才能入门悟道。此门虽然广大无碍,但真正能入者却是少数,就是因为学人分别执着太盛,不肯休歇,不能绝言绝虑。

第七首,学道如同钻木取火,等到生烟时还不能停止,直到火星出现、火真着之后才算大功告成,才是真正还乡到家,不能半途而废。

这首诗在后世影响很大,为神鼎洪𬤝、圆悟克勤、大慧宗杲、普庵印肃等提举。

据《古尊宿语录》卷二十四《潭州神鼎山第一代𬤝禅师语录》:

> 小参,举古金峰颂云:学道如钻火,逢烟未可休。直待金星现,归家始到头。师云:"神鼎即不然。学道如钻火,逢烟即便休。莫待金星现,烧脚又烧头。且道神鼎怎么道,为当违古人、顺古人?别有道理。汝道入么去底人好,入么来底人好?到这里,须具衲僧眼始得。莫受人瞒,珍重。①

这里有两个问题,一是作"金峰"即金峰从志之颂,二是"切莫"作"未可"。那么这到底是龙牙之作,还是金峰之颂呢?《嘉泰普灯录》卷一《洪𬤝禅师》称"龙牙颂曰(一云金峰)"②,卷三《隆兴府翠岩可真禅师》作"龙牙颂云"③,《圆悟佛果禅师语录》卷九作"龙牙亦云:学道如钻火,逢烟未可休。直待金星现,烧燃始到头"。④ 大慧宗杲两次提及此诗,文句与现存本完全一致,只是作"古德云",未明言作者,普庵印肃也是如此(唯"直待"作"直得")。

综上所述,此诗属于龙牙之作的可能性更大,或许金峰亦曾引用,故

---

① 《卍新纂续藏经》68 册,第 158 页下、159 页上。
② 《卍新纂续藏经》79 册,292 页中。
③ 《卍新纂续藏经》79 册,304 页下。
④ 《大正藏》47 册,753 页中。

《洪谭录》有版本误引作"金峰颂"。所传文句微有不同,意思差别不大,当在今本为正。

居遁强调学道的偈颂当然不只这七首,可以说大部分都是劝人修道或者指导修行的。其中劝人及时修行、不虚度光阴的也不少。例如:

此生不息息何时,息在今生共要知。心息只因无妄想,妄空心息是休时。

何事朝愁与暮愁,少年不学老还羞。骊珠不是骊龙惜,自是时人不解求。

临牕不觉寸阴移,火急修行早是迟。白日只陪人事过,园林那得道成时。

昔生未了今须了,此生度取累生身。古佛未悟同今者,悟了今人即古人。

朝看花开满树红,暮观花落树还空。若将华比人间事,花与人间事一同。

柳色含烟花笑枝,莺啼林下几人知。后生正好寻玄路,莫弃光阴虚度时。

志慕空门誓不休,莫将闲事挂心头。白云便是修行伴,从听时光去不留。

知身是幻不求名,浮沤出没几时生。借问云山学道者,此去修行早晚成?

备米柴茶是事般,茅茨蓬户不惊人。晨朝有粥斋时饭,资我如常任运身。冬至息心随分过,春来量力事须勤。支持若得今生度,来世还如无事人。

这些偈颂表达了一个共同的主题,即人生苦短,光阴易逝,必须抓紧一切时间,不废寸阴,努力修行,否则后悔莫及,老无所成。

第一首,强调今生之事今生了,不必蹉跎待来生,要想此生心息,必须除去妄想,妄去心息,自然休歇。

第二首,少年不学道,老大徒羞愧,与其无事强说愁,不如卖力将道求。骊龙之珠非难得,只是时人不肯求。

第三首，临窗顾盼，不觉日影已移，光阴早逝，即使火急修行，也早已迟了。白天只知道陪人闲逛，在园林游玩，是绝对不可能成道的。因此必须抓紧用功，绝对不能闲逛度日。

第四首，前生未了，故有今生，今生努力，便可度脱千劫万生之业身。是佛是众生，是古是今，关键在于迷悟，迷则佛是众生，悟则众生是佛。迷时古佛同今，悟后今即是古。

第五首，人无千天好，花无百日红，朝看红艳艳，暮观却成空。将花比人事，花与人事同。何必待零落，然后始知空。

第六首，柳色如烟花满枝，正是男儿用功时。寻得玄路行鸟道，别有春色几人知。

第七首，志慕空门，心期玄路，不能证道，誓不罢休，为此须得心空，莫将无关的闲事挂于心头。修行人白云作伴，青山为侣，洒洒脱脱，随缘度时。

第八首，知身是幻，何必求名？浮沤出没，泡影灭生。识得此理，不与身为奴，不为物所役，置身云山，努力用功，无论早晚，修行必成。

第九首，虽然茅屋蓬户，却也事事具足，日用有粥有饭，足以资养幻躯。冬至随分息心，春来用功殷勤，今生度得此身，来世还成闲人。

修行要想成功，除了个人努力、不废寸阴之外，还需明师指点。例如：

向前吴氏学丹青，不体僧繇事不精。画马不成驴亦失，时人尽笑枉平生。

迷人未了劝盲聋，土上加泥更一重。了人有意如迷意，只在迷中迷不逢。

未了及时亲徧礼，不须端坐守清贫。直似罗睺罗密行，争如迦叶不闻闻。

第一首，学画须拜明师，如吴道子，不拜僧繇，因其画事不精。画马不成，连驴也改没了，只能被人耻笑。这表明没有高明的画师指点，是不可能获得成功的。同理，要想得道证果，同样离不开大善知识的指导。

第二首，迷人自己未悟，却好为人师，喜欢劝导盲聋，结果只能是土上加泥，更予一重枷锁，甚至有"一盲引众盲，相牵入火坑"之忧。已了的悟者，为了度化群迷，和光同尘，常在世间，只是迷人当面错过，遇而不遇，逢而不逢。所谓"弥勒真弥勒，分身千百亿。时时示时人，时人自不识"①，自是时人无缘无眼，非大士之过。

第三首，未了之时，应当及时寻访知识，遍礼宗匠，不要一味盲修瞎练，白费功夫，只是端坐不动，固守清贫，幽居守拙，面墙自闭，是没有意义的。即使修到罗睺罗那样的密行第一，也不如大迦叶那样得到佛的传授。"不闻闻"，出自《大涅槃经》。

据《大般涅槃经》卷二十一《十光明遍照高贵德王菩萨品》：

善男子，闻所不闻，亦复如是。有不闻闻，有不闻不闻，有闻不闻，有闻闻。云何不闻闻？善男子，不闻者，名大涅槃。何故不闻，非有为故，非音声故，不可说故。云何亦闻，得闻名故。所谓常乐我净，以是义故，名不闻闻。②

无上大涅槃，非有为法，非是音声，本不可说，故不得闻，然而又可闻其名，故常乐我净，名为不闻闻。经文说得很清楚，涅槃体不可得，故不闻，名可得闻，故亦闻，是故名为不闻闻。

居遁称"迦叶不闻闻"，意义与此略有不同，实谓迦叶不闻而闻世尊妙法。

据《玄沙师备禅师语录》卷一：

夫为人师匠，大不容易，须是善知识始得。知我如今恁么方便助汝，犹尚不能构得，可中纯举宗乘，是汝向甚么处安措！还会么，四十九年是方便。只如灵山会上有百万众，惟有迦叶一人亲闻，余尽不闻。汝道迦叶亲闻底事作么生？不可道"如来无说说，迦叶不闻闻"，便当得去，不可是汝修因成果、福智庄严底事，知么？且如道"吾有正法眼藏，付嘱大迦叶"，我道犹如话月；曹溪竖拂子，还如指月。所以道，大唐国内，宗乘中事，未曾见有一人举唱。设有人举唱，尽

---

① 《大正藏》51 册，434 页中。
② 《大正藏》12 册，491 页下。

大地人失却性命，如无孔铁锤相似，一时亡锋结舌去。①

玄沙师备强调为人师表，极不容易，必须是大善知识才行。大唐国内，没有一个宗匠纯举宗乘，否则尽大地人全都解脱成佛了。宗师不举，是因为学人根器不行，无法承受。正如灵山法会上，虽有百万之众，却只有迦叶一人亲闻。所谓亲闻之事，不可以"世尊无说说，迦叶不闻闻"搪塞，也不是修因证果、福德庄严。佛与曹溪，尽是话月指月，不可实以为月。可见在玄沙、龙牙的时代，"世尊无（后世多作'不'）说说，迦叶不闻闻"已经非常流行了。世尊不说说，故说法四十九年，未曾道得一字；虽未道得一字，说法四十九年。迦叶不闻闻，虽未听得一字，亦未漏失一字。正是有佛这样的大导师，迦叶才能成就。

学道除了明师指点，还必须有方法，有诀窍。居遁最为强调的方法便是"无心"。在居遁的偈颂中，"无心"一词出现了二十一次，其中一首出现了四次，两首出现了两次，一共有十七首偈颂中有这一词（其中有几首虽有"无心"一词，却不是指修行方法）其出现频率不可谓不高，足见他对这一词的重视。例如：

一得无心便道情，六门休歇不劳形。有缘不是余朋友，无用双眉却弟兄。

一得无心便豁空，只因先圣祖门通。个中若向三乘学，万劫无因得遇逢。

自小从师学祖宗，闲花犹似缠人蜂。僧真不假栖云外，得后无心色亦空。

缘觉声闻未尽空，人天来往访真宗。争如佛是无疑士，端坐无心只么通。

人若无心称道情，觑见无明道已明。人能弘道道能显，道在人中人自宁。

粉壁朱门事岂繁，高墙扃户住如山。莫言城郭无休士，人若无心在处闲。

---

① 《卍新纂续藏经》73 册，32 页上中。

或居城郭或居山，得道无心在处闲。实似小儿归父母，身衣随分补遮寒。

俭用岂图延日月，补衣还免到人间。无心道者方如此，未得无心也大难。

寻牛须访迹，学道访无心。迹在牛还在，无心道易寻。

守道无干意，化缘如响音。大凡成佛者，一一尽无心。

第一首，一得无心，便合道情，关键是六根门头，一切休歇，不随境转，不劳身形。因此要万缘放下，有缘不如无缘，两目不如双眉。

第二首，一得无心，豁然畅通，这是由于祖宗先圣的法门殊胜，最上一乘，若是向三乘中学道，则万劫无缘得逢正宗。

第三首，实是自述经历，自道从小便出家学道，从师习禅，然而各种杂念就像闲花野蜂一样纠缠不休，因此真僧假僧除看其是否栖居山间云外，关键是看他是否达到了无心，若得无心，即色是空，在污不染。

第四首，声闻、缘觉之空，实是小乘之空，并非真空，故往来人天，寻访真宗。佛则自信不疑，只须端坐无心，便得真空，无所不通。

第五首，即第一首相近，一念无心，便称道情，识得无明，道眼自明。人能弘道，道能显人，心中有道，人自安宁。

第六首、第七首，意思相近。朱门篷户，城郭山林，无关其表，而在乎心。人若无心，朱门即蓬户，庙堂即山林；人若有心，林间正闹，住山亦喧。"见道忘山者，人间亦寂也；见山忘道者，山中乃喧也。"① 得道返本，如小儿还家，自有父母照看，依其尺寸随分补衣，无饥寒之忧，故随缘度日，处处得闲。

第八首，节衣俭食，实非小事，不仅是爱惜福报，延年益寿，而且能够出离轮回，免到人间。节俭即是修行，无心才能节俭。无心则无欲，无欲自节俭。

第九首，欲寻大白牛，由迹则可求。若欲真求道，无心即是道。一念得无心，真道自易寻。

---

① 《大正藏》48 册，394 页中。

第十首，守道须守贫，无有干求心。化缘随缘化，得失如响音。多求失道情，日久事不成。所有成佛者，一一尽无心。

其实倡导"无心"者，远不只这些，除了前面已述的"学道"诗外，还有很多讲"息心""休心""心空""心无"之作，也有不少虽无"无心"之词、却全是"无心"之意的作品。因此，"无心"是修行的关键，是最为重要的法门。

要想修行成功，除了无心无求，还要充满自信。例如：

> 凡有含生共一尘，先圣精勤早出伦。
> 彼既丈夫我亦尔，谁遣他春我不春。

含生之类，性本无二，同一法身，亦共一尘。先圣精勤用功，故早已解脱出尘，彼此皆为丈夫，他能做到，我何不然！

据《摄大乘论释》卷六：

> 无量十方诸有情，念念已证善逝果。①
> 彼既丈夫我亦尔，不应自轻而退屈。

此颂影响很大，《宗镜录》卷七十六称之为《佛诫罗睺罗颂》②，果然如此，则是佛教子之颂，更应重视。后世禅门对此颂非常关注，经常以之激励学人奋发图强，是佛教著名的励志诗。

作为一个禅宗大师，居遁当然不会忘记强调宗门的殊胜，他认为宗门心法才是修行成佛的要道，其他方法都不如禅宗。例如：

> 成佛人稀念佛多，念来岁久却成魔。
> 君今欲得易成佛，无念之心不较多。

如此公开批评念佛的实不多见，而且言辞犀利，毫不留情。念佛人多，成佛人少，念来时久，不仅无所成就，还会执着成魔，因此念佛不如无念，无念才是念佛。无念念即正，有念念成邪，悟者达此理，长御白

---

① 《大正藏》31 册，414 页中。
② 《大正藏》48 册，839 页上。

牛车。

居遁还强调三乘不如一乘,知见不如心悟,这都是赞叹禅宗的殊胜,维护宗门的地位。

居遁还有不少偈颂描述禅僧的生活,意趣盎然,活灵活现。例如:

自体如如任运常,因兹行歇住三湘。双眉无用是毫相,说处无分舌广长。

扫地煎茶及针把(当作"把针"),更无余事可留心。山门有路人皆到,我户无门那畔寻。

僧房闲寂夏修持,闭户疎人怪亦知。侬家自有同风事,千里无来却肯伊。

冷月霜天道者孤,一堂禅侣守寒炉。衲衣穿处冰侵骨,夜坐更深炭也无。

膝袴斑阑火炙成,浑身破碎不能惊。山房独坐观极乐,豁然无事畅人情。

一室一床居物外,一缾一钵寄生涯。门前纵有通村路,是我何曾识一家。

木食蓑衣心似月,一生无念复无涯。时人若问居何处,渌水青山是我家。

拟住城隍守不非,见云生处又思归。三间茅舍喜犹在,九带青萝尚绕围。松栢近栽方始盛,槿花秋首未尝萎。山云暧霼虽垂布,承揽不知谁复谁。

新创三间舍,多泥虑有风。门前无贵客,拙意懒迎逢。

饭吃随时食,衣穿独自缝。若人来问我,招手报伊聋。

拄杖行低道,逢溪澡漱多。平田偏乐坐,人命可经过。

守道身心息,资缘岂挠他。除非僧次外,归寺补袈裟。

觉倦烧炉火,安铛便煮茶。就中无一事,唯有野僧家。

这些诗表现了禅僧充满野趣的日常生活,他们一方面从事劳动,扫地、煎茶、把针,一方面过着十分俭朴甚至清苦的生活。冷月霜天,寒炉无炭,衣衫破碎,茅舍简陋,虽然一室一床,一瓶一钵,却也潇洒自在,无送无迎，无往无来，更有绿水青山，清风明月，山云野溪，碧萝红花，故而闲来无事，自得其乐。这些诗体现了居遁对山居生活的热爱，虽然他也在多处强调住在城郭也不妨碍修行。

居遁诗中也有对现实的批判。例如：

　　人情浓厚道情微，道用人情世岂知。空有人情无道用，人情能得几多时。

　　二时粥饭随长短，三界休求也大精。世间大有多求者，直至无常不称情。

　　若教求道似求名，世上无人道不成。心静道场何曾到，世间尘路等闲行。

　　岂是无干意，多求失道情。我见多求者，年高事不成。

"人心惟危，道心惟微"。世人只知人情，不了道情，人情浓厚，道情淡薄。然而，如果空有人情，没有道用，人情又能够存在多久呢？因为人情是依赖于道情的，只有得道的人才有真正的慈悲爱心，慈悲爱心才是一切人情的根基，世间人情只是流于表面，都是建立在欲望与利益等靠不住的基础之上，"穷在闹市无人问，富在深山有远亲"，富贵之时车水马龙，失势之时门可罗雀；年轻貌美之时追者盈门，年老色衰之时无人理睬，世间贪爱根本就靠不住。只有一心求道，具备了智慧与爱心，才会关爱众生，才会有无缘大慈，同体大悲。因此有了道情，自有人情，只论人情，人情亦无。

世人缺乏智慧，不知"有求皆苦，无求乃乐，判知无求，真为道行"，故而欲望炽盛，要求太多，甚至连出家人也不能免，其实人只要有了二时粥饭疗饥、三衣蔽体御寒，就已经足够了。要求越多，越难满足，有求不得，自然痛苦。多求之人，到了晚年也不能称心如意，甚至到死也无法满足。

有人求利，有人求名，求名之人，为数极多，用心极重。如果将用来求名之心求道，道业早就成就了，世间之人全都成佛了。名与道孰重，世人多生颠倒，只求一时浮名，不思历劫利益。其实有道胜有名，有道则有名，有道之人，千古传颂，名在其中；有名则未必有道，甚至离道愈远，而且大多有名无实，虽得一时之利，付出代价却极大，终究得不偿失。

居遁偈颂中最有特色的部分是对眉毛的描述与赞美，且为数不少。例如：

> 一得无心便道情，六门休歇不劳形。有缘不是余朋友，无用双眉却弟兄。

> 自体如如任运常，因兹行歌住三湘。双眉无用是毫相，说处无分舌广长。

> 道情六用如眉用，用处如眉始可观。人见道时如寂寞，人情全是道情安。

> 世人心下不能治，致祸愁生累及眉。一朝体得心无事，眉放毫光自不知。

> 家具揪揪一老翁，眉间长发白匆匆。心休意息从何有，只为心头万事空。

> 眉间毫相焰光身，事见争如理见亲。事有只因于理有，理慈方便化天人。一朝大悟俱消却，方得名为无事人。

居遁强调无用之用，无用即是没有世间之用，没有世间之用才会有道用。道情与人情，道用与世用，是相反的。修行人不同于世俗，不能追求有缘的世用，而应万缘放下，守得住寂寞，才能得无用之用，无功之功，无用的双眉才会产生白毫光相。牵挂太多，心生愁闷，累得双眉紧锁，只有一念不生，心中无事，自然双眉舒展，毫光湛然。

眉间长发，其实是指白毫相，老翁喻修行日久。心休意息，一切放下，逍遥自在，这种境界从何而有，只是因为心头万事空，无有闲事挂心头。

人情不如道情，有用不如无用，事见不如理见。触事必须明理，明理方与道亲。"事有只因于理有"，事因理有，这在现代恐怕会被认为是典型的唯心主义观点，但居遁的用意在于修行观，不是论证心生万物。马祖道"顺理为悟，顺事为迷"[①]，与此全同。明理则明心，明心则见性，见性则成佛，这才是佛教的根本目标，因此不能在事相上打转转。执事元是迷，

---

① 《大正藏》51 册，440 页中。

契理方得悟，契理则得智慧，有了智慧就会产生慈悲，有了智慧慈悲，则能方便度化众生，此即"理慈方便化天人"。一朝大悟之后，理事俱泯，无人无我，才得休去歇去，到此方知无事是贵人。

曹山也喜欢说眉毛，不仅仔细分说了眉与目分与不分，有人问语类时，他还道"曹山只有一双眉"，或许这是曹洞宗最有趣的家风。

居遁强调禅僧修行必须过丛林集体生活，不能离开师友的帮助。例如：

> 沙门莫苦远只桓，身四威仪且自观。蓬若出麻终不直，僧离清众太无端。从前上古诸先德，尽向丛林里获安。

"蓬生麻中，不扶而直"，僧在清众，其行自清。因此僧伽就应当是一个集体，不能脱离僧众，不能逃避监督，丛林生活对于禅僧修行是十分必要的。

据《禅门诸祖师偈颂》卷一《沩山大圆禅师警策》：

> 远行要假良朋，数数清于耳目；住止必须择伴，时时闻于未闻。故云"生我者父母，成我者朋友"。亲附善者，如雾露中行，虽不湿衣，时时有润。①

相同的话又见于《祖堂集》卷六《洞山和尚》，且又加了"蓬生麻中，不扶而直；白砂在涅，与之俱黑"一句。曹洞宗的这种思想应当是受到沩仰宗的影响。杜继文称之为"师友伦理学"②，对之十分重视，认为其影响深远、意义重大。

居遁偈颂风格独特，继承了曹洞宗一贯的宗风。其来源除洞山偈颂外，还可能受到香严的影响。

如《劝学颂》曰：

> 出家修道莫求安，失念求安学道难。
> 未得直须求大道，觉了无安无不安。

---

① 《卍新纂续藏经》66 册，734 页中。
② 杜继文、魏道儒：《中国禅宗通史》，江苏古籍出版社，1993，第 336 页。

这种风格与样式和居遁之作非常接近，显然为其前导。

居遁之作，特别是五言诗，和寒山诗非常接近，应该说是拟寒山之作，其部分诗篇还被后世误认为是寒山之作，收入《寒山集》中。例如：

> 西来意未明，徒学诸知见。不识本真性，契道即悬远。
> 若能明实相，岂用陈知见。一念了自心，开佛诸知见。
> 寄语诸仁者，复以何为怀。达道见自性，自性即如来。
> 天真元具足，修证转差回。弃本却逐末，只守一场呆。

前两首与《寒山集》中第一六八首大同小异。

据《寒山诗注》：

> 世有多事人，广学诸知见。不识本真性，与道转悬远。若能明实相，岂用陈虚愿。一念了自心，开佛之知见。（一六八）①

《寒山诗注》：

> 寄语诸仁者，复以何为怀。达道见自性，自性即如来。天真元具足，修证转差回。弃本却逐末，只守一场呆。（二三九）②

这四首诗，前两首大同小异，后两首完全一样。那么到底是寒山诗误入龙牙之集，还是龙牙诗误成寒山之作？项楚认为实为寒山诗，特别是后两首，又引《宗镜录》为证。

据《宗镜录》卷十九：

> 寒山子诗云：寄语诸仁者，复以何为怀。达道自见性，见性即如来。天真元具足，修证转差回。弃本却逐末，只守一场呆。③

《宗镜录》确实称这是寒山诗，但这只能说明到了永明延寿的时代已经被认为是寒山诗且收入其诗集中，不能证明真是寒山诗。

---

① 项楚：《寒山诗注》，中华书局，2000，第 436~440 页。
② 项楚：《寒山诗注》，第 615、618、619 页。
③ 《大正藏》48 册，523 页上。

从这几首诗的风格以及流传情况等来看，属于居遁的可能性更大。

据《普庵印肃禅师语录》卷二：

> 玄沙云"切忌知有之人见"。这里若不会，便唤作"西来意未明，徒学多知见。不识本（真）性，契道则悬远"是也。①

普庵印肃是两宋之际禅师，他引这首诗，用的还是居遁的版本，这表明他认为其作者是居遁，不是寒山。

就前两首而言，还是居遁的版本更加合理。禅修的关键是明了西来意，广学知见是没有意义的。这里事实是讲到两种知见，一是众生知见，一是佛知见，开众生知见，则是众生；开诸佛知见，则见性成佛。识本真性，明实相，了自心，才能获得解脱，才能开佛知见。

现存寒山诗与居遁之作略有不同，从意旨上看是差了些，但从文学的角度上看显然有所提高，这表明经过修饰与加工，一则与寒山诗的整体风格与表达方式更加接近，二则文学色彩更加浓厚，符合一般读者的口味。

后两首诗表达的主题是南岳系本来具足、不假修证的思想。开悟的关键是识自本心，见自本性，见自本性，则证道成佛，即与如来无别，这是六祖南宗一贯强调的思想。后者则强调道不用修、但莫污染，"本有今有，不假修道坐禅"②。自性本心，本来具足，天真常在，清净无染，不需修证，若起修证心，即是造作趣向，即是污染，非但于事无补，还有失真害性之忧。

如此，洞山门下注对寒山诗、拟作寒山诗的不只曹山一人，还包括龙牙居遁等。假如如某些论者所言，寒山诗作者不只一人，而是一个群体，那么龙牙居遁也是这个群体中非常重要的一员。更为重要的是，居遁之诗保存下来的较多，可资研究，而曹山之作则流传很少，或者已经融入寒山诗中，无法分辨。

总之，居遁偈颂是研究其禅法思想及曹洞宗理论体系的重要资料，值得不断深入发掘。

---

① 《卍新纂续藏经》79 册，397 页下。
② 《大正藏》51 册，440 页中。

嵩山大法王寺与中国佛教

李富华[*]

一

毫无疑问，嵩山大法王寺是我国佛教的一座古老寺院。它位于河南登封西嵩山太室山南麓的玉柱峰下，三面群山环抱，占尽了风光形胜，自古就有"嵩山第一胜地"之称，还流传着"嵩山七十二刹，刹刹朝法王"的民谣。

大法王寺现今遗存的古迹也验证了它年代的古老。那座建于隋朝的15级、高约40米的密檐式砖塔至今仍矗立于大法王寺的北侧；法王寺塔东面则分布着三座据考证是建造于唐朝的单层砖塔；而法王寺内甬道两侧的两株生长了千年以上的高约30米的银杏树，至今仍枝叶繁茂。它们都是大法王寺古老年代的鉴证。

嵩山是享誉中外的名山，是"五岳"之一的"中岳"，自古就是佛道教的圣地。嵩山又有"嵩高"之称，如清代文人顾炎武在所著《天下郡国利病书》中所记："嵩高山在偃师县东南登封境内，绵延周二百里，其山之最高者曰太室、少室，东西对峙，相距殆二十里"。

嵩山之西为古都洛阳。洛阳曾是佛教东传至中国内地的第一个目的地，在这里诞生了佛教的第一座寺院——白马寺。在我国的北魏时代佛教极盛。北魏人杨衒之曾著《洛阳伽蓝记》，在其序言中，将"嵩洛"并提，所谓"逮皇魏受图，光宅嵩洛，笃信弥繁，法教愈盛"；当此之时，"昭提栉比，宝塔骈罗"，洛阳"京城表里，凡有一千余寺"。在另一部佛教史书《续高僧传》僧可传中（卷16）亦有将"嵩洛"并称的说法，其云："年

---

[*] 李富华，中国社会科学院世界宗教研究所研究员。

登四十,遇天竺沙门菩提达摩游化嵩洛,可怀宝知道,一见悦之,奉以为师"。可见,洛阳和嵩山大体上处于同一地区。

二

历史上的大法王寺有过怎样的辉煌,因为留下的记载不多,我们已很难说得清楚。但可以肯定的是,大法王寺与中国佛教史上一些重要历史事件有着密切的关系。揭开这一神秘面纱的功劳首先应该想到的是目前荣膺大法王寺方丈的延佛法师。延佛法师1987年驻锡大法王寺,随即开始了复兴大法王寺的事业;经过近十年艰苦卓绝的努力,大法王寺以"六院七进一塔林"的宏大规模重新展现在信徒面前。自此,保存于大法王寺的大法王寺塔等古迹也因之得到了有效保护。正是在这个前提下,在延佛法师的配合下,河南省文物考古部门于1998年开始对大法王寺2号塔地宫进行了发掘。这次发掘不仅发现了珍贵的国家级文物二十余件,更为惊喜地发现是装藏于被称为"飞天舍利盒"中的三颗佛舍利。对大法王寺说,佛舍利的发现,意义绝非一般。这一发现与至今犹存的大法王寺塔及发现于大法王寺的《释迦舍利藏志》碑铭联系起来,就揭示了大法王寺与中国佛教史上隋文帝大规模分舍利建塔事件的关系;揭示了唐中叶唐武宗会昌年间发动的毁灭佛教的"法难"与大法王寺二号唐塔地宫中秘藏佛舍利的关系;揭示了日本求法僧圆仁来华巡礼曾在大法王寺主持佛舍利移藏的重要史实等。这些事件发生在大法王寺,表明大法王寺在中国佛教史上绝不是一座默默无闻的普通寺院,它曾是一座有着相当影响的古老的寺院,并在中日佛教的交流史上占据着一席之地。

隋文帝杨坚生于寺院,在寺院中度过了自己的少年时代,故当了皇帝后大力倡导佛教,有所谓:

> 隋高荷负在躬,专弘佛教,开皇伊始,广树仁祠,有僧行处,皆立为寺。召诸学徒,普会京辇,其中高弟,自为等级。故二十五众峙列帝城,随慕学方,任其披化。每日登殿,坐列七僧,转读众经,及开义理。①

另有记载云:

---

① (唐)道宣撰《续高僧传》,卷十五"论"。

开皇元年高祖普诏天下，任听出家，仍令计口出钱营造经像，而京师及并州、相州、洛州等诸大都邑之处并官写一切经置于寺内，而又别写藏于秘阁，天下之人从风而靡，竞相景慕，民间佛经多于六经数十百倍。①

比上述规模更大、更为轰动的全国性崇佛活动则是分舍利建塔的历史性事件。隋文帝于仁寿元年（公元 601 年）、仁寿二年（公元 602 年）及仁寿四年（公元 604 年）三次下诏，派高僧为使分送佛舍利至全国 113 个州建塔 113 座以供奉佛舍利。动用的人力之众，声势之浩大，可谓前所未有。我们试以仁寿元年的诏书为例，加以说明。

隋国立佛舍利塔诏（摘引）：

雍州仙游寺、岐州凤泉寺、泾州大兴国寺、秦州静念寺……门下：……朕归依三宝，重兴圣教，思与四海之内一切人民具发菩提，共修福业，使当今现在爱及来世，永作善因，同登妙果，宜请沙门三十人，谙解法相，兼堪宣道者，各将侍者二人并散官各一人，熏陆香一百二十斤，马五匹，分道送舍利往前件诸州起塔……其塔所司造样，送往当州。僧多者三百六十人，其次二百四十人，其次一百二十人，若僧少者尽见僧为。朕、皇后、太子广、诸王子孙等，及内外官人一切民庶幽显生灵，各七日行道并忏悔。起行道日打刹，莫问同州异州，任人布施，钱限止十文以下，不得过十文。所施之钱以供营塔，若少不充，役正丁及用库。率土诸州僧尼普为舍利设斋。限十月十五日午时同下入石函，总管刺史已下，县尉以上，自非军机停常务七日，专检校行道及打刹等事务，尽诚敬副朕意焉。主者施行。

仁寿元年六月十三日内史令豫章王臣暕宣②

这一诏书的内容表明：这次分舍利建塔的活动几乎是一项动员全民

---

① 《隋书》卷三十五，经籍四，见《二十五史》第五册，第 132 页，上海古籍出版社，1986。

② （唐）道宣撰《广弘明集》卷十七。

参加的全国性行动，从皇帝本人、皇后、太子杨广直到"内外官人一切民庶"都要动员起来参加为期七天的起动仪式，进行七天的包括"忏悔"等法事活动；分舍利建塔的活动要在这一年的六月十三日至十月十五日的四个月内全部完成。十月十五日午时，30 座舍利塔不仅要全部完工，并在这一时刻同时安放佛舍利；是时，各州的官吏除涉及军事机要者，一律停止公务活动七天，专门监查和督办这一事务的进行；造塔等相关经费来自官民的布施，不足者可以动用政府管辖的役丁和库银；舍利塔的图样由中央相关部门统一设计下发；规定各州参加迎奉佛舍利法事活动的僧人人数依据寺院的情况分别为 360 人、240 人和 120 人，不足者则全体出动；等等。

从这一诏书的内容分析中，我们清楚地看到，隋文帝发起的分舍利建塔的行动是一项举国家之力而完成的全国性的崇佛活动；相同的行动在之后的仁寿二年和仁寿四年又进行过两次。通过这项活动，在短短的三四年间，全国建起了一百多座供奉佛舍利的舍利塔，并通过自皇帝本人下及全国官民一起动员参加的祭拜活动使其深入人心，从而形成了佛舍利崇拜的前所未有的高潮；也推动和奠定了隋唐佛教大发展的信仰基础。这在中国佛教史上无疑是一个影响深远的重大事件。

我国唐代的著名高僧和佛教史家道宣，在他的名著《续高僧传》卷二十六及《广弘明集》卷十七中，用了整整两卷、两万余字的篇幅记载了这一事件，并盛赞这一事件对中国佛教的影响，其云：

隋唐建塔之岁，踊瑞纷纶，神光嘱于群物，至泽通于疾疠。天花与甘露同降，灵芝共瑞应俱程。空游仙圣结雾来仪，水族龟鱼行麟出听。百有余塔皆备潜通，君目相庆，缁素欣幸，其德荣明不可加也[1]。

在道宣的著作中，载录的建塔安奉佛舍利的寺院有州名的共 85 所，州名寺名俱全的 65 所，详录如下：

1. 雍州仙游寺　　　2. 岐州凤泉寺
3. 泾州大兴国寺　　4. 秦州静念寺

---

[1] （唐）道宣撰《续高僧传》，卷二十六"论"。

5. 华州思觉寺
6. 同州大兴国寺
7. 浦州栖岩寺
8. 并州旧无量寿寺
9. 定州恒岳寺
10. 相州大慈寺
11. 郑州定觉寺
12. 嵩州嵩岳寺（闲居寺）
13. 亳州开寂寺
14. 汝州兴世寺
15. 泰州岱岳寺
16. 青州胜福寺
17. 牟州巨神山寺
18. 随州智门寺
19. 襄州大兴国寺
20. 扬州西寺
21. 蒋州栖霞寺
22. 吴山会稽山寺
23. 苏州虎丘山寺
24. 衡州衡岳寺
25. 桂州缘化寺
26. 番州灵鹫山寺
27. 交州禅众寺
28. 益州法聚寺
29. 廓州连云岳寺（法讲寺）
30. 瓜州崇教寺
31. 京师法界尼寺
32. 京师大兴善寺
33. 恒州龙藏寺
34. 瀛州
35. 观州
36. 魏州开觉寺
37. 兖州普乐寺
38. 曹州法九寺
39. 徐州净道寺（流沟寺）
40. 邓州正国德寺
41. 安州
42. 赵州无际寺
43. 豫州
44. 利州
45. 明州
46. 卫州
47. 洛州
48. 毛州护法寺
49. 冀州觉观寺
50. 宋州
51. 怀州长寿寺
52. 忭州惠福寺
53. 洛州汉王寺
54. 幽州弘业寺
55. 许州辨行寺
56. 荆州
57. 济州崇梵寺
58. 楚州
59. 莒州定林寺
60. 营州梵幢寺
61. 杭州
62. 潭州
63. 潞州梵境寺
64. 洪州

65. 德州会通寺　　　　　　66. 郑州晋安寺
67. 江州东林寺　　　　　　68. 兰州
69. 慈州石窟寺　　　　　　70. 廉州
71. 陕州大兴国寺　　　　　72. 莘州
73. 隆州禅寂寺　　　　　　74. 浙州法相寺
75. 熙州山谷寺　　　　　　76. 陇州药王寺
77. 莱州弘藏寺　　　　　　78. 密州茂藏寺
79. 韩州修寂寺　　　　　　80. 循州道场塔寺
81. 秦州永宁寺　　　　　　82. 欢州
83. 晋州法吼寺　　　　　　84. 杞州
85. 桂州

上述名录的前 30 个州寺的名称《广弘明集》卷十七有确切的记载，后 55 个州及寺院名称是本文作者据《广弘明集》卷十七的后半部分及《续高僧传》卷 26 的记载辑出的，其中还包括两所属于京城的寺院。就是说，在全部 113 个州中还有近 30 个州不见于道宣的记载；另外，只有州名不录寺名者还有 18 处。这一情况说明，作为佛教史家的道宣，在倾注大量心血，以极大的热情记载这一事件时仍有疏漏，而且疏漏的州竟达 30 处之多，其中就包括大法王寺。大法王寺隋塔的存在及佛舍利发现的事实充分证明了它确实是隋文帝分舍利建塔的一个处所。这一事实的另一个证据就是发现于大法王寺的，在唐朝中叶由日本学僧圆仁署名而镌刻的《释迦舍利藏志》碑铭，其全文如下：

汉西来释迦，东肇佛坛，嵩之南麓法王寺立焉。隋仁寿间帝敕建浮图，遣使安真身舍利于内，殊因移匿地宫密函之，盖护宝非不公（恭）也。法门圣物，世远疑失，诚恐镌石以记，祈圣门永辉。

　　　　　　　　　　　　　　　　圆仁　天如　大唐会昌五年

此铭文记载了如下内容。

（1）指出法王寺是一座古老的寺院，它是在佛教初传入中国不久的汉朝就创建于嵩山之上。

（2）大法王寺塔是隋仁寿年间敕命建造的，内中供奉着隋文帝遣使送来的佛的真身舍利。

（3）因为特殊的原因，指唐武宗会昌五年发起的毁除佛教的事件，史称"会昌法难"，为了防止此次事件中波及大法王寺，使佛舍利遭遇不测，立碑者决定秘密地将佛舍利从大法王寺塔中移藏于今称二号塔的唐塔地宫中；还指出，他们的这一决定绝不是对佛舍利的不尊重，不恭敬，而完全是出于保护佛舍利不受伤害的不得已的行动。

（4）指出这次移藏佛舍利的主持人是圆仁和天如，时间是唐朝的会昌五年；他们撰此碑铭的缘由是怕久远后世，人们不知此事，使圣物丢失；或产生怀疑，怀疑圣物非佛的真身舍利，故镌石以为记载。

不难知道，此铭文将移藏佛舍利的前因后果交代得非常清楚，不仅明确指出了大法王寺佛舍利的来历；也指出了这次佛舍利的移藏与"会昌法难"的关系。

据宋代名僧志磐所撰《佛祖统纪》卷四十二记载：会昌法难发生在唐武宗的会昌五年（公元845年）。这年五月"括天下寺四千六百所，兰若四万所……收良田数千万顷，奴婢十五万人，僧尼还俗者二十六万五百人"。

又据元代僧人念常所撰《佛祖历代通载》卷二十三记载：会昌法难发生在会昌四年（公元844年，准确的应该是五年）。

这年5月，武宗下诏"拼省天下佛寺"，"上州合留寺工作精巧者各一所，如破落悉宜除毁"；"下州寺并废"；"天下废寺钟磬铜像委盐铁使铸钱，其铁像委本州铸为农具，金钱鍮石等像销付度之，衣冠士庶之家所有金铜等像，敕出后限一个月纳官"。

应该说，会昌法难对正在大发展的中国佛教是一次毁灭性的打击，而地处嵩山之上的大法王寺也必将是波及之地。当此之时，正在中国学习的日本著名的学僧圆仁（曾被日本佛学界称为入唐"八家"之一）也经历了这一事变，并成为"法难"受害者之一。

圆仁（794~864年）是日本天台宗创立者最澄的弟子，唐开成四年（公元839年）怀着学习天台教义的心愿入唐求法，初在扬州开元寺学习，后因没有获准上天台山巡礼，半年后乘船回国，但遇大风暴在山东赤山登岸，挂单于新罗人张保皋所建法华院。开成五年三月离开法华院，经青州、缁州、齐州、德州、唐州、冀州、赵州、镇州，于是年六月到达五台山，在天台宗传人志远门下学习天台教义。二个月后离开五台山，经并州、汾州、晋州、蒲州、同州，到达长安。在长安一住就是五年，除学习天台教义外，还学习密教教义，并收集了大批经论及章疏著述。到了会昌五年适逢"法难"，圆仁因无"唐国祠部牒"，成为"亦勒还俗，递回本国者"的外国僧人之一，不得不在这一年的四五月间启程回国。在他离开长安及之后的回国旅途中，他目睹了会昌法难打击中国佛教的惨状，并记录于自己的著作《入唐求法巡礼行记》中，如是年三月"敕令天下诸寺年四十已下尽勒还俗"；"后又敕云：天下僧尼五十以下无祠部牒者，尽勒还俗"；长安"城中僧尼还俗已尽"；等等（见该书卷二）。圆仁于会昌五年四月十五离开京兆府"到万年县"，五月十二日过潼关进入河南地界，六月九日到达郑州。其间有近一个月的路程，圆仁的书中没有记载，但从路线上看，他在到郑州前，必经洛阳，达登封，也就是在这段时间里，他进了嵩山，来到了大法王寺，做了移藏佛舍利，护持佛宝这件功德之事并留下了由他署名的《释迦舍利藏志》碑铭。之后，他于六月十三日到达汴州，二十二日到达泗州，进入安徽；二十八日到扬州；七月"得到楚州"，八月二十四日再次来到登州，九月二十二日到达赤山，"本意拟住赤山院"，即初来时曾挂单的法华院，但此时已"敕毁折尽，无房舍可居"，只好暂住附近的一个农舍，设法回国，但一等就是两年，直到大中元年的九月才得以从赤山登船，经新罗回到日本。

圆仁经历了"会昌法难"的全过程，他离开赤山回国已是唐宣宗的大中元年（公元847年），所以在他经过嵩山时，到了法王寺，清楚地意识到保护佛舍利的紧迫性，故以一个外国僧人的身份主持了移藏佛舍利的活动。这是他在中国长达8年的巡礼佛法的经历中做的一件值得人们纪念的事。

大法王寺佛舍利的出土、《释迦舍利藏志》碑铭的发现揭示了大法王寺与隋文帝分舍利建塔的历史事件的关系。他们都明确地告诉世人，大法王寺虽然在佛教史家的笔下被埋没了，或者被忽略了，但事实已经证明它在中国佛教的历史上是一座有影响的寺院，他是隋文帝敕命建造佛塔供奉舍利的寺院之一；同时，佛舍利的秘密移藏又恰恰是会昌法难这一重创中国佛教历史事件的一个旁证;而《释迦舍利藏志》碑铭的记载也为日本学僧圆仁来华巡礼的事迹增添了新的篇章。圆仁这位中日佛教交流的使者和会昌法难的亲历者,曾以《入唐求法巡礼记》一书为中国佛教及中日佛教交流史提供了大量的一手资料,而大法王寺佛舍利移藏事件则补充了《入唐求法巡礼记》的内容,这无论对中国佛教史,还是日本佛教史说,都是有价值的新史料。

说明:①以上参考唐道宣撰《续高僧传》卷十六《佛陀传》《菩提达摩传》、《僧稠传》;②唐道宣撰《续高僧传》卷十六《僧可传》;③高鹤年:《名山游访记》,上海觉讯月刊社,1954,第117~120页。

佛教经咒翻译的实践与启示

周广荣*

在宗教传播过程中,在涉及其核心教义、教派、礼仪、制度、习俗等方面的内容时,每种宗教通常会"原封不动"地保存诸多专有名词,或曰名词术语,如佛教中的般若(Prajñā,智慧)、涅槃(Nirvāna,圆寂)、摩诃僧祇部(Mahāsāmghika,大众部)、羯磨(Karman,授戒忏悔等事业时的宣告仪式),基督教的耶稣(Jesus,救世主)、摩门教(Montanists,耶稣基督后期圣徒会)、弥撒(Missa,圣体圣事礼仪)、哈利路亚(Halleluyah,赞美主),伊斯兰教的伊玛尼(Imān,信仰)、鲁哈(Rūḣ,灵魂、启示、圣灵等)、逊尼派(Sunnism)、邦克(Banq,宣礼)、赛玛(Samā',苏菲派宗教仪式)等。这些专有名词在传播过程中,尤其是在非母语文化圈的传播中,往往采用音译而非义译的传承方式,在异质文化圈中呈现,从而保持一种相对稳定或固化的构词形式,从古至今,相沿不断。检讨这类宗教词汇或术语的翻译实践,以及由此而积淀的各种翻译理论或学说,乃至这类术语在宗教传播过程中的功用与其中蕴涵的宗教文化底蕴,是一项饶有趣味的工作。

在佛教经典的翻译与传播过程中,佛教经咒作为一种特殊的宗教语言,包括语段、语句、词语、音节与字母等不同形式,通常采用音译的方式,超越时空与语言的限制,不管在言说与书写层面,都能保持其音义的延续与完整。从经典翻译的角度看,佛教经咒与上面列举的各种音译宗教名词非常类似,不过,由于佛教经咒具有更为复杂的形态与功能,其翻译实践与相关的理论探讨即更具典型性。兹以汉传佛教经咒的翻译实践为

---

* 周广荣,中国社会科学院世界宗教研究所副研究员。

例，探求其中蕴涵的佛教文化意蕴，或可有裨于当代宗教经典的翻译实践与理论总结。

佛教最初是以婆罗门教的对立面出现的。作为公元前六世纪前古印度沙门思潮之一，佛教对婆罗门所提倡的"吠陀天启""祭祀万能""婆罗门至上"等根本教义是持反对态度的，也就是说，佛教排斥婆罗门教所倡导的超验神学、烦琐祭仪及种姓制度。在后人看来，佛陀时代的佛教是理性的，佛陀所倡导的觉悟是靠智慧而获得的，与非理性的迷信、盲目的信仰无关。准确地说，佛教所倡导的四谛、八正道、十二因缘、无常、无我等核心教义，是在指导人们过一种正确的生活方式，神奇、超验的经咒在佛教当中是被忽略甚或遭到摒弃的。

佛教经咒的出现与应用有一个逐步发展的过程，而且经咒本身是一个比较宽泛的概念，它包括护咒、真实语、明咒、陀罗尼、真言、密语、种子字等不同形式的言语文字，其形态、功用，以及它们在佛典中出现的时代与情形都各有不同。当然，它们能置于经咒这一范畴之内，也意味着它们有共同的属性与特点，即它们都是具有超验的力量或功能的语言文字。兹以其时代为序，逐一论列于下。

一　护咒

据《长阿含经》记载，佛陀是明确反对弟子使用咒术、占相、预言等手段获取利养、贪恋世间享乐的，尤其反对"或咒水火，或为鬼咒，或诵刹利咒，或诵鸟咒，或支节咒，或是安宅符咒，或火烧、鼠啮能为解咒"，邪命自活的做法。[①]。

不过，事情并非一概而论。在原始佛教时期，并非所有的咒术都为佛陀所拒斥。除了各种以骗取钱财、"邪命自活"为目的咒语外，那些用来防身、健身用的咒语是被佛陀认可的。《四分律》卷二十七记载，在舍卫国祇树给孤独园，有六群比丘尼"诵种种杂咒术，或支节咒，或刹利咒，鬼咒，吉凶咒，或习转鹿轮卜，或习解知音声"，佛陀获知后即告诫她们，

[①] T1/84b–c（《日本大正新修大藏经》第一卷，84页b–c栏。下同），《佛说长阿含经》卷第十三之"阿摩昼经"，(后秦) 佛陀耶舍共竺佛念译。

此举非履行威仪、奉持净行的比丘尼所为，应当戒除。不过佛陀又指出，如果是为了祛除腹内的病虫，为了医治腹内的积食，或为了消解身上的病毒而去念诵咒语是可以允许的。① 这里所讲的各种咒语常被称为"护咒"（Paritta）或"自护咒"（Attaparitta），Paritta 一词源自梵语动词词根 √pā，有保护、护佑义。也就是说，护咒是用于保护身体安全与健康而用的咒语或咒文。

二 真实语

在原始佛教中，真实语（satya - vacana）或称真实言说（satya - vākya），也因为具有神奇的效力而被视为咒术的一种，拥有与护咒（Paritta）相近的业力。南传巴利文《本生经》第 444 则记载，一男儿为毒蛇咬伤后，其父母将他带至一苦行僧处求救，此苦行僧即如实将自己的修行叙述一番，然后唱言道："依此真实（sacca）得安稳！"。于是蛇毒便自男孩儿体内排出。② 另外，在《中部》第 86《鸯崛魔罗经》载，鸯崛魔罗本为外道，后皈依佛陀，修行成为阿罗汉，于舍卫城乞食时，遇到一产妇难产，心生同情。回去后，将此事告知佛陀，佛陀即授以真实偈云：我从得圣来，不闻夺命者。依此真实语，令汝得安稳！鸯崛魔罗即于此产妇前诵之，产妇遂即得救。也就是说，"真实语"同"护咒"同样具有防护、救治的功能。真实语之所以具有如此神奇的效用，或在于古代印度人对"真实语"的独特理解。在印度人看来，真实为常住不变义，真实语即是常住不变、不生不灭的言辞，以其来对治世间寂灭无常的幻相，自可以产生相应的业用与效力。

三 明咒

除上述两种形式外，明或明咒也是在佛教经典中出现较早的经咒形式。明咒，梵语作 Vidyā，巴利语作 vijjā，其动词词根为 √vid，有知道、了解义，由此衍生出的 Vidyā 一词，即是指知识、学问，甚或包括技艺

---

① T22/754a，《四分律》卷第二十七二分之六"明尼戒法"，（姚秦）佛陀耶舍共竺佛念等譯。
② Jātaka（本生），Vol. Ⅳ, p. 31。

在内，大乘佛教特别重视的"五明"，即是指五种知识或学科门类。原始佛教时期，佛陀对"明"的态度是有分别的，一方面佛陀反对"徒劳无益之明"（tiracchāna - vijjā），即星相占卜、天文历算、种种医术等在内的世间之明，另一方面又反对昧于佛陀正法的"无明"（avijjā，avidyā），视其为通向解脱之途的障碍。佛陀本人能够"明行具足"（vijjācaraṇa - sampanna），获得宿命通、天眼通、漏尽通三通，此三通又称"三明"（tisso vijjā）。这样看来，在原始佛教时期，佛教所谓的"明"是有世间与出世间差别的，出世间的明是通过佛法的修习而获得的正知、正觉。不过，这种情形随着佛教的发展又有了很大的改变。从部派佛教时期，尤其是到大乘佛教兴起以后，具有世间化倾向的"明咒"不仅为佛教接受，且形成很大的规模，唐代僧人义净曾论及这类典籍。他指出，梵本明咒有十万颂，翻译成汉语有三百卷，通常被称为"咒藏"。大乘中观学派的创始人龙树、难陀师徒皆精于此道。尤其是难陀曾在西印度专心修习，持咒不懈，而获得感应，可以从空中乞食、求如意瓶等。后来，难陀把这些明咒结集起来，成一万二千颂。义净还指出，明咒的语言形式变化无穷，其音义也随之千变万化，如果没有老师的口耳相传，是没有办法悟解其妙处的。[①]

四 陀罗尼

上述护咒、真实语、明咒，都是早期佛教经典中出现的咒语形式，继部派佛教之后，随着大乘佛教的崛起，佛教中又出现了一种新的具有神奇业力的言语文字形式——陀罗尼。

陀罗尼，梵文作 dhāraṇī，来自梵文词根 √dhṛ（执持、拿着），意译总持、能持、能遮。在早期的佛典中，与陀罗尼类似的词已出现。巴利藏《毗奈耶经》载："学文字，学持（Dhāraṇa），为了守护而学护咒，不犯。"[②] 此处的"持"，或译执持、总持，梵语作 Dhāraṇa，是一种淬练心智的修行法门。印度六派哲学中的瑜伽派把"持"视为瑜伽八支之一，把

---

① T51/6c - 7a，（唐）义净：《大唐西域求法高僧传》卷下《道琳传》。
② Vinaya（毗奈耶），Vol. Ⅳ, p. 305。

它与禅（dhyāna）、三昧（samādhi）视为八支中的内三支，即精神层面的修行法门。Dhāraṇa 是就其动作行为而言，Dhāraṇī 可能强调的是动作、行为的对象，即执持的对象。龙树《大智度论》卷五："云何陀罗尼？答曰：陀罗尼，秦言能持，或言能遮。能持者，集种种善法，能持令不散不失，譬如完器盛水，水不漏散。能遮者，恶不善根心生，能遮令不生，若欲作恶罪，持令不作。是名陀罗尼。"① 根据龙树的解释，可以把陀罗尼理解为摄持佛教正法、遮持不善法的慧力。

在大乘佛典中，陀罗尼是最常见的经咒形式，许多大乘经典，诸如《般若经》《法华经》《大集经》都有"陀罗尼品"。到大乘佛教的中后期，陀罗尼的应用更为广泛，其功德与业力也不断拓展，并与明咒出现合流的趋势，唐代无极高所译的《陀罗尼集经》十二卷系从《金刚大道场经》中撮要钞译，而《金刚大道场经》又是大明呪藏之少分。

除了出现频率高、应用范围广之外，陀罗尼的形式与类别亦极为复杂。从其形式上看，陀罗尼或为一段意义完整的语段或文字，如《佛顶尊胜陀罗尼咒》，或者为一段看似无意义的音节组合，如《般若》《华严》类典籍出现的四十二字门，或为单个的音节，如密教中的"阿"字。篇幅上有长有短，长则几百上千字，短则只有一字。在类别的划分上，亦存在多种形式，似乎没有统一的标准。

五　真言

从字源学角度来看，真言梵语作 mantra，由动词词根√man 与后缀 -tra 组成。man 意为"思想、思考、思虑、观想"等。后缀 -tra，作为一个中性词，表示工具，或事件发生的处所。将词根与后缀合起来，即是思考或思维的工具。在吠陀时代，真言指吠陀本集中婆罗门祭祀唱诵的韵文。在婆罗门看来，真言具有至高无上的地位，认为它与梵天等同，常住不变，是世间万物的起源，是婆罗门与神灵交流的工具，具有超世间的威力（sakti）。

真言在佛教经典与仪轨中的广泛应用，始自七世纪出现的《大毗卢遮

---

① T25/95c，〔印度〕龙树：《大智度论》卷五。

那成佛神变加持经》及其宣讲的胎藏界密法。① 此种密法又称真言道、真言乘或真言密教,修行此法的人称为"真言行人""真言行者""真言门行者""真言门菩萨"等。唐代僧人一行在《大毘卢遮那成佛经疏》卷一"入真言门住心品",把真言解释为"真语、如语、不妄不异之音",并指出这种修行法门是以"真语为门,自心发菩提,即心具万行,见心正等觉,证心大涅槃,发起心方便,严净心佛国"。② 可见真言密教是以言语文字的修习为基础,然后获得心地的解脱。因此,后来的密教僧徒对真言重新作出解释,认为 mantra 系由词根√man 与词根√trai 组成,√trai 有救度、保护义,所以真言就是借禅定求救度或解脱的行为或修行方式。

与前述护咒、真实语、明咒、陀罗尼相比,真言是最具系统化的佛教经咒形态,其类别复杂,形式多样,应用广泛,修行体系严密,可视为佛教经咒发展的最后形态。以《大日经》为例,其真言的类别就颇为繁杂,从真言密语者的身份来看,可分为如来说、菩萨金刚说、二乘说、诸天说、地居天说五种。据修习、供奉的本尊类别,以及真言中涉及的法相境界为标准,真言可分为佛部、莲华部、金刚部三部。从其功能来分,又可分为呼召、降伏、增益、敬爱、息灾等多重功用。在修行方式上,真言又与坛城、密印、护符等法器结合,与择地、净身、灌顶等仪式相应,发展出身、语、意三密相应的系统修行方式。

六 种子字

种子字(bija),又作种字、体字,是真言的浓缩,是真言修习者修习观行的对象。作为佛教经咒中最简单的形式,它或为单个的音节,或为单个的字母。之所以被称为种子字,是因为它具有含藏、出生与本具等义项,意谓种子字含藏本尊智慧,能够生出本尊功德,具足本尊之根性。另

---

① 此前佛经提及真言时,多把它作为外道仙人的伎艺,如 T13/931c,(姚秦)鸠摩罗什译《自在王菩萨经卷下》:"又外道仙人所作,若曼哆逻呪术经——韦陀,若语论,若钵迨,若诸神通,若诸智门,若日月五星经,若梦经,若地动经,……"即便《摩诃般若波罗蜜多心经》出现的"大神咒"(mahāmantraḣ)、"大明咒"(mahāvidyāmantraḣ)、"无等等咒"(anuttaramantraḣ)也是取其喻义。
② T39/579b。

外，种子字又具有"自一字可生多字，多字复可赅摄于一字"的语文属性。在真言密教中，每种真言都有其种子字或体字，此字或为真言之首字，或取中间字，或取尾字。此种子字具有字义与字相，字义即种子字诠表的佛法义理，字相是种子字在观想、书写时显示的形色。修行者悟解其字义后，即观想其字相，由此字相再转生出本尊。如大日如来的种子字为阿字，其字义为"一切法本不生义"，其字相为""，其本尊则为""。

如上所列，诸种经咒在佛典及佛教修行中出现的时间，其形态、功用与类别，都有明显的差别，不过随着佛教的发展，到八世纪以后，这些经咒出现了融合的趋势，所以唐代的密教僧不空指出，陀罗尼、真言、密言、明，或在显教经典中称说，或于真言密教中说，"如是四称，或有一字真言，乃至二字三字乃至百字千字万字，复过此数乃至无量无边，皆名陀罗尼、真言、密言、明。若与三密门相应，不暇多劫难行苦行，能转定业，速疾易成，安乐成佛速疾之道。"也就是说，四种名称皆可纳入佛教经咒的名义之下，作为安乐成佛的速疾之道。①

佛经翻译在中国历史悠久，积淀丰厚，历代僧徒对梵汉佛典的言语差异、文体风格，以及转梵为汉的方法和技巧，都有深入的体会与具体而微的探讨，如隋僧明则曾总结前代佛经翻译的实践，作《翻经法式论》十卷。另外，更有众多基于翻译实践的理论总结，其影响较大者，有晋代释道安立"五失本三不易"说，隋僧彦琮倡"八备"之论，唐代玄奘制"五不翻"原则等。

在佛经翻译中，佛教经咒作为佛典中特殊的部类，受到历代译经僧与义解僧的重点关注，其翻译方法、体例与原则数经反复，代有新变。

一般说来，汉文大藏经咒出现的数量或频率有一个渐次递增的过程，当公元前后佛典开始传入中土时，也正是大乘佛教经典在印度陆续问世的时期，新出现的大乘佛典如《般若》《维摩》《法华》《华严》等都有不同形式的经咒，而且随着这类经典的逐步完善，其经咒的内容与篇幅也不断增加。到公元七世纪，随着密教经典的出现，经咒几乎居于整个经典中的

---

① T18/898a–b，（唐）不空：《总释陀罗尼义赞》。

中心位置。在佛教经咒逐渐丰富的过程中，汉地僧徒对经咒的认识不断加深，其翻译方法与原则不断改进。到南北朝后期至初唐时期，汉地僧侣有意识地区分梵语与胡语，充分认识到梵语作为佛教元典语言的殊胜性，逐渐确定下以音译翻译经咒的译经惯例，并不断在实践中改进音译方式与手段，力求使经咒的翻译达至精确、细致、完整的境地。

结合历代佛教经咒的翻译实践与理论总结，或可对这种演进过程与规律，有更为清晰的认识。

三国时期，吴国支谦共竺律炎翻译的《摩登伽经》是一部涉及印度种姓制度、占星术及佛教天文学的经典。此经提及一位婆薮仙人，善禅定，有智慧，具备天眼、天耳、他心、宿命、如意等五种神通，后因睹美色而起贪恋心，顿失神通。婆薮仙人由此心生惭愧，深自悔责，即诵出五段咒语：

> 旦提他，庵，浮婆苏婆，旦娑婆斗婆利茹被瞿提婆，斯提么提由那，婆罗提那。此即名为婆罗门呪。
>
> 庵，阇致啰，多波薮浮埵，伽呵男婆那摩失多，干毘罗，旦多罗，毘利多婆艳提婆婆，失利，尸缔缄，萨阇男忧波男，婆罗陀斯磨。此即名为刹利神呪。
>
> 庵，质多罗摩醯帝，毘舍斤若，阿他婆斤若，遏陀多，婆罗毘那。此即名为毘舍神呪。
>
> 庵，阿多波，婆罗多波，示毘陀贪婆利沙赊耽波赍，陀贪，庵罗。此即名为首陀神呪。
>
> 庵，有形必有欲，有欲必有苦，若能离此欲，定得梵天处。此即名为大梵天王婆毘罗呪。①

前四段关于婆罗门、刹利、毘舍、首陀的神咒都是采用音译的方式，最后一段则采自意译的方式。同为咒语为何前四段用音译，后一段用意译，因缺少足够的证据，无法判定。不过从其内容上来看，可能是因为前四段咒文皆属外道，后一段咒文所宣扬的有形即有欲、有欲即生苦、离欲

---

① T21/404a，《摩登伽经》卷上，（三国吴）竺律炎共支谦译。

得解脱的思想与佛教有相通之处，故选择了意译的方式。

最早对佛经翻译作理论上总结的是晋代释道安的"五失本三不易"之说。由于当时汉地流传的佛教经典主要从西域传来，佛经翻译主要是译胡为汉，道安的"五失本"主要是从胡、汉文本的语序、文质、繁简、韵散及叙事方式的差异，揭示转胡为汉之后，佛教经文发生的变异。其"三不易"则是从古今、圣俗及密疏的对比，展示译经之难。道安殁后未久，鸠摩罗什将佛经翻译事业推至一个高峰。在僧叡、僧肇、道生等弟子的协助下，罗什所翻译的《维摩诘经》《法华经》《大智度论》《中论》《百论》等，力求不失原意之外，更注意保存原本的语趣，成为后人无法超越与替代的译本。罗什对梵汉语言文字的差异深有体会，故对佛经翻译事业有一个基本的态度，即他所说的"嚼饭之喻"，他认为佛教经典从梵语翻译汉语之后，仅得大意，难以传达其文采与文体，就如同嚼饭与人，不仅缺少原有的味道，还会令人感到恶心。[①] 虽然如此，罗什师徒还是在竭力兼顾梵汉语趣，创开先路，翻译诸多典范之作，除上述提及的《维摩诘经》《中论》等佛教经论之外，他在经咒的翻译方面也首次奠定了后代经咒翻译的基本体例，即采用音译而非意译的方式，比如他翻译的《心经》咒语："故知般若波罗蜜是大明呪，无上明呪，无等等明呪，能除一切苦，真实不虚，故说般若波罗蜜呪。即说呪曰：'竭帝，竭帝，波罗竭帝，波罗僧竭帝，菩提，僧莎呵'"（gate gate pāragate pārasaṃgate bodhi svāhā，去啊！去彼岸啊！一起去彼岸啊！愿证得菩提！）[②]。此后，《心经》虽数次重译，但在翻译其咒语时基本上都沿用了他的这种音译方式。

除音译之外，罗什曾经师事的佛陀耶舍在翻译经咒时采用一种梵汉合璧式的翻译方式，即音译与意译相结合的模式。题为佛陀耶舍与竺佛念等译的《四分律》记载，有比丘为蛇所伤，佛陀教诫其弟子，当于彼蛇与众生心存慈悲，就不会为蛇所伤。同时，佛陀还允许诸比丘作"自护慈念呪"，其呪文作：

---

① T55/101c，（梁）僧祐《出三藏记集》卷十四《鸠摩罗什传》："但改梵为秦，失其藻蔚，虽得大意，殊隔文体，有似嚼饭与人，非徒失味，乃令呕哕也。"
② T8/847c，《摩诃般若波罗蜜大明呪经》，（姚秦）鸠摩罗什译。

毘楼勒叉慈！伽宁慈！瞿昙冥慈！施婆弥多罗慈！多奢伊罗摩尼慈！伽毘罗湿波罗慈！提头赖咤慈！慈念诸龙王，乾闼婆，罗刹娑，今我作慈心，除灭诸毒恶，从是得平复，断毒灭毒除毒，南无婆伽婆。①

在这段咒文中，前面八位龙王的名字都是音译，其余的内容则以意译。或有人认为《四分律》系罗什与佛陀耶舍共译，联系他们的关系，以及二者都是在姚秦支持下的译场从事翻译工作，这种说法并非没有可能。果真如此的话，这种翻译方式也有罗什师徒的翻译智慧在内。

佛教经咒翻译发生重要的转变，或者说是经咒作为译经的重要环节倍受重视，是在南北朝后期及隋朝。此时南北佛学交融，汉地僧徒有意识地区分梵本与胡本的差异，并把梵本佛典作为楷定是非讹误的标准。隋僧彦琮久参传译，妙体梵文，著《辩正论》专论翻译之事。他在总结前代译经基础上，针对梵汉经文的差异，从字声、句韵、问答、名义、经论、歌颂、咒功、品题、专业、异本等十个方面讨论佛经翻译的方法与体例，其中即把经咒作为一项重要的内容。隋代另一位僧人慧远在其《大般涅槃经义记》中也指出咒词不译的原因，即"翻改失用，多不神验，所以不翻。又复咒词未必专是天竺人语，翻者不解，是以不译。诸经咒词，不翻多尔"。② 除从咒词的功用角度考虑其不译即采用音译的原因，慧远还从经咒的语言归属来解释音译的原因。

入唐之后，佛教经典的翻译事业达到巅峰状态，再加上密教经典的大量翻译，对经咒的翻译实践与理论总结也达到前所未有的高度。作为译经史上最审慎的佛经翻译家，玄奘在翻译佛经咒时，出于宗教信仰因素在内，继承了罗什所用的音译方法。相传由他总结的"五不翻"即五种音译的原则，第一种即是因为经咒的神秘性。③ 玄奘在西行求法途中，曾得观世音口授梵本《心经》，由此在途中屡因口诵此经，解除困厄，归国后即

---

① T22/870c – 871a,《四分律》卷四十二，（姚秦）佛陀耶舍共竺佛念等译。
② T37/626c,（隋）慧远：《大般涅槃经义记》卷第一之上。
③ T54/1055a,（宋）周敦颐《翻译名义序》："一秘密故，如陀罗尼。二含多义故，如薄伽梵。三无敌对故，如阎浮树，中夏实无此木。四顺古故，如阿耨菩提，非不可翻，而摩腾以来常存梵音。五生善故，如般若尊重，智慧轻贱。"

将《心经》全部采用音译的方式即用汉字转写出《心经》，以保持其殊胜与灵验，供佛教信徒念诵。当然，这也不妨碍玄奘据梵本，把《心经》重新翻译（意译），成为现今流传最广的译本。

继玄奘之后，入印求法的义净，在佛典翻译时，创造性地采用了经注的方式，弥补因翻译而可能导致的讹误。他在佛教经咒的翻译上，即屡次采用"译者注"的方式，如他在翻译《佛说大孔雀咒王经》时，针对音译经咒的读诵作过一段详细的注释：

> 若是寻常字体傍加口者，即须弹舌道之，但为此方无字，故借音耳。自余唯可依字直说，不得漫为声势致失本音。又，但是底字皆作丁里音道，不得依字即唤，便乖梵韵。又，读咒时，声含长短，字有重轻，看注四声而读，终须师授，方能惬当，又须粗识字义，呼召始可随情。若至我某甲处，咸须具述所求之事。①

这种加译注的方式甚便于佛教信徒准确把握经咒的音读，体悟梵音的特点与神圣性。

唐代开元、天宝年间，真言密教经典的翻译蔚为兴盛，善无畏与一行、金刚智与不空师徒，将真言密教的胎藏界密典与金刚界密典翻译成汉语，佛教经咒的翻译实践与理论总结，几乎成为此派弘法、传教的核心环节，成为身、语、意三密修行中不可须臾或缺的基础与前提。也就是说，在用音译翻译佛教经咒为共识的情况下，如何进一步保证经咒的准确与神圣，成为真言密典翻译者与传习者探讨的关键问题。在这一过程中，此派僧徒一方面将音译的方式进一步细化，通过诸如加注、分句的方式，确保音译经咒的准确性，另一方面通过音译与梵字对照的方式，供密教僧徒修习之用。除外，更通过各种念诵法，向修习者传授读诵音译经咒的具体方法。如佚名的《佛顶尊胜陀罗尼真言》附《学念梵音法》即是这类的文字，内中指出，念诵经咒要"务存梵音，但取其声，不取其义"，"所有口边字者，皆须弹舌而言之；侧注平、上、去、入者，依四声而纽之；所注

---

① T19/459b，《佛说大孔雀咒王经》卷上，（唐）义净译。

'二合'者，两字相和，一时急呼，是为二合也"。① 在密教经典中，不仅经咒的音译转写成为一项细致入微的工作，其读诵方法也成为师徒口耳相承的秘密法门。

　　唐武宗"会昌法难"之后，佛教经典的翻译事业遭受重创。宋代立国后，佛教翻译事业虽有宋王朝的大力支持，但因佛教在印度渐趋式微，而且印度当时流行的密教经典与中土固有的社会伦理观念相去甚远，再加上译经僧人整体学养的不足，使其所译经典几乎无可称道，尤其是此期翻译的密教经典鲜有流传与影响，经文所涉及的经咒翻译亦与唐代所译不可同日而语。

　　宋代之后，转梵为汉的佛典翻译事业基本停止，不过，对经咒的校勘与翻译事业，依旧在元、明、清三朝得到持续发展。基于汉、藏、蒙、满等不同民族语言文字的佛典翻译与对勘在这个时期取得长足的发展，此举推动了佛教经咒的流通与"规范化"，也大大促进了不同民族文化间的融合。清代乾隆年间，清王朝曾集举国之力，编辑、校勘完成八十八卷的《御制满汉蒙古西番合璧大藏全咒》，将佛教经咒的翻译与整理事业推进到前所未有的高度。

　　略述上述，佛教经咒作为佛教经典中的特殊部类，在中国历代佛经翻译事业中占据重要的位置，其翻译实践与理论总结显示出"前修未密，后出转精"的演进过程。在早期佛典翻译中，经咒的翻译曾经出现过意译、梵汉合璧式翻译及音译等多种翻译方式的尝试。隋唐时期，秘密不译、务存梵音的音译式翻译成为佛教经咒翻译的定例，通过诸如"侧注"、断句、梵汉对照等多种方式，以维持经咒的神圣性与秘密化，成为此期译经僧与经咒念诵者集中探求的方法与门径。

　　在这一过程中，人们对经咒的总结与认识也不断深入，如宋代钱塘沙门释智圆即曾对经咒的功用与属性作过如下总结：

　　　　言神咒者，新翻并云真言，谓皆是如来难思秘密真实之言也。然众经所说功用不同，或专用治病，或专用护法，或专用灭罪。（中略）

---

① T19/389b，《佛顶尊胜陀罗尼真言》，（唐）不空译。

古来诸师解义不同，今意会之，不出四悉：一云，呪者是鬼神王名，称其王名，部落敬主不敢为非，此世界明呪义也。或云，呪者如军中密号，唱号相应，无所诃问，若不相应，即执治罪，此为人义也。或云，呪者密默治恶，恶自休息，（中略）或云，呪是诸佛密语，（中略）秖是一法遍有诸力，病愈罪除，善生道合，即第一义也。有此四义，故存本音，译人不翻，意在于此。①

从这个意义上说，经呪可以说是佛教诸神的名号，是佛教教义的浓缩，是人神交流的工具。

另一方面，佛教经呪是由特殊代码或超语言的文字符号组成的系统，对维持佛教的殊胜之处与神圣性发挥了重要的作用，上述玄奘音译《心经》的做法即是最典型的例证。佛教经呪的传译与应用，对于补救汉传佛教因重义理、重智慧而导致的神圣性淡化，不失为一剂有益的良方。不过，物极必反，对经呪的过分倚重，固然增强了其神圣性，却又为其设置了进一步传播与发展的樊篱。如何在佛教的神圣性与世俗化、纯粹性与土著化、排他性与开放化、原教旨与多元化之间寻求平衡与合适的支点，无疑是佛教传播过程中令人纠结的问题，佛教经呪作为其中的重要环节或关键手段是不可忽略的。

抛开其宗教层面，单就文化层面而言，佛教经呪的翻译与流传对世俗文化产生了"无心插柳"式的积极影响。经呪翻译实践与理论总结除了对汉地僧徒读诵、领悟梵音甚多便利之外，也大大促进了汉语音韵学的实质性发展。汉语音韵学与佛教经呪翻译的关联程度，从清代乾隆朝在编译《大藏全呪》之前先编订《同文韵统》一事即可见出。乾隆御制的《同文韵统序》中非常清楚地揭示出二者之间的关系：

间尝浏览梵夹，华文笔授充牣支那，而呪语不翻，取存印度本音，以传真谛。顾缁流持诵，迥非西僧梵韵，是岂说呪不译之本意耶？[中略]考西番本音，溯其渊源，别其同异，为之列以图谱，系以图说，辨阴阳、清浊于希微杳渺之间，各得其元音之所在，至变而

---

① T39/993c-994a，（宋）释智圆：《请观音经疏阐义钞》卷三。

莫能淆，至赜而不可乱，既正贝叶流传之讹谬，即研穷字母形声之学者，亦可探婆罗门书之窔奥。

以佛教经咒的翻译为例，对宗教经典的翻译实践与理论作了一番检讨之后，可以发现，在佛教经典中，存在大量的音译词，即玄奘所归纳的"五种不翻"的字符、术语、概念或语段。与佛教类似，在伊斯兰教经典中亦存在大量采用音译词的情形。不过，在基督教经典中，音译词的比例远远低于佛教与伊斯兰教，其原因何在？是否可以说基督教的"本色化"进程，比佛教、伊斯兰教走得更快？是否可以说，从语言层面来看，基督教比佛教、伊斯兰教，具有更为"普世"的一面？聊申疑虑，敬祈赐教！

法王寺在嵩山佛教中的历史地位

吕宏军 王海涛*

佛教自东汉传入中原之后，嵩山地区成为中国佛教的传播中心，它的地位一直受到人们的重视，也是人们研究和探索的重要课题。始建于东汉的嵩山大法王寺，在确立嵩山作为中国佛教传播中心地位的过程中具有重要作用。大法王寺的创建不仅开创了嵩山建寺的先河，而且在嵩山佛教的传播过程中起着旗帜和引领作用。

一 法王寺创建的历史背景和原因

关于佛教传入中国的时间，现在比较普遍的一个观点认为是在东汉时。据《四十二章经序》《高僧传》等记载，东汉永平七年（公元64年），明帝夜梦金人，大臣以为乃西方之佛，于是遣蔡愔、秦景等10余人前往西天拜佛求经。使臣在大月氏国遇到准备往东土传法的西天竺（古印度）高僧摄摩腾（一作迦叶摩腾）和竺法兰，便邀请他们来东土传法。永平十年（公元67年）蔡愔、秦景等携二位高僧白马负经来到东汉都城洛阳，后明帝把他们安置到朝廷接待外来使者的鸿胪寺内译经传法。不久，摄摩腾和竺法兰认为繁华的都城洛阳不是译经传法的理想之地，于是在二位高僧的要求下，明帝特在中岳嵩山的太室山为之建造了一个寺院。永平十四年（公元71年），寺院建成，初名汉王寺，后更名法王寺。这是嵩山最早的寺院，也是佛教传入中国后所建的第一所真正的佛寺。

法王寺作为中国最早的寺院，古代的史册和碑刻有众多记载。唐会昌

---

* 吕宏军，嵩山文化研究会常务副会长；王海涛，嵩山文化研究会常务理事。

五年（845年）圆仁、天如所立的《释迦舍利藏志》碑："汉西来释迦，东肇佛坛，嵩之南麓，法王寺立矣。"显然，在唐代已确认了法王寺乃佛教传入中国后所立的最早的佛寺。明嘉靖十年（1531年）《重修法王寺碑》："邑之有寺，曰法王者夷。考县志，建于汉永平十四年，佛入中国之始。"清景日昣《说嵩》："永平十四年，嵩山建大法王寺。法王者，佛称也，此中国作寺之始。"在法王寺的大雄宝殿前，有两株高大的银杏树，高19米，围6米。这两株已近2000年的古树，相传为摄摩腾和竺法兰所植。银杏本佛教圣树，常植于寺院之中，作为佛教寺院的重要象征。法王寺这两棵银杏见证了法王寺近二千年的佛教历史。

佛教自东汉传入中国后在嵩山太室山建法王寺绝非偶然，而是有着深厚的历史背景。归纳佛教在嵩山立根并建立法王寺的原因，主要有这几个方面：其一，佛教讲苦修，因而多选择静谧的山林作为修行之所。摄摩腾和竺法兰所到的京城洛阳，乃东汉的政治、经济和文化的中心，也是当时人口最为密集的大城市，喧闹非凡，这和佛教倡导的苦修是不符的。而嵩山的太室山，不仅是五岳名山，而且林木茂盛，环境幽静，是理想的修行和译经场所。因此，嵩山的环境符合清修的条件。其二，嵩山是五岳名山，居于天地之中，具有神圣的地位，便于佛教利用其势进行传播。嵩山自古就是华夏民族文化的发祥地，也是三代的建都之地。《史记·封禅书》："昔三代之居，皆在河洛之间，故嵩高为中岳。"嵩山还被认为是神山。据西周初年铸造的"天亡簋"铭文载，周武王灭商后曾在嵩山举行"王祀于天室"的封天祭地大典，周武王对嵩山的封禅不仅开创了中国古代封禅的先河，也为历代帝王祭祀嵩山奠定了坚实的基础，所以其后的帝王都不断到嵩山祭祀。周平王东迁洛阳后，嵩山被定为"中岳"。佛教作为一个外来宗教，必然要利用嵩山神圣的地位来树立佛教的旗帜，使之获得至高无上的地位，所以摄摩腾和竺法兰选择在嵩山太室山建寺当在情理之中。其三，嵩山地临京都，便于得到帝王的支持。考察中国各种宗教，其发展都离不开帝王的支持，许多宗教都是在帝王的大力推崇下才得到确立并发扬光大的。东汉的都城洛阳就在嵩山脚下，在此建立佛寺自然就容易得到帝王的支持。同时，作为极力支持佛教的东汉帝王当然也希望佛寺不能距京城太远，这不便于帝王和佛教的沟通。其四，嵩山太室山玉柱峰下的法王寺自古就被认为是风水宝地。中国古代建立寺庙，必先观风水，然后居风水宝地而建寺。嵩山的风水，唐代裴漼《皇唐嵩岳少林寺碑》称："正气居六合之中，清都控九州之会……信帝畿之灵境，阳城之福地。"而太室山下的法王寺自古就被称为"嵩山第一圣地"。明代傅梅《嵩书》："寺北负嵩岑如倚，左右高峰张两翼如卫，俯瞰二熊诸山，排列如拱，真天下形胜之区也。"明嘉靖三十八年（1559年）《重修法王禅寺功德记》："夫环天下皆山也，而惟嵩高当天地之中，占名山皆寺也，而维法王据形势之最。"清代洪亮吉《登封县志》云："背负嵩岑，合抱如椅。俯瞰二熊诸山，排列如拱，当为嵩高第一胜处。"即法王寺的地势，背有嵩山玉柱峰为依靠，左右有山峰为依托，形如椅子一样，即古代所云左青龙、右白虎的风水宝地。这样的一个风水宝地自然是佛教在此建寺的一个很重要的原因。

二 法王寺的兴建引发了嵩山的建寺高潮

嵩山法王寺自东汉永平十四年（公元71年）落成之后，开启了佛教在嵩山拓荒的先河，也成了佛教的传播圣地。当年摄摩腾和竺法兰在洛阳及法王寺期间，先后译出了《十地断结经》《法海藏经》《佛本性经》《佛本行经》等。这些经典为佛教在中国的传播起到了奠基的作用。又据赞宁的《僧史略·东夏出家》载，汉明帝刘庄特许阳城（今登封告城）侯刘峻落发出家法王寺。刘峻出家是嵩山度僧之始，也是中国度僧之始。又据南梁慧皎《高僧传》载，三国时，居于嵩山下颍川（今河南禹州）的朱士行也曾在法王寺出家修行，后朱士行前往西域求法，为内地前往西域取经的第一位僧人。

自法王寺在嵩山建立之后，随着佛教的发展，其开拓和引领作用得到了充分的体现。到南北朝时，嵩山形成了中国第一个集中建寺高潮，嵩阳寺、闲居寺、升道寺、栖禅寺、中顶寺、道场寺、少林寺、双林寺、永泰寺、会善寺、刘碑寺、龙华寺、在孙寺等相继在嵩山诞生。据立于东魏天平二年（535年）的《中岳嵩阳寺碑》载，北魏太和八年（484年），大德高僧生禅师在嵩山之阳（今嵩阳书院处）建立了一个规模宏大的佛寺，寺中还建有一座十五层的灵塔，这是北魏已知年代寺院中建造最早的寺院。又据《洛阳伽蓝记》卷五载，北魏时在嵩山的峻极峰还建有升道寺、栖禅寺和中顶寺，被称为"中顶三寺"。此外，《洛阳伽蓝记》还记载，嵩山在北魏时还建有道场寺。又据唐代李邕《嵩岳寺碑》载，北魏永平二年（公元509年），宣武帝诏冯亮与僧暹及河南尹甄深等，依嵩山风水宝地而建闲居寺。此寺是一个规模宏大的古刹："广大佛刹，殚极国财。济济僧徒弥七百众，落落殿宇逾千间。"隋仁寿元年（公元601年），闲居寺更名为嵩岳寺。闲居寺是北魏时非常知名的一座佛寺，宣武帝曾以此为离宫。又据《魏书·释老志》等载，北魏太和十九年（公元495年），印度高僧跋陀来到中国，魏孝文帝仿明帝为摄摩腾、竺法兰在嵩山建法王寺的做法，在少室山阴建造了少林寺，北魏孝昌年间印度高僧菩提达摩来到嵩山，在少林寺北五乳峰面壁九年，开创中国禅宗，少林寺遂称祖庭。又据唐《中岳永泰寺碑》载，北魏孝明帝正光二年（公元521年），明帝之妹永泰公主出家于嵩山，因建明练寺，后改为永泰寺，这是嵩山地区也是中国已知年代最早的一个尼僧寺院。又据立于北齐文宣帝天保八年（公元557年）的《北齐造像碑》载，是年豫州刘刺史在嵩山下建碑楼寺，后改称刘碑寺，并立高大的造像碑于寺中。又据宋王著《重修会善寺》碑载，东魏初将原孝文帝离宫改为会善寺。又据《嵩书》《说嵩》《嵩山志》载，南北朝在嵩山建的佛寺还有双林寺、龙华寺和在孙寺。

纵观嵩山南北朝第一个建寺高潮，无不与法王寺的创建有着密切的关系。其理由如下。其一，嵩山北魏佛教寺院的建立和兴盛皆是在法王寺开拓的基础上而兴起的，也就是说是因为法王寺在嵩山的开拓与发展，使佛教在此生根，从而引发佛教在此的开花结果。其二，从北魏嵩山众多佛寺建造的历史背景及环境方面来说，皆与法王寺有惊人的雷同之处。即北魏的佛寺都是选择神圣的名山，选择清静之地，选择风水宝地，且距北魏的都城洛阳很近，以便于得到帝王的支持。由此，北魏时期嵩山第一个建寺高潮的兴起，法王寺的引领和开拓起到了极为关键的作用。

三　法王寺的兴建引领嵩山佛教的繁荣

自东汉法王寺创立之后，在南北朝时，嵩山形成了一个建寺高潮。这个高潮的形成，不仅确立了嵩山在佛教中的历史地位，同时还使嵩山成为佛教活动的中心。北魏时菩提达摩到达少林寺后，这里成了中国佛教传播最广、规模最大的禅宗发禅地和禅文化的中心，天下高僧云集，四海僧众皈依。此外，嵩岳寺是北魏宣武帝的离宫，宣武帝为了礼佛在此建造了嵩岳寺塔以藏舍利并供其参拜。会善寺则是宣武帝礼佛之所，而永泰寺则是孝明帝永泰公主的出家之所。因此，以少林寺、嵩岳寺、嵩阳寺、永泰寺、会善寺、升道寺、栖禅寺、中顶寺为代表的知名古刹可以说是嵩山佛教兴盛的缩影。

嵩山佛教在北魏兴盛的基础上，到了隋唐，又迎来了一个大繁荣时期。作为嵩山佛教开拓者的法王寺，在隋唐时期也是一个引领者，其地位十分显赫。隋仁寿时，因发现舍利一瓶，于是诏令天下州县名山的寺院建塔以供舍利。法王寺就是当时文帝选择建舍利塔的一个寺院，并因此更名为舍利寺，此足见当时帝王对法王寺的重视。而今，隋朝所建的高大的舍利塔仍然矗立在法王寺，它见证了那个时期的繁荣。到了唐代，太宗即位，便下令整修法王寺，代宗时又重修法王寺。唐代禅宗高僧元珪曾在法王寺讲经说法。此外，法王寺今存的三座精致的唐塔，堪称中国唐塔的精品和杰作。在唐会昌时，日本僧人圆仁为了保护佛舍利还专程到法王寺隐藏佛舍利，留下了中日佛教文化交流史上的一段佳话。隋唐时的少林寺也是一个名扬天下的佛寺。少林寺十三武僧因助李世民平定王世充曾得到李唐王的嘉奖，唐高宗、女皇武则天也亲自到寺院参拜。唐代的名刹嵩岳寺，和法王寺同属一寺，其建筑最为精湛，女皇武则天不仅以此寺为离宫，还特送镇国金佛像于寺内。嵩山的会善寺在唐代也是非常兴盛。女皇武则天曾拜寺内高僧道安为国师。禅宗北宗七祖普寂曾以此寺为传禅的根据地，普寂还曾任武则天、中宗、睿宗三帝国师和两京（长安、洛阳）的法主，唐代著名天文学家僧一行也曾出家于会善寺。

隋唐时嵩山佛教的兴盛还有一个重要的标志，就是这个时期嵩山出现了第二个建寺高潮，天中寺、卢崖寺、龙潭寺、龙泉寺、华严寺、玉泉寺、竹林寺、少室山寺等相继在嵩山建立。唐代嵩山佛教的兴盛，同样与法王寺的引领作用密不可分。

四 结语

嵩山法王寺自东汉创立之后，成为嵩山乃至中国最早的真正意义上的佛教寺院。同时，法王寺的建立，使佛教在嵩山落迹，并成为中国早期佛教的传播圣地。由于法王寺的引领和开拓，一大批寺院纷纷在嵩山建立，到北魏时嵩山已成为中国佛教的传播中心，到隋唐时又迎来了嵩山佛教的大繁荣。由此，作为嵩山佛教最早寺院的法王寺，在嵩山佛教的生根、开花、结果中起到了决定性的作用。

大法王寺在中国佛教及文化中的地位管见

易 宏　翟建军　吕宇斐*

百年之前的中国正处于几近亡族灭种的境地，仁人志士们纷纷远赴欧美或去吸收西方文明成就方面已经先行一步的邻邦日本，留洋"取经"，寻求救亡图存之"真理"。而诸如"取经""真理"之类的词语，虽为汉字但却是因佛教传入中国而产生的新词汇，仅从这些术语历久弥新的广泛应用上便可以看出，中国社会的近现代化依然同佛教的中国化有着千丝万缕的联系，显示着佛教在中国文化史乃至整个中国历史进程中的重要作用。

东汉明帝永平十年（公元 67 年），印度高僧摄摩腾和竺法兰携佛经入住洛阳，翌年明帝建白马寺令二僧译经，人们通常以之为佛法传入中国并被官方正式接纳之始，因此，洛阳白马寺可说是佛教正式入华第一站。再三年后，永平十四年（公元 71 年）明帝命在嵩山建法王寺，令二僧在此继续译经。据传后来又有汉人刘峻在法王寺奉敕出家为僧，是为汉僧第一人[①]。传统中国社会讲究"不孝有三，无后为大"（《孟子》），追求血缘后代繁衍不断，以便自享香火绵延不绝。第一个汉族出家僧人的出现，应当是对传统宗法礼教的一个重大突破。于是，法王寺堪称佛教在华传播或中国化之第一站。显然，作为这样一座寺庙，法王寺的修建与续存在中国佛教乃至整个中国历史中都有其特殊意义。下面主要从对传统宗法观念的突破或超越的视角，谈谈我们对法王寺在中国佛教及文化中地位的管见

---

* 易宏，北京大学现代中国研究中心研究员；翟建军，北京大学现代中国研究中心研究员；吕宇斐，北京大学现代中国研究中心研究员。

① 赞宁撰《大正藏·54 册·2126 号·大宋僧史略·东夏出家》载：汉明帝听阳城侯刘峻等出家，僧之始也。

浅识。

在长期（父系）宗法制社会中，中国虽然并不缺乏不受官方直接掌控的民间信仰或民间宗教的存在，但在佛教传入之前，中国基本不存在长期同王权和谐共存的相对独立的宗教组织，作为中国主导性宗教的宗法礼教始终处于同帝王及官僚体系合二为一的政教一体状态，中央政权对宗教的管理也一直处于同王朝更替与兴衰相伴随的"绝地天通"/"家为巫史"的交替循环之中。自从在印度创立之初即相对独立于王权的佛教传入，给被"独尊儒术"政策排除在"正统"之外的各家思想与信仰的重组传承提供了组织借鉴，"儒术"之外的思想与信仰终于以道家思想为核心，在"道"的旗号下重新集结，形成了道教——中国人创立的以中国传统道家（但不局限于此）思想为内核的、维系社会（不局限于中国）和谐长存的有相对独立组织的本土宗教，也是续存时间最长久的土生非政府组织。[1]

道教虽然对传统宗法礼教有所超越或者突破，但是，也许由于国人的宗法意识过于强烈，这种超越或突破是有限的，道教依然属于大宗法体系，以致堪称"第二礼教"[2]。道教在唐代的兴盛，除了道家道教自身的发展规律之外，不能排除甚至有着较多的由于唐王室与道家学派创始人老子同姓而可攀亲的宗法性因素[3]。再如，本文作者之一在四川同一位道士一起参访道观时，这位同行道士每遇观内道士都会主动作礼，而对方基本不予理睬。这位同行道士不由得感慨地说：佛教寺庙的僧人和基督教教堂里的牧师对待外来者，不论同教与否，大多很热情，但我们道教道观里的道士对待外来者大多很冷淡，甚至对待身着道士服的外来道士同行，如果互不认识的话，也很冷漠。笔者听后第一反应就感觉这恰好很可能是讲究亲亲原则的中国传统宗法意识在源自本土的道教中的反映。有关这一点，我们都有着亲身体会，中外各行各业从业人员对待客户的态度差异很可能也源

---

[1] 易宏：《六朝隋唐道教科仪研究——以敦煌文献为中心》，中国社会科学院研究生院博士学位论文，2009，第一章。

[2] 胡孚琛、吕锡琛：《道学通论——道家·道教·丹道》，社会科学文献出版社，2004，第261页。"第一礼教"指儒教。

[3] 易宏：《六朝隋唐道教科仪研究——以敦煌文献为中心》，中国社会科学院研究生院博士学位论文，2009，第一章。

于此。这位道士和我们及更多人的亲身体会肯定了佛教以及基督教在引导国人超越宗法意识的积极作用。

如果第一位汉僧刘峻的确在法王寺出家①,那么,法王寺也很可能是中国第一座经官方许可专门为僧众宗教活动的开展与传播试点而建立的佛教寺庙,同时还可能是第一座经官方许可专门为外来宗教在中国的传播而建立的寺庙。尽管刘峻等出家时的受戒仪轨不够完善,僧团组织不够健全,但是对于有着"身体发肤,受之父母,不敢毁伤"(《孝经》)之类普遍认识和"发崇拜"传统的汉人来说,剃除须发从师出家,是对根深蒂固的宗法礼教一个很大的突破或超越。作为汉传佛教教团的发祥地之一,作为以华人为主体的超越宗族基于信仰的社会组织萌芽地之一,当时的法王寺,可以说是中外宗教乃至广义的文化交流史上划时代的里程碑式的宗教文化与社会活动场所。用今天的话来说,也许就是当时的"改革开放特区"。

佛教的中国化,是可考中国历史上的第一次大规模吸收外来文化的成功案例。中国文化与思想因佛教的传入而更加丰富多彩,佛教则在很大程度上因为中国创造性的吸纳并形成独具特色的中国佛教,才得以成为世界宗教。

但是,佛教在淡化中国人宗法观念的同时,其自身也在一定程度上(被)宗法化。据传在东晋高僧道安(312/314~385年)之前,中土沙门皆从师姓②,师来自天竺则姓"竺",来自月支则姓"支",而由于各地各门姓氏不一,造成门派的分歧。虽显分歧,但也可说是思想的自然差异的自然表现。不过,道安以为"大师之本,莫尊释迦",决定佛门一律以"释"为姓。虽然据说因《增一阿含经》以"四河入海无复河名"类推出"四姓入沙门皆称释种"③的结论,而得到佛教界的共识,统一以"释"为姓,代代相沿,成为汉传佛教的一大特色。但是,"皆称释种"是就佛法或佛性或道统

---

① 或许存在不同说法,或许尚待考证,但是这种说法的存在本身即具有其宗教或广义的文化价值。
② 此亦非汉地传统。改姓,对汉人来说并非易事,也可说是对家族宗法意识的某种超越。但是,虽脱离了"家宗"却又进入了"师宗"。
③ 《大正藏·02册·125号·增一阿含经卷第二十一·苦乐品第二十九》原经文曰:
　　尔时,四大河入海已,无复本名字,但名为海。此亦如是。有四姓。云何为四?刹利、婆罗门、长者、居士种,于如来所,剃除须发,着三法衣,出家学道,无复本姓,但言沙门释迦子。

而言的，旨在破解印度本土的四种姓等级制度，并不意味着需要体现在通常用以显示血统关系的姓氏方面，且非汉传佛教似乎无此惯例①，更可能只是道安作为汉人的传统宗法意识在佛教中的反映。道安的想法之所以能在教界迅速形成共识，与其说是佛经的作用，毋宁说是汉文化圈僧众普遍承载的宗法文化基因的内在作用。当然，此类以大宗化小宗或者佛宗化家宗的做法，对超越汉人传统的（父系）血统宗法观念是有积极作用的。再如通常被认为标志佛教中国化完成的禅宗形成时期，著名的"神秀"和"慧能"的"渐悟"与"顿悟"孰为正统之争，恐怕未必符合并无唯一正确法门之说的佛法，这大概也正是根深蒂固的宗法血统唯一性意识在佛教中的反映。

实际上，在以家族为核心，以血缘为纽带，家国同构②、勉孝为忠的宗法礼教社会中，超越血缘家族的和谐社会组织的建构自古至今都是中国乃至世界华人的弱项。佛教的传入及其以信仰为核心、超越血缘纽带的社会组织的结成模式，为中国乃至世界华人社团构成的多元化提供了很好的组织借鉴，以至近现代中国社会的企业组织以及各类社会团体的结成仍然需要吸取其养分，在这一方面，也正是法王寺及整个佛教可以重新贡献中国乃至国际社会的重点领域之一。

再者，据报道，2010 年夏秋在嵩山大法王寺相继发现两块石碑③，其铭文中包含可能是日僧名的"圆仁"字样，这是否确指最后的遣唐使日僧圆仁？如果是，他为何在归国中途的紧张行程中来到法王寺而非其他寺庙？受到众多中日学者关注④。这些暂且不论，倒是本次论坛主办方提示

---

① 似未见东来之印度或西域僧人皆以"释迦"为姓，大概亦能说明这一点。况且，"释迦"本指释迦族，并不等同于佛，很难想象印度本地其他民族的人愿意冠以"释迦"族名，故而到底是佛经原文确有"释迦子"之说，抑或只是汉译时的方便？恐亦尚待考证。
② 或说从家到国，以华人为主体构成的各级各类社会组织大多与家同构更准确。
③ 〔日〕《朝日新闻》，"遣唐使「円仁」石板に名"，2010 年 7 月 9 日夕刊；"「円仁」名の石板、もう一枚确认"，2010 年 9 月 3 日朝刊。如果该"円仁"字样确指最后的遣唐使日僧圆仁，法王寺很有可能会成为日本人来华旅游、礼佛或修学旅行的重要目的地之一，为促进中日两国人民交往作出新的贡献。
④ 〔日〕国学院大学，"円仁石刻と古代の日中文化交流"，http：//www.kokugakuin.ac.jp/extension/jigyou0400007.html。〔日〕朝日新闻社，"唐代か明代の重刻か「円仁」石刻のナゾめぐり研究集会"，http：//www.asahi.com/culture/news_culture/TKY201101280354.html。首都师范大学，日僧圆仁的石刻与法王寺沿革讲座，http：//www.cnu.edu.cn/pages/info_details_xwbd.jsp?boardid=70202。

有关圆仁的议题，让我们联想到了日本著名宗教学家福井康顺博士四十多年前在圆仁故里岩舟町所做有关圆仁演讲的开场白①，我们认为有关内容对大家今天相聚研讨佛教学术问题依然有所启示，故特别摘译如下：

进入主题之前先说几件事。

第一，讲讲几年前日本国民被称作 economic animals 这一说法的含义。

这一说法的字面意思也就是"经济野兽"②。有些人把 animal 这个词想得比较简单，但是，不能不知道那实际上是非常侮辱我们的词语。之所以这么说，大家去大阪世博会便会发现日本人正得意洋洋，为跻身"经济大国"而沾沾自喜。但是，所谓 animal，就是"野兽"的意思，亦即"不是人"，"非人"。而且，如果说 animal passion 的话，也就是"兽欲"，是不堪设想的欲望。economic animals 这一表现的含义是说，日本人是虽然勤劳但眼睛里只有金钱的人，甚至在物质性这一点上包含不是人的"野兽"的意思。

进一步讲，也就是说日本人是距离——和"物质"相对应的——"文化"很远的人。如此说来，日本虽然已经成为经济大国，但日本人只是物质欲望强烈而文化素养低下的国民。更直截了当地说，日本人在文化——包括宗教、哲学、文学等方面非常欠缺，亦即"非人"。

另一方面，又想起前些年麦克阿瑟将军曾说我们日本人才"十二岁"③。所谓"十二岁"，有些人或许认为说的是日本人因战后缺少粮食，吃了上顿没下顿而肉体发育不良的状态。但那是不着边际的误

---

① 〔日〕福井康顺：《岩舟町と慈觉大师円仁》序言，岩舟町教育委员会，1972 年 4 月（据 1970 年 5 月演讲录音整理）。福井博士是拥有日本天台宗僧籍的著名佛教学家、道教学家，曾任日光山轮王寺内唯心院住持、大正大学教授、早稻田大学教授、日本道教学会首任会长、天台宗大僧正、大正大学校长等。相关著作有《慈觉大师研究》，早稻田大学出版部，1980 年。关于圆仁故里，有栃木县下都贺郡岩舟町和壬生町两说，福井博士这样的大学者能够到人口不足两万的小镇岩舟町讲学，足见对文化传播之重视。

② 在汉语中的常见译法是"经济动物"，但福井博士此处确用"经济野兽"，后文再用"动物"亦照原文。

③ 1951 年 5 月麦克阿瑟在美国参议院军事外交委员会作证时语。之所以说是 12 岁，大概在麦克阿瑟眼里，日本（人）犹如接近但又未到 teenager 之孩童。——译者注。

解。所谓"十二岁"是说,日本人是在文化方面——亦即宗教、哲学等方面幼稚的国民。即所谓缺少文化,也就不过是孩子。

如此想来,大概是在 1947 年正月,麦克阿瑟将军曾高调说:"啊,基督教徒统治着东洋的天地。"他还曾说:"我是基督徒,但支配着日本天皇。"

在当时,邻邦中国——有今天在台湾的总统蒋介石。蒋妹是佛教比丘尼,但夫人宋美龄是有名的基督徒,大概也因此被拉入基督教。另一方面,当时我们日本的总理大臣是片山哲,他也是基督徒。显然,麦克阿瑟将军就是抱着如此强烈的基督教意识评价日本人并将之视作十二岁少年的。

也就是说,麦克阿瑟曾将日本人看作十二岁少年,现在我们又被称作 economic animals,以致不被看作人。虽说日本人也有优点,但从广泛的文化方面或精神方面来看,总被认为是下等方面居多的人,以致不是人,而是野兽。这,决不可一笑了之。难道我们不该深刻反省吗?

福井博士此次 1970 年 5 月的演讲,正值同年 3 月 15 日至 9 月 13 日的大阪世博会会期,也正是日本战后重生、经济腾飞、举世瞩目的时期。虽然当时还没有软实力这一说法,但可以从文脉中感觉到麦克阿瑟将军和福井博士都已经有了宗教或文化软实力的意识。[1] 福井博士在演讲的最后又说道:

如果列举几个享誉世界的人物,在日本人中一定有慈觉大师。如

---

[1] 软实力(soft power),是美国哈佛大学教授约瑟夫·奈受老子启发于 1990 年提出来的一个概念(http://en.wikipedia.org/wiki/Soft_power),受到广泛关注并被不断充实,虽有多种说法,但多不外乎指通过吸引力或感召力等不强制对方的方式获得己方所需的能力。关于宗教软实力,本文作者之一易宏在其待刊稿《以仁为本的企业软实力》中有较详细论述,本文因篇幅所限,止于提及。易宏还认为,宗教犹如起着类似 Windows、Linux 之类电脑 OS 般作用的软件,堪称人脑 OS(《IT 视域中的经典与文学治疗》,中国文学人类学学会第三届年会,兰州,2006 年 10 月 28~29 日),足见对宗教作为软实力要素兼载体重要性的认识。我们衷心期望:法王寺作为佛教圣地,在优秀文化的吸收、创造以及传播等方面发挥其优良传统,重新成为河南乃至中国软实力的重要发动机。

果我们不知道这一点,外国人蔑称我们 animal 亦即"动物",那也就无可奈何了。

与日本当时的情况相似,今天的中国同样取得了巨大的经济成就,而且也是刚开过奥运会、办过世博会,同时又开始反思"GDP 至上"可能存在的问题,福井博士 40 多年前讲的这些话,对当今中国人或当有着相似的启示。具体点说,相比之下,我们中国人,特别是本次论坛所在地河南省、河南省嵩山地区的人,"天地之中"的人,如果不知道法王寺,不知道法王寺在中国佛教史乃至整个中国宗教与文化史上的重要意义,恐怕也很难让人将我们看作有文化的人吧。

我们正是这样怀着对古今中外贤者及其事迹的崇敬之心写就此文,参加此次论坛,同大家分享,以期法王寺及中国佛教和其他宗教为提升中国的宗教以及文化软实力各展所长,为和谐中国、亚洲乃至世界做出新的贡献。

简论嵩山大法王寺的宗教地位

桓占伟*

大法王寺位于河南省登封市城北七公里的嵩山南麓玉柱峰下，背依嵩岭，合抱如椅，溪水潺流，景色秀丽，被古人称为"嵩山第一胜地"。大法王寺是中国最早建立的寺院之一，是名副其实的嵩山第一寺。它不仅对嵩山佛教有开创之功，而且是中国首座山林寺院、中国山林佛教之祖，对后代中国佛教寺院入主名山、开发名山起到了重要引领作用。长期以来，除了对大法王寺唐塔的考古学方面有一些研究成果外，对大法王寺宗教地位及其对嵩山文化体系影响的专门研究还付之阙如。本文试就这个问题进行一些初步探讨，以求教于方家。

一 中国首座山林寺院

在中国佛寺史相关研究中，由于早期文献的缺乏和对晚出文献真实性的怀疑，使得中国早期佛寺史的研究举步维艰。例如，洛阳白马寺作为佛教界公认的祖庭，其最初名称和确切的建立年代至今仍扑朔迷离。任继愈先生认为："白马寺的名称与求法（所谓白马负经）没有直接关系，白马寺的名称是后来才有的。"[①] 蒋维乔先生指出："白马寺建于何代，尚须研究。"[②] 汉明帝因梦求法的各种历史记载都是追述方式，没有一种是原始记录或原始记录的转述，而且越晚出的文献记载越详细，自然有不少想象成分的增加。

不过，学术界对东汉明帝时期建立一些中国最早的佛寺还是持肯定态

---

* 桓占伟，河南大学旅游学院副教授。
① 任继愈：《中国佛教史》（第一卷），中国社会科学出版社，1985，第102页。
② 蒋维乔：《中国佛教史》，上海古籍出版社，2004，第2页。

度的。任继愈先生认为:"从现在考察,随着佛教传入中国,为安置西域僧侣居住而兴建一些佛寺是可能的……无论如何,白马寺是我国汉地最早的佛寺。"①

任先生认为汉明帝兴建了中国最早的寺院,而且不止一所,确为极有见地之结论。东汉时期,随着西域僧人来华者日渐增多,除在洛阳城郊建立都市佛寺外,同时在附近的嵩山建立山林佛寺是合情合理的。

考之印度佛教史,在释迦牟尼时代,也就是公元前 6 世纪,印度就有了最早的佛教寺院"竹林精舍"和"祇园精舍",前者位于王舍城,后者位于舍卫城,均属于都市寺院性质。都市寺院自然方便传道和讲经说法。而王舍城附近的鹫峰上,也有建有寺院,是佛祖释迦牟尼清修、说法和避暑之地。

> 宫城东北行十四五里至姞栗陀罗矩咤山(唐言鹫峰,亦谓鹫台。旧曰耆阇崛山,讹也),接北山之阳,孤标特起,既栖鹫鸟,又类高台。空翠相映,浓淡分色。如来御世垂五十年,多居此山,广说妙法。频毘娑罗王为闻法故,兴发人徒,自山麓至峰岑,跨谷凌岩,编石为阶,广十余步,长五六里。中路有二小窣堵波,一谓下乘,即王至此徒行以进;一谓退凡,即简凡夫不令同往。其山顶则东西长,南北狭。临崖西埵有砖精舍,高广奇制,东辟其户,如来在昔多居说法。②

可见,在原始佛教时期,印度已经有都市寺院和山林寺院的分别设置。佛教传入中国后,西域僧人自然而然也会要求在山林僻静处建立寺院,以方便清修和译经之用;同时,在距当时洛阳城仅数十里的嵩山争取一席之地建立寺院,也当有西来僧人提升佛教社会影响力的考量。

在有关大法王寺建寺时代的资料中,无论文献资料还是石刻资料,均有汉代建寺之说,这自当不是空穴来风。截至目前,发现的关于大法王寺建寺时代的最早历史资料,是在法王寺二号唐塔附近出土的唐会昌五年

---

① 任继愈:《中国佛教史》(第一卷),中国社会科学出版社,1985,第 103 页。
② (唐) 玄奘:《大唐西域记》,岳麓书社,1999,第 483~484 页。

（845年）的《释迦舍利藏志》，是著名的日本僧人圆仁法师和天如禅师共立的一块墓志。该志文字不多，但资料价值弥足珍贵，现据原石刻拓片录全文如下：

> 汉西来释迦，东肇佛坛。嵩之南麓，法王寺立矣。隋仁寿间，帝敕建浮屠，遣使安佛真身舍利于内，殊因移匿地宫函密之，盖护宝非不恭也。法门圣物，世远疑失。诚恐镌石以记，祈圣门永辉。
>
> 圆仁、天如
> 大唐会昌五年

其中前两句话需要引起特别注意。"汉西来释迦，东肇佛坛。""肇"者"始"也，是开始和初始的意思。因此，这句话是说佛教东汉传入中国，并在中国始建佛教寺院；"嵩之南麓，法王寺立矣"是说在嵩山南麓建造了法王寺。这段资料明确指出法王寺是佛教东传中国后，在嵩山南麓建造的首座寺院。明代陆柬《嵩岳志》云："汉明帝永平中建。"[①] 寺内现存之清康熙十二年史逸裘《重修嵩山大法王寺碑记》云：是寺也，建于东汉明帝永平年间。不同时代的资料均有一致说法，因此，大法王建于东汉永平年间应是可信的。

关于大法王寺的确切建立年代，自明代以后的不少文献中都提到是创立于东汉永平十四年（71年）。明代傅梅《嵩书》记载："大法王寺在县北十里，嵩山之南麓。备考志传，乃汉明帝永平十年创建。"[②] 寺内现存之嘉靖十年《重修法王寺碑》中声称该寺创立于东汉永平十四年。康熙五十六年，景日昣《重修大法王寺碑记》云："古法王在今寺后隙，于嵩刹为最古。盖创于汉明帝永平之十四年。"[③] 新中国成立后涉及大法王寺的一百多部著作中均沿用此说。这却是需要认真对待的问题。

---

① （明）陆柬：《嵩岳志》（卷上），郑州市图书馆文献编辑委员会编《嵩山文献丛刊》（第一册），2003，第17页。

② （明）傅梅：《嵩书》（卷之三），郑州市图书馆文献编辑委员会编《嵩山文献丛刊》（第一册），2003，第47页。

③ 嘉靖十年《重修法王寺碑》和景日昣《重修大法王寺碑记》两碑文石刻资料均据大法王寺现存石碑确定。

温玉成先生就怀疑东汉永平十四年建寺是汉明帝夜梦金人故事的演义篇，未必是信史。因为自元明以来，很多寺院都声言创立于东汉，这确实需要采取审慎的态度。温先生指出，"至迟在北魏它确已存在，然而它的始创年代却已无可考了。"①

笔者认为，法王寺名称在唐代石刻资料中已经出现，说明其来源已久，尽管已经过去了近八百年，但名称相沿，自当不谬。而东汉永平十四年建寺的说法晚出，证据似不充分。其实，因为资料的限制，大法王寺确切的建寺时间确已难证。我们综合各种历史文献，基本可以确定这样的结论：大法王寺是与白马寺同时代的中国最早期寺院之一。从中国佛寺发展史的角度来讲，大法王寺当是东汉时期建立的中国最早之山林佛寺，是中国山林佛教的源头。

二 古代嵩山第一刹

自大法王寺建立以来，它与历代封建中央政府保持有密切关系，这一点远远超过了嵩山地区其他的名寺古刹，需要引起高度重视。在历代帝王的支持下，大法王寺得到了不断发展与扩充，自东汉至北宋，在长达千年的时间里，它都占据着嵩山地区最著名寺院的地位。

大法王建寺本身就是东汉王朝的政府行为。"佛教传入时，所依靠的社会力量是汉代的皇室及贵族上层。在宫廷帝王及贵族们的特权垄断之下，神仙长生，祠祀求福，也是一种奢侈的精神享受特权，一般老百姓办不到。"② 因此，当时外来僧人主要由政府接待，住在中国古代的政府机构鸿胪寺里。后来外来僧人逐渐增多，于是专门为外来僧人造寺。在长期的历史变迁中，"寺"作为政府机构的名称逐渐淡出，最终成为佛教场所的专称。可见，大法王寺一开始就是东汉中央政府所建的官方寺院。

之后近一个半世纪的时间里，大法王寺的命运如何不得而知，但我们从明代傅梅《嵩书》的记载中可以得知："魏明帝青龙二年，车驾驻跸，

---

① 温玉成：《嵩山大法王寺》，《文物考古》1990年第3期，第391～392页。
② 任继愈：《中国佛教史》（第一卷），中国社会科学出版社，1985，第9页。

更名护国寺。"① 至少在魏明帝青龙二年（234年），大法王寺寺院还是存在的，而且尚佛的魏明帝还曾在大法王寺中止息，说明当时大法王寺较之嵩山地区其他祠、庙、寺、观而言最为突出。

自北魏迁洛以来，由于帝王崇信，嵩山地区寺院数量迅速增加，著名的嵩岳寺、会善寺、少林寺、永泰寺等不少寺院也与皇家关系密切。但这些新兴的寺院并未影响到大法王寺与皇家的关系，它依然屡受皇家重视，寺院地位和规模均得到较大提升。这可以从傅梅《嵩书》的记述中窥豹一斑。

> 晋惠帝永康元年，前增建一寺，名曰法华，元魏孝文帝避暑于此。隋文帝仁寿二年，创造舍利塔，又名舍利寺。唐太宗贞观三年，敕补佛像，赐庄安禅僧，名曰功德寺。玄宗开元十八年，更名御容寺。代宗大历元年重修，又更名文殊师利广德法王寺。五代后唐因废坏之馀分为五院，仍历代旧称，护国、法华、舍利、功德、御容。至宋初，五院僧愿合居。仁宗庆历八年，增置殿阁、僧寮，重造佛像，赐名嵩山大法寺。②

由上述资料，我们还可以了解以下基本情况。

一是大法王寺的规模在不断扩大，由一寺而发展为五院并列。从史料中不难分析出，护国寺就是原来的法王寺；晋永康年间增建分寺法华寺。隋文帝笃信佛教，他曾下诏在全国建立佛寺和舍利塔。开皇二十年（600年），杨坚颁布诏书曰："佛法深妙，道教虚融，咸降大慈，济度群品，凡在含识，皆蒙覆护。所以雕铸灵相，图写真形，率土瞻仰，用申诚敬。其五岳四镇，节宣云雨，江河淮海，浸润区域，并生养万物，利益兆人，故建庙立祀，以时恭敬。"③ 仁寿元年（601年）六月，隋文帝"颁舍利于诸州"。④ 隋唐佛寺的特点之一，就是在殿前、殿后、中轴线外置塔院。结合

---

① （明）傅梅：《嵩书》（卷之三），郑州市图书馆文献编辑委员会编《嵩山文献丛刊》（第一册），2003，第47页。
② （明）傅梅：《嵩书》（卷之三），郑州市图书馆文献编辑委员会编《嵩山文献丛刊》（第一册），2003，第47页。
③ （唐）魏征：《隋书》（卷二），文渊阁《四库全书》本。
④ （唐）魏征：《隋书》（卷二），文渊阁《四库全书》本。

《嵩书》前后文,笔者认为,隋仁寿二年(602年)在大法王寺所创建的不只是一座舍利塔,而是一座塔院,即以舍利塔为中心的寺院,所以五代时才有"舍利院"之名。依此类推,唐代也在法王寺原寺的基础上增修了功德院和御容院。大法王寺五院合一,可以想见其规模之大。

二是大法王寺在嵩山地区的地位至高无上。需要指出的是,判断一座寺院宗教地位高低的最重要的标志之一,就是看寺院有无佛骨舍利。拥有佛祖真身舍利塔既是大法王寺无上的荣耀,也是大法王寺地位极为尊崇的标志,一般寺院是难有此殊荣的。隋中央政府选择大法王寺建立佛祖舍利塔,也从侧面说明大法王寺在当时嵩山地区诸寺中首屈一指。表明大法王寺地位尊崇的另一件史实是唐玄宗开元十八年,曾在寺内供奉皇帝御容。皇帝御容当然不是随便一个寺院就能供奉的。一般而言,能在寺院供奉皇帝御容,说明大法王寺与唐王室关系很不一般;同时,大法王寺寺院应具备相当规模、具有很高的知名度和宗教地位。而到了北宋仁宗朝,大法王寺仍然雄风依旧,仁宗庆历八年赐名"大法王寺"。一般而言,寺名前加"大"字,是表明该寺地位高,规模大,宗教影响力强。

由于大法王寺宗教地位极高,以至佛教史上著名的北周武帝的"灭佛行动"也未对其产生太大的影响,甚至成为嵩山地区寺庙之硕果仅存者。"迄宇文建德中,除浮屠烬佛像,沙门还俗,于是嵩之梵宇,自法王下一切俱毁。"[1] 另外,据日僧圆仁记载,唐武宗会昌四年,"令毁天下山房兰若、普通佛堂、义井村邑斋堂等。未满二百间,不入寺额者,其僧尼等尽勒还俗,充入色役。……诸道天下佛堂院等,不知其数。天下尊胜石幢、僧墓塔等,有敕皆令毁拆。"[2] 在会昌五年(845年)六月二日至九日间,圆仁回国避难途中,曾经从洛阳到达郑州,在途中参访过嵩山大法王寺,并与天如法师共同保护了佛祖舍利。因此,即使在唐武宗全国性的大规模"灭佛运动"中,大法王寺寺院和佛塔亦得以留存不毁,可以想见大法王寺的规模在当时嵩山地区是无可匹敌的。

清人景日昣曾这样描写大法寺兴盛时期的情况:"当其盛时,驻跸所

---

[1] (清)景日昣:《重修大法王寺碑记》。
[2] 〔日〕圆仁:《入唐求法巡礼行记》,广西师范大学出版社,2007,第139~140页。

经临，名公卿、骖乘旄盖至止比踵，金刹与灵台比高，宫殿共阿房等壮，木衣绨绣，土被金紫。"① 极言寺院地位之崇高与殿宇之壮丽。

三 对嵩山文化的影响

后世所谓"天下名山僧占多"，而大法王寺是佛教入主中国名山、开发中国名山之滥觞。由于大法王历史地建立于嵩山，发展于嵩山，故其对嵩山文化体系形成了方方面面的影响，其中最重要者在于两大方面。

一是形成了对嵩山传统文化的宗教介入。嵩山历史悠久，在远古时期就是帝王活动中心。"昔三代之君皆在河、洛之间，故嵩高为中岳，而四岳各如其方。……中国华山、首山、太室、泰山、东莱，此五山，黄帝之所常游，与神会。"② 所谓"黄帝所常游，与神会"，实际上就是指黄帝经常在嵩山举行祀天、求神等宗教活动。周武王曾封禅嵩山。"天亡簋"铭文有"王祀于天室，降，天亡又（佑）王"的记载。③ 汉武帝曾"礼登中岳太室……以三百户封太室奉祠，命曰嵩高邑"。④ 并特地拜齐方士公孙卿为郎，"东使侯神于太室。"而武则天封禅嵩山，则使嵩山取得了帝王封禅的正宗地位。实际上，封建帝王在嵩山的活动不仅限于礼天和封禅，其他诸如求仙、狩猎、祈雨、巡幸、避暑等活动，也屡屡见诸史籍。限于篇幅，不再赘述。

帝王祭祀、封禅和求仙长期占据着嵩山主体文化的地位，而这种稳定而一元的传统文化到了东汉时期，终于被外来的佛教文化所浸染和分割，走向了多元化发展的道路。而大法王寺的建立则揭开了嵩山传统文化与异域佛教文化交流和融合的历史序幕，奠定了嵩山佛教的基础，为后代嵩山佛教的兴盛埋下伏笔。

由于大法王寺的引领作用，从北魏一直到唐宋以后，嵩山地区寺院星罗棋布。宋人范仲淹曾游嵩山，在嵩山极顶峻极寺中休息时，曾赋《峻极寺》诗："徘徊峻极寺，啸意满烟霞。好风从天来，吹落桂树花。高高人

---

① 景日昣：《重修大法王寺碑记》，内容据大法王寺现存石碑确定。
② 司马迁：《史记》，浙江古籍出版社，2000，第438～449页。
③ 邬可晶：《先秦西汉封禅研究》，浙江大学学位论文，2007，第30～37页。
④ 司马迁：《史记》，浙江古籍出版社，2000，第450页。

物外，犹属梵王家。"① 他感叹于即使在嵩山极顶这样的高绝之处，也仍然有佛教寺院的存在——犹属梵王家！明清之际，嵩山的佛寺更是非常之多，"仅著名的大寺院就有七十二座，史书更载名蓝百数"。② 佛教以绝对的实力，在嵩山文化体系中鼎足而立。

二是造就了嵩山第一胜境。大法王寺的建立，是佛教开发中国名山之始。大法王寺的选址极有深意，它建在嵩山最著名的天然景观"嵩门"之侧。《嵩书》云："寺背负嵩岭如倚，左右高峰张两翼如卫，俯瞰二熊诸山，排列如拱，真天下形胜之区也。"③ 《嵩山志》云："法王寺地势高敞，背负嵩岭，俯瞰二熊诸山，排列如拱，嵩前第一刹也。"④ 《学馀堂文集》云："法王寺石壁棱厉，东峰断处曰嵩门，唐宋人尝以中秋夜待月于此，月从门出，号为绝胜。"⑤

每当仲秋节夜，圆月正好从嵩门中升起，浑然如玉镜嵌于架中，称为"嵩门待月"，位居古代嵩山景观之首。嵩门胜地，而大法王寺据之。这样，寺因地而灵，地因寺而显，二者交相辉映、相辅相成。

嵩门固然是天造地设，天然有之的；而"嵩门待月"的声名大振应与大法王寺有密切关系，古人"待月"之处就在大法王寺。所谓"嵩门待月不忍归""嵩门胜迹冠中州"等等，均与大法王寺有关。加上传说其是"神光法师旧道场"⑥，曾经有神光说法、地涌金莲的传说，"寺有金莲花，为特产，他处所无。"⑦ "嵩山法王寺有紫金莲，开中秋一月，云神光说法时从地涌者，移他处即槁。"⑧ 这种紫金莲花只有在大法王寺才能生存，移到别处就会死掉，这也就说明了大法王寺的地气极灵，非佛寺莫属。这样，大法王寺所在地既是灵地，又有名寺，还有胜景；而胜地、名寺、胜

---

① （宋）范仲淹：《范文正公集》（卷二），文渊阁《四库全书》本。
② 董应周：《中岳佛寺知多少》，《中原文物》1982年第2期，第76页。
③ （明）傅梅：《嵩书》（卷之三），郑州市图书馆文献编辑委员会编《嵩山文献丛刊》（第一册），2003，第47页。
④ （清）叶封：《嵩山志》（卷八），郑州市图书馆文献编辑委员会编《嵩山文献丛刊》（第二册），2003，第106页。
⑤ （清）施闰章：《学馀堂文集》（卷十五），文渊阁《四库全书》本。
⑥ 阎尔梅：《白耷山人诗集编年注》，中国文联出版社，2002，第271页。
⑦ （明）徐霞客：《游嵩山日记》（卷一下），文渊阁《四库全书》本。
⑧ （明）徐应秋：《玉芝堂谈荟》（卷三十五），文渊阁《四库全书》本。

景就构成了三位一体的嵩山第一胜境。

当然，大法王寺能够成为嵩山地区最为神圣的寺院，也是长时间积累经营的结果。唐代产生了"嵩岳神皈依元珪法师"的故事。有意思的是这个故事居然还出现在《嵩岳庙史》中。景日昣在《嵩岳庙史》卷七之"岳神灵异"章中记载：

> 永淳时，嵩岳闲居寺释元珪，庐岳之庞坞。一日，有伟丈夫从部曲来谒，曰："我岳神也，请受正戒。"珪与讲论甚久，授以五戒。神言："愿报慈德。"师曰："东岩寺之障，莽然无树。北岫有之，而背非屏拥。神能移此树于东岭乎？"神曰："闻命，幸无骇。"是夜暴风吼雷，物不安所。诘旦和霁，则北岩松柏尽移东岭，森然行植焉。①

嵩岳神作为嵩山传统的最高神祇，居然皈依了元珪法师（曾驻锡大法王寺），这从文化上隐喻了佛教对嵩山文化空间的整体占有。

其次，大法王寺的神圣性在宋人笔记小说中也有所显示。南宋洪迈《夷坚丁志》之"嵩山竹林寺"段记载了这样一个故事：

> 西京嵩山法王寺，相近皆大竹林，弥望不极。每当僧斋时，钟声隐隐出林表，因目为竹林寺。或云五百大罗汉灵境也。有僧从陕右来礼达磨，道逢一僧，言吾竹林之徒也，一书欲达于典座，但扣寺傍大木，当有出应者。僧受书而行，到其处，深林茂竹，无人可问，试扣木焉。一小行者出，引以入，行数百步，得石桥，度桥百步，大刹金碧夺目。知客来迎，示以所持书。知客曰，渠适往梵天赴斋，少顷归矣。坐良久，望空中僧百余，驾飞鹤，乘师子，或龙或凤，冉冉而下。僧擎书授之，且乞挂搭，坚不许。复命前人引出，寻旧路以还，至石桥，指支径令独去，才数步，反顾则峻壁千寻，乔木参天，了不知寺所在。②

---

① （清）景日昣：《嵩岳庙史》（卷七），郑州市图书馆文献编辑委员会编《嵩山文献丛刊》（第四册），2003，第106页。
② （南宋）洪迈：《夷坚丁志》（卷三）。

可以看出，嵩山竹林寺其实就是大法王寺的别称。有意思的是，印度佛教史上的首座寺院就是迦兰陀长者为佛陀修建的竹林精舍——即竹林寺。佛教首刹名为竹林寺，嵩山首刹法王寺也被描绘为竹林寺，之间当存在某种神圣意义的联系。而寺僧能驾飞鹤、乘师子，到大梵天王处赴斋，实在是中国化的神仙故事了。故事本身不可信，但透露出大法王寺在当时人们心目中具有很强的神圣性，清人叶封就誉其为"嵩前第一刹"[1]。所谓"嵩山七十二寺，寺寺朝法王"，正是大法王寺神圣地位的突出表现。这样，大法王寺就在对嵩山文化嵌入的基础上，通过形成嵩山胜境和神圣意义的赋予，从而成为嵩山文化中至为显要之部分，也成为佛教文化与中国传统文化融合的典型范例。

---

[1] （清）叶封：《嵩山志》（卷八），郑州市图书馆文献编辑委员会编《嵩山文献丛刊》（第二册），2003，第106页。

隋唐时期的嵩山大法王寺

——兼论法王寺在中国佛教史上的地位

常松木[*]

法王寺创建于东汉年间，是佛教传入中国后所建的第一座释迦道场，因第一位汉地僧人刘峻出家于此，日本高僧圆仁参学于此，佛牙舍利出土于此而名扬天下。1963年6月20日，河南省人民政府公布法王寺为第一批河南省文物保护单位。2001年6月25日，法王寺唐塔被国务院公布为全国重点文物保护单位。法王寺在中国佛教史上有着重要的地位，本文仅就隋唐时期的法王寺作一简单阐释，因史料阙如，不正之处还请各位方家教正。

一 嵩山大法王寺的沿革及其在佛教史上的地位

法王寺始建于东汉明帝永平十四年（公元71年），是汉明帝为安顿印度高僧摄摩腾、竺法兰讲经、译经而建的，因佛教尊称释迦牟尼为法王故称法王寺，历史上多称嵩山大法王禅寺。因白马寺是由外交接待机关鸿胪寺改建而成，所以法王寺堪称中国佛教第一所真正意义上的寺院。法王寺大雄宝殿前距今2000多年的两棵银杏树也可作为其历史久远的明证。

法王寺因魏青龙二年（234年）车驾驻跸，更名护国寺。晋永康元年（300年），在护国寺前增建法华寺，元魏孝文帝避暑于此。隋仁寿二年（602年）因建舍利塔，更名舍利寺。唐贞观三年（629年）更名功德寺，开元年间更名御容寺，大历年间复名法王寺。五代后唐时因战火废坏，分为五院，仍沿用护国、法华、舍利、功德、御容旧名。至宋初，五院僧愿

---

[*] 常松木，嵩山文化研究会副会长。

合居。宋仁宗庆历八年,增置殿阁,僧寮,重造佛像,赐名嵩山大法王寺,元明以后仍称法王寺,历代均有修建。

法王寺是中国第一座菩提道场,在中国佛教史上有着极其重要的地位。法王寺现保存有唐代至清代碑刻40余品,其中唐会昌五年释迦舍利藏志、大唐嵩岳闲居寺故大德圭禅师塔记、元代复庵和尚塔铭、月庵海公神师道行碑、学公禅师道行之碑等较为珍贵。从元至正六年的《学公禅师道行碑》上也可以看出,法王寺在元代时规模很大,有曲河碾庄,金店、竹园磨庄,马峪、五司、山前等田庄。明嘉靖十年(1531年)《重修法王寺记》载:"建于永平十四季,佛入中国之始。"康熙十二年(1673年)《重修嵩山大法王寺碑记》载:"是寺也,建于东汉明帝永平年间,释教来震旦之始。"康熙五十六年(1717年)《重修大法王寺记》记载:"嵩阳之法王,与嵩阴之慈云、洛都之白马,并为中国作寺之始。"清代叶封《嵩山志》载:"建自东汉永平,与洛阳白马寺最为首创。"[①]景日昣《说嵩》载:"十四年,嵩山建大法王寺。法王者,佛称也,此佛教入中国作寺之始。"[②]从以上碑记可知,法王寺应为佛教传入中国后所建的第一批寺院。

另外,法王寺奠定了中岳嵩山佛教名山之首的地位。中国有四大佛教名山之说,此四大佛教名山为四大菩萨的道场,而中岳嵩山则为佛祖释迦牟尼的道场,根据有二,一是法王寺是中国最早释迦道场,二是禅宗祖庭少林寺是释迦牟尼第二十八代弟子菩提达摩的根本道场,是释迦牟尼在中国的正宗道场,兹不详述。

二 隋唐时期法王寺的辉煌

法王寺和少林寺、嵩岳寺、会善寺在古代并称嵩山四大寺院。隋唐时期,这四座寺院在中国佛教史上皆有一定影响。十三武僧救唐王,法如禅师登坛说法,义净禅师结戒坛等一系列佛门盛事,使少林寺天下第一名刹和禅宗祖庭的地位得以确立。僧一行出家会善寺,并与元同律师在寺西建琉璃戒坛,使得会善寺成为唐代与长安、洛阳并称的三大传戒中心之一。

[①] 《嵩山志》,《嵩岳文献丛刊》,中州古籍出版社,2003年10月版,第106页。
[②] 《说嵩》,《嵩岳文献丛刊》卷二十一,中州古籍出版社,2003年10月版,第435页。

大通神秀禅师塔建于嵩岳寺前及李邕的《嵩岳寺碑》也见证了嵩岳寺当时的辉煌。从地方史志记载上看，女皇武则天多次幸临这些寺院，使得这些寺院也笼罩了耀眼的光环。而法王寺在隋唐时期也颇为崇隆、巨丽。

隋唐时期，法王寺经历了四个辉煌阶段。一是隋文帝杨坚时，《嵩书》载："隋文帝仁寿二年，创造舍利塔，又名舍利寺。"[1]《说嵩》载："隋文帝仁寿二年建舍利塔，更名舍利寺。""隋仁寿二年，曾建舍利塔。"[2]刘敦桢在《河南古建筑调查笔记》中亦明确记载："洎隋仁寿建舍利塔于此，更名舍利寺。"今法王寺后西北有隋代十五层舍利塔，"法王寺后山坡上，保存有隋仁寿二年修建的四角抛物线形正方形舍利塔。"[3]因为是法王寺塔群代表，故一向被称为法王寺塔。但亦有认为其建于唐代的，原因是其塔形似唐塔，故被称为一号唐塔。前代地方史志记载，一定有其根据，而九十年代后部分文物工作者仅从形制上判断为唐塔，给人们造成迷思，实令人遗憾。殊不知隋唐相续，隋代虽是短命王朝，但却给盛唐奠定了发展基础，从各个方面来看，隋代对唐代影响很大，皆为唐承隋制，因此，法王寺塔隋代所建不能轻易加以否定。

二是唐太宗贞观中，《嵩书》载："贞观三年，敕补佛像，赐庄安禅师，名曰功德寺。"《说嵩》载："唐太宗贞观三年，敕补佛像，更名功德寺，赐庄以安禅僧。"可见，唐太宗不仅敕补佛像，而且还赐庄园给法王寺。今登封市阳城区吴家村有下法王寺，因其周围都是嵩山大法王寺的田产，后法王寺在此建仓库并派僧人管理，故被称为法王寺下院或下法王寺。这可说是唐太宗赐庄安僧的旁证。

三是唐玄宗时，《嵩书》载："开元十八年，更名御容寺。"刘敦桢在《河南古建筑调查笔记》中说："玄宗置御容其中，又曰御容寺。"显然，此一更名，与皇帝唐玄宗有关，这可从法王寺东南的嵩山崇福宫得到佐证。宋真宗时道教极盛，把太乙观更名为崇福宫。不久，把正殿太乙殿改名祈真保祥殿，并在其左右建真宗元神、本命二殿。宋仁宗天圣年间，保祥殿北建真宗御容殿，并像真献后于西阁帐内。由此可见，法王寺当时供

---

[1]《嵩书》，《嵩岳文献丛刊》卷之三，中州古籍出版社，2003年10月版，第47页。
[2]《中国建筑史》，梁思成著，百花文艺出版社，2005年5月版，第127页。
[3] 邹学德、刘炎主编《河南古代建筑史》，中州古籍出版社，2001年12月版，第129页。

奉有唐玄宗御容。

四是唐代宗大历年间，《嵩书》载："大历元年重修，又更名文殊师利广德法王寺。"

隋唐时，嵩山是佛教尤其是禅宗的传播重镇。刘禹锡指出："佛法在九州间，随其方而化。中夏之人汩于荣，破荣莫若妙觉，故言禅寂者皆宗嵩山。北方之人锐以武，摄武莫莫若示现，故言神通者宗清凉山。南方之人剽而轻，制轻莫若威仪，故言律藏者宗衡山。是三名山为庄严国，必有达者与山比崇。"① 隋唐时，嵩山一带高僧云集，僧粲、神秀、法如、道安、净藏、义净、灵运、破灶堕、普寂、一行、广德、大证、元圭、惟宽、景贤等，都曾在嵩山各大寺院修禅说法，这些名僧大多统称中岳寺僧或嵩岳寺僧，并没有严格地说是嵩山哪个寺院的僧人。如僧一行出家于会善寺，但《高僧传》里说他是唐中岳嵩阳寺僧，会善寺高僧道安，《高僧传》里称他是唐少林寺慧安。所以，这些高僧在嵩山各大寺院中讲经说法是一种普遍的说法，这也说明这些高僧很有可能也在法王寺升座讲法。

唐代时，法王寺还是著名文人们向往的地方，如王维、李颀、刘方平、崔曙、岑参、储光羲等曾长期居住嵩山南麓的东溪一带，以法王寺之声名，他们是极有可能前往游历的，只是没见到他们的吟咏诗篇，诚为憾事。唐代文人吟咏法王寺最有名的诗篇就是白居易的《夜从法王寺下归岳寺》："双刹夹虚空，缘云一径通。似从忉利下，如过剑门中。灯火光初合，笙歌曲未终。可怜狮子坐，升出净名翁。"②白居易在洛阳与香山僧如满等结净社，并多次到嵩山各大寺院游历，此诗即描绘了法王寺塔和嵩岳寺塔。

三 隋仁寿塔及其建造原因

法王寺舍利塔位于法王寺后山坡台地上，据《嵩书》载，塔建于隋文帝仁寿二年（602年），塔为方形密檐式砖塔，坐北面南，塔15层，高35.687米，塔身下部略瘦长，无基座。其塔身之上为15层密檐，层层密

---

① 《刘禹锡集》，《唐故衡岳大师汀潭唐兴寺俨公碑》卷四。
② 见《古韵——中国嵩山历史建筑群》，常松木著，中州古籍出版社，2009。

檐外迭，迭出最宽者约 90 厘米。各层密檐的高度和宽度由下而上逐层递减，使塔体外轮廓呈优美的抛物线形。塔底层南面辟一塔门，可直入方形塔心室，塔体壁厚 2.13 米。内部为空心结构，从底层可直视塔顶。四周遗有砖洞痕迹，可知原来在每层的犄角处，还装设有檐角木梁，这不但可以平衡塔身的重心，而且还可以作为上塔的梯阶，以攀缘上下。该塔全部用长方形、方形青砖、黄泥垒砌而成，砌法多采用不岔分法，塔体外壁敷有一层白灰保护。2001 年 6 月 25 日，法王寺舍利塔被公布为全国重点文物保护单位。

法王寺塔与西安小雁塔、云南大理千寻塔一起，被公认为中国密檐式塔的典范之作，三塔之中又以法王寺塔的造型比例最佳。在《中国建筑艺术史》一书中，作者对法王寺 1 号塔大加褒扬："全塔中部微凸，上部收分缓和，整体如棱形，各檐端联呈极为柔和的弧形，使其挺拔而不失于匆促，似乎内部蕴含着一种无尽的张力。"

中国兴建舍利塔，始于隋文帝杨坚，它的起因，据《广弘明集》卷十七王劭《舍利感应记》称：

皇帝昔在潜龙，有婆罗门沙门来诣宅，出舍利一裹曰："檀越好心，故留与供养"。沙门既去，求之不知所在。其后皇帝与沙门昙迁各置舍利于掌而数之，或少或多，并不能定。昙迁曰："曾闻婆罗门说法身过于数量，非世间所测"。于是始作七宝箱以置之。神尼智仙言曰："佛法将灭，一切神明今已西去，儿当为普天慈父重兴佛法，一切神明还来"。其后周氏果灭佛法，隋室受命乃兴复之。皇帝每以神尼为言云："我兴由佛"，故于……仁寿元年……于海内诸州，选高爽清静三十处，各起舍利塔。

由此可知，包括法王寺塔在内的舍利塔得到广泛兴建，是完全为了当时代封建主的感谢佛法所致。同时，因隋文帝历次兴建舍利塔的时代，均在隋仁寿年间，因此后世一般称做"仁寿舍利塔"。

除此之外，关于舍利塔的具体建造原因，宋沙门觉范撰《感应佛舍利塔记》载：隋文帝杨坚于梁武帝大周七年六月出生于同州（今陕西大荔县）大兴寺中，婴儿时曾暴虐，有尼名"智仙"者，从外至，对杨坚之父杨忠说，此儿大有福分，为天佛所佑，不可令居家中，当代为养育，于是杨忠辟馆延居，杨坚 30 岁时，才让他回家，女尼以舍利子数百颗授之，曰："以此福苍生"。隋文帝杨坚为感谢僧尼智仙抚养之恩，称帝后诏令全国各州建塔，分藏舍利子。这段话更点明了隋文帝建舍利塔的具体原因。

隋文帝时，共有三次建塔运动。第一次是在仁寿元年（601），此年六月十三日是隋文帝六十岁生日，他召集了几位高僧，兴论弘扬佛法之道，最后下令在中国三十个州，各在高爽清净之地建造舍利宝塔。文帝将舍利分别放入三十只金瓶中，金瓶再分别放入琉璃瓶，又以熏香之泥封印其盖，送往三十州后，再依次置于铜函和石函。本次所建30座舍利塔中即包括嵩州闲居寺塔，孙宗文先生所著《仁寿舍利塔——中国建筑艺术史话四》中有明确记载，另外，唐李邕《嵩岳寺碑》中也有记载："其南古塔者，隋仁寿年置舍利于群岳焉。"① 可惜今已不存。

第二次建塔是在仁寿二年（602年），据《广弘明集》卷十七安德、王雄等《庆舍利感应表》称："仁寿二年正月二十三日复分布五十一州，建立灵塔。令总管刺史已下，县尉已上，废当务七日，请僧行道教化打刹，施钱十文，一如前式。期用四月八日午时，合国化内，同下舍利，封入石函。"此次所建舍利塔中，即包括法王寺塔。有专家认为，法王寺塔通体简约，没有饰物正契合隋文帝时代崇尚节俭的时代风格，是现在保存完整的唯一的隋代舍利塔。

第三次建塔在仁寿四年（604）。此次造塔运动范围比较小，据道宣《续高僧传》卷二十七洪遵传载文帝诏称："朕只受肇命，抚育生民，遵奉圣教，重兴像法。而如来大慈，复护群品，感见舍利，开道含生。朕已分布远近，皆起灵塔；其间诸州，犹有未遍。今更请大德，奉送舍利，各往诸州，依前造塔。所请之僧，必须德行可尊，善解法相；便能宣扬佛教，感悟愚迷。宜集诸寺三纲，详共推择，录以奏闻，当与一切苍生，同斯福业。"

以上三次诸州奉诏起塔的同时，并均撰文刻石埋入塔内，以垂永久纪念之意。

四　会昌法难时期的法王寺与佛舍利的出土

在中国历史上曾发生过"三武一宗"的灭佛事件，"三武"指北魏、

---

① 　见《古韵——中国嵩山历史建筑群》，常松木著，中州古籍出版社，2009。

太武帝、拓跋焘，北周武帝宇文邕、唐武宗李炎，一宗指周世宗柴荣。唐武宗灭佛就是指唐武宗在会昌年间的毁佛活动，史称会昌法难。唐武宗灭佛，实始于会昌初年，而至会昌末年达到高潮。早在会昌二年（842年），武宗已令僧尼中的犯罪者和违戒者还俗，并没收其全部财产，"充入两税徭役"①。会昌四年七月，敕令毁拆天下凡房屋不满二百间，没有敕额的一切寺院、兰若、佛堂等，命其僧尼全部还俗。会昌五年三月，敕令不许天下寺院建置庄园，又令勘检所有寺院及其所属僧尼、奴婢、财产之数，为彻底灭佛作好准备。同年四月，即在全国范围内展开全面毁佛运动。僧尼不论有牒或无牒，皆令还俗；一切寺庙全部摧毁；所有废寺的铜像、钟磬悉交盐铁使销熔铸钱，铁交本州铸为农具。八月，下诏宣布灭佛结果："天下所拆寺四千六百余所，还俗僧尼二十六万五百人，收充两税户；拆招提、兰若四万余所，收膏腴上田数千万顷，收奴婢为两税户十五万人。"② 会昌法难给佛教以沉重打击。

这次会昌法难，日本僧人圆仁曾记述说，山东、河北一带的寺院，到处是"僧房破落，佛像露坐"，"寺舍破落，不多净吃；圣迹陵迟，无人修治"③的景象。在江南地区，也是"刹宇颓废，积有年所"④的状况。嵩山法王寺也因会昌法难而破败不堪，与上述记载基本无二。

圆仁是日本佛教史上著名的"入唐八家"——八位入唐求法的高僧大德之一。公元838年，圆仁以请益僧身份加入日本国派遣的第十八次遣唐使团。圆仁在中国行经江苏、安徽、山东、河北、山西、陕西、河南七省的广大地区。他把将近十年的见闻经历用日记体裁写成《入唐求法巡礼行记》，全书共四卷，约8万字。书中述及我国唐代社会的政治经济、宗教、文化、平民生活和中日关系等许多方面，是研究我国唐史的珍贵资料，日本学者称其与《大唐西域记》和《马可波罗行记》并称为古代"东方三大游记"。入唐求法9年间，圆仁几乎每天都写日记，但公元845年6月1日至9日，日记出现了7天的空白，这是圆仁研究学者们长期不解的谜团。

---

① 《武宗本纪》，《旧唐书》卷十八。
② 《武宗本纪》，《旧唐书》卷十八。
③ 《入唐求法巡礼行记》卷四。
④ 《修龙宫寺碑》，《金石萃编》卷一〇八。

而法王寺早年出土的《释迦舍利藏志》碑铭，而碑铭的落款中即有圆仁的名字。《释迦舍利藏志》载：

　　汉西来释迦，东肇佛坛，嵩之南麓法王寺立矣，隋仁寿间帝敕建佛屠，遣使安真身舍利于内，殊因移匿地宫密函之，盖护宝非不恭也。法门圣物，世远疑失，诚恐镌石以记，祈圣门永辉。圆仁、天如。大唐会昌五年。①

　　碑文大意是：嵩山法王寺创始于东汉，隋代仁寿年间，文帝敕令全国营造佛塔，遣使（与"谴使"同音）供奉佛真身舍利（又称释迦舍利）于塔内。因特殊缘分（将佛舍利）迁徙隐藏于地下宫室，用匣子装盛封闭。是为保护佛教珍宝，并非不敬啊。（密藏）佛门神圣之物，世代遥远（就会）疑惑丢失。诚惶诚恐，刻石为记。祈愿佛法之门永远辉煌。碑文由圆仁、天如两人撰写，时在大唐会昌五年（即公元 845 年）。

　　此碑不仅证实了法王寺塔为隋仁寿年间所建，而且明言为舍利塔，圆仁参加了会昌年间法王寺移匿舍利的行动。

　　21 世纪初，河南省文物部门报请国家文物局批准后，决定对大法王寺塔进行保护性发掘。起初，发掘的对象本来是法王寺塔（即一号塔）地宫。工程进行不久，发现地底下有鹅卵石，防范措施较强。经过研究，考古队于是转而发掘二号塔。2000 年 4 月，在嵩山大法王寺唐代"舍利塔"地宫中出土的"飞天舍利盒"中，发现"舍利"及三颗"佛牙"。而盛装舍利的是一个古代侍女形象的玉石盒，人首鸟身，头梳高髻，作吹箫状。非常奇特，极富想象力。这个"人首鸟身"玉石盒叫作迦陵频伽盒。"人首鸟身"是喜马拉雅山的一种神鸟，它以美妙动听的声音被佛经认为是美音鸟、妙音鸟，在佛经的形象里面，它就是人首鸟身，它飞翔在西天的极乐世界，使极乐世界充满欢乐。学者们认为迦陵频伽盒的用途，除了作为供奉佛舍利的玉棺别无二用。玉棺是相当神圣的，只有皇宫贵族和至高无上的佛才能使用，一般百姓、达官贵人、高僧僧众都是没有资格用的，这是古代的礼仪制度及佛经、佛教的规定所决定的。

　　根据以上所述，隋仁寿舍利塔法王寺塔中的佛舍利，在会昌法难中被

---

① 香港延佛国际慈善基金会编《大法王寺国宝佛骨舍利》，第 11 页。

圆仁、天如两位大师转移到了二号塔地宫,并镌刻《释迦舍利藏志》。这一说法也得到了研究圆仁的日本学者阿南史代的证实。他认为:"根据圆仁日记,因唐武宗灭佛,圆仁被'勒令还俗,遽归本国'。会昌五年旧历六月,圆仁在回国途中路过河南境内。从洛阳到郑州,如走官道距离280里,如绕道登封则距离329里。圆仁舍近求远,用时7天途经登封去郑州,必有所求所为……法王寺原本供奉佛舍利,圆仁可能参与了隐藏佛舍利。碑文中与圆仁并列出现的'天如',可能是当时法王寺住持。这是一次极少数人参与而必须严守秘密的行动。圆仁日记中7天的空白,也是为了不让世人知道他参与了秘藏法门圣物。现在则不难理解圆仁日记7天空白、回国途中舍近求远等事情的原因。"①

五 小结

作为中国第一座真正意义上的佛教寺院,法王寺在隋唐时期有着辉煌的历史,曾先后四次受到皇家的重视并更名,尤其是隋文帝仁寿二年颁诏在法王寺建舍利塔,更为其具有煌煌大寺的风范。法王寺在会昌法难中遭到了毁灭性的打击,而日本僧人圆仁和法王寺高僧天如,二人为保护佛舍利暗地里将其由法王寺塔地宫移至法王寺二号唐塔中,二号唐塔地宫出土的佛舍利和《释迦舍利藏志》都证实了这一点。法王寺悠久的建寺历史、隋仁寿舍利塔、出土的释迦舍利共同奠定了法王寺在中国佛教史上的重要地位,法王寺不仅是嵩山的四大名寺之一,也是毋庸置疑的中国著名寺院。

---

① 于青:《圆仁石碑解开谜团》,中国新闻网,2011年5月3日。

法王寺形胜与嵩门待月

郑泰森*

佛教崇尚山林，缘于山林在佛教教义中具有神圣崇高的地位。释迦牟尼初创佛教时，于山林中苦修六年，在大自然中清心寡欲，思索人生哲理。故而在印度，寺院被称为"伽蓝"，即"丛林"之意，指僧众共住一处，如树木之丛集为林。佛寺还被称为"阿兰若"，其本义就是树林。因此佛经曰："山岩空谷间，坐禅而念定"。①

太室山南麓有一狭长的山间谷地，林壑生凉，流泉成响。东面有两峰并立，其间空阙如门，当地人谓之嵩门。每逢中秋，山民们于暮色之中，焚香静坐，以待月出。须臾，一轮明月从嵩门间冉冉升起，银光泻于空谷，万籁凝于石崖。此景谓"嵩门待月"，乃嵩岳第一胜景。

东汉初，一个夜深人静的夜晚，汉明帝梦见了金色的神人在宫里面，他们像金色的鸟儿飞来飞去，这一晚明帝的梦通体透明。第二天上朝，明帝就把这些说给臣子们听，大家有点不知所云，一个名叫傅毅的大臣站出来说，这金色的神人就是西方的佛。

这一天早朝最大的议程，就是决定派人前往印度寻求佛法。跟随汉朝大使从印度回来的是摄摩腾和竺法兰，还有一大批佛经佛像。印度僧人和佛经佛像是由白马驮来的，白马千里迢迢从古老国度把佛教带到了中国，佛教在另一片古老的土地上生根发芽。汉明帝于洛阳西雍门外建白马寺供二人译经。

在白马寺敲着木鱼的摄摩腾、竺法兰嫌寺院位于闹市，喧嚣嘈杂，不

---

* 郑泰森，河南省发改委经济研究所所长。
① （西晋）安法钦译《阿育王传》，《大正藏》50 册 120 页。

得清静。一个雨过天晴的日子，忽然望见东南方有高山耸峙，烟云出于其间，于是奏请明帝，派人陪同他们去那里另寻清静之地再造僧刹。高僧一行有缘踏上了嵩岳福地。

摄摩腾、竺法兰要在中土嵩岳的山谷中寻找佛祖心中的"阿兰若"。他们终于在峻极峰下，天门峰左，找到一块绝佳的风水宝地。

二位高僧佛心为之所动，决定在这里"面南岭，建经台；倚北阜，筑讲堂；傍危峰，搭方丈；临浚流，立僧房"。寺成于东汉永平十四年，即公元71年，汉明帝敕名"东都大法王寺"，晚白马寺三年，为中国第一座由僧人创立的佛教寺院。

摄摩腾、竺法兰于这座中土宝刹"对千年之乔木，纳万代之芬芳"，神思静虑，译经布道。继永平十一年他们在白马寺完成中国第一部汉译佛经《四十二章经》后，又于嵩山大法王陆续译出几种小乘佛教的早期经典。

汉明帝笃信佛教。大法王寺建成后，由于嵩山地处京畿，往来方便，明帝及随从官员多次亲临道场，听经拜佛。明帝还下令，新任命的官员，不论职位高低，都必须到大法王寺听经学法后方可上任。

佛教犹如一粒从西方飘来的种子，首先在嵩洛之间扎下了根。

一　形胜法王寺

法王寺形胜，胜于所依托的嵩岳太室山。

嵩山由太室、少室二山组成。古人诗文有"嵩少"的称谓，是专以太室山为嵩山，少室山则称本名。其说源于晋代郭璞注的《山海经》，《魏书·地形志》遵其说。而《汉书·地理志》和郦道元《水经注》则说，嵩高有太室山、少室山，合而言之为嵩高，分而言之为二室。查考文献，历代帝王登封祭祀的中岳嵩山，皆在太室。

《道藏·灵迹记》说太室山有二十四峰，宋代楼异因作《嵩山二十四咏》，状太室之峻。明傅梅撰《嵩书》，为凑少室三十六峰之数，遂增十二峰，此后，太室亦有三十六峰。

明代散文家袁宏道云："嵩如眠龙，可谓善状"。

在嵩阳书院附近遥望太室山，山形浑沦端庄，如长城障天，远近齐高,无低昂之态,有凝重之势。深而探之,峰峦岩壑各异,奇木嘉卉纷繁,阴晴朝暮,风烟雨雪,其变无常。及登绝顶,峰岭纷出,脉络分明。立中峰环顾四方,南多悬岩,北多峻阪,东多断峤,西多重障。抬望眼,则远山千重,云蠹霞举,空日澄明,端倪无际,旷焉茫焉,不知天之为高,地之为下。

"地之美者,则神灵安。"

太室山在周代时被称作"天室""大室",或直呼为天。

天在哪里?日、月、星、辰所运行的最高的地方就是天,天能生风、云、雷、电,天乃神也。但是,天太高了,看不清,摸不着。于是,《周易》说:"天在山中。"《礼记·礼器》说:"山升中于天",其意为因高山而事奉天神。

在周人的神权观念中,山就是天神居住的地方。某方国部落兴盛之始,神灵就会降临在他们住地附近的山上。所以《国语·周语上》说,昔夏之兴也,祝融降于崇高山,这祝融乃是火神;商之兴也,梼杌次于丕山,梼杌是大禹之父鲧的化身;周之兴也,凤凰鸣于岐山。据古文献记载,丕山在商都墟附近的荥阳北部。夏商兴起之时,神灵两次降临在嵩岳一带。《国语·周语下》则明确地说夏人是嵩岳之后,夏王始祖禹和启是岳石所生,周人"缵禹之绪",也就是说大禹的遗业由周人承担,因此周王也自称是嵩岳的子孙。嵩岳是天,周王为天之骄子。

周文王以前,周人山岳崇拜的对象是周邦发迹之地的陕西岐山。那么,武王克商之后,为何要以天下共主的身份祭祀天室嵩山呢?

据《史记·周本纪》记载,周人的始祖后稷,其母姜原是帝喾的原配夫人。姜原出门到野外,看见一只巨人的足迹,欣欣然特别喜悦,于是用脚踏之,便有了身孕,生下了一个男孩。姜原认为不吉利,最初想抛弃他,因为有神佑未能成功,所以取名弃。弃是帝喾的儿子,而帝喾的都城曾在嵩山脚下的西亳,嵩山一带本是周人的原籍。古史说"帝喾能序三辰以固民",三辰就是日、月、星。帝喾因善于观察日月星辰的运动规律而指导农牧业生产,被尊为"日神上帝"。所以周人把帝喾之都的所在地嵩岳太室视为祖先群神的居处,当作天的象征来祭祀。

帝喾同时还是殷人的祖先。《史记·殷本记》说,殷的始祖叫契,其母简狄为帝喾次妃，简狄因吞食了燕子掉下的蛋而生契。契和周人的祖先弃应是同父异母兄弟。契长大后辅佐大禹治水有功，大禹就把契封在商这个地方，就是现在的商丘，赐给契姓子。帝喾是黄帝的曾孙，而夏禹的祖父颛顼则是黄帝的孙子。夏、商、周三代都有血缘关系，都属于华夏民族，所以，孔子说，"殷因于夏礼，周因于殷礼"，"周监于二代（夏、商），才达到郁郁乎文哉"这一高度成就的。故司马迁说："昔三代之居皆在河洛之间，故嵩高为中岳，而四岳各如其方。"周人视嵩岳太室为天是有传统的。《战国策》描绘夏桀之居"左天门之阴，而右天溪之阳"，"天门之阴"指嵩山之北入山之处；"天溪之阳"指伊洛之水的北边。可见夏代就称嵩山为天，而且这种称呼一直延续到春秋战国时期。随着管子、孔子、孟子等齐鲁学者的崛起，秦汉以后儒生又多为齐鲁人，他们竭力推崇泰山，嵩岳才逐渐失去了昔日的光环。

周王朝的嵩山情结贯穿于二周始末。

《穆天子传》载，周穆王游幸嵩山，至太室山下，启母石边，非常好奇地探寻夏启居处的遗迹。

周宣王时，更把他的两个重臣申伯和甫侯神话为嵩山的灵石所生。于是，便有了歌颂申、甫安定南疆的诗篇《大雅·崧高》。诗曰："崧高维岳，峻极于天。维岳降神，生甫及申。维申及甫，维周之翰，四国于蕃，四方于宣。"诗的大意是：高大的嵩山是中岳，雄伟险峻直插云端，嵩岳降下了神祇，甫侯与申伯来到人间。甫侯和申伯，乃是周室的中坚，他们是诸侯的屏障，将教化向四方播传。

申伯是周宣王的舅舅。申伯的封地在今南阳一带。宣王登基后，对申伯优渥有加，扩大了他的封邑，并派大臣召公虎为申伯创建了都城谢邑，殷切希望他能安定南方诸侯，维护周王朝的统一。甫侯是宣王的名臣仲山甫，其封地在吕。申、吕及许、齐都是姜姓国家，是炎帝之后。他们与黄帝之后的姒姓夏人把嵩岳称为祖先宗神的观念完全相同。在申、吕等姜姓国家看来，既然他们是嵩岳的灵石所生，那他们的祖先死后，其神灵必定全部集聚在被称为天室的嵩岳之上。

周灵王时，太子晋倾心于神仙，好吹笙，作凤鸣，常游猎于缑山。嵩山逸人浮丘公把他接上太室山。子晋居白鹤观二十余年，坚信嵩岳有神灵，求仙之心不减。传说某年七月七日，果乘白鹤升仙于天。清乾隆十五年，乾隆皇帝游幸中岳，曾赋诗赞曰："缑岭笼葱嵩岳莲，传闻子晋此升仙。割来太室三分秀，望去清伊一带绵。"

天室嵩岳是三代之居，因此是周人心中的通天圣山，"登陟出于灏气之上"，是天人感应的理念所致，具有神秘的天命色彩。正因为周王室有托庇于通天的太室山以求永保天命的秘密，所以当西周遭受犬戎攻击而面临复灭的危机之时，周幽王便在太室山会盟诸侯，期盼得到祖先神的佑助而化险为夷。当然，结果并未能挽救西周的灭亡。但是，正因为有了嵩山脚下的东都洛邑为大后方，周平王才义无反顾地决定东迁，将周朝的天下又延续了二百余年，这兴许是嵩岳对周王朝礼尊天室的回报吧。

法王寺东为天门峰。清代景日眕《说嵩》描述其雄险道：天门峰"两岩对起，中豁如阙。登其上，望南阳汝鲁诸山，皆出没在千百里外。其下天门峡，亦曰嵩门。双岐鹄峙，巉巆入云中。礐崟壁立，屹如辟阙，方直而砥平，如闑如阈，故曰门也。""侧峡一泉，迸崖下洒，轧轧如鸣雨。夏霖秋涝，倒挂石梁，掣曳上下，如一匹银练。潝泬而叫吼，荡为双虹川，兹其西源矣。亦曰天门泉也。右阪有径，缘以登顶，殊险仄，樵者由之。"

明朝大旅行家徐霞客一生登山不必有路，涉水不必有津，途穷不忧，行误不悔。他在《游嵩山日记》中记述了自己从嵩顶经天门峰到法王寺的冒险经历：登顶太室后，问下山的道，山人说，正路从万岁峰到山下有二十里。若从峡谷上悬溜而下，可省其半，不过路极险峻。徐霞客喜出望外，人说太室有奇无险，倒要看看奇险与否。徐描绘说：他拄着手杖，身体贴着岩石，在荆棘丛中钻行。既而从天门峡中蹴溜直下，头上夹崖逼天，峰顶雾滴如雨。崖势愈险，陡峭到欲行不能，欲止也不能。一峡穷尽，复转一峡，景色也越来越壮观。下山后，他于法王寺回望嵩门以上，只见峡中有云气出没，于是感叹道：那就是我所下之峡，"安知身自此中来也！"严冬之时，惊出徐氏一身冷汗。

这就是太室山，远望平实淡冶，深入其境，方知其飞扬跋扈。

二　清旷嵩门月

佛与月有不解之缘。月色清幽，月光下的山川清旷，与佛教崇尚的

"空"相契合。清旷的清静和旷远，符合大乘佛经中所描述诸佛国土不同凡尘的特征。月光的境界，以山月为佳，又以中秋山月为最佳，乃禅中之境也。"嵩门待月"是典型的禅中之境，有如唐代诗人韦应物诗句："相兹栖禅夜，见月东峰初。鸣钟惊岩壑，焚香满空虚。"月出天门，钟鸣玉柱，不正是法王寺的清迥禅境吗！

大诗人王维曾隐居嵩山太室，诗人如此描写太室山月：

月从断口出，遥吐柴门端。万木空分霁，流阴中夜攒。光连虚象白，气与风露寒。谷静秋泉响，岩深青霭残。清澄入幽梦，破影抱空峦。恍惚琴窗里，松溪晓思难。

王维因笃信佛教而亲近山水，亲近禅境嵩山太室。天门之明月，石上之清泉，水上之清风，岗上之青霭，林梢之风露，皆王维之甚爱，太室山尽有之，日日，月月，季季，岁岁，与之朝夕相伴，如果有神仙，神仙也不过如此，更兼太室山有佛缘禅境助其感悟，神仙也只能望王维而兴叹了。

法王寺西方圣人殿前平台，是品味"嵩门待月"的绝佳去处。中秋之夜，一个"待"字，可以参破时间，领悟万古长空，心月孤圆的心境。正如唐代诗人释皎然所赋：

家家望秋月，不及秋山望山心。万境长寂寥，夜夜孤明我山上。海人皆言生海东，山人自谓出山中。忧虞欢乐皆占月，月本无心同不同。自从有月山不改，古人望尽今人在。不知万世今夜时，孤月将明谁更待？

月有阴晴圆缺。法王寺与天门峰，没有月亮的时候仍然清寂幽美。唐朝诗人宋之问有《嵩山天门歌》，曲尽天门峰之美。歌曰：

登天门兮，坐盘石之磷峋。前汍汍兮未平，下漠漠兮无垠。纷窈窕兮，岩倚披以鹏翅。洞胶葛兮，峰棱层以龙鳞。松移岫转，左变而右易。风生云起，出鬼而入神。吾亦不知其灵怪如此，愿游杳冥兮见羽人。重曰天门兮穹崇，回合兮攒丛。松万接兮柱日，石千寻兮倚空。晚阴兮足风，夕阳兮赭红。试一望兮夺魄，况众妙之无穷。

白居易曾经多次经法王寺登嵩顶并且流连忘返。

"双刹夹虚空，缘云一径通。似从忉利下，如过剑门中。灯火光初合，笙歌曲未终。可怜狮子坐，升出净名翁。"白居易笔下的这首诗名《夜从法王寺下归岳寺》。

今日看嵩洛，回头叹世间。荣华急流水，忧患大如山。见苦方知乐，经忙始爱闲。未闻笼里鸟，飞出肯飞还。

这是白居易在途经法王寺时发出的感慨。

春花秋月，人间天上，就是这样的吟唱一次次在春天的枝头开放，这一瞬的美丽，是曾经沧海的太室山峻极峰、天门峰和玉柱峰经久不衰的千古绝唱。

嵩山大法王寺的历史源流

加 措[*]

法王寺是嵩山的第一座佛寺，也是中国最早的菩提道场，从创建之日起即成为嵩山乃至中国佛教的旗帜。到了隋唐由于隋文帝推崇佛教，法王寺受到深切重视。进入唐代之后法王寺达到极盛，元代之后法王寺走向衰落，随着延佛大师入住法王寺，中国第一菩提道场又得到中兴。

一 法王寺的创建及沿革

佛教传入中国的历史非常久远，据《四十二章经序》云，昔汉明帝夜梦金人，于是明帝遣使去西天取经。又据南梁道宣《高僧传》载，明帝使臣西天取经于大月氏遇天竺沙门摄摩腾和竺法兰，于是携之白马负经归汉。永平十年（67年），二高僧至洛阳居于接待使节的鸿胪寺译经。不久摄摩腾和竺法兰前往嵩山，明帝于嵩山太室建法王寺，至永平十四年（公元71年），寺院建成。

关于法王寺创建的历史及沿革，史籍碑刻有众多的记载。唐会昌五年（1845年）法王寺所存的《释迦舍利藏志》碑载："汉西来释迦，东肇佛坛，嵩山南麓，法王寺立矣。"

明嘉靖八年（1529年）《登封县志》："法王寺，在县城北十五里嵩山南麓，永平中建。魏明帝、元魏孝文帝皆赏避暑于此。隋改舍利寺，唐名功德，又名御容寺，五代后唐分为五院，曰护国，曰法华，曰舍利，曰功德，曰御容。至宋赐嵩山大法王寺，今仍之。"明嘉靖十年（1531年），李时用撰的《重修法王寺记》："邑之有寺，曰法王寺者夷。考县志，建于

---

[*] 加措，四川省雅青寺/中国人口基金会慈爱基金。

汉永平十四年，佛入中国之始，至魏青龙名护国，隋文名舍利，唐贞观名功德，开元名御容，代宗名广德寺，至五代后唐，分为五院，以护国、法华、舍利、功德、御容并名焉。至宋仁宗庆历时仍以法王赐号噫。"明隆庆五年（1571年）陆柬撰的《嵩岳志》："法王寺，玉柱右。汉明帝永平中建，隋改舍利寺，唐太宗贞观中，敕绘佛像，开元中改功德寺，又曰御容寺，五代名护国寺。"明万历四十年（1612年）傅梅《嵩书》："大法王寺，在县北十里，嵩山南麓，乃汉明帝永平十四年创建。魏明帝青龙二年，车驾驻跸，更名护国寺。晋惠帝永康元年，前增建一寺，名曰法华，元魏孝文帝避暑于此。隋文帝仁寿二年，创造舍利塔，又名舍利寺。唐太宗贞观三年，敕补佛像，赐庄安禅僧，名曰功德寺。玄宗开元十八年，更名御容寺。代宗大历元年重修，又更名文殊师利广德法王寺，五代后唐因废坏之余分为五院，仍历代旧称，曰护国，曰法华，曰舍利，曰功德，曰御容。至宋初五院僧愿合居，仁宗庆历八年，增置殿阁、僧寮，重修佛像，赐名嵩山大法王寺。金、元与本朝俱因之。"

清康熙十三年（1674年）叶封的《嵩山志》载："大法王寺，在太室南麓玉柱峰右。汉明帝永平十四年建，魏名护国寺，晋名法华寺，隋名舍利寺，唐太宗名功德寺，玄宗名御容寺，代宗更名文殊师利广德法王寺。五代间分为五院，宋初五院合居，仁宗赐名嵩山大法王寺，至今仍之。"康熙三十五年（1696年）张圣诰、景日昣《登封县志》载："在县北十里玉柱峰右，汉永平间建，魏名护国寺，晋名法王华寺，隋名舍利寺，唐太宗名功德寺，宋仁宗赐名嵩山大法王寺，元明仍之。"康熙五十六年（1717年）景日昣的《重修大法王寺碑记》："古法王寺在今寺后隙，于嵩刹为最古。盖创于汉明帝永平之十四年。先是八年，帝闻西域有神，其名曰佛。遣使之天竺求其道，得其书及沙门摄摩腾至京师，置鸿胪寺数年。其教浸广，西僧来者益多，因作寺，以处其徒，盖因鸿胪得名。嵩阳之法王，与嵩阳之慈云，洛阳之白马同时，并作为佛教入中国作寺之始。盖在达摩四百年前。魏明帝青龙间更名护国，晋永康时，于护国前另建法华，即今寺所在。……隋仁寿年建舍利塔于此，因兹第兴复，更名舍利，至唐太宗贞观间，敕补佛像，复名功德。于是赐庄以安禅僧，今告成东下寺，赐庄迹也。比开元时奉安御容于中，又名御容。迄代宗大历间，增名广德,仍法王旧额。逮后唐废坏之余,分为五院,沿历代护国、法华、舍利、功德、御容旧称。宋初乃合,因复名曰大法王寺,迄今因之。此沿革之大概也。"康熙五十五年(1716年)景日昣《说嵩》:"寺于嵩刹为最古,建于汉永平佛法初入时,在达摩四百年之前。……溯魏及唐,车驾时驻跸焉。魏名护国。晋永康时,寺前增建一刹,曰法华,魏孝文帝避暑于此。隋仁寿二年,创舍利塔,名舍利寺。唐贞观三年,敕补佛像,名曰功德,开元时更名御容。代宗大历间,又更名广德法王寺,后唐分五院,仍历代护国、法华、舍利、功德、御容之旧称。宋初复合。"清乾隆五十二年(1787年)洪亮吉《登封县志》:"汉明帝永平十四年,嵩山建大法王寺。魏青龙二年,更名护国寺,晋惠帝永康元年,于护国寺右,建法华寺。隋文帝仁寿二年,建舍利塔,更名舍利寺。唐太宗贞观三年,更名功德寺,开元时更名御容寺,大历间更名法王寺。后唐时因废坏之余,分为五院仍历代护国、法华、舍利、功德、御容旧称。旧志,在县北十里,玉柱峰右,汉永平间建,宋仁宗赐名东都大法王寺,元、明仍之。"

综合上述记载,法王寺的历史沿革大致如此:东汉永平十年(67年),摄摩腾和竺法兰居鸿胪寺,不久明帝下令在嵩山建法王寺,永平十四年(71年)寺院建成。三国魏明帝青龙二年(234年)明帝驻跸于此,更名护国寺,晋惠帝永康元年(300年)在护国寺前增建法华寺,隋文帝仁寿二年(602年)因建舍利塔更名舍利寺,唐玄宗贞观三年(629年)敕命补修佛像更名功德寺,唐玄宗开元十八年(730年)更名御容寺,代宗大历间(766~799年)重修更名广德法王寺。五代后唐时分为五院,沿用旧之护国、法华、舍利、功德、御容之名,宋仁宗庆历八年(1048年)又将五院合而为一,赐名"嵩山大法王寺"。金、元、明、清至今沿用不变。

二 隋唐时期的法王寺

法王寺在东汉建立后,经汉魏、两晋的发展,到北魏时引发了嵩山建寺的一个高潮,进入隋唐之后,法王寺进入了一个鼎盛时期,寺院得到帝王重视,高僧云集,寺院建筑也得到了空前的增修。

佛教在北周武帝灭佛之后,"率土伽蓝,咸从废毁。"(《皇唐嵩岳少林寺碑》)静帝时,丞相杨坚把持朝政,由于其对佛教的崇爱,因而挟天子下令恢复佛教，佛教由此再兴。隋王朝建立之后，文帝更是不遗余力地推崇佛教，在此情况下，法王寺也迎来了一个大发展的机遇。文帝仁寿时，"文帝应命，感异稀奇，忽得舍利一瓶，雪毫灿烂，火焚益固，击之逾明，乃诏天下梵场，令起塔供养，为苍生祈福也。"（唐《永泰寺碑》）在发现此一瓶舍利后，隋文帝即敕命天下的名刹建塔以供奉舍利，法王寺即为建舍利塔之地。隋仁寿二年（602年）法王寺舍利塔建成，并因此将法王寺更名为舍利寺。今存于法王寺后的15级高大的古塔即为仁寿时存放佛舍利之塔。该塔为方形密檐式的砖塔，高35.7米，塔身南面有砖砌门洞，可直入塔心室，乃存舍利之处。法王寺舍利塔不仅高大挺拔，而且建筑艺术高超，为舍利塔之代表作。文帝建舍利塔于法王寺，足见文帝对法王寺的重视，也证明了法王寺在当时佛教中的地位甚高。

唐朝建立后，法王寺仍然非常兴盛，在唐太宗即位不久即敕令修补寺院佛像，还赐田庄以安禅僧。到唐代宗时，也曾重修法王寺。唐代对法王寺的修建说明唐王朝对法王寺也是非常重视的。

唐代法王寺的兴盛从现存的唐塔中完全可以看出。嵩山地区现存的单檐式唐塔共有9座，而法王寺就有3座，并且是最为精湛的，唐塔也是唐代古塔中的杰出代表和范例。法王寺的三座唐塔均为方形。唐塔之一高12.6米，塔身高大，叠涩檐突出塔身较多，塔刹为覆钵，周围有8个莲花瓣插角石，上为相轮和莲花座，最上火焰宝珠。唐塔之二高8米，塔基硕大，塔檐突出塔身较多，塔刹为覆钵，周围有8个莲花插角石，上为5级相轮，最上为火焰宝珠。唐塔之三高7米，塔基硕大，塔基为方形级弥座，上为相轮，最上为宝珠。法王寺三座唐塔，造型优美，精妙绝伦，不仅在嵩山地区是绝无仅有，在中国也是极为罕见的。

唐代法王寺的兴盛还表现在寺院的高僧上。唐代禅宗名师元珪曾在法王寺讲经说法，名扬四方。唐代的景晖禅师也是法王寺非常知名的高僧。此外，法王寺后三座唐塔的塔主也当为高僧，这一点从其一的地宫考古发掘中可证。2000年4月，在对高12.6米的法王寺唐塔地宫进行挖掘时，出土迦陵频伽盒、铜器、瓷器20多件，其中仅国家一级文物就有5件，此足见塔内所葬之僧地位之高。

在唐代还发生了一个令世人注目的事件，"会昌法难"时，由于灭佛，原存于法王寺隋代舍利塔内的佛舍利面临巨大危险。就在此时，以遣唐使身份来中国求法的日本僧人圆仁，在被驱逐出长安从东都来到久负盛名的法王寺后，会同天如将存于舍利塔内的佛像圣物佛舍利取出，隐藏于地宫之中，由此留下了保护佛舍利的一段佳话。这件事，记载于唐会昌五年（845年）圆仁、天如所立的《释迦舍利藏志》碑中："隋仁寿间，帝敕建浮屠，遣使安佛真身舍利于内，殊因移匿地宫，函密之，盖护宝非不恭也。法门圣物，世远疑失，诚恐，镌石以记，祈圣门永辉。"

三 五代至元代的法王寺

法王寺在经历了隋唐的繁荣之后，从五代到元代，法王寺虽然没有隋唐那么兴盛，但仍然是一个非常知名的寺院。这期间，寺院不断得到修建，高僧也不乏其人。

从修建上来说，五代后周时，因世宗灭佛对法王寺同样产生了很大破坏，但法王寺还是保留下来了。北宋建立后，对法王寺十分重视，仁宗庆历时曾增置殿阁、僧寮、佛像，并赐名为"大法王寺"。又据元代《复庵和尚碑》《海公禅师碑》《学公禅师碑》载，法王寺在元朝至元、后元年间也曾数度整修。

从名僧而言，宋代至元代法王寺也有许多高僧。除五代资料缺乏不可查外，宋代高僧已知的有冲禅师和慧昭。据清代景日昣《重修法王寺碑》载："（法王寺）历代高僧辈见，乃自冲禅师、慧昭以外，塔贡累累碌碌。"又景日昣《说嵩》载：慧昭，山西绛州人，出家后于元丰三年（1080年）至法王寺，拜冲禅师为师，朝廷特赐以紫袈裟。政和时慧昭圆寂于法王寺。从慧昭被朝廷赐紫袈裟来看，他当是一位地位极高的僧人。

金代的法王寺也有很多名僧，最知名的当属教亨。据《嵩书》《大明高僧传》等载，教亨，字虚名，济州仁城人，早年出家，从宝公禅师，得禅学之要义，后遍参丛林，禅学日隆，成为一代名僧。曾先后出任中都（今北京）知名的潭柘寺、济州普照寺、中都大庆寿寺住持，还讲法于郑州普照寺、嵩山戒坛寺、嵩山大法王寺、绍山云门寺、森溪大觉寺五座道场。其在法王寺期间，讲经说法，声闻佛坛。金兴定三年（1219年），教亨"坚坐不动"而圆寂于大法王寺，享年70岁，元光二年（1223年），寺院方丈为教亨建塔于法王寺。

元代法王寺也是高僧辈出,著名的有复庵照公、月庵海公、无能学公等。据法王寺元大德十一年（1307年）《复庵和尚碑铭》载,照公,名圆照,字复庵,出家后拜乳峰为师,后又拜禅学大宗师万松行秀为师,得其真传,成为名僧。后出任大天宁寺、普照寺、崇宁寺住持,之后又任嵩山少林寺、法王寺住持40年,名震四方,至元二十年（1283年）圆寂。又据法王寺延祐三年（1316年）《月庵海公道行碑》载,海公,法名福海,号月庵,出家后礼诚公为师,后拜复庵为师,成为名僧。至元十八年（1281年）任法王寺住持,"创整丛席,传猷之外,几诸修造,轮焉、奂焉,海会单寮,一新创建,安居清众,通贯十方。"又据法王寺至正六年（1346年）《学公禅师碑》载,学公,法名了学,号无能,登封曲河人,出家于法王寺,礼无庵大师和尚为师,后拜月庵海公为师,遂成名僧,后至元元年（1335年）任法王寺住持,大修寺院,使法王寺"胜前者百倍"。

四 法王寺的衰落及中兴

法王寺进入明代之后,呈现出衰落的迹象,明中晚期之后衰落较为严重。在经历了元末战乱之后,法王寺也受到很大冲击。明初至中期,虽然弘治、正德及嘉靖之时,法王寺也曾得到整修,也新建了地藏殿等,但其衰落还是比较明显的。明嘉靖十年（1513年）《重修法王寺记》云:"惜僧舍颓圮,垣墉庀荒废。鞠为茂竹,夜来古木号风,野花泣露,飒然动人,古今兴衰之感。"从名僧来说,明代初期,法王寺尚有道衍、天泽、悟真等相当有名的高僧,但到中后期几乎找不到知名的高僧。

进入清朝之后,法王寺的衰落更加严重,虽然清代在康熙时曾数度整修法王寺,但其衰落还是十分明显的。清康熙十二年（1673年）《重修大法王寺记》:"太室之阳,有法王寺焉。昔神光说法,地涌金莲之地,今荒落日圮。"清康熙时,名儒傅应星《题法王寺》诗:"古寺残僧少,荒烟断碣多。"在清代法王寺几乎找不到著名的僧人,碑上所载的行沣弥鏊,是外地僧人;适庵、离坦亦无名声。到了清朝晚期,法王寺衰落更加严重,虽清咸丰时也曾整修法王寺但仍是杯水车薪,寺院残破十分严重,到民国时期的 1936 年，刘敦桢到法王寺考察时寺院仅存山门、大殿、东西配房和地藏殿，法王寺至此的衰落可见一斑。

新中国成立后，法王寺的建筑还是 1936 年所存的那几座殿堂。随着国家对文物保护工作的重视，1963 年法王寺被公布为河南省重点文物保护单位，国家也先后几次整修法王寺的殿堂。然而，真正使法王寺得到中兴是在延佛大师入住寺院之后。

延佛大师，俗名连福，登封市马庄人，因公致残后进入佛门，住莲花寺。1984 年拜少林寺永山大和尚为师，得法名延佛。其出家后精研佛教义规，又研易学，终有所悟，成为名僧。1987 年，延佛大师入住法王寺，面对法王寺的败落局面，决心重兴法王寺。他抱着残疾之躯，一面大力弘法传道，一面奔波于四方，筹集资金数亿元，1987 年落架翻修大雄宝殿，1988 年重建天王殿及东西配房，1990 年重建如来佛殿，1994 年落架翻修地藏殿，是年又新建山门、朝圣桥，1995 年新建西方圣人殿、卧佛殿、钟楼、鼓楼等，使嵩山大法王寺成为一个拥有七进院落的宏大寺院。从此之后，法王寺建筑不仅金碧辉煌，而且晨钟暮鼓响彻嵩岳。1996 年延佛大师经中国佛教协会批准，出任法王寺方丈。延佛大师振兴法王寺的行动得到了社会各界的一致称赞，被称为法王寺的中兴者。

嵩山大法寺的历史演变及在中国汉传佛教史上的地位

释恒兴[*]

据准五分律，说释迦牟尼佛，生中印度迦维罗城，刹帝利家，父名白净饭王，母号摩耶，右胁而生，紫磨金色，不绍王位，十九踰城，至雪山中，六年苦行，日食麻麦，又至象头山，学不用处定三年，知非，遂舍，又至鬱头蓝，学非想定三年，知非，亦舍，即以无心意而行，悉摧伏诸外道，世尊时年三十，于十二月八日，明月出时，成等正党，于鹿野苑中度陈如等五人，为教兴之始也。

佛教传入中国内地，是佛教史上的重大事件，但对传进的具体时间，说法很多，［参见汤用彤《汉魏两晋南北朝佛教史》上卷，中华书局，1983］学术界一般认为，汉哀帝元寿元年（前2年），大月氏王使臣伊存口授《浮屠经》，当为佛教传入汉地之始。此说源于《三国志》悲松经所引鱼豢的《魏略·西戎传》：

昔汉哀帝元寿元年，博士弟子景庐受大月氏王使伊存口授《浮屠经》。回复丘（豆者），其人也。《浮屠》所载临塞、桑门、伯闻，疏问，自疏问，比丘，晨门，皆弟子号。

大月氏于公元前130年左右迁入大夏地区，其时大夏已信奉佛教，至公元前一世纪末，大月氏受大夏佛教文化影响，接受了佛教信仰，从而辗转传入中国内地，是完全可能的。

据《后汉书·楚王英传》记，永年八年（65年）佛教在皇家贵族层已有相当的知名度，不必由汉明帝才开始梦感求法。

---

[*] 释恒兴，嵩山大法王寺。

此外，还有汉武帝时传入说，《魏书释老志》记，汉武帝元狩年间（前122～前117年），霍去病讨匈奴，获休屠王金人，帝以为大神，列于甘泉宫。金人率长丈余，不祭祀，但烧香礼拜而已。此则佛道流通之渐也。此说原出南朝宋王俭托名班固撰之《汉武帝故事》。国内学者一般持否定态度，但海外一些学者认为可信。

又准周书異记，说周昭王二十四年，甲寅岁，四月八日有光来照殿前，王问太史苏由，对曰：西方当有大圣人生，后一千年，教流此土，至后汉明帝永年七年，正月十五日，帝夜梦金人，身长丈六，赫奕如日，来诣殿前，曰，声教流传此土，帝旦集群臣，令占所梦，时通人傅毅，对曰，臣笕周书異记，云西方有大圣人出世，灭后千载，当有声教流传此土，陛下所梦，将必是乎，帝遂遣王遵等十八人西访佛法，至月氏国，遇摄摩腾、竺法兰二菩萨，将白毯上画释迦像及四十二章经一卷，载以白马，同回洛阳，时年永平十年丁卯，十二月三十日，于是佛、法、僧具备，标志着佛教在汉地真正的开端。

在佛教界则普遍把汉明帝夜梦金人遣使求法，作为佛教传入中国内地的开始，此说最早见于《四十二章经序》和《牟子理惑论》（简称《理惑论》）。《理惑论》说：

昔汉明皇帝，梦见神人，身有日光，飞在殿前，欣然悦之。明日，博问群臣："此为何神？"时有通人傅毅曰：臣闻天竺有得道者，号之曰佛，飞行虚空，身有日光，殆将其神也。于是上悟，遣使者张骞，羽林郎中秦景，博士弟子王遵等十三人，于大月支写佛经四十二章，藏在兰台石室第十四间……。时国丰民宁，远夷慕义，学者由此而兹。

《四十二章经序》所记与此大同小异，但都未说明梦感求法的确切年代。袁宏《后汉记》及范晔《后汉书》等正史，亦未记明其年月。后则有永平七年见（《老子化胡经》），十年（见《历代三宝记》、《佛祖统记》），三年（见《汉法本内传》），十一年（见陶弘景《帝王年谱》）等多种说法，至梁《高僧传》更称汉明帝于永平中遣蔡情等往"天竺"求法。并请摄摩腾、竺法兰来洛阳，标志着佛教在汉地真正的开端。

综上，各类记载众多，但在内容上相互矛盾。根据信史的记载，佛教传入汉地，当在两汉之际，即公元前后。它是通过内地与西域长期交通往来和文化交流的结果。从两汉之际到东汉末年的 200 多年，是佛教在中国的初传时期，它经历了一个反复、曲折的变化过程，终于在中国特定的社会条件和文化背景上定居下来。

从西汉末年至东汉末年的 200 多年中，佛教从上层走向下层，由少数信仰变成多数人信仰，其在全国的流布，由洛阳及太室山为中心，呈自北向南发展的形势。

根据信史的记载及佛教界的普通意见，以及明莲池大师所撰《四十二年章经序》："汉明帝夜梦金人，遣使天竺，得佛经四十二章。此圣教东流入震旦之始也。"因此，我们把东汉永年十年（67 年）丁卯十二月三十日。摄摩腾和竺法兰二菩萨到洛阳（当时的京都）的时间，确定为佛教传入中国内地的时间是有理由的，更是佛教界的普遍意见。

那么，佛教东传与法王寺有着什么样的关系呢？古老的法王寺在汉传佛教的发展史上，又扮演着一个什么样的角色呢？历经沧桑、二千多岁树龄的古老银杏树，它能告诉我们什么？一千多年的隋舍利塔，又能告诉我多少这个古老寺院尚未被人知晓的历史呢？带这些疑问，我们查阅了大量的史料、典籍、参照碑刻记载。一层层揭开这古老而又神秘的面纱。

一　法王寺的历史由来

按照佛教界普通一致的把汉明帝夜梦金人，遣使求法，作为佛教传入中国内地的开始，那么摄摩腾，竺法兰二菩萨到京都洛阳的时间应当是东汉永年十年（67 年）丁卯，十二月三十日。被安置在接待四方少数民族首领的衙署鸿胪寺。鸿胪寺作为国家机构的九卿之一，属于国家机关，并非佛教寺院。

中国古代的"寺"与我们现在所讲的"寺"的含义是不同的，东汉时期的"寺"是国家机构的专用词，整过国家的事务分由九寺来管理，《唐书百官表》载："汉以太常，光禄勋卫尉、太仆，廷尉，大鸿胪，宗正、司农、少府为九卿，后魏以来，卿名虽仍旧，而所莅之局谓之寺，因名九寺，"又《汉书注》凡府廷所在皆谓之寺，又汉明帝时摄摩腾，竺法兰自西域来，初止鸿胪寺，后名浮屠所居皆曰寺。

鸿胪寺非佛教寺院，中国在东汉永年十年（67 年）之前，既没有佛教寺院，也没弘法利生的僧人，在中国见到的第一个僧人是永年十年（67年），十二月三十日，从印度来中国洛阳的摄摩腾。

由于鸿胪寺地处繁华的京都，且非佛教寺院，不利于译经弘法。于是摄摩腾，竺法兰两位高僧奏请明帝另辟佳地建寺。

经多方寻访，最终确定在登封县（阳城）北七公里的太室山南麓玉柱峰下建寺，此地背依嵩岭，合抱如椅，溪水潺流，景色秀丽，摄摩腾、竺法兰两位高僧奏请汉明帝批准，汉明帝于永年十一年（68年）敕令在太室山南麓玉柱峰下建寺，并于永年十四年（71年）建成。汉明帝赐名"汉王寺"，后因佛经中讲佛为法中之王，更名为法王寺，这是佛教传入中国建造的第一座、真正的佛教寺院。由此可见，法王寺仍中国有寺之始。浮屠所居皆曰寺的先河，也是由法王寺开始。

综上，第一，"寺"原是国家机关的专用词，从汉明帝始，敕建僧坊，并以"寺"赐名，表明了佛教初传我国时，帝王对三宝的崇敬，以及求法的诚意。

第二，明帝以"汉王寺"赐名，表明了当时帝王对初传入内地佛教所建第一座寺院地位的肯定。后佛经中讲佛为法中之王。故改名为"法王寺"。法王是佛教中的最高称谓，佛为法中之王。

第三，寺是封建国家机关的专用词，从汉明帝始用于浮屠所居，充分表明当时帝王把佛教寺院作为国家机构的一个组成部分。

第四，法王寺始建于东汉永十一年（68年），建成于年14年（71年），现在我们有很多资料包明嘉靖《登封县志》以及一些碑刻等所载的时间是法王寺的建成时间而非始建时间。

第五，据史料记载，汉明帝听阳城候刘峻出家，阳城是古时的登封，中国封建社会第一个舍官位出家的是阳城候刘峻，而他的出家寺院就在法王寺，这也充分说明了法王寺在佛教传入中国内地时的地位及佛教在中国传播过程中的作用。

二　魏晋南北朝时期的佛教与法王寺

东流末年爆发的黄巾起义，沉重打击了汉王朝的统治基础，与此同时，各地豪强为镇压起义，群相竞起，不断发展和扩大私人武装，形成遍部全国大小不等的军阀集团，东汉王朝以名存实亡，公元220年曹氏在洛阳代汉立魏，控制中原地区，继之，刘氏在成都建蜀称帝，控制西南地区，孙权在建康（今江苏南京）立国为吴，统治长江以南，史称三国。曹魏政权统治的初期，采取了一些恢复生产，发展经济的措施，使大乱后的黄河流域得以相对稳定，魏明帝鉴于法王寺在佛教中的地位和影响力，以及在今后治理国家中的诸多考虑，青龙二年，魏明帝改法王寺为护国寺，晋惠帝永康元年（300年），在护国寺前增建法华寺。从汉末三国北朝诸帝，除北魏太武帝和北周武帝短暂毁佛外，无不扶植佛教，在此期间在法王寺住锡弘法的高僧有曹魏的朱士行，在此讲经弘法，据清乾隆，丁末年《登封县志》载：嵩阳寺碑：生禅师隐显无方，沉浮嵩岭，道风远被，德香普薰，皇帝倾心以师资，朝野望风而屈膝，卜兹福地，创立神场云云，法王寺亦有生公说法，地 金莲。今金莲尤茂。

从曹魏代汉到隋灭陈止，共计369年，总称魏晋南北朝，魏晋南北朝是战乱频频，灾难深重的历史时期，但在局部地区或短暂时期又有相对稳定和繁荣的局面出现，这使佛教在全国范围内得到了多方位的传播。在此期间除北魏太武帝和北周武帝短暂毁佛外，无不扶植佛教。它深入社会的各个阶层和生活的各个领域，与中国传统的文化冲撞激荡，参差交会，形成了独具中国历史特色的佛教思想，影响甚至支配着南北朝一些大国的统治思想，法王寺无不深受各朝帝王的推崇。

三　隋唐时期的中国佛教与法王寺。

隋唐佛教的繁荣，以国家的统一和空前的富强为社会背景，隋朝统一为时短暂，唐朝的发展达到了中国封建社会的顶峰。

隋朝的统一，给全国各族人民带来了相对的和平、稳定的生活，一时出现了"户口滋盛、仓库盈积"的升平景象，但战争遗留下来的和新产生的社会问题依旧很多。隋王朝为解决这些问题，巩固自己的统治，方法之一是提倡佛教，把佛教作为统治国家主要的工具。开皇元年（581年）。隋文帝杨坚即位，诏令在全国范围内恢复佛教，"听任出家，仍计口出钱，营造经像。而京师及并州，相州，洛州等诸大都邑之处，并官写一切经，置于寺内，而又别写藏于秘阁"。致使"天下之人从风而靡，竟相景慕。

民间佛经多于六经数十百倍",文帝在位 20 年,共度僧 23 万人,立寺 3792 所,写经 46 藏,13286 卷,治故经 3853 部,造像 106560 躯②。

据载,杨坚少时受居智仙的养育,故即位后,"每以神尼为言",云"我兴由佛"③。于是着意复兴佛教。隋文帝以佛法的精神来治理国家,所采取的一系政策中,影响最大的事件就是,仁寿年间从公元 601 至 604 年在全国建舍利塔。隋文帝杨坚未即位之前,有天竺沙门赠送一包舍利子,云《大觉遗身》,即位后,曾与昙遷禅师数之,竟未能数清,仁寿元年公元 601 年元月十三日,恰值位帝诞辰,遂下《隋国立舍利塔诏》,令从京城分送舍利于雍、岐、泾同华等三十州,各立一舍利塔以为供养,隋文帝在《诏书》中这样说道:"朕皈依三宝,重兴圣教,思与四海之内一切人民,俱发菩提,共修福业,使当今,现在及来世,永登善因,同登妙果"。当时朝廷中有监佛教事务的僧官,名为《昭玄统》,为此,隋文帝派遣三十位高僧大德,各率侍者,官吏,并买薰香陆佰贰拾斤,分送佛舍利于各州起塔供奉。

法王寺隋朝舍利塔,建于寺后山坡上,即为隋文帝在仁寿元年诞辰之际下《隋国立舍利塔诏》时修建的,该塔呈四角抛物线形的正方形,高为十五层,四十五米,周长二十八米,壁厚二米多,系为黄混砖彻而成,仅在外壁涂刷一层石灰,塔内呈空状,可达顶部,整过塔身显得雄伟而壮观。并于次年正式落成,仁寿二年(602 年)法王寺舍利塔建成后,隋文帝即令高僧智教将佛舍利护送到法王寺舍利塔内供奉,同时下诏将法王寺更名为舍利寺,这恰恰是佛舍利的第二次大分送,即仁寿二年(602 年),佛诞日,隋文帝请高僧智教,明芬等将佛舍利分送全国五十三州入涵立塔。隋文帝在全国分三次共建塔一百一十所,但下《诏书》改寺名为舍利寺的,只有法王寺。这也从另一方面说明了法王寺在隋朝佛教历史上的地位。

公元 618 年,李渊父子利用农民起义的力量,建立起新的统一的唐王朝,他的接受隋朝覆灭的历史教训,采取一系发展生产,稳定民心,巩固社会秩序的政策。出现了"贞观之治和开元盛世"进入了中国封建社会的全盛时期,佛教文化作为唐代意识形态的一个重要组成部分,也达到了鼎盛的阶段。

唐朝时期的法王寺也是寺院发展史上的一个全盛时期，唐太宗贞观三年（629年），敕令修补法王寺院佛像，修建殿堂，并更名为功德寺，当时法王寺院规模宏大，占地万倾。唐玄宗是著名的道教君王，在他即位初期，曾对佛教多方限制，但成效不大，整个社会经过周武的经营，至开元年间，"贞观之风，一朝复振"④，可称为唐朝的黄金时期，因此，在玄宗开十八年（1703年）更寺名为御容寺，代宗大历年间（766－779年）重新全面修缮整过寺院，恢复旧名法王寺，由于寺院规模宏大，唐时法王寺分为五院，仍沿用旧名护国，法华，舍利，功德，御容。

法王寺西岭闲居寺，《伽蓝记》，嵩中有闲居寺。《嵩书》：闲居寺，故元魏宣武帝离宫，建于永年间，诏冯亮与僧暹河尹甄琛，视形胜处创兴，隋仁寿一载改嵩岳寺《河南府记》：闲居寺在法王寺西里许，俱在今太室山南麓，《北史》，称：冯亮雅爱山水，又兼二思，造闲居佛寺，林泉既奇，营造又美，山居之妙，又《高僧传》曰：唐永淳时，嵩岳闲居寺元圭，一日对他的弟子说，我始于寺东岭，卒应将我葬于寺东岭（法王寺）。法王寺，闲居寺本是一寺两院，闲居寺是法王寺的下院。

隋唐时期是佛教发展的一个黄金时期，也是法王寺发展史上的一个全盛时期，当时寺院占地过万，常住僧众过千，许多大德在此经赐，弘法，历代帝王由此登临嵩山，据《高僧传》哉：唐永凉时，释元圭，卢岳之荒抚。一日佛丈夫从部曲来，曰：我此岳神也，圭曰：东岩寺之障，葬，然无树，北山由有之而背非屏拥，神能移北树于东岭乎？神曰，闻命，幸无骇。是夜暴风吼雷，物不安所，诘旦和雾，则北岳松柏，尽移东岭。另据《高僧传》：中岳神曾向元圭禅帅求受五戒，因此，向这样的高僧大德隐居别院清修，在佛教史上的例子是很多的。

从汉魏晋南北朝隋唐的八百多年间，法王寺见证了佛教传入内地的历史进程，同时，法王寺在这一时期也出现了许多高大德，从印度高僧摄摩腾，竺法兰在此建寺安僧，译经。弘法。中国封建社会第一个舍官在此出家的阳城候刘峻，中国第一个出家人朱士行在此讲《道行般若经》，《登封县志》：南北朝时生公禅师，在此说法地之湧潘金莲。唐永淳年间释元圭禅师为中岳神授五戒，禅宗二祖慧可禅师在此说法，老安（慧安）。北禅神秀，普寂，神会，中空，天如等大德，在此住锡弘法。使法王寺成为了名副其实的佛教王庭。

唐武宗会昌二年（842年）的灭佛运动，给中国佛教尤其是汉传佛教以沉重的打击。从会昌二年（842年）至会昌五年（845年）八月，天下所拆寺院4600余所，还从僧尼26.05万人，充收两税户，拆招提、兰若4万余所，收膏上田，数千万顷，收奴婢为两税户15万人，同时，勒大奏穆护袄3000余人还俗⑤，在这次灭佛中，法王寺也受到了严重的破坏。首先是朝廷敕建的国家大寺，除口分田外，别有赖赐田庄。所有供给，并是国家供养，灭佛运动，使国家供养这个寺院的主要收入没有了。其次，朝廷严令信众不准到寺院布施供养，违者将受处罚，社会供养也没有了，这样寺院失去了它的经济支柱，再次是严格控制仅存寺院的僧人数。许多僧人隐匿至深山。

在这场灭佛运动中，法王寺作为国家大寺，虽不至被拆，但许多田地被收，经济支柱没有了，更让人担心的是镇山之宝佛骨舍利的安危，这时，适逢日本国入唐求法僧圆红大师到来。演出了一段法王寺僧人与日本国僧人圆仁大师共同保护佛骨舍利的佳话：

日本僧人圆仁（794~864），姓壬生氏，日本下野国（今栃林县），都贺郡人，生于日本恒武天皇延历十三年（794年），十五岁时入比睿山最澄门下习天台教观，唐文宗开成三年（838年）圆仁随日本第十三次遣唐使腾原常嗣来中国，历尽劫难，九死一生，到达扬州，先后巡视了五台山，长安等地，公元845年，唐会昌五年，6月1日，圆仁法师到达洛阳（东都）并于6月9日到达郑州。途经嵩山，圆仁法师既然亲历此地，以他对唐王朝排佛灭佛情况的了解和洞悉，以及沿途而来面对的严峻现实，绝不会对佛骨舍利毫无得到安置在隋塔之中而无动于衷，因为，当时长安法门寺佛塔地宫中已经出现了抛撒佛舍利的情况。为了保护佛舍利，圆仁法师与当时法王寺天如禅师共同协商后，还决定将佛舍利，从舍利塔地宫中转移至祖师塔地宫中，刻石碑埋于地下，以向后人证明此事。"释迦舍利藏志，汉西来释迦，东肇佛坛，嵩之南麓法王寺立矣，隋仁寿间帝敕建浮屠，遣使安真身舍利于内，殊因移匿地宫密函之，盖护室非不恭也，法门圣物，世远疑失，诚恐镌石以记，祈圣门永辉。圆仁、天如、大唐会昌五年"。当时这块碑是埋在地下的，碑记埋地下，在一般情况来讲是不符合常理的，但如果结合当时朝廷排佛灭佛运动的残酷，就不难理解了，因为这关系到许多人的生命及寺院的命运。这一佛教历史上的悬念也是法王寺历史上的悬念直到公元2000年才被正式揭开。佛真身舍利重放光芒。

四 宋元明至清末的中国佛教与法王寺

宋代自赵匡胤陈桥兵变到赵昌亡于元前后320年，是自秦汉流一后历代王朝中维持时间最长的一个朝代，他在外受强大的异族步步侵逼，内部阶级对抗日趋严重中，空前加强了君主专制主义，君主被视作为国家的绝对权威，民族的至高象征，他将全国的政治、经济、军事等一切权力集中于一身，在当时几乎为所有的士代夫及广大农民所接受，在宋代农民起义不断但始终没有构成对中央君权的威胁，且大多乐于招安，成为御外的力量，中国历史上许多精忠报国，慷慨悲歌的民族英雄和爱国志士多开始在这个朝代出现，其结果，王朝的对内统治空前强大起来，却无从形成任何足以使它振奋不已的机制，对外则越来越懦怯孱弱，使整个民族不得不长期在屈辱和苦难中挣扎。佛教在宋代的演变就是在这样一个大环境中进行的，宋太祖是在全宋史中比较有作为的皇帝，他鉴于周世宗，限佛教给予佛教的打击，影响许多地区民族的安定，于是下令停止毁佛，并普度行童8000人，以重开佛教，作为稳定北方局势和获取南方吴越等奉佛诸国拥戴的重要措施，开宝四年（971年）敕令高品张从信到益州开雕中国有史以来的第一部汉文木版印刷大藏经，宋代僧民在太宗时有一个突发性发展，太平兴国元年（926年），一次普度行童，17万人，宋真宗著《崇释论》，他在全国设戒坛72所，广度僧尼，到天禧五年（1021年），已有僧397615人，尼61240人，寺院近4万所，成为全宋史上佛教最发达的年代，此后，佛教日渐受到严格的限制，仁宗景祐元年（1034年）僧尼数开始下降，到神宗熙宁元年（1068年）统计，全国僧人只有220660人，尼3430人，减少了41%以上。建隆元年（960年），诏令诸路州府寺院，经显德二年停废者，勿复置，当废未废者存之，开宝八年（975年）明令禁止灌顶道场，水陆斋会及夜集士女等诸种活动。防止聚众滋事，宋仁宗庆历八年（1048年）将法王寺原五院、护国、法华、舍利、功德、御容合一，缩减其规模及僧人数量，赐名"东都大法王寺"，这说明了宋仁宗时代虽多分限制佛教，但法王寺在佛教中的地位和作用还是得到了当时帝王的肯定和承认的。宋徽宗崇奉道教，自号"教主道君皇帝"，宣和元年（1119年），诏称佛教属于"胡教"，虽不可废，而犹为中国礼义之害，故不可不革，于是强制僧尼改称道教名号，改僧尼寺院为道教宫观，改佛菩萨称谓为道教称谓，为道教名号，这是宋朝佛教唯一遭受打击的一次，但不久宋徽宗被俘，波及不大，南渡以后，高宗对佛教采取折中态度，既不毁其教，灭其徒，也不崇其教，信其徒，而是"不使其大盛耳"。

在宋儒所有的伦理观念中，忠君列在首位，而"忠君"和"爱国"并提，更是由宋代才开始形成，到北宋末年，忠君爱国成了当时做人的最高标准，这在当时的佛教中也有反映。宋代佛教引进"天下国家"和"忠君忧时"，开辟了古代佛教爱国主义和民族主义一途，在中国佛教史上是有里程碑意义的事件。但由此也结束了沙门与王者抗礼的时代，僧尼必须绝对的臣服于君主的权威。明代禅僧元贤说：唐以前，僧见君皆不称臣。至唐朝则称臣矣。然安、秀诸师宫中供养，皆待以师礼，诸师称天子曰檀越，自称则曰贫道。至宋，绝无此事……崇宗二年（1103年），编定的《禅苑清规》，则进一步提出"皇帝万岁，臣统千秋，天下太平。"连国家行政长官也放在祖师之上所以，在寺院住处持的上香祝词中，首先是祝当今皇上"圣寿无穷"。其次，是地方官僚"常居禄位"，再次方得酬谢祖师的"法乳之恩"。

原分布于额尔古纳河流域的蒙古人，在成吉思汗的率领下，统一大漠南北，于1206年建立蒙古汗国，1260年忽必烈在开平（内蒙古正蓝旗东）即帝位，1271年定大都（北京），国号"大元"，1279年灭南宋，征服全国，成为汉唐以来中国历史上版图最大的王朝，到1368年朱元璋攻克大都为止，元经11帝，历98年。

元朝虽以藏传佛教为国教，但对其他宗教如汉地佛教，儒教，道教，及至外来的回教，基督教等，也不排斥、取宽容的态度。汉传佛教与藏传佛教有许多共同点，作为佛教，一般均为历代帝室所崇尚。元世主忽必烈带头崇佛，"他于万机之暇，自持数珠，深诵、施食。"忽必烈"自四海天下，寺院田产二税尽蠲免之，普令缁侣安心办道"⑨。这在宋辽时期是没有的，据至元二十八年（1291年），宣政院统计当时境内有寺42万余所，僧尼21万余人，加上伪滥僧尼，至元中叶，总数约在百万。元代内地佛教以禅宗为主流，北方有万松行秀，雪庭福裕一系的曹洞宗和海云印简一系的临济宗。南方有云峰妙高、雪岩祖钦、高峰元妙、中峰明本等所传的临济宗，总的说来，曹洞盛行于北方，临济盛行于南方。

元朝时期内地佛教的禅宗为主流，法王寺作为汉传佛教所建立的第一座寺院，也不例外，在宗门下属北方曹洞一脉，历代住持皆为当时禅门大德如第九代住持，圆照禅师，字寂然，世寿七十八岁示寂，僧腊六十二，葬之，士庶倾城来会，白鹤数百盘旋其上，现者无数。圆照禅师发起资戒法会，远近寺院住持皆来赴会。至元三十一年大法王寺住持亮公禅师同焚修祝延。举国震惊。因此，在元朝时虽然藏传佛教为国教，但法王寺作为内地佛教主流，代表北方曹洞一脉，发挥了重要的作用。

明王朝建立之初，便推行理学，强化理学专制思想统治。朱元璋说："天下甫定，朕愿与诸儒讲明治道。"对佛教控制相当严格，明太祖朱元璋，17岁于濠州（今安徽凤阳）皇党寺出家，25岁投入白莲教徒郭子兴部下，加入打着佛教旗号的农民起义行列，他目睹了元朝崇尚喇嘛教产生的诸多流弊，以至成为腐败亡国的原因之一，因此，他对佛教内幕及其与社会政治关系深有所知。即位后，他对佛教采取既利用又整顿，着重在控制的方针，朱元璋对佛教强化管理的根本目的，在于切断它与民众的组织联系，防止惑众滋事，以至成为造反起义的手段。明太祖虽然废除喇嘛教在内地的特权，但也没有中止喇嘛教与内地的联系，他继续给喇嘛教以优厚的礼遇并以此作为皇权中央管理西藏地分事务的渠道。

朱棣以僧人道衍（1335~1418）为谋主，发动"靖难之变。"经过四年战争，取得帝位，是为成祖，成祖即位后，论功以道衍为第一，乃复其姚姓，赐名广孝，使常居僧寺，冠带而朝，退乃缁衣。为此，成祖对于佛教有所偏护，明成祖永乐七年（1409年）9月，周王为生男而送一尊玉雕阿弥陀佛像，供奉于法王寺隋舍利塔中。永乐十八年（1420年）为《法华经》作序，颂扬佛教功绩，又亲撰《神僧传》，树立僧人形象。

当然，明成祖对内地的统治依然以儒家思想为指导，他明确宣布"朕用儒道治天下""朕所用治天下者，'五经耳'。世人於佛老竭力崇奉而于奉先之礼，简略者，盖溺于祸福之说而昧其本边"。明王朝的佛教政策，由前两代奠基，此后，没有多少变化，但由于政治、经济等多种因素，也有时摇摆。明初废除僧侣兔丁钱，度牒免费发给，但对剃度则严加限制，曾规定三年发牒一次，男子非40岁以上，女子非50岁以上不准出家，出家者还必须经过考试。各州县寺院和僧尼数目也有限制。

明王朝对佛教的种种限制，阻碍了佛教的发展，但在此期间，法王寺有许许多多的大德如道衍、天泽、悟真、碧潭等禅师，为佛教的发展排除众难，支撑出一片天地，尤其是道衍禅师，为明成祖朱棣，称帝建立功勋，所以在当时地位显赫，所谓"冠常而朝，退乃缁衣，"因此，明成祖有感于道衍禅师，对佛教有所偏护。

1644年满州贵族爱新觉罗氏攻取北京，替代明王朝入主中原，建立了多民族统一的大清帝国。从康熙到乾隆间（1662～1795年），内服诸藩，外御殖民主义侵略，疆土东起诸海，西至帕米尔，北自萨彦岭，南到南沙群岛。东南抵台湾，西北至巴尔额什湖，楚河，东北至鄂霍次克海，外兴安岭，西南到西藏和克什米尔之拉达克。1840年鸦片战争后，清王室丧权辱国，使中国逐步沦为半殖民地，半封建的国家，1911年，被孙中山领导的辛亥革命推翻。清王朝前后延续267年。

满族原来信仰萨满教，对天神地祇的崇拜十分流行，与汉民族对天帝和土地的传统信仰极其相似。金代佛教相当发达，后金接受金的影响，对佛教也不陌生，早在入关以前即与西藏喇嘛教发生联系。及至统一全国，吸取明王朝的政治制度，进一步加强君主专制主义；在文化领域，大力崇奉孔子，提倡理学，禁止文化结社，实行空前严格的思想统治。对内地佛教继续采取利用，但从严控制的政策，对喇嘛教则主要当作羁縻蒙古上层，巩固中央统治的手段。

清代僧官取自明代旧制，设僧录司、有正、副掌印各一人，下设左右善世2人，阐教2人，讲经2人，觉义2人，各府、州、县各设僧纲、僧正、僧会各1人，由该地方官拣选，具结详报督抚，由督抚咨部派札补授，年终汇报吏部，其钦记由该省布政司给发。全国佛教严密地控制在僧官手中；而僧官也没有独立的政治权利，只有执行和协调世俗政权的任务，

《大清律例》还规定，不许私建或增置寺院，不许私度僧尼，严格执行出家条件。严厉制裁淫乱僧尼等，据《大清会典》统计，清初各省官建大寺 6073 处，小寺 6409 处，私建大寺 8458 处，小寺 58682 处，有僧 110292 人，尼 8615 人。总计寺院 79622 处，僧尼 118907 人。至乾隆初四年 (1736～1739 年)，已共发出度牒 340112 张，令师徒相传，而实际上私度并未停息。据近代太虚大师估算，清末各省均有 80 万僧人。

在清代佛教随着国力的衰弱，寺院荒废日甚，加上战火破坏，佛教在晚清已处于全面衰退的阶段。

法王寺在清代乾隆、康熙年间虽经多次修建，但从总体上来讲还是不如以前，这与当时的社会大背景是相关的。在这期间，大德弥壑、适庵、离拓等禅师，在此往住锡弘法，为处于衰退中的汉传佛教撑起一片天地。为法王门庭掌一片净地。

辛亥革命推翻了满清王朝的统治，结束了中国多年来的封建统治，但由于辛亥革命后军阀混乱，第二次世界大战的爆发及国内解放战争等诸多因素，中国佛教在晚清日趋衰落的基础上，更是雪上加霜，全国范围内寺院破旧倒塌，加之自然灾害等因素，完整的寺院所存在无几。

法王寺从东汉永平十一年 (68 年)，汉明帝敕建，至今的 1943 年里，走过了兴盛衰退的坎坷历程，见证了佛教西来内地的全过程，为汉传佛教在内地的生根、发展做出了巨大的贡献。到如今寺院已是面目全非，到处是残墙断壁，碑刻散落到处都是，荒草满院，看得出像房子的建筑没有几间了。

五　重兴的佛法王庭，再现昔日的辉煌

改革开放的春风给中国佛教注入了新的生机和活力，党的宗教政策为佛教的发展提供了强大的保证，社会的稳定和国力的不断增强，是佛教复兴的强有力的社会背景。1987 年释延佛大和尚往锡法王寺，开始了重修这座古老的、曾经为汉传佛教在中国内地生根、发展做出巨大贡献的古寺——法王寺。

面对杂草丛生，残垣断壁的荒凉古寺，释延佛大和尚凭借着他那颗真挚的佛子之心，宏大的愿力，普度终生的慈心，拔除众苦的悲心，排除众

难,深信有多大的愿力就会有多大的护法,身残志坚,四处普化,赢得了八方檀信的认可和赞颂,经过近二十年的努力,使这座破烂不堪的古刹,再现昔日佛教王庭的光彩。得到了中国佛教协会历任会长赵朴初,一诚长老的赞誉。及国家省市县各相关部门领导的肯定。

现在的法王寺,自下而上,七重主殿加塔院。偏殿、禅堂、斋堂、僧寮齐全。佛像庄严,寺院环境优美,僧众修持,如法如律,晨钟暮鼓,梵吹悠扬,身临其境,仿佛感受到了清洁无秽、湛湛常明,圆光普照的"家乡风光"。现代大德延佛大和尚坚持树立家风、道风、学风。弘扬宗风,振兴门庭。崇倡人间佛教。把工作、生活作佛事,行、走、坐、卧亦修持,讲经弘法、扶贫济困皆普度的大乘菩萨行愿。溶于现代社会、家庭、生活的方方面面,八方檀信、闻风来朝。寺院作为僧众修持弘法、接引众生的平台,也是服务社会,造福群众的载体。重现昔日中国第一菩提道场辉煌的法王寺,正释放着它那无尽的能量,普熏的有情,共发菩提。

综上所述,纵观与中国汉传佛教同龄的古刹法王寺,横察中国汉传佛教发展各个历史时期,法王寺所扮演的角色。释迦文佛真身舍利的尊贵,历代帝王敕建、修、补及敕封寺名的显赫地位,从明帝梦感求法,摄摩腾,竺法兰建寺安僧,到朱士行,刘峻,生公,慧可,慧安,神秀,普寂,中空,圆照,道衍,天泽,复庵,日庵,碧潭,离拓等等无数高僧大德在来此住锡,弘法,把西来佛教文化与本土人文有机地结合起来,形成具有中国特色的汉传佛教文化体系。使之在中华大地上生根开花、结果。所以,我们有理由,更有事实根据,法王寺是汉传佛教始建的第一座寺院,中国第一菩提道场。释迦文佛真身舍利,重新按置供奉,必将惠及众生,佛法王庭,必将再创辉煌。

艺/术/考/古/篇/（上）

道宣的佛教表现艺术美学观念及其在《续高僧传》中的体现

王志远[*]

一 道宣在《续高僧传》中阐释的佛教表现艺术美学观念

《续高僧传》是道宣的重要著作，在第三十卷的《论》中，表达了他对佛教表现艺术的许多重要的美学观念。

首先是明确对表现艺术的重视。

> 忍界所尊，惟声通解。且自声之为传，其流杂焉。即世常行，罕归探索。今为未悟，试扬攉而论之。爰始经师为德本，实以声糅文，将使听者神开，因声以从回向。

他认为，只有声音，在现实世界中最受尊崇，因为只有靠它才能沟通理解。声音的流传变化是十分复杂的，虽然是社会的普遍现象，但是很少有人认真探讨。作为弘扬佛法的经师当然要以德为本，实际上要以声音表述内容，以便使受众的精神受到启迪，甚至由于听到这种声音而皈依佛门。

道宣的观点，在近代从古典文化向现代文化转变的过程中再次得到印证。许多人注意到，为什么评书、话剧、电影、流行音乐乃至电视发展如此迅速？就因为在一个文盲充斥、快餐兴盛的社会里，靠听觉和视觉感官接受的传媒是最便捷的，而通过文字乃至思考才能获得的教益，往往被排斥或疏离。反话正说，也就是显示了声音和画面在现实社会中

---

[*] 王志远，中国社会科学院世界宗教研究所研究员。

受到尊崇的地位是有社会基础、有理论依据的,被充分重视,也在所必然。

其次,是考察对声音的处理应用,对何以为美加以探讨。

> 顷世皆捐其旨。郑卫弥流,以哀婉为入神,用腾掷为清举,致使淫音婉娈,娇哢频繁。世重同迷,鲜宗为得。故声呗相涉,雅正全乖,纵有删治,而为时废。物希贪附,利涉便行。未晓闻者悟迷,且贵一时倾耳。斯并归宗女众,僧颇兼之。而越坠坚贞,殊亏雅素。得惟随俗,失在戏论。

从负面讲,对声音的应用不一定能够得其要领。道宣抨击错误的导向,是"以哀婉为入神,用腾掷为清举",用哀伤委婉吸引关注,靠唱高调、甩高腔表现其不同凡响。其实,正是这种作法导致"淫音婉娈,娇哢频繁",声音的宛转变化失去控制,玩弄技巧不厌其烦,虽然一时之间得以风靡,但是对于听众是得到觉悟还是陷入迷茫,却全然不顾。"得惟随俗,失在戏论。"在得失之间权衡,只是单纯适应了世俗的喜好,却把弘法变成了游艺。"声呗相涉,雅正全乖",背离了佛教表现艺术服务于弘扬佛法的根本宗旨。①

这种负面影响的出现在历史的长河中并非偶然,道宣回顾了陈思王曹植以降,从三国及至唐代的数百年历史:"且复雕讹将绝,宗匠者希;昔演三千,今无一契。"本书在前文中对曹植的历史贡献曾专门论述,同时也涉及后世对他的高度评价。无论曹植如何,那一段记忆中的辉煌,随着岁月已然消逝,确是不争的事实。

第三,道宣认为:"若夫声学既丰,则温词雅赡;才辩横逸,则慧发邻几。必履此踪,则轨躅②成于明道;如乖此位,则滥罔翳于玄津③。"表现艺术的内容和形式,决定了它是否具有吸引人和感染人的力量。只有内容与形式的统一,才能使表现艺术走上"明道"的正轨,而不至于在苦海

---

① 《续高僧传》卷第三十《论》。
② 车轮碾过之痕迹。《文选·左思〈蜀都赋〉》:"外则轨躅八达,里闬对出。"刘良注:"轨,车也。躅,迹也。"
③ 玄津,佛法,又指苦海。

中迷茫。他以效果差异极大的两种不同现象对比了佛教表现艺术的优劣:

> 但为世接五昏①,人缠九恼②,俗利日隆而道弘颇踬。所以坐列朝宰,或面对文人,学构疏芜,时陈鄙俚。褒奖帝德,乃类阿衡③。赞美寒微,翻同旒冕④。如陈满月,则曰圣子归门,悉略璋弧,岂闻床几。若叙闺室,则诵窈窕从容,能令子女奔逃,尊卑动色。僧伦为其掩耳,士俗莫不寒心。

以上是反面例证,第一是不看对象,乱加发挥。譬如,面对文人,却暴露出知识结构的肤浅,讲出话来往往粗俗不堪。把君王夸成贤相,把寒士捧为天子。第二是谈吐猥琐,讲一些不登大雅之堂的男女苟且之事,闹得"僧伦为其掩耳,士俗莫不寒心"。最严重的后果,是"使信情萎萃",即动摇了信徒的信仰。

针对这种负面,道宣要有所推崇:

> 古圣垂范于教端,今贤祖承于事表。世远莫测,其面斯推,想得其踪,信有依焉,固非诞妄。且大集丛闹,昏杂波腾,卒欲正理,何由可静?未若高扬洪音,归依三宝。忽闻骇耳,莫不倾心。斯亦发萌

---

① 五昏,又称五墨墨。刘向《新序》载:晋平公闲居,师旷侍坐。平公曰:"子生无目眹,甚矣!子之墨墨也。"师旷对曰:"天下有五墨墨,而臣不得与一焉。"平公曰:"何谓也?"师旷曰:"群臣行赂,以采名誉,百姓侵冤,无所告诉,而君不悟,此一墨墨也。忠臣不用,用臣不忠,下才处高,不肖临贤,而君不悟,此二墨墨也。奸臣欺轴,空虚府库,以其少才,覆塞其恶,贤人逐,奸邪贵,而君不悟,此三墨墨也。国贫民罢,上下不和,而好财用兵,嗜欲无厌,谄谀之人,容容在旁,而君不悟,此四墨墨也。至道不明,法令不行,吏民不正,百姓不安,而君不悟,此五墨墨也。国有五墨墨而不危者,未之有也。臣之墨墨,小墨墨耳!何害乎国家哉!"

② 九恼,又云九难,亦云九横,亦云九罪报。佛现生所受之九种灾难也。《智度论》九曰:"一者梵志女孙陀利谤,五百阿罗汉亦被谤。二者㫋遮婆罗门女,系木盂作腹谤佛。三者提婆达,推山压佛,伤足大指。四者逆木刺脚。五者毗琉璃王兴兵杀诸释子,佛时头痛。六者受阿耆达多婆罗门请而食马麦。七者冷风动故脊痛。八者六年苦行。九者入婆罗门聚落,乞食不得,空钵而还。复有冬至前后八夜寒风破竹,索三衣御寒。又复患热,阿难在后扇佛。如是等世界小事,佛皆受之。"《兴起行经》举十恼一一释之,省乞食不得,而加奢弥跋谤与骨节饰之二事。《法苑珠林》七十三,大部补注八,详《兴起行经》之说。

③ 《毛传》:"阿衡,伊尹也。"

④ (清)黄遵宪《西乡星歌》:"上有一人戴旒冕,是为日神之子天帝孙。"

草创开信之奇略也。世有法事,号曰"落花"。通引皂素,开大施门。打刹唱举,抽撇泉贝。别请设坐,广说施缘。或建立塔寺,或缮造僧务。随物赞祝,其纷若花。士女观听,掷钱如雨。至如解发,百数数别。异词陈愿,若星罗结,句皆合韵,声无暂停,语无重述。斯实利口之铦奇,一期之走捷也。余则界得僧得,其徒复弘。寻常达嚫,科要易悉,故不广也。

从正面讲,道宣首先强调教化要通过表现艺术来传播。"古圣垂范于教端,今贤祖承于事表。世远莫测,其面斯推,想得其踪,信有依焉,固非诞妄。"佛陀及祖师们确实在开创佛教之际已经做出表率,但是当下的传承者还是要通过行动才能来加以延续。老百姓的信仰,要依据对遥远过去的表现来想象,并以此作为信仰的依托,这样想、这样做,都不能说是荒诞虚妄。其次,群众与佛教相接触的环境,促生了表现艺术。其背景就是"大集丛闹,昏杂波腾,卒欲正理,何由可静?"在万众集会的喧闹场景中,并不具备可以谈玄论道的环境,因此,以音声吸引视听,引导大众,就是一件很自然的事。

为了赢得受众的信仰,佛事活动主持者通常都要精心策划,即"发萌草创开信之奇略",一开始就声势浩大,以极其洪亮的声音号召皈依佛、法、僧三宝,使听众先是震惊敬畏,随之全身心投入。活动表现内容十分丰富:举行号称"落花"的法事,面向僧俗四众敞开施舍的大门,各类表演异彩纷呈,另外还要设立讲席,请法师大力劝说施舍善缘。中国的善男信女则被这般表现艺术鼓动得几近狂热,不管是建寺立塔,还是供养僧侣,"随物赞祝,其纷若花,士女观听,掷钱如雨",较之当代的艺术演出所引发的激情轰动,可谓有过之而无不及。

这段描述出自《续高僧传》卷三十,是传末作者的叙述。其作者认为:"声覆法本,佛有弘约。何得掩清音而希激楚,忽雅众而冒昏夫,斯诚耻也。京辇会坐有声闻法事者,多以俗人为之,通问所从,无由委者。昌然行事,谓有常宗。并盛德之昔流,未可排斥。"[1] 案其本意,是感叹高

---

[1] (唐)道宣:《续高僧传》卷三十,《大正藏》第五十册,第706页。

雅的佛教表现艺术扩大到民众中之后，在一定程度上背离了佛教的原旨，同时也向我们透露出当时从事大众化佛教表现艺术的，有那么一批"俗人"。但是，对于广大信众而言，这又是喜闻乐见的形式。因此作者也不得不承认其客观作用，"未可排斥"。他还为这种形式找到两个理由："信有依焉，固非诞妄。且大集丛闹，昏杂波腾，卒欲正理，何由可静？"第一是有信仰就不算荒诞虚妄，第二是盛大的群众场面，混乱嘈杂，怎么能一味平静？倒不如这样创造性地推进发展信众的"奇略"，让佛教表现艺术大显身手，同样达到弘扬佛法的目的。

二 道宣所记录的隋唐时代佛教表现艺术杰出人物

道宣生活在盛唐的伟大时代，他当然要呼唤伟大的天才，"冀期神之有据耳"，来开创或续写佛教表现艺术的新篇章。

> 终南大一①山沙门京兆释道宣，敢告法属曰：窃以法流所被，非人不弘。倾世浇离，多乖名实。后学奔竞，未志寻筹。致混篇章，凋残者众。自梁已后，僧史荒芜，追讨英猷，罕有徽绪。岂非缀缉寡鲜，闻见遂沈。高行明德，湮埋难纪。辄不涯揆，且掇在言。……故当微有操行，可用师模，即须缀笔，更广其类。岂不光闻僧海舟径圣踪，则释门道胜，顾思齐之有日；俗流上达，增景仰于生常邪？辄舒传末，冀期神之有据耳

针对当时"僧史荒芜，追讨英猷，罕有徽绪"的状况，道宣主张"仰托周访，务尽搜扬。勿谓繁多，致乖弘略"，以期达到"释门道胜，顾思齐之有日；俗流上达，增景仰于生常"。其中"微有操行，可用师模，即须缀笔，更广其类"，这种"广类"的作法，为记录和表彰在表现艺术方面有所建树的僧侣开辟了蹊径。

---

① 大一山，即太乙山，终南山别称。又名中南山、周南山，简称南山，是秦岭山脉的一段，西起武功，东至蓝田，千峰叠翠，景色幽美，素有"仙都""洞天之冠"和"天下第一福地"的美称。主峰位于周至县境内，海拔 2604 米。包括翠华山、南五台、圭峰山等。终南山峻拔秀丽，如锦绣画屏、耸立在西安市之西南。翠华山距西安市 30 公里，以奇峰异洞、清池古庙著称。因西汉元封二年（公元前 109 年）曾于山口（大峪口）建太乙宫，故又称大乙山。主要景点有太乙池、风洞、冰洞、翠华庙等。

道宣在《续高僧传》中记录的，主要是南朝末年历经隋唐时代变迁的一代僧侣。这是道宣所处的历史时期决定的，也先决地注定了这一代僧侣的一些共同特点，即面临时代变迁、政权更迭而不得不应对的巨大苦难。他们所呈现的佛教表现艺术，其中不乏在漩涡中生存的悲壮和凄凉。当然，更多的是回应了当时僧俗包括帝王将相和文士墨客的向往。

道宣在《续高僧传》卷三十中，特别设立了《杂科声德篇第十》，其中"正传十二选十　附见八"，这些入传的高僧有下列人物：

隋京师定水寺释法称传三（智云）

隋杭州灵隐山天竺寺释真观传四

隋苏州栖霞寺释法韵传五

隋东都慧日道场释立身传六（慧宁　广寿）

隋西京日严道场释善权传七（法纲）

隋东都慧日道场释智果传八（玄应　智骞）

隋京师日严道场释慧常传九（道英　神爽）

唐京师玄法寺释法琰传十

唐京师定水寺释智凯传十一

唐京师法海寺释宝岩传十二

道宣对本篇命名为《杂科声德》是有专门解释的，他认为："自古诸传，多略后科，晋氏南迁，方关名实。然则利物之广，在务为高。忍界所尊，惟声通解。"在记载佛教人物的史传中，大多忽略以表现艺术弘法利生的类别。梁僧佑在《高僧传》中开辟《诵经》《唱导》两个科目时，也做过类似的解释，并提出自己的不同主张。道宣注意到表现艺术对于"忍界"即尘世的重要意义，因此以"声德"作为科目，实际上是对佛教表现艺术给予了相当高的评价。

赞宁在《宋高僧传》中对道宣立《杂科声德》予以充分理解和深刻阐释。他认为：

昔梁《传》中立篇第十曰《唱导》也，盖取诸经中此诸菩萨皆唱导之首之义也。唱者固必有和乎？导者固必有达者。终南释氏观览此题,得在乎歌赞表宣,失在乎兼才别德也。譬若别均天分,重赋全才,虎双翼而飞,鹰四足而击也。于是建立《杂篇》,包藏众德,何止声表,无所不容。

赞宁认为,梁慧皎《高僧传》创立《唱导》为第十篇目,是依照各种经典中各位菩萨都是领先开展"唱导"的典范而拟定的。唱诵未必一定有应和的,但是有导引就一定会有通达的。因此道宣看到《唱导》这个科目,提出不同看法,他认为以《唱导》立科目,长处是对于歌咏赞叹的表达有所强调,短处是没有照顾到善唱导者还有别的才能和德行。他觉得如果把天分和全才全部加以介绍,那才是老虎长了两只翅膀,老鹰生了四只利爪。因此,道宣设立《杂篇》,其目的是涵盖各种德行而不仅仅是声音之类的表现。至于为什么以"杂"名篇,赞宁按照自己的理解予以考证:

或曰:续传改作名题,自何稽古?通曰:象班孟坚加九流中杂流也,如其立教,如其为人,匪独阴阳,不专刑律,或兼名墨,或涉纵横,则可目之为杂家流也。《汉书》有变,拾太史公之遗;澄照①建题,正梁慧皎之僻。

或曰:胡不闻杨子云疾其杂乎?通曰:彼恶夫淮南、太史公不宗孔而无纯德耳,此则应杂而杂,断无杂咎欤!今作传者,若游夏②焉,观其起隐终哀③,何敢措一辞也?

赞宁对道宣以"杂"为篇名的理解,首先是想到班固在九流中立"杂流"的史学依据,是超越诸家,把司马迁遗落的部分加以补充,那么道宣当然也是补正了慧皎的不足。其次,道宣所说的"杂",不是杂乱的杂,而是对并不单纯的客观现实的表述,并无贬义,也不像一般的传记作者,

---

① 道宣律祖,唐朝京兆人,俗姓钱,字法遍。生于隋文帝开皇十六年(公元596年),圆寂于唐高宗干封二年(公元668年)十月。世寿七十二,法腊五十二,唐高宗谥其号"澄照律师"。
② 孔子学生,言偃,字子游;卜商,字子夏;故并称"游夏"。
③ 隐,即鲁隐公;哀,即鲁哀公,都是春秋时代人物。《春秋》是中国最早的编年体史书,相传由孔子据鲁国史官所编《春秋》加以整理修订而成。从鲁隐公元年即公元前722年开始记载,终于鲁哀公十四年即前481年,共242年。

不敢对前人的做法越雷池一步。再次，赞宁认为道宣是"搜有邻之德，聚兼讲之才"，他们具备非凡的能力，"或辩之利通，或声之流靡。猗嗟硕德，于烁群公，若诸根之互能，同五事之俱举，故强名为'杂'也"①。用"杂"来标明他们的特点，也实在是很没办法的办法。

在这里，赞宁发挥了道宣对"声德"概念的阐释②，道宣讲"忍界所尊，惟声通解"。赞宁则讲："声之用大矣哉！"他论证道："良以诸佛刹土，偏用一尘以为警悟，唯忍土最尚音声。行为佛事，及观音说圆通，世尊称赞者，为被闻熏。"这显然是忠实地继承了道宣的观点，强调现实世俗社会对音声的需求。赞宁甚至提出"宫商佛法"的新理念。他所说的"宫商佛法"，是"金石天音，哀而不伤，乐而不佚，引之入慈悲之域，劝之离系缚之场"。这是对佛教表现艺术的再次肯定和推崇。

但是由于道宣对"兼才别德"给予了过多的关注，因此从表现艺术的角度来看，他记载的高僧中，能够以艺术标准来衡量和涉及的人物比起慧皎所记载的，却大大减少，兹列于下，逐一检视。

1. 释法称、白云、智云（乌云）

释法称，江南人。通诸经声，清响动众。陈氏所化，举朝奉之。又善披导，即务标奇。虽无希世之明，而有随机之要。隋平南服，与白云经师同归秦壤，住兴善寺。每引内禁，叙论正义，开纳帝心。即

---

① 于今搜有邻之德，聚兼讲之才，三人之师于斯见矣，四战之国孰敢攻乎？得非备五彩而服章，舍八风而成乐；则有登天竺而作猿狲，动塔铃而贯虹霓。副天请而都讲随，占地理而宰臣应。观音摩其发顶，弥勒诉其雷神。始化倭民，坐亡举指，见慈颜而不怒，作诗式以安禅。巨蟒不惊，山魔慑伏。临神鉴而悬知澄汰，礼天冠而誓隐灵踪。破瓮飞乌，劳身代畜。衡山衣草，禹寺明心。养童女以身全，遇毒流而命在。德符禅月，躯涉碛沙。或辩之利通，或声之流靡。猗嗟硕德，于烁群公，若诸根之互能，同五事之俱举，故强名为"杂"也。蒼卜接梅檀之树，数倍馨香；鹰鹯育金翅之巢，千重猛鸷。咨尔同道，听乎直言。为僧不应于十科，事佛徒消于百载。如能以高为本，以德为枝，以修为华尊，以证为子实，然后婆娑挺盖，郁密成荫，周覆三千大千，号之曰大菩提树也欤。
② 或曰：何忽变《唱导》成《声德》耶？通曰：声之用大矣哉！良以诸佛刹土，偏用一尘以为警悟，唯忍土最尚音声。行为佛事，及观音说圆通，世尊称赞者，为被闻熏。故若毗目仙人香积世界，乐不乐爱居之耳。圆不入方凿之穿，是以影胜大王止前驱之象马，钵囊释子动合会之人天；返魂者随呗声而到家，光洁者闻呗声而欢喜；乃可谓宫商佛法，金石天音，哀而不伤，乐而不佚，引之入慈悲之域，劝之离系缚之场。脱或执受不精，器能无取，乃不可谓为声德也。

敕正殿常置经座,日别差读经,声声不绝。听览微隙,即问经旨,遂终升遐。晚住定水,与云同卒,俱八十余,仁寿年也。

时有智云,亦善经呗。对前白者,世号乌云。令望所高,声飞南北。每执经对御,向振如雷。时惨哀啭,停驻飞走。其德甚众,秘不泄之,故无事绪可列。又善席上谈吐惊奇,子史丘索,都皆谙晓,对时引挽,如宿构焉。隋炀在蕃,弥崇敬爱,召入慧日,把臂朋从,欣其词令故也。年登五十,卒于京师。王悲惜焉,数日不出,广为追福。又教沙门法论为之墓志,见于别集。

法称、白云、智云(乌云),这是三位一组在表现艺术方面具有突出成就的僧人。他们唱导、读经典的对象,是社会的最上层,帝王将相,而且有出奇的效果。艺术水平之高,"执经对御,向振如雷。时惨哀啭,停驻飞走"。非同寻常。

2. 释真观

释真观,字圣达,吴郡钱塘人。俗姓范氏,祖延蒸给事黄门侍郎,父兑通直散骑常侍。时人语曰:"钱唐有真观,当天下一半。"

沙门洪偃,才迈儒英,钩深释杰。面相谓曰:权高多智,耳目有名。我有四绝,尔具八能,谓义、导、书、诗、辩、貌、声、棋是也。

又特于经旨,明练深趣,谈吐新奇,非寻纸墨。智思击扬,迥飞文外。又感盥洗遗滞,地不为濡。事理异人,经之力也。

初观声辩之雄,最称宏富,江表大国莫敢争先。自正法东流,谈导之功,卫安为其称首,自尔词人莫不宗献于观。是知五百一贤,代兴有日,佛法荣显,寔赖斯乎。

观以才学之富,弘导不疲,讲释开悟。荣光俗尘,具于前叙。其所讲大乘四十二载,又造藏经三千余卷,金铜大像五躯,构塔五层。五僧德施,造寺二所。著诸导文二十余卷,诗赋碑集三十余卷。近世窃用其言众矣。

真观是个传奇人物,从生到死,充满奇迹。记述虽多,文采斐然,却没有突显他在表现艺术中的成就，纪德大于纪声了。

3. 释法韵

释法韵，姓陈氏，苏州人。追慕朋从，偏工席上。骚索远度，罕得其节。诵诸碑志及古导文，百有余卷，并王僧孺等诸贤所撰。至于导达，善能引用。又通经声七百余契，每有宿斋经导两务，并委于韵。春秋三十五，即仁寿四年矣。

4. 释立身

释立身，江表金陵人。志节雄果，不缘浮绮。威容肃然，见者悼慑。有文章，工辩对。时江左文士多兴法会，每集名僧，连宵法集。导达之务，偏所牵心。及身之登座也，创发謦咳，砰磕如雷，通俗敛襟，毛竖自整。至于谈述业缘，布列当果，泠然若面，人怀厌勇。晚入慧日，优赠日隆。大业初年，声唱尤重。帝以声辩之功，动哀情抱，赐帛四百段，毡四十领。性本清俭，无兼储畜，率命门学，通共均分。从驾东都，遂终于彼，时年八十余矣。

时西京兴善，官供寻常唱导之士，人分羽翼。其中高者，则慧宁、旷寿、法达、宝岩，哮吼之势有余，机变之能未显。人世可觑，故不广也。立身，又是一位无论帝王还是文士都不能小觑的人物，"创发謦咳，砰磕如雷，通俗敛襟，毛竖自整"，艺术效果十分明显，且"谈述业缘，布列当果，泠然若面，人怀厌勇"，完全符合唱导的本怀。因此，他得到"动哀情抱"的赞誉也是理所当然。

5. 释善权

释善权，杨都人。权与立身，分番礼导。既绝文墨，惟存心计。四十九夜，总委二僧。将三百度，言无再述。身则声调陵人，权则机神骇众。或三言为句，便尽一时，七五为章，其例亦尔。炀帝与学士柳顾言、诸葛颖等语曰："法师谈写，乍可相从。导达鼓言，奇能切对，甚可讶也。"颖曰："天授英辩，世罕高者。"

时有窃诵其言，写为卷轴，以问于权。权曰："唱导之设，务在知机。诵言行事，自贻打棒。杂藏明诫，何能辄传。宜速焚之，勿漏人口。"故权之导文，不存纸墨。每读碑志，多疏丽词。傍有观者，若梦游海。及登席列用,牵引㖃之。人谓拔情,实惟巧附也。大业初年,终日严寺,时年五十三矣。

门人法纲,传师导法,汪汪任放,谲诡多奇。言虽不繁,写情都尽。萧仆射昆李,时号学宗,常营福祀,登临莫逮。每有檀会,必遣邀迎。然其令响始飞,飒焉早逝。释门掩扇,道俗咸惋。

善权,是与立身同时代、同朝代的僧侣,立身的特色是"声调陵人",他的特色是"机神骇众"。而且,他对在唱导过程中的随机应对有明确的价值判断,即"唱导之设,务在知机"。即当下的感悟效果,因此不主张把唱导文字化并传播或流传。

6. 释智果

释智果,会稽剡人。率素轻清,慜物在性。常诵《法华》,颇爱文笔。经史固其本图,摛目得其清致。时弘唱读,文学所欣。终于东都,六十余矣。

7. 释法琰

释法琰,俗姓严,江表金陵人。每闻经声呗赞,如旧所经,充满胸臆。试密寻拟,意言通诣。即以所解,用咨先达,咸曰:"卿曾昔习,故有今缘,不可怪也。"遂取《瑞应》,依声尽卷。举掷旁迸,㖃态惊驰,无不讶之,皆来返启。乃于讲隙,一时为叙。陈国斋会有执卷者,若不陈声斋福不济,故使人各所怀,相从毕听。清音盈耳,颂声洋溢,广流世路。虽年迫期颐,而声喉不败。京室虽富,声业甚贫。诸有寻味,莫有高于琰者。以贞观十年卒于此寺,九十余矣。

8. 释慧常

释慧常,京兆人。以梵呗之工,住日严寺。尤能却㖃,哗响飞扬。长引滔滔,清流不竭。然其声发喉中,唇口不动,与人并立,推检莫知。自非素识,方明其作。时隋文兴法,炀帝倍隆。四海辐凑,同归帝室。至于梵导赞叙,各重家风,闻常一梵,飒然倾耳,皆推心丧胆,如饥渴焉。佥曰,若此声梵,有心闻之,何得不善也?众虽效学,风骨时参,至于用与牵挽,皆不及矣。

时京师兴善有道英、神爽者,亦以声梵驰名。道英喉颡伟壮,词气雄远。大众一聚,其数万余,声调棱棱,高超众外。兴善大殿铺基十亩,棍扇高大非卒摇鼓。及英引众绕旋,行次窗门,声聒冲击,皆为动振。神爽唱梵,弥工长引,游啭联绵,周流内外,临机赊捉,惬洽众心。

　　贞观年中,豫州治下照机寺昙宝禅师者,断谷练形,戒行无点。年六十许,常讲观音,导引士俗,而声调超挺,特异人伦。寺有塔基,至于静夜于上赞礼,声响飞冲周三十里,四远所闻,无不惊仰。

慧常、道英、神爽、昙宝这四位法师在《声德》篇诸僧中,是表现艺术技巧方面最为突出的。其中,慧常的发音方式,"其声发喉中,唇口不动,与人并立,推检莫知",颇为类似当代蒙古族演唱时的绝技"呼麦",可见已经评定为非物质文化遗产的"呼麦",不仅属于蒙古族,也属于汉族、属于佛教。道英的"喉颡伟壮,词气雄远",神爽的"游啭联绵,周流内外",都可以称为千古绝响。昙宝静夜于塔基上赞礼,"声响飞冲周三十里,四远所闻,无不惊仰"。古人又称"长啸",是一种今已失传的发声方法,类似功能在唐代禅僧中还有表现。

9. 释智凯

　　释智凯,姓安,江表杨都人。隋末唐初,嘉猷渐着,每有殿会,无不仰推。广诵多能,罕有其类。尝于内殿佛道双严,两门导师同时各唱。道士张鼎雄辩难加,自恨声小,为凯陵架。欲待言了,方肆其术。语次帝德,鼎延其语。凯斜目之,知其度也,乃含笑广引古今皇王治乱济溺得丧铨序,言无浮重,文极铺要,鼎构既穷,凯还收绪。一代宰伯,同赏标奇。临机之妙,铦锋若此。而情均贫富,赴供不差。在蕃斋祀,须有导达,乃隔幔令凯作之。至于终词,无不泣泪,王亦改容,遂卒于彼。

智凯是佛道斗法的又一位突出人物,"广诵多能,罕有其类",尽得"临机之妙",充分体现了唱导的特色,"广引古今皇王治乱济溺得丧铨序,言无浮重,文极铺要",俨然一位雄辩的演说家。

10. 释宝岩

　　释宝岩,住京室法海寺。气调闲放,言笑聚人,情存道俗,时共目之"说法师"也。与讲经论,名同事异。论师所设,务存章句,消判生起结词义。岩之制用,随状立仪,所有控引,多取杂藏百譬,异相联璧。观公导文,王孺忏法,梁高、沈约、徐庾,晋宋等数十家,包纳喉衿,触兴抽拔。每使京邑诸集,塔寺肇兴费用所资,莫匪泉贝,虽玉石通集,藏府难开。及岩之登座也,案几顾望,未及吐言,掷物云崩,须臾坐没。方乃命人徒物,谈叙福门。先张善道可欣,中述幽途可厌,后以无常逼夺,终归长逝。提耳抵掌,速悟时心。莫不解发撤衣,书名记数。克济成造,咸其功焉。时有人云:夫说法者当如法说,不闻阴界之空,但言本生本事。岩曰:生事所明,为存阴入无主,但浊世情钝,说阴界者皆昏睡也。故随物附相,用开神府,可不佳乎。以贞观初年卒于住寺,春秋七十余矣。

宝岩被称为"说法师",名不虚传。他的演说场面十分精彩,其威望之高,达到"案几顾望,未及吐言,掷物云崩,须臾坐没"的地步,受众几乎近于狂热。对宝岩的记载,再次使我们看到表现艺术的生动场面,再次了解到唱导的基本程序:"先张善道可欣,中述幽途可厌,后以无常逼夺,终归长逝。"从南北朝直至贞观初年,并没有发生特殊变化。文中关于如何说法的对话,表明了宝岩的基本方法是"随物附相,用开神府",不拘泥于讲述佛陀的"本生本事",不脱离受众的需要,是他取胜的法宝。

三 赞宁所记录的隋唐时代佛教表现艺术杰出人物

从上节引用的《宋高僧传》作者赞宁对道宣的评价,可以看出他对道宣设立《杂科声德》的赞同,因此如果要更多地了解隋唐时代佛教表现艺术杰出人物,就不能不从《宋高僧传》的同样科目中,梳理道宣未能记录的另外一些资料,力争对隋唐特别是唐代的佛教表现艺术有更丰富的认识。不过,出乎意料的是,从《宋高僧传》卷第二十九《杂科声德》篇第十之一(正传二十六人附见六人)、之二(正传十九人附见六人),共五十七人中,只有两个人符合"声德"范畴,其余都是"杂科",即诸如灵异、神通、堪舆、相术之类。而这两个人之中,还有一个是补述南北朝刘宋时代的,也就是说,在《宋高僧传·杂科声德篇》中仅仅记述了一位佛教表现艺术的唐代高僧，与道宣特别是慧皎比较，形成了极大的落差。这倒是值得我们在涉及宋代佛教观念时应该予以特别关注和深入思索的一件事。

    1. 唐京兆神鼎传

        释神鼎者，不详何许人也。狂狷而纯直，发垂眉际，每持一斗巡长安市中，乞丐得食，就而食之。人或施粗帛币布锦绮罗縠，并缀联衣上而着，且无选择。尝入寺中，见利贞法师讲，于座前倾听少时，而问贞曰："万物定已否？"贞曰："定。"鼎曰："阇梨若言定，何因高岸为谷，深谷为陵？有死即生，有生即死？万物相纠，六道轮回，何得定耶？"贞曰："万物不定。"鼎曰："若不定，何不指天为地，呼地为天？召星为月，命月为星？何得不定耶？"贞无以应之。时众惊其辩发如流，贞公奥学被挫其锋，颇形惭色。张文成①见之叹嗟，谓之曰："观法师迅辩，即是菩萨行位人也。"鼎曰："菩萨得之不喜，失之不怨，挞之不怒，辱之不嗔。鼎今乞得即喜，不得即怨，挞之即怒，辱之即嗔。由此观之，去菩萨远矣！"时药错愕，合掌而散焉。

神鼎法师是南北朝时代论辩机锋的延续者，此番对话几乎是《世说新语》段落的翻版。他的精彩问对，成为使他载入《宋高僧传》史册的辉煌一页。从他的衣着打扮直到言行举止，无一不是一种独特的佛教表现艺术。为什么神鼎法师成为唯一入选《宋高僧传·杂科声德篇》的"声德"高僧呢？似乎还有赞宁自己的一份情结，他虽然把神鼎作为高僧记录下来，但是并不服气。因此，他在传记后加以评论说："答人之问，迟巧不如拙速，今传家隔几百年辄伸酬对。"他认为，神鼎虽然对答机敏，却不一定正确，因此，他作为做传记的人，要隔着几百年来表达自己的见解回应神鼎，"今聊雪利贞之郁悒欤"，要为利贞法师洗去郁闷和压抑。素称冷静的史传作者，尤其是佛教僧侣，居然还有如此激情，也令人感慨！

除去神鼎之外，赞宁对智一法师的记载，很有慧皎笔法的味道：

---

① 张文成，则天武后时人，名鷟，字文成。《唐书》记"新罗、日本使至，必重出金贝购其文"，著作有《朝野金载》《龙筋凤髓判》《游仙窟》等。

2. 南宋钱塘灵隐寺智一传

释智一者,不详何许人也。居灵隐寺之半峰,精守戒范而善长啸。啸终乃牵曳其声,杳入云际;如吹筎叶,若揭游丝,徐举徐扬,载哀载咽;飀飀凄切,听者悲凉,谓之哀松之梵。颇生物善,或在像前赞咏流靡。于灵山涧边养一白猿,有时蓦山踰涧,久而不还。一乃吮吻张喉,作梵呼之,则猿至矣。时人谓之白猿梵。召一公为猿父,犹狙公也。其后涧边,群狙聚焉。每至众僧斋讫,敛生饭送猿台所。后令山童呼三二声,则群猿竞至。洎乎唐武宗废教,伊寺毁除焉。鞠为茂草之墟,饭猿于台。事皆堙灭,一师不详所终。

此处南宋,应指南北朝的刘宋,这是一个越过唐五代流传到赵宋的颇为动人的故事。这位智一法师,与上述道宣所记的昙宝法师可以媲美。特别是他的梵音技巧,又胜昙宝一筹。"啸终乃牵曳其声,杳入云际;如吹筎叶,若揭游丝,徐举徐扬,载哀载咽;飀飀凄切,听者悲凉,谓之哀松之梵",这一段描述,应该说是对长啸的最生动描述之一,高度表现了它的艺术性和感染力、震撼力。

赞宁自己以这样一句话结束了他的《宋高僧传》:"俾将来君子知我者以僧传,罪我者亦以僧传,故于卷后而书之云耳!"确实,如果说赞宁不懂得表现艺术,就不会有对智一的如此精彩的记述,但是如果他真的热爱表现艺术,把它看作"宫商佛法",为什么在杂科声德篇中却只有这两位杰出的表现艺术的高僧入选呢?

画梅参禅录

——《何劲松禅意书画·百梅图卷》序

何劲松[*]

禅是一种内心的觉悟，无法用语言表达。迫不得已，释迦牟尼姑且用一朵鲜花作为象征，将自己的证悟展示给大家，而上首弟子迦叶也正是通过这朵鲜花心领神会，发出了会心的微笑。由此，花和禅似乎也有了某种难以言喻的内在联系。我画《百梅图卷》，也想以画梅作为参禅之阶。

撇开拈花微笑的动人故事，事实上就中国画来讲，花鸟乃至山水能进入人的审美视野，成为绘画艺术的表现对象，着实依赖于玄禅思想的铺垫，尤其是"道""心"本体论的支持。

老子说"道"是先天地而生的宇宙本原；庄子认为"道"自本自根，超越于一切之上。《周易》又说"一阴一阳之谓道"，认为阴、阳既相互对立又相互依存、相互作用、相互渗透、相互转化，由此决定着天地万物的生成、运动与变化。《系辞》分别"形而上者谓之道，形而下者谓之器"，认为不可见的"道"即存在和表现于可见的天地万物之中，如清代王夫之所言，"道与器不相离"，"不可象者即在象中"。在艺术家的眼里，山水花草等自然界的一切都是"道"的表现形式，并且只有作为"道"的表现形式才能成为艺术的表现对象，才具有艺术价值。

禅学论"心"，亦大同于玄学论"道"，认为"心"是世界和人生的真正创造者，也是解脱的主体和动因。"心"亦称作"佛性"，既超言绝相，又与万相不相分离。僧肇曾言："佛无定所，应物而现，在净为净，在秽为秽。"意思是说，佛无处不在，一花一草都显现着真如佛性，与主体

---

[*] 何劲松，中国社会科学院世界宗教研究所研究员。

心灵息息相通。于是，山水花草就不再是原先那种有限个别的世界，不再是冷漠疏远的纯然外在物，而是一个充满了无限意义的存在。在禅家看来，"青青翠竹，尽是法身；郁郁黄花，无非般若"。苏东坡也说："溪声便是广长舌，山色无非清净身。"可以说，佛性的光辉使山水花草充满了情趣和意味，从而成为艺术表现的对象。

由于"道"和"心"既存在于具体的客观事物之中，同时又不可见，所以中国哲学在认识论上特别强调一种直观的领悟，即老子所说的"惚兮恍兮"，亦即禅学主张的直觉顿悟。本着"道""心"的这一特点，绘画艺术所要表现的自然，绝不是对自然现象的模仿，而是以"道"和"心"为原则，对自然重新进行组织、加工、提炼，借以显示生命的和谐结构，以及宇宙生生不息的运动变化。

在玄禅思潮的作用下，人们的精神世界逐渐形成主客两忘、物我一如的认识模式。"物"与"我"不再是对立的、异己的；"物"不再只是"人"的衬托、喻体、背景。由此，自然界的美也就不再依附于"人"，其自身即具有无限的意蕴，成为与人的心灵息息相通的真正独立的审美对象。在这种时代氛围中，人们无不亲近自然，将孤独寂寞的心灵寄托在山水林木、花鸟鱼虫之中，从中得到抚爱和慰安。

《世说新语》载："简文入华林园，顾谓左右曰：会心处不必在远，翳然林水，便自有濠濮间想也，觉鸟兽禽鱼自来亲人。"所谓"会心"就是主、客之间的沟通与交流。通过"会心"，自然万物在感情上"自来亲人"，由此形成一种真正审美化、诗意化的关系。同书还说："王子猷尝暂寄人空宅住，便令种竹。或问：'暂住何烦尔？'王啸咏良久，直指竹曰：'何可一日无此君？'"大画家宗炳、大文学家谢灵运都是著名僧人慧远的弟子，他二人都喜欢浪迹山林，澄怀观道。宗炳年老体衰时还将名山大川"皆图于壁，坐卧向之"。

自然美的最大特点在于不带任何明显的社会功利性，这也正是禅的根本精神。禅之所以在对大自然的欣赏中获得所谓的宇宙目的，就在于天地万物本身是无目的而合目的性的。花开草长，鸢飞鱼跃，月落星移，它们自身都是无意识、无目的、无计划、无思虑的。禅学追求"无心合道"，然而就在这"无心"与无目的性之中，却又似乎可以窥见那个使之所以然的"大心"、大目的性。

从自然美走向独立的审美历程来看，梅花进入人们的审美视野，成为绘画乃至文学表现的对象，正是玄禅思潮的使然。回想当年佛祖拈花示众，所拈之花虽不见得就是梅花，但梅花既然是花，照样甚至更能体现禅的精神。有一首脍炙人口的悟道偈就曾这样写道："尽日寻春不见春，芒鞋踏遍陇头云；归来偶拈梅花嗅，春在枝头已十分。"

具体到梅花的创作，我以为可以充分利用枝干的穿插和花头的疏密来体现易学所讲的阴阳。阴阳推而广之，即枝干与花朵的刚与柔、骨与肉、方与圆、迟与速、横与直、斜与正、粗与细、收与放、疏与密、虚与实、向与背。通过这些对立统一的关系来揭示作为普遍法则和规律的"道"，以及顾盼生姿、顾盼生情的自由心灵。

梅花承载着中国人的精神寄托实在是太多太多。隋人赵师雄在罗浮山遇见梅花仙子，情景是那么动人。白居易曾有诗写道："三年闷闷在余杭，曾与梅花醉几场；伍祖庙边繁似雪，孤山园里丽如妆。"孤山的梅花极负盛名，北宋处士林和靖曾隐居于此，不娶无子而植梅放鹤，称"梅妻鹤子"，传为千古佳话。历代咏梅诗不计其数，历代画梅之作亦不胜枚举。梅花位居"岁寒三友"之列，名跻"四君子"之首。

我喜欢画梅，特别是枯木逢春、老梅新枝。清人梁绍壬在《两般秋雨庵随笔》中记道："真州城东十余里准提庵，有古梅一株，大可蔽牛，五干并出，相传为宋时物。康熙中，树忽死，垂四十年复活，枝干益繁，花时光照一院。"一株老梅枯死四十年而复活，让我很容易联想到禅学中的"枯木禅"，即禅修中的"苦行"。位于热带的古印度就曾流行日晒火烤的苦修方法，我想梅花在冰天雪地中傲然独放，同样也是一种苦行，一种历练。"不经一番寒彻骨，那得梅花扑鼻香"。本人以画梅为参禅，参的是梅花的真精神。唯其如此，方能在笔端流露出无限天机。

画梅参禅，有诗为证：

老梅浑似枯木禅，料是苦修彻骨寒；
铁干数枝超象外，心香一缕绕笔端。

梓父　何劲松
2011 年 10 月 10 日于游心斋半隐堂下

登封嵩岳寺佛牙舍利、佛舍利与嵩岳寺塔考

——兼谈法王寺舍利塔

黄夏年[*]

中岳嵩山，历来是避暑探幽、坐禅修行的好地方。南面的洛阳白马寺因是中国释源，故供奉舍利与建造阿育王塔早已为史乘所载。如"洛都故都塔者，在城西一里。故白马寺南一里许古基，俗传为阿育王舍利塔。疑即迦叶摩腾所将来者，降邪通正，故立塔表以传真云云"。[①] 隋仁寿三年第二次颁送舍利洛州，"香气如风，又放光明"。[②]

北边的郑州，地处中华腹地，北临黄河，西依嵩山，是中华人文始祖轩辕黄帝的故里，也是佛教活动的重要地区。隋仁寿年间两次在全国八十一州颁送舍利，郑州两次被列入其中。第一次颁送的"郑州超化寺塔者，在州西南百余里密县界，在县东南十五里，东大川西嵩岳南归山北又川。寺院东西五六十步，南北亦尔。塔在东南角。其北连寺，方十五步许。其寺塔基在淖泥之上，西面有五六泉，南面亦有，皆孔方三尺腾涌沸出，流溢成川，灌溉远近。泉上皆下安柏柱铺在泥水上，以炭沙石灰次而重填，最上以大方石可如八尺床，编次铺之。四面细腰长一尺五寸深五寸，生铁固之。近有人试发一石，下有石灰乃至柏团。便抽出一团，长三丈径四尺见在，自非轮王表塔神功所为，何能办此基构？终古不见其俦也。今于上架塔三重，塔南大泉涌沸，鼓怒绝无水声，岂非神化所致也。有幽州僧道严者，姓李氏，形极奇伟，本入隋炀帝四道场，后从俗服。今年一百五岁

---

[*] 黄夏年，中国社会科学院世界宗教研究所研究员。
[①] 《集神州三宝感通录》卷上。
[②] 《集神州三宝感通录》卷上。

独住深山，每年七日来此塔上，尽力供养严。怪其泉流涌注无极，乃遣善水昆仑入泉讨之。但见石柱罗列，不测其际，中有宝塔，可高三尺，独立空中，四面水围，凝然而住，竟不至塔所。考其原始，莫测其由。时俗所传，育王所立。隋祖已来，寺塔见在。寺南归山，寺西嵩山。寺在川中，地极污下。每年二山大水常东流注，绕寺北转，方始东逝。水涨寺高，水减寺下，自古至今，终不遭溺。泉初出孔，文如莲华，下打碾硙，浪极恬静。水中沙石，绿色鲜明。国家见寺冲要，欲造离宫，寻行有塔，将欲南徙，其基牢固遂休。近有僧于南夜坐，望见此塔光明殊异矣"。① 仁寿之末第二次，"又敕送于郑州黄鹄山晋安寺。掘基至水，获金像一躯，高尺许，仪制特异。正下塔时，野鸟群飞，旋绕塔上，事了便散。又见金花三枚腾空，久之下没。基内又放荧光，后遂广大，绕塔三匝。寺本高显，素无泉水。洎便下汲，一夕之间，去塔五步，飞泉自涌，有同浪井。"② 隋仁寿三年第二次颁送舍利子郑州，"放光幡内"。③

一 嵩岳寺佛舍利

嵩岳寺是嵩山地区北魏时期的寺院，初名闲居寺，隋代改称"嵩岳寺"。《洛阳伽蓝记》卷五说："嵩高中有阙（闲）居寺、栖禅寺、嵩阳寺、道场寺。上有中顶寺，东有升道寺。"此寺创建于北魏宣武帝年间，由冯亮、释僧暹、甄琛等参与监造。北齐魏收所撰《魏书》卷七十八《冯亮传》云："亮既雅爱山水，又兼巧思，结架岩林，甚得栖游之适，颇以此闻。世祖给其工力，令与沙门统僧暹、河南尹甄琛等周视嵩高形胜之处，遂造闲居佛寺。林泉既奇，营制又美，曲尽山居之妙。"明代傅梅所撰《嵩书》则指出其具体兴建年代为永平二年（509 年），其卷三云："嵩岳寺在法王寺西一里许，元魏宣武帝于永平二年，幸冯亮与沙门统僧暹、河南伊甄深等，同视嵩山形胜之处，创兴土木。"

另据《魏书》卷一九上云，孝文帝时，"初，太兴（京兆康王子推之子）遇患，请诸沙门行道，所有资财，一时布施，乞求病愈，名曰'散生

---

① 《集神州三宝感通录》卷上。
② 《续高僧传》卷二十六。
③ 《集神州三宝感通录》卷上。

斋'。及斋后，僧皆四散，有一沙门云乞斋余食。太兴戏之曰：'斋食既尽，唯有酒肉。'沙门曰：'亦能食之。'因出酒一斗，羊脚一只，食尽犹言不饱。及辞出后，酒肉俱在，出门追之，无所见。太兴遂佛前乞愿，向者之师当非俗人，若此病得差，即舍王爵入道。'未几便愈，遂请为沙门，表十余上，乃见许。时高祖南讨在军，诏皇太子于四月八日为之下发，施帛二千匹。既为沙门，更名僧懿，居嵩山。太和二十二年终。"孝文帝"南讨在军"是在太和二十一年（497年），"六月庚申，车驾自长安。壬戌，诏冀、定、瀛、相、济五州发卒二十万，将以南讨。"① 次年太兴去世。这年春正月丙申，孝文帝"立皇子恪为皇太子"。② 元恪即宣武帝，《魏书》卷八云其"雅爱经史，尤长释氏之义，每至讲论，连夜忘疲"。关于太兴出家居于嵩山何处，《佛祖统纪》卷三十八坐实为嵩岳寺，云"敕皇太子以四月八日为落发于嵩岳寺"。此书年代晚于《魏书》，故此说存疑。

嵩岳寺，正光元年（520年）改名"闲居寺"，孝明帝（宣武帝次子）以此为离宫，即国都之外修建的供皇帝出外巡行居住的地方。唐缉州刺史李邕所撰，胡英所书的《嵩岳碑》云："嵩岳寺者，后魏孝明帝之离宫也。正光元年膀闲居士（寺）。"另据《魏书》卷十六《京兆王传附元叉传》云："正光五年（525年）秋，灵太后对肃宗谓群臣曰：'隔绝我母子，不听我往来儿间，复何用我为？放我出家，我当永绝人间，修道于嵩高闲居寺。先帝圣鉴，鉴于未然，本营此寺者，正为我今日。'"灵太后，即胡灵太后，宣武帝的嫔妃，孝明帝的生母。初尊为皇太妃，继而尊为皇太后。她临朝听政，群臣上书曰"陛下"，自称曰"朕"，是北魏晚期政坛上极具影响力的女人。她一生尊崇佛教。她的此番话表明，此寺在当时不仅作为离宫，已兼具皇家寺院的性质和作用了。

唐代李邕撰《嵩岳寺碑》文，云"（嵩岳寺）广大佛刹，殚极国财。济济僧徒，弥七百众；落落堂宇，逾一千间。藩戚近臣，逝将依止；硕德圆戒，作为宗师。及后周不祥，正法无绪，宣皇悔祸，道叶中兴，明诏两

---

① 《魏书》卷七《帝纪》第七下。
② 《魏书》卷七《帝纪》第七下。

京，光复二所，议以此寺为观，古塔为坛。八部扶持，一时灵变，物将未可，事故获全。隋开皇五年，隶僧三百人，仁寿一载，改题嵩岳寺，又度僧一百五十人。逮豺狼恣睢，龙象凋落，天宫坠构，劫火潜烧，唯寺主明藏等八人，莫敢为尸，不暇匡补。且王充西拒，蚁聚洛师。文武东迁，凤翔岩邑，夙承羽檄，先应义旗，免粟供军，悉心事主。及傅奕进计以元嵩为师，凡曰僧坊，尽为除削，独兹宝地，尤见褒崇，实典殊科，明敕洊及，不依废省，有录勋庸，特赐田碾四所。代有都维那惠果等，勤宣法要，大壮经行，追思前人，仿佛旧贯。十五层塔者，后魏之所立也。发地四铺而耸，陵空八相而圆，方丈十二，户牖数百，加之六代禅祖，同示法牙，重宝妙庄，就成伟丽，岂徒帝力，固以化开。其东七佛殿者，亦曩时之凤阳殿也。其西定光佛堂者，瑞像之庋止。昔有石像，故现应身，浮于河，达于洛，离京觳也。万辈延请，天柱不回，惟此寺也，一僧香花，日轮俄转。其南古塔者，隋仁寿二年，置舍利于群岳，以抚天下，兹为极焉。其始也，亭亭孤兴，规制一绝；今兹也，岩岩对出，形影双美。……南有辅山者，古之灵台也。中宗孝和皇帝诏于其顶，追为大通秀禅师造十三级浮图。及有提灵庙，极地之峻，因山之雄，华夷闻传，时序瞻仰。每至献春仲月，讳日斋辰，雁阵长空，云临层岭，委郁贞柏，掩映天榆，迢进宝阶，腾乘星阁。作礼者便登师子，围绕者更摄蜂王。其所由焉，所以然矣"。[1]

李邕此碑文除了介绍嵩岳寺的历史，还特别指出了"古塔为坛"，说明嵩岳寺一开始就建造了佛塔，此塔由"八部扶持"，所谓"八部"就是指"天龙八部"，即天众、龙众、夜叉（华译勇健鬼）、乾闼婆（华译香神）、阿修罗（华译非天）、迦楼罗（华译金翅鸟）、紧那罗（华译非人）、摩睺罗迦（华译大蟒神或大腹行地龙）等八种鬼神，由于人类的眼睛不能见到这些八部众，所以又叫作冥众八部。可见这座"古塔"并不是一般的高僧舍利塔，应是等级很高的佛塔。又一般说来，塔内装舍利，或装在塔的地下室，又名地宫，或装在塔刹下面最高一层，亦名天宫。《嵩岳碑》说该寺曾经被"劫火潜烧"，"天宫坠构"，那么我们有理由相信，这座佛

---

[1] 《文苑英华》卷八百五十八。

塔曾经在天宫里装有舍利。此塔后来被烧毁，于是在后魏时，嵩岳寺里建了十五层高的佛牙塔，"发地四铺而耸，陵空八相而圆"，极其奢华。塔里装的是"法牙"，即佛牙，"重宝妙庄，就成伟丽"。

　　作为嵩州地区最有影响的佛刹，自然也是高僧云集之处。据《汉魏晋南北朝墓志汇编》中《魏故昭玄沙门大统僧令法师墓志铭》记载，北魏沙门大统僧令法师曾为闲居寺寺主。令法师俗姓杜，京兆人。"武明之世，礼遇弥隆，乃以法师为嵩高闲居寺主。……寻被征为沙门都维那。……庄帝聿兴，仍转为统。自居斯任，弥历数朝，事无暂壅，众咸归德。今上龙飞，固乞收退，频烦切至，久而方允。于是隐轮养志，保素任真，形影难留，心神已化。俄遘笃疾，奄然辞世。行年八十有一。临终自得，安然若归。天子追悼，敕主书任元景诣寺宣慰。二月三日丙辰窆于芒山之阳。弟子智微、道逊、觉意等，痛兹颜之长往，惧大义之将乖，兴言永慕，乃作铭曰"云云。另据《续高僧传》卷二十记载："高齐河北，独盛僧稠。"这位屡受帝王礼请的北齐高僧，也曾住过嵩岳寺。《续高僧传》卷十六云："释僧稠，姓孙。元出昌黎，末居巨鹿之瘿陶焉。性度纯懿，孝信知名，而勤学世典，备通经史，征为太学博士。讲解坟索，声盖朝廷。将处器观国，羽仪廊庙，而道机潜扣，欸厌世烦。一览佛经，涣然神解。时年二十有八，投巨鹿景明寺僧寔法师而出家，落发甫尔，便寻经论。……初从道房禅师，受行《止观》。房即跋陀之神足也。……稠以死要心，因证深定，九日不起，后从定觉，情想澄然。究略世间，全无乐者，便诣少林寺祖师三藏，呈己所证。跋陀曰：'自葱岭已东。禅学之最，汝其人矣。'乃更授深要，即住嵩岳寺。"

　　隋文帝在仁寿元年第一次颁送天下舍利时，自然更不能忘记嵩岳寺。史载"嵩州于闲居寺起塔，人众从舍利者万余。有兔逆坂走来，历舆下而去，天时阴云，舍利将下，日便朗照，始入函云复合"。① 《嵩岳碑》云："其南古塔者，隋仁寿二年，置舍利于群岳，以抚天下，兹为极焉。"前来寺送舍利的人是宝袭法师。《续高僧传》卷十二载："释宝袭，贝州人，雍州三藏僧休法师之弟子。……袭十八，归依诵经为业。后听经论，偏以

---

① 《广弘明集》卷十七。

《智度》为宗。布响关东，高问时杰。从休入京，训勖为任。开皇十六年，勅补为《大论》众主，于通法寺四时讲化，方远总集。逮仁寿造塔，又敕送舍利于嵩州嵩岳寺。初云雾暗合，七日蒙昧。袭乃擎炉发誓，愿将限满下舍利时，得见日采。俄而所期既至，天开光耀，日当正午，既副情望，遂即藏翳。"宝袭送来的舍利装在了嵩岳寺的南塔内，按照隋文帝的诏书，此塔就是"阿育王塔"，而且舍利还在这里发生了"天开光耀"的奇迹。装舍利的"南古塔"，极有可能就是曾经被烧毁的"古塔"后来又重新修缮之后，作为隋文帝的舍利塔。李邕在讲到隋文帝的舍利送到嵩岳寺之后，特意指出："其始也，亭亭孤兴，规制一绝。今兹也，岩岩对出，形影双美。"这就说明，原来的古塔已经有了舍利，故"亭亭孤兴，规制一绝。"现在的南塔又装了一颗舍利，所以"岩岩对出，形影双美"。由此可知，当时嵩岳寺应有两塔和两颗舍利。到了唐中宗李显以后，又在嵩岳南辅山内古灵台的基础上，加顶增建成十三级佛塔。至此可知，到了唐代，嵩岳寺已经有过三座佛塔的情况，其中至少两座是阿育王塔，分别供奉的是佛牙与佛舍利。

唐代，嵩岳戒坛十分有名，吸引不少人前来习律。据《宋高僧传》卷十九记载："释元珪，姓李氏，伊阙人也。禀气英奇，宽裕闲雅。既缘宿习，乃誓出家。于永淳二年，遂登满足，乃隶名闲居寺，以习《毗尼》。虽勤无懈，执律唯坚，后悟少林寺禅宗，大通心要，深入玄微，遂卜庐于岳中庞坞。……以开元四年丙辰岁，嘱累门人，若委蜕焉，春秋七十三。遂营塔于岳之东岭，影堂存于本院后。十二年告成，县尉许筹追珪之德为记焉。"到了清代，嵩岳寺仍然存在。清人施闰章撰写了《嵩山游记》收在《学余堂文集》卷十五里，《游记》称："从嵩岳寺塔院东抵嵩阳废宫，有三柏。相传汉武帝封三将军，今存其二。大皆围三丈，有奇轮囷盘，蠖纹如垂鬘，稍北一石幢，半沈土中，见韩欧诸公题字。"此时的嵩岳寺塔院已经坍塌。

二　法王寺与舍利

法王寺是登封县内的另一重要寺院。明代傅梅称："大法王寺，在县西北十里。备考志传，乃汉明帝永平十四年创建。魏明帝青龙二年，车驾驻跸，更名护国寺。晋惠帝永康元年，前增建一寺，名曰法华。元魏孝文帝避暑于此。隋文帝仁寿二年，创建舍利塔，又名舍利寺。唐太宗贞观三年，敕补佛像，赐庄安禅僧，名曰功德寺。玄宗开元十八年，更名御容寺。大历元年重修。旧称曰护国、曰法华、曰舍利、曰功德、曰御容。至宋初，五院僧愿合居。仁宗庆历八年，增置殿阁、僧寮，重造佛像，赐名嵩山大法王寺。金、元与本朝俱因之。寺背负嵩岑如倚，左右高峰张两翼如卫，俯瞰二前诸山，排列如拱，真天下形胜之区也。"① "永平十四年"，亦即公元71年，是佛教于永平十年传入白马寺之后的第四年，如此说来，法王寺的建造是很早的了，也算得上是中国佛教里面最早的寺院之一了。法王寺自建造以后，寺名屡屡更迭，也说明了这座寺院命运多舛，且与朝廷有着重要的关系。

唐代之前，法王寺的记载基本上是空白。唐时此寺始被载入史册。白居易有诗《夜从法王寺下归岳寺》②云：

　　双刹夹虚空，绿云一径通。似从忉利下，如过剑门中。
　　灯火光初合，笙歌曲未终。可怜狮子坐，升出净名翁。

白居易笔下的法王寺，绿荫蔽日，曲径通幽。而沿路一到夜晚则灯火通明，笙歌嘹亮。不过，即便是如此热闹，也不会妨碍到修道者。值得注意的是，白居易开篇就提到了法王寺的"双刹夹虚空"的景象。"双刹"是法王寺形胜之区的两座山峰，白居易比喻两旁如同天然屏障，将法王寺护佑在其间。

入宋以后，法王寺仍然是文人乐于游历的场所。如北宋李廌有《雨中游法王寺诗》：

　　雨脚如麻未肯收，雨中还作法王游。云埋辇路烟初合，水溅松岩雪乱流。

---

① 《嵩书》卷三，中州古籍出版社，2003。《河南通志》卷五十载："（法王寺）在登封县城北、嵩山南麓。汉永平十四年创建，唐贞观中太宗敕增佛像。开元中改名功德。宋庆历中复改今名。"
② 《全唐诗》卷四百五十。

心畏险途常恐失,寒侵病骨已知秋。群峰耸峭犹无畏,为语山僧不用留。

也有知名人士曾在此住寺攻读,如《山堂肆考》卷一百六十五记载:"宋韩参政亿,李参政若谷,王丞相随未第时,同读书于嵩山法王寺。"

辽金之争,嵩山成为战场,辽代少林禅寺第四代住持复庵禅师是元代著名僧人万松行秀的高足。他也住持过法王寺,其碑铭载:"师讳圆照,字寂然,复庵其号也。其先上党李氏之子。童年颖异,父母许出家,遂礼紫团山慈云寺乳峰和尚为师。巾瓶累年,不辞寒暑。年至十六,登坛受具足戒,乃杖锡观方,研穷教典。偶山东璨、达二坛主见而异之,依止数年,《唯识大论》《楞严》《圆觉》目击道存,乃主法席,学者云屯。次闻万松老师道价轩昂,只钵单瓶,直造室中,服勤数年,遂蒙印可。明年癸卯岁,奉朝廷集诸路龙象于京师大万寿寺,建置普度资戒大会,众命出世。既而德州天宁,齐河普照,鹊里崇孝,嵩山少林、法王,专使继踵,命住持事。前后数十余年间无懈倦,旧者新之,碎者完之,不令而偃草之风,不化而归源之水,寺风益盛,学者云臻。"[①] 金国庆寿寺教亨禅师,讳教亨,号虚明,济州任城王氏子。七岁出家,礼本州岛岛崇觉院圆公为师。十三受具足戒,十五游方。一生"五坐道场:嵩山之戒坛,韶山之云门,郑州之普照,林溪之大觉,嵩山之法王"。[②] 晚年回少林,徜徉嵩少间者数年,享年七十,其灵骨被弟子收藏建塔于嵩山。金宣宗完颜珣兴定六年(1222年)曾有法王寺祖昭禅师为庆寿寺教亨禅师稽首赞达摩文丹书。教亨禅师赞达摩诗如下:

达摩当年住少林,武牢人去觅安心。
安心不见安心法,正脉通流直至今。

祖昭禅师自称是"崧山大法王寺嗣祖",说明当时大法王寺有自己的传承。祖昭不仅书法好,而且擅长画佛菩萨。金元光二年(1223年)他曾

---

① 《少林禅寺第四代住持复庵和尚碑铭》,少林禅寺嗣祖传法住持沙门永达撰,本寺书记普顺书。
② 嘉兴路大中祥符禅寺住持华亭念常集《佛祖历代通载》卷二十。

经为少林寺二祖惠可大师画了一张祖师像,由少林寺祖志禅师雕像,监寺印颛,首座怀本,维那谛素,僧德□刊。前监寺清偐题记。①

元代,曾经担任过少林寺住持的中林知泰也曾经在法王寺住过,其碑文载:"师讳智泰,道号中林,姓温氏,汾阳鱼城人也。夙丧其父,慈母舍领出家,礼华严寺行长老为师。弱冠受具,巾瓶累年。后乃辞师至怀州过《百法》,又至山东过《唯识大论》,乃喟然叹曰:'大丈夫当体究大事,焉能区于此耶!'于是遍历丛林,饱参知识。直造东原严相公坟寺复庵席下,依之数年。又至灵岩,数载不契。复过河南法王寺驻锡。未几,再入少林,师事乳峰。……"② 知泰是嵩岳佛教乃至元代佛教的大功臣,他在少林寺"日以放廓为期,杜绝人事。于至元十九年,又受祖庭之命,始终八载,单提向上宗乘,每具衲僧作略。由是拔草瞻风者,云臻而辐辏;效勤运奔者,草偃而风行。振万松一代之玄纲,续少室千年之慧命。既而两终藏教,修设药师、罗汉、水陆大会一期,创须弥法座一所,翻瓦琉璃大殿、祖师殿、三门、厨库、寮舍,金碧昂藏,每容千指。为师平昔志节孤高,识度宏远,门风壁立,大法已任,不倦传持。学徒云集,虽祁寒大暑,至于造次颠沛之际,无不以此为急务者也。"③ 法王寺作为知泰曾经住过的寺院,对他以后管理少林寺和光大佛教曾经起到过一定的作用。

少林寺第八代嗣祖传法沙门月岩(嵩)长老的碑铭有"法王寺嗣祖沙□□"参与立碑。④ 法王寺住持祖沙门福喜也为少林寺僧人资公寿塔撰文,称赞资公"还元主盟,请为提点,前后十稔。夙兴夜寐,为众服勤,尝无倦色。殆及古严老师迁都提点,倏经五载,谨守其职,未尝少懈。其于祖席,有其所无,无其所有。寺务急处,不择东西,架心力俱到,逆顺风来形无变色"。⑤

以上说明当时法王寺与少林寺的关系非常紧密,两寺的僧人可以互相

---

① 现题记碑文仍在少林寺里面。
② 《少林住持泰公禅师之碑》,洛京憩鹤山空然普秀撰。
③ 《少林住持泰公禅师之碑》,洛京憩鹤山空然普秀撰。
④ 《□庭大少林禅寺住持第八代嗣祖传法沙门月嵩长老碑铭并序》。
⑤ 《少林祖庭都提点资公寿塔铭并叙》,少林寺僧智聪书丹,嵩山法王禅寺当代住持嗣祖沙门福喜撰。

挂职。元至大与至正年间的少林禅寺清公庵主子清曾经任过法王寺的僧职，其碑铭载："公一日辞师于释源白马，数游讲肆，时经数稔，遂迁大都白塔寺栋坛主席下而听官讲有其年矣，而未得朗然。乃复造天堃之南，挂锡于嵩之少林禅寺菊庵室中，直扣玄关，一言相契而以颂付之耶。后移于法王充提点之职，又届少林亦提点之职也。于至大年间，任河南路僧判，末后于少林寺之耄欤。"①

明代，法王寺逐渐萧条。周叙《游嵩阳记》云，"西有法王寺，亦名刹，殿宇颓圮，惟浮屠巍然。"② 周叙，字功叙，江西吉水人。永乐戊戌进士，官至南京翰林院侍讲学士。亦说"正统十三年以讲学领南院"。③ 他所见到的法王寺已经殿宇颓圮，仅剩下了法王塔孤独地立在山野之中。嘉靖十九年（1540年）王尧弼与朋友刘子思、洧三尹、古芮西泉薛子臣光莲□、朱子训、掌教程子云、徐子□共游嵩岳，乘兴作诗《望法王寺》，云："法王寺在嵩山隈，□法曾守二祖来。我欲登临公乘暇，金莲空忆碧潭开。"④ 远望法王寺，应证了周叙的说法。但法王寺内的紫金莲，却仍为时人津津乐道。明代徐应秋所撰《玉芝堂谈荟》卷三十五云："嵩山法王寺有紫金莲，开中秋一月，云神光说法时，从地涌者，移他处即槁。"

清代，法王寺又重新住僧。康熙年间，江西布政司参议施闰章作诗《九日登法王寺》⑤，云：

重阳昨夜雨初晴，翠壁层开称客情。野寺路回飞塔见，嵩门峰断早霞生。

碑传净域僧还少，叶满空山鹿自行。令节吾衰犹济胜，西风杖底落钟声。

他把法王寺所处地势之险峻，以及寺内香火之不旺，形容得惟妙惟

---

① 《祖庭少林禅寺清公庵主塔铭》，洛阳天庆寺住持海印撰。
② 《明文衡》卷三十六。
③ 《弇山堂别集》卷四十六。
④ 石碑现仍在少林寺内。
⑤ 《学余堂文集—诗集》卷三十八。施闰章，字尚白，号愚山，宣城人。顺治己丑进士，官江西布政司参议。康熙己未，召试博学鸿词，授翰林院侍读。

肖：树木丛立，麋鹿穿行，钟声寥落。至临济第三十三世传人、高僧憨休和尚作《嵩山法王寺》①诗，云：

　　朦胧殿阁望重重，翠波晴岚上远峰。行到白云将尽处，水声寒咽度溪钟。

憨休和尚，讳如乾，号憨休。蜀西龙安人，胡姓。十九岁出家，二十二岁圆具。遂行脚江浙，遍参诸大宗匠之门，随处皆有悟入。丁未游少林，过风穴参云峨和尚，机缘相契，亲炙六载，乃授记荊。晚年住风穴寺。"师为人厚重，声清气雄，胸次磊落。不立崖岸，机锋峻利，说法如云，兼博通文翰，士大夫见者咸悦服焉。九坐道场，开堂七刹。"②表明憨休和尚所生活的乾隆年间，法王寺的情况已大有改观。

总之，法王寺的历史是曲折的，毁坍重建伴随着它的一生，这也是中国佛教的写照与浓缩。法王寺塔作为法王寺的标杆建筑，则在法王寺的毁损中始终屹立不倒，成为法王寺的代表。隋文帝建立的佛塔，也使寺院获得了"舍利寺"的美名，远播海内外。仁寿元年（601年），隋文帝第一次向全国各地颁送佛舍利，"帝于此日追惟永往报父母恩，延诸沙门与论至道，欲于海内清静处三十所建塔。下诏曰：'仰惟正觉大慈大悲，救护群生津梁庶品。朕归依三宝重兴圣教，与四海共修福业，令使现在、未来俱为利益。宜请沙门三十人解法相堪倡导者，各将侍者散官分道，送舍利于诸州，起塔尽州。现僧为朕及皇后太子诸王官人民庶幽显生灵，七日行道忏悔打刹，布施限以十文，以供塔用。不充役丁用正库物。其刺史以下常务停七日，专知塔事。同至十月十五日正午入函一时起塔。'"③这么大的全国性佛事，是以行政命令而在全国施行的，法王寺能够获得此待遇，亦足显当时它在嵩岳地区的重要性。

值得指出的是，明代傅梅称，法王寺"隋文帝仁寿二年，创建舍利塔，又名舍利寺"。说明法王寺塔是在隋文帝颁舍利之后的第二年而专

---

① 关中张恂稚恭编阅，益州记室继尧校订《憨休和尚敲空遗响》卷九。
② 金城弟子弘善撰《憨休干禅师语录序》。
③ 《集神州三宝感通录》卷上。

为舍利建造的舍利塔,但在道宣的记录里面,隋文帝送到嵩州的舍利塔放在闲居寺,并有"感兔来舆所,初阴雪将下日明,入函讫云复合"① 之感应。隋文帝于仁寿三年(603年)再次颁舍利于全国,按道宣记载,只有洛州和郑州两州获得。② 从学术研究的角度来看,法王寺的舍利塔与隋文帝颁舍利的行为还需作细节研究。

"今佛法重兴,立舍利塔必有咸应。"③ 法王寺舍利塔就是在这个背景下建立的。史乘记载唐代武周圣历元年(698年)仲秋八月,僧人清虚"时在豫州,向法王寺礼拜,见舍利塔内着一切经。其塔上四面无门,遂有群鸽入舍利塔内。见僧入塔礼拜,一时飞散。其僧礼忏既毕,至塔门内坐,一鸽从空飞下,直入僧怀,历左右肩,遂至头上。下绕,经三匝,便即高飞。鸟尚解敬持经,在人亦希"。④从仁寿二年(602年)到圣历元年不到百年,法王寺塔仍然高耸,受僧人礼拜。1998年在法王寺2号塔内发现碑铭,上书:

释迦舍利藏志

汉西以来释迦,东肇佛坛,嵩之南麓法王寺立矣,隋仁寿间帝敕建浮屠,遣使安真身舍利入内。殊因移匿地宫密函之,盖护宝非不恭也。法门圣物,世远疑失,诚恐镌石以记,祈圣门永辉。

圆仁、天如 大唐会昌五年

这篇《释迦舍利藏志》署名是"圆仁"与"天如"二人,时间是在"大唐会昌五年",学者猜测,从入塔时间来看,此"圆仁"或为日本来华求法僧,天如则不见史书记载。圆仁著有《入唐求法巡礼记》一书,记载入华时间与路线甚详,然蹊跷的是,此书中并没有提及此事。难道是出于对佛教圣物的保护,以及避免寺院众僧受到牵连,而有意没有记录在书?由于史料阙如,此事连同这块碑铭已成佛教史上的悬案。不过,笔者认为,法王寺塔始终是存在的,且一直在嵩岳地区耸立,圆仁、天如二人与

---

① 《集神州三宝感通录》卷上。
② 《集神州三宝感通录》卷上。
③ 《集神州三宝感通录》卷上。
④ 梓州司马孟献忠撰《金刚般若经集验记》卷中。

法王寺塔及佛舍利的关系，是可以作一些推测的。当然最后结论尚待新史料之发现。

三　结语

隋文帝利用政府的行为向天下广颁舍利，让全国各地起塔供养，这在中国历史上也是从没有过的事情。在他之前的诸位帝王，信仰舍利基本上都是个人行为，供养舍利也不过是动用国家的财力、物力为自己的目的服务，其行为也不过是在皇宫内外修塔置舍利而已，或者利用舍利的效应来为自己的统治服务。如梁武帝是中国历史上最信佛的君王，但是他也是利用佛舍利来大赦天下而已，以显示自己的良政。但是隋文帝则改变了这种情况，将个人的行为纳入了政府的活动之中，用这种公共的行为来为自己服务，其推广佛教的信念已超过了梁武帝。虽然隋文帝令天下供奉舍利有自己的目的，但是最终还是要表示"朕所以至心回向结念皈依，思与率土臣民爰及幽显，同崇胜业共为善因"。[①] 说到底，还是为国家政治安定与改善人心服务的。登封嵩岳塔和法王寺塔的历史与舍利崇拜史，正反映了佛教信仰在中国的变化，也是嵩岳佛教的一个历史见证。

[①] 《广弘明集》卷十七。

关于大法王寺塔的建筑形式的探讨与研究

路秉杰　路海军[*]

我们的思考，应该有极大的相似性

就造寺来说，"法前嵩后"即"法王寺在前（东汉明帝永平十四年，公元 71 年）嵩后"（后魏明帝熙平一年、公元 516 年，先建离宫），前后相差 502 年间。在 502 年中，佛教取得了第一个大发展，也受到了第一次灭法打击（公元 446 年，魏太武帝拓跋焘太平真君七年，灭法）后又重新恢复起来进入新发展（凿云冈石窟 460、起永宁寺浮图 467），佛教的跌宕起伏对法王寺、嵩岳寺两者均会有影响，但没记录下来，目前无从考证。正光四年建嵩岳寺塔（公元 524 年）也是后人"推论"出来的。没有直接证明（详见《中国古代建筑史》二卷 189 页）。公元 574 年（北周武帝宇文邕建德 3）第二次灭法。公元 600 年，重新笃佛。仁寿一年颁舍利于天下。同时改题嵩岳寺；仁寿二年，法王寺受舍利。此时的法王寺，不管原来有塔无塔，都必须备塔才可能适应下去。仁寿一年（601）与正光四年（公元 523 年）相差 78 年，又是在同一地区，相距不足一公里，无论天时、地利、人和等诸种条件都有极大的相似性。因此，法王寺塔和嵩岳寺塔也应具有极大的相似性。从现存实际来说也确实如此。

法王寺的历史

傅梅撰《嵩书》卷 3 卜营寺观 6[①] 所载。

---

[*] 路秉杰，上海同济大学教授，中国建筑史学会副会长；路海军，上海同济大学。
[①] 傅梅撰《嵩书》卷 3 卜营寺观 6。

（一）大法王寺的历史概略

在县北十里嵩山之南麓。倘考志传乃汉明帝永平十四年创建。魏明帝青龙二年车驾驻跸更名护国寺。晋惠帝永康元年前增建一寺名曰法华。元魏孝文帝避暑于此。隋文帝仁寿二年创建舍利塔，又名舍利寺。唐太宗贞观三年敕补佛像赐庄安禅僧名曰功德寺。玄宗开元十八年更名御容寺。代宗大历元年又更名文殊师利广德法王寺。五代后唐因废坏之余分为五院，仍历代旧称，曰护国、曰法华、曰舍利、曰功德、曰御容。至宋初五院僧愿合居。仁宗庆历八年增置殿阁僧寮重造佛像赐名嵩山大法王寺。金元与本朝俱因之。寺背负嵩岑如倚，左右高峰张两翼如卫，俯瞰二熊诸山，排列如拱。真天下形胜之区也。

叶封撰《嵩山志》形胜 6、23 页[①]（清康熙十三年，公元 1674）所载。

（二）法王寺的历史概略

大法王寺在太室南麓，玉柱峰右。汉明帝永平十四年建。魏名护国寺。晋名法华寺。隋名舍利寺。唐太宗名功德寺。玄宗名御容寺。代宗更名文殊师利广德法王寺。五代间分为五院。宋初五院合居。仁宗赐名嵩山大法王寺至今仍之。寺左有嵩门殿，前石墀，有金莲花。详物产。

封按：法王寺背负嵩岑，俯瞰二熊，排列如拱。嵩前第一刹也。

建自东汉永平，与洛阳白马寺最为首创，历代崇隆，至五代分为五院，亦甚巨丽矣！明末寇燹，止存门殿各一，余尽灰烬。

国朝康熙间郡太守朱明魁、修撰蒋超、提学佥事史逸裘，先后昌捐千有余金，得修葺殿宇，创建方丈、寮舍十数楹，差有次第，渐复旧观。至古碑版无一存者，即旧志艺文亦无一篇。

惟元明小碣三四而已。

（路按：这是一篇很好的记载。（一）是历史概略；自公元 71 至公元 1644 的一千五百余年的历史脉络应该说是清楚的。明末受到战争破坏，还

[①] 叶封撰《嵩山志》形胜 6、23 页。

是比较严重的，但是还有遗存，而且有数量——门殿各一。也就是说这是明代的历史遗存。最为难能可贵的是还特别说明有关本寺的古代碑版刻石，连一块也没有保存下来，即使旧志艺文也无一篇，唯有三四块小石碑也不过是元明时代，历史价值不大。这样可以省却我们许多悬念了。不必再去一一寻求了。

对叶封的《嵩前第一刹》的评价还是值得认同的，较傅梅的《真天下形胜之区》更前进了一步。

(三) 大法王寺的历史概略

1909年日本学者关野贞的考察记载①。

1909年日本学者关野贞的考察记载②。

1867年诞生于日本越后国颈城郡高田。

1906年第一次被内阁派遣去大清帝国。

1907年第二次被内阁派遣去大清帝国及韩王国。

光绪三十三年（1907）在山东省开始设置宪政调查局准备开展山东省内的古物古迹调查，也就是这一年关野贞山东调查的一年。其目的是调查山东省的画像石和隋代的佛像，同时致力于这些古物古迹的实物收集。

1918年外国留学去朝鲜、中国、印度。关野就是此次来嵩山考察的。关野贞开始注意到中国古物古迹的保存。由于中国正处于军阀混战割据时期根本谈不上古物古迹的保护保存问题。

1912年1月1日在南京成立了中华民国临时政府。2月12日清帝下诏退位。14日孙中山辞让，3月袁世凯在北京就任临时大总统，4月4日南京临时政府参议院迁往北京。21日中华民国国务院成立。古物古迹的保存由民政部转移至内务部，礼俗司管理祠庙和古物，其第二科管理祠庙，其第四科管理古物古迹。民国二年（1913）六月二十日制订了《管理寺庙暂行规则》。民国五年（1916年）内务部公布了《保护古物暂行办法》，共

---

① 1909年日本学者关野贞的考察记载暂缺。
② 1909年日本学者关野贞的考察记载暂缺。

有五条。第一条是历代帝王陵墓及先贤坟墓的管理保护；第二条，古城关塞楼观祠宇等；第三条，碑版造像等，提出禁止拓印、买卖以及贩卖出国等。内务部总长汤化龙（1874~1918年），字济武，湖北人，光绪进士，1906年日本留学法律，1908年回国，参加近代立宪运动，属近代立宪派。段祺瑞执政时代任众议院议长、兼内务总长。

关野贞关于中国的建筑调查：到底调查了什么？

1918年关野为了调查亚洲保存状况，再次来到中国。这次是在中国调查范围最广阔的一次，详见路线图。他写道：

虽然距前两次调查仅仅十二三年，但是，遗迹古物的破坏毁灭之大令人震惊。我觉得其保护一日也不得疏忽了。……（中略）自古以来，革命军乱，外敌入侵，保护不力，等原因使明代以前的木构建筑几乎毁坏殆尽，仅有一些石构、砖构荒废遗存。在日本千年以上的木构建筑尚有三四十栋，五百年以上的也还有三四百栋。像中国这样的大国，在今天所调查的范围内竟连一座也没有。五百年以上的也极少。就余所见木构建筑之最古者准确地说，应是河南省登封县少林寺的初祖庵。是北宋宣和七（1125年）年重建之物。其次是该寺的鼓楼，是元大德六（1302年）年重建。少林寺当初是达磨面壁九年的著名的大刹，而今也是非常的贫穷破败，也不具有维修这些文化史上非常重要建筑物的修缮能力，现在是顶塌檐落，至今仍在破坏之中。……（中略）还有山西大同府的城楼，那是明初洪武年间物，如果是在日本那必然是作为特别保护建筑物由国家来实施保护，可是在中国今天仍在破坏之中。现在屋顶已完全丧失，只剩下几根柱子，斗拱和梁，如同几根肋骨，任其风雨飘摇。……（中略）作为文化史上的重要资料的建筑不用多久就在不久的将来就会灰飞烟灭吧！实在是可惜！……（中略）我十四五年前前往时还平安无事的精美佛头，前年再去时，就已经全部被打掉了。实在是太无情可悲了。余见之遗憾难堪，真是是可忍，孰不可忍！？

1920年任东京大学教授。

1928年东京大学定年退官。

1930年出差中国二个月。

1931年出差中国二个半月。

1932 年出差中国一个月。

1933 年任伪满日文化协会长出差中国一个半月。

1934 年出差中国。

1935 年出差中国。7 月 29 日逝世于日本东京

近日获悉同济大学馆藏"支那佛教文化史迹"套书，已经散失，其中有关河南洛阳、嵩山部分第十二卷，已经无从查觅。我曾于 1994 年全册复印，来嵩山实测后作为谢礼赠送给初祖庵的当家尼师了。

《关野贞亚细亚踏查》，东京大学出版社，2005 年 7 月 25 日发行东京大学藏版，第三部中国关野贞和中国的古物古迹保存事业徐苏斌页 311，（二）清末关野贞在中国的调查

（四）大法王寺的历史概略

1936 年中国学者的考察记载。

中国营造学社汇刊第六卷第四期载[①]：

河南省北部古建筑调查记，时间民国二十五年 5 月 14 日至 7 月 11 日。

人员：梁思成、林徽因（考察中途转去山东）、刘敦桢、陈明达：

登封县法王寺

法王寺在嵩山玉柱峰下，东南距嵩岳寺约一里。县志引傅梅嵩书，谓始创于汉明帝永平十四年（公元 71 年），但确否无由案证。其后魏明帝青龙二年，改称护国寺。晋惠帝永康元年，于寺左建法华寺。景氏说嵩谓北魏孝文帝亦尝避暑于此。隋仁寿二年增建舍利塔，因名舍利寺。唐贞观三年敕补佛像，改功德寺。开元间称御容寺。德宗大历间又改广德法王寺。五代后唐，寺遭废弃，析为护国、法华、舍利、功德、御容五院，至宋仁宗庆历以后，始有现在的名称。

寺的现状，最外金刚殿三间，业已倒毁唯余元元贞二年及延佑元年、三年碑各一通。其北山门三间，单檐硬山造。外檐斗拱五采单翘单昂，昂尾斜上压于下金桁下。正心缝上，亦仅用瓜拱与正心枋一层，如宋式的单拱素枋（图版二十甲）据嘉靖十年重修法王寺记，知此门乃明弘治间僧祖

---

① 中国营造学社汇刊第六卷第四期。

恩所建。门的东西两侧，分列钟鼓二楼，皆建于清康熙年间。次东西配殿各两座。正中大殿五间，单檐硬山，脊枋下榜书清康熙五十年岁次辛卯二月……重建等字。左右朵殿各一座。其东朵殿前有石舍利函一具，弃置阶沿上（图版二十乙）函长六一公分，宽四二公分，高二六公分，厚七公分，正面刻铭记一段，其余三面，镂刻很平浅的佛像卷草等等，惟函盖早已遗失矣。其铭记如次：

大唐中岳闲居寺故大德寺主景晖舍利函

开元廿年壬申七月辛丑朔十五日乙卯弟子比丘琰卿等记

自大殿后登石级，复有清康熙间所建的地藏殿一座，面阔七间，单檐硬山造。正面西檐墙下嵌砌大唐嵩岳闲居寺故大德珪禅师塔记一方，完整如新。案元珪与景晖二人，都不属于此寺，而元珪曾主嵩岳、会善二寺，在当时最为知名，不知塔铭和石函，何以流落此间。

寺后有塔院二区：一在北面山坡上，一在东山谷。前者有塔四座。其一为单层多檐式或称密檐式砖塔，平面作正方形。塔内辟方室一间，直达顶部。内庋明洪武六年周藩所施白石佛像一尊。塔高四十公尺余，下部塔身，比较高瘦，其上施迭涩出檐十五层，具有极轻微的 Entacis（卷杀）秀丽玲珑，远出永泰寺二塔之上。（图版二十丙）塔身内外，现在虽未留下年代铭刻，然其形制，可次为盛唐无疑。自此往东北，另有正方形单层单檐式墓塔三座。南侧者（图版二十丁）在迭涩檐上，用反迭涩砖层，向内收进，上施小须弥座与山花蕉叶各一层。其上覆钵亦为砖构。但覆钵上所施山华蕉叶与莲座、莲盘、宝珠等，则皆石制。以少林寺法玩禅师塔推之，极似初唐遗物。其余二塔，体积较小，下部并承以壶门式之座，疑皆建于唐中叶以后。

东山谷仅有单层单檐式墓塔二座。除下部须弥座以外，塔身两侧，并嵌有几何形窗棂，它们的年代，当然不能超出宋金以外。

以上可做民国年间的遗存表现。

(五) 大法王寺的历史概略

公元 2011 年嵩山文化研究会关于《大法王寺》状况的描述[①]：

---

① 公元 2011 年嵩山文化研究会关于《大法王寺》状况的描述。

法王寺位于登封市北 7 公里的太室山南麓玉柱峰下。背依嵩岑，合抱如倚，溪水潺流，景色秀丽，被史家称为"嵩山第一胜地"。法王寺建于东汉明帝永平十四年（公元 71 年）。魏明帝青龙二年（234 年）更名护国寺。晋惠帝永康元年（300 年）在护国寺前建法华寺。隋文帝仁寿二年（602 年）因建舍利塔，更名舍利寺。唐太宗贞观三年（629 年）敕命补佛像更名功德寺。唐玄宗开元十八年（730 年）更名御容寺。代宗大历年间（766~779 年）重修复名法王寺。五代后唐时分为五院，仍旧用护国、法华、舍利、功德、御容旧名。宋仁宗庆历八年（1048 年）又将院合而为一，赐名"嵩山大法王寺"。元、明以后仍沿用"嵩山大法王寺"旧名。法王寺是中国建寺最早的寺院之一，在中国乃至世界佛教史上都占有重要地位。现存古建筑有天王殿、大雄殿、地藏殿和大雄殿两侧的厢房。1987 年后，释延佛入主法王寺，募子资 6000 余万元，重建了山门、厢房，新建了金刚殿、西方圣人殿、藏经阁及两侧钟鼓楼，使法王寺建筑有了巨大变化，成为一座拥有七进院落的宏大寺院。

大殿月台下的通道两侧，有两株高大的银杏树，高 18 米左右，围 4 米有余，树龄有近 2000 年，传为摄摩腾、竺法兰所植。在法王寺后有隋代建的舍利塔。塔下有一玉雕阿弥陀佛像，乃明成祖永乐七年（1409 年）九月，周王为生男而送。舍利塔东还有唐代砖塔三座，为唐代古塔的杰出代表和范例。2000 年在对唐塔地宫的发掘中出土佛舍利、白釉细颈瓶、鎏金铜炉等 20 多件，其中 5 件被定为国家一级保护文物，一时轰动全国。唐会昌五年（845 年）日本僧人圆仁曾在寺内隐匿保护佛教舍利。演出了唐代佛教史上一段令人难忘的历史。1962 年 6 月 20 日河南省人民委员会公布法王寺唐塔等为省级首批文物保护单位。2001 年 6 月 25 日，国务院公布法王寺唐塔等为全国重点文物保护单位。

以上自（一）至（五）分别真实记载了大法王寺的不同历史时间段上的面貌，应是我们研究的出发点。为此特制订简单易查的历史简表。

历史简表

公元 71 年　　　创建，　　　嵩山大法王寺。　　　汉明帝永平十四年

公元 234 年　　车驾驻跸，更名护国寺。　　　魏明帝青龙二年

公元 300 年　　前增建一寺，名曰法华。　　　晋惠帝永康元年

公元 446 年　　第一次灭法　　　　　　　北魏太武帝太平真君七年

公元 516 年　　避暑于此（榜闲居寺，520，建闲居寺塔隋仁寿 1 改题嵩岳寺）。元魏孝文帝

公元 523 年　　嵩岳寺塔建成　　　　　　北魏孝明帝正光四年

公元 574 年　　第二次灭法　　　　　　　北周武帝建德三年

公元 602 年　　创建舍利塔，又名舍利寺　隋文帝仁寿二年

公元 629 年　　敕补佛像赐庄安禅僧名曰功德寺。　唐太宗贞观三年

公元 730 年　　更名御容寺。　　　　　　玄宗开元十八年

公元 766 年　　又更名文殊师利广德法王寺。　代宗大历元年

公元 845 年　第三次灭法日本僧人圆仁避法难于寺　武宗会昌五年

公元 923~935 年　五代后唐因废坏之余分为五院，仍历代旧称，曰护国、曰法华、曰舍利、曰功德、曰御容。

公元 955 年　　第四次灭法　　　　　　　后周世宗显德二年

公元 960 年　　宋初五院僧愿合居。　　　宋太祖建隆元年

公元 1048 年　　增置殿阁僧寮重造佛像赐名嵩山大法王寺。仁宗庆历八年

公元 1115 年~　　金因之

公元 1271 年~　　元因之

公元 1368 年~　　明因之。

公元 1644 年~　　清因之。仅存门殿各一，康熙年间在朱、蒋、史的提倡下渐复旧观。

公元 1909~1910 年　　日本学者关野贞考察。

公元 1936 年　　中国营造学社刘敦桢等先辈学者考察。

公元 1957 年同济大学教授陈从周考察嵩山少林寺等古建筑。败落萧条。

公元 1962 年河南省人民委员会公布法王寺唐塔等为省级重点文物保护单位。

公元 1966~1976 年　　文化大革命

公元 1979 年年底　　中共召开十一届三中全会基本路线发生变化，确定改革开放

公元 1980 年同济大学路秉杰、郭允考察嵩山嵩岳寺塔。整个嵩山都很冷清。

公元 1987 年，释延佛入主法王寺。

公元 1995 年路秉杰等率同济大学建筑学专业 92 级大学生、研究生一百余人进行嵩山传统建筑测绘实习。少林寺非常红火。

公元 2001 年国务院公布法王寺唐塔等为全国重点文物保护单位。

公元 2011 年予邀召开《中国嵩山大法王寺国际学术研讨会》

以上即是大法王寺塔的经历。

结论：是隋塔，不是唐塔！

在隋仁寿二年（公元 602 年）前法王寺有否建塔，不明确；隋仁寿元年六月乙丑颁舍利于诸州，要求建塔供养。法王寺靠近河洛，自古就是中国的中心地区，历代都受到当权者的重视；而寺庙的经营者也都借助皇家势力求得发展，并且紧邻贴壁已经有了一座雄伟、高大的先例，在这种情况下，不管是谁当家法王寺，也不管有多大的困难，法王寺的舍利供养塔事在必造。是在这样一种形势下，建造了法王寺舍利塔，并因此而改了寺名。隋仁寿二年与大唐建国还有十六年，而且即使进入唐代，也不见得会立即建塔；况且有十六年的时间也足够了，因此无论如何也不能称作唐塔，叫隋塔应该是当之无愧的，也是无疑的。

嵩岳寺塔的基本特征[①]

嵩岳寺塔通高有刘高、傅高、河高均为 39.5 米、路高：1995 年同济大学实习队曾专门聘请测量教师进行精确测量，未见数据。

嵩岳寺塔的基本特征表现在李邕的碑记：《发地四铺而耸，陵空八相而圆；方丈十二，户牖数百》这四句话、二十个字上。

发地四铺而耸：在地面沿着四面东西南北而向上发起而高高耸起；描述的正是东西南北四正向辟门。

陵空八相而圆：超越于空中的八相小佛塔是多么的圆满成功，是描述的第一层八个斜角方向上的装饰性小佛塔。

方丈十二：从我始读至今三十二年未确解其义，今始得之。原来只是

[①] 傅梅撰《嵩书》卷 20、45 页章成 2 李邕：嵩岳寺碑。

理解为十二边形,对方丈二字不能确解。今因为推算嵩岳寺塔的平面尺寸,而得出底层的围长是十二丈。因为当初我第一次1980年1月考察嵩岳寺塔时只有两个人,没有任何工具或仪器,只能量一量看得见、摸得着的两个基本尺寸。其一是十二边台基的单边长度为3.75米,台宽1.6米,这样就可以求得十二边塔身底层侧壁单边长度为2.894米。可以实际丈量数字复核之。假定2.894米是一丈,则一尺即为一丈的十分之一,即0.2894米。建筑史先辈学者刘敦桢先生在其主编的《中国古代建筑史》附录三历代尺度简表中,北魏尺为0.255~0.295米。0.2894恰在其中。这说明嵩岳寺塔不但是文献记载是北魏所建造,在使用的尺度上,文献记载和现今所测结果证明也是北魏尺度而无疑。此0.2894米＝＝1魏尺,与此前的晋0.245米、其后的东魏、北朝0.3米,都不一样,都不相合,或大或小,都超出在她们的范围之外,只有与北魏所列数字相合,这当然不是偶然的,这正是嵩岳寺塔使用魏尺建造的结果。这种结果晚到了三十二年,可总是查明了,真是喜出望外的。

附带:通高39.5米,折合北魏尺13.65丈。依整数尺法而论,应当为整数尺,如北魏洛阳永宁寺塔:架木为之,举高九十丈,有刹复高十丈,合去地一千尺。日本法隆寺五重塔100高丽尺等即为其例。

户牖数百:户是门,牖是窗,每层每面都是一门二窗的构图,当然第一层除外。这样每层十二个门,二十四扇窗,共计十四层,168扇门,336扇窗,再加上第一层的十二扇门,计门180扇,窗336扇,合计户牖516扇,"户牖数百"是一点也不假,真可谓:信之不诬也。

我们用同样的思想方法来设计法王寺塔。

第一由复杂的十二边形,变成了四边形,这是因为中国建筑皆为木结构,木结构合理的连接方式互相垂直,如果均衡的对待四面,最合理的平面就是四边形。中国楼阁以及由此发展演变而来的塔也都是正四边形,假定正四边形的围长是十二丈,则每边单边长度为三丈,折合30魏尺,合8.682米。从正面望得到的塔底层视觉宽是此宽度,但是人们很少站在正面观望的,大部分有个歇脚斜角,看起来最大的斜角是45°,此时的视觉宽度为正面的1.414倍,为42.42魏尺,12.28米。而嵩岳寺塔的对边距的可视宽度为10.8米,对角线可视宽度11.18米,相差0.38米,两者是非常接近的。而四变形正视和斜视就相差很大，12.28 - 8.682 = = 3.598米。也就是说，正四边形平面的塔正面看起来瘦，斜面看起来胖，同一座塔有完全不同的两种结果。十二边形就不会有这种观感。但尽管如此，后建地的法王寺塔还是采取了正四边形的平面形式。看来不单是法王寺塔，我们所知道的砖构唐塔，几乎全是这种形式，因此，反过来看到这种形式的塔也总是认为必是唐塔而无疑。到底如何，目前还很难拿出确凿的证据来。

综合起来从技术和艺术角度看，可以说法王寺塔是嵩岳寺塔的翻版。

1. 嵩塔在前，法塔在后，但，时代相差不远；
2. 均在嵩山南麓，空间距离不足一公里，近邻贴壁。
3. 目的一致，均为埋葬舍利。
4. 材料一致，均为青砖结构。
5. 技术一致，空腔结构，不置楼层和楼梯。
6. 出檐一致，均用迭涩。
7. 层数一致，都是十五层。
8. 特征一致，底层特高。
9. 造型一致，通体卷杀明显。因此塔身每层单边长度不一，用一门二窗中的直棂窗宽来调节。
10. 都有一个朴素低矮的台基。

不同之点：

1. 法王寺塔为常用正四边形平面；嵩岳寺塔则为千古孤例的正十二边形。
2. 法王寺塔简洁挺拔，几乎无一切装饰；嵩岳寺塔装饰丰富华丽而得体。

法王寺塔各层的高度尺寸测量[①]

根据1995年8月10日同济大学实习队的观测，以南向台基下自然标高为±0.000，至塔顶残存物（似为山花蕉叶）顶面标高为35.687米。实

[①] 根据1995年8月10日同济大学实习队观测资料，载王树宝编著《大法王寺》，第80～114页。

际上塔身残存高度为 34.187 米。精度达毫米。

台基底面自然地坪	±0.000	各层高度	层高差	备 注
台基顶面	+1.500	1.500		朴素无华的基台
第一层檐口下皮标高	+11.616	10.116		
第二层檐口下皮标高	+13.453	1.837	-8.279	底层特高
第三层檐口下皮标高	+15.278	1.825	-0.012	二层骤然降低
第四层檐口下皮标高	+16.944	1.666	-0.159	通
第五层檐口下皮标高	+18.694	1.750	+0.084	体
第六层檐口下皮标高	+20.493	1.799	0.049	有
第七层檐口下皮标高	+22.106	1.613	-0.186	明
第八层檐口下皮标高	+23.635	1.529	-0.084	显
第九层檐口下皮标高	+25.132	1.497	-0.032	卷
第十层檐口下皮标高	+26.606	1.474	-0.023	杀
第十一层檐口下皮标高	+27.907	1.301	-0.173	造
第十二层檐口下皮标高	+29.347	1.440	+0.139	型
第十三层檐口下皮标高	+30.550	1.203	-0.237	挺
第十四层檐口下皮标高	+31.741	1.131	-0.072	秀
第十五层檐口下皮标高	+32.988	1.247	+0.116	塔顶
塔顶残存物顶面标高	±35.687	2.699	+1.452	塔刹残存

平面特征[①]

大舍利塔位于寺后偏西百余米处。塔的中心轴线与寺院的中心轴线呈21度的交角。因此塔的方向是十分准确的正南正北向，与子午线相差一度。大舍利塔的方位摆得如此之正，说明它的身份和地位非同一般。

塔位于方台之上，依地形乱石砌筑，因自然地形关系四面高低有差。南侧距自然地面最高达1.50米。台面向上略收，台顶东西宽13.05米，南北深13.86米，略有出入，基本上是一个正方形。塔身底边也是一个规整的正方形，每边单边是7.05米，合计一周围长28.20米。但是，塔的几何中心位置并没与平台的几何中心重合，而是将塔的中心沿中线向北偏移1.105米，也就是说，南侧相对空阔些，这是因为塔身唯在南侧辟门道，

---

① 根据1995年8月10日同济大学实习队的观测资料。

宽 2.08 米。塔壁厚 2.15 米。一层塔身全部用如此厚壁封闭起来，中间为塔心室。东西、南北皆宽 2.95 米，特别是如果将南侧门洞内的石门关闭起来，那就是漆黑一团，既无光亮，也不通气，完全是一个幽冥世界。塔就是坟墓。据此可知，塔身占地面积 49.703 平方米；塔心室面积是 8.703 平方米。两者比例是 8.703/49.703 = = 0.1751，接近于 1：5.7 ≈ 1：6。故此塔的空间面积极度狭小，仍是早期特征。而且内部没有梯级，不设楼层，只是为了节约工料、减轻重量，才挖空成空腔，没有攀登的功能和作用，我们称此种塔为空腔式，隔壁的嵩岳寺塔也是这种类型。至于现在所奉佛像，那是以后移入的。

现在塔内置二级佛坛，分置二佛，一前一后，一高一低，后者高者为石佛，造型质朴；前者低者为玉佛，晶莹剔透，雕刻精美，并有刻铭："永乐七年（公元 1409 年）九月周王生子奉献"

可资说明它的来历和缘由。查明史确实有周王者，朱元璋嫡亲第五子朱橚，洪武三年（公元 1370 年）封吴王，洪武十一年（公元 1398 年）改封周王，十四年就藩开封府。他是明成祖的同胞兄弟，经历了整个洪武、永乐时代，至洪熙元年（公元 1425 年）才去世。这是他生子还愿献纳的佛像。据说此佛共有三尊，一送少林寺、二送会善寺，三送大法王寺，因是王爷所赠，必然都安置在显要地位，可能在明末清初的乱世中，寺院被焚，大殿破坏，被迁移来此避难的。

正面门道起半圆形拱券，拱顶高 4.4 米，由二券二伏的楔形砖砌成。底层壁高 8.55 米，自台面至第一皮迭涩出挑砖下皮，墙面当初都有粉刷层，今已脱落，如同青色清水砖墙一般。壁用顺砖平砌为主，每三皮顺砖设一层丁砖，如此避免重缝的问题。不用石灰浆，只用黄泥浆砌筑。可以清楚地数出砌砖皮数。

台基今为土地面。此地面之上似应有砖砌勒脚二皮，因破坏较甚，很难骤然判断。其上 40 皮至门洞半圆拱脚，再上 23 皮至拱顶。合计 65 皮，平均每皮 0.068 米，抵拱尖上白线底 50 皮，相当于 3.4 米，至迭涩出檐第一挑底高 0.75 米。

几个专业名词：

迭涩：砖结构上一种常见的自主体向外、向高逐皮逐挑的砌法，其外轮廓线要保持不光滑、不流畅的砌法。这种自内而外的砌法就称迭涩砌法，简称迭涩。

反迭涩：是自外而内向内收进的迭涩砌法，简称反迭涩

迭涩出檐：砖结构的出檐用迭涩和反迭涩的砌法做成，称迭涩出檐。

一门二窗：是由三开间建筑形成的装饰形式，中央明间设门，两侧次间安直棂窗，简称一门二窗。

法王寺塔立面特征[①]：

底层或称第一层：正面向南，面阔 7.05 米，平面呈正四边形，青砖砌厚墙围成第一成塔体，三面平素无华，唯正面设门，宽 2.05 米，半圆形拱拳收顶，至拱顶高 4.40 米，上砌二券二伏。壁面原来似有粉刷，今多脱落，底层塔壁特高，自平台地坪至装饰带第一皮出挑砖的底面 8.55 米。自平台地坪至第一层出檐檐口标高为 11.66 米，净高高 10.116 米。而 15 层迭涩出檐高度 0.9 米，故知迭涩装饰带尚高 0.666 米。门洞内设石质门框和门扇，并有门楣石。与嵩岳寺塔主要的不同在建筑处理上，在建筑处理上的主要不同又在底层上。底层特高是一样的，二嵩岳寺塔在底层塔身约略中央高处，砌出数跳迭涩腰线，以为区分。其下就是平素无华的壁面，除了四正向的四个门洞外（发地四铺而耸）没有任何装饰。其每个面的单边长度就是一丈，和起来一周就是"方丈十二"，当然这是指北魏尺。这种装饰性腰县之上却极尽装饰华丽之能事，而且完全有异于汉地传统之风格，异域印度风味似更强烈，即所谓的"凌空八相而圆"。而在法王寺塔上就老老实实、简简单单，就是三面封闭一面设门的高耸、承重、厚实、封闭的塔身。

第一层迭涩出檐，共出挑 15 层，深达 0.9 米，平均每挑出 0.06 米，出挑平距和高度均不等，以形成 S 形的端面抛物线。这也是嵩岳寺塔上所采用的手法。至第 15 挑是一皮的檐口线

上面再加上半皮厚的檐口线，然后是反迭涩收檐。收进 8 皮抵二层塔壁外皮。

第二层塔身特低矮，壁高青砖 9 皮，约 0.54 米，与底层壁高 131 皮、

[①] 根据 1995 年 8 月 10 日同济大学实习队的观测资料。

8.55 米成 1：14.5 ~ 15.8 的比例,，而且自此以上每层都是如此，故曰：二层以上骤然降低，即使有门窗也都成了摆设，根本不可能攀登，突出的形象是密密麻麻的檐口，故称这种形式的塔为密檐式塔。嵩岳寺塔虽然每面都有"一门二窗"为装饰，但由于极低矮，无法攀登，也是密檐式塔的典型和祖制。而法王寺塔每面设一个小小的门洞之外既无门也无窗，完全是实心封闭的，更是典型的密檐式塔。每面中心轴线开设高约 7 皮砖的半圆形拱门，四面四向均有，这倒有点像山东神通寺四门塔的形式了，在 1972 年解体重修时曾在石盖板上发现隋大业七年（公元 611）造的题字。该塔晚于法王寺塔仅 9 年之差，应属于同一时代的产物。第二层塔壁通面阔感觉上似较一层阔出许多，但到底多少，有待搭架实测。第二层迭涩出檐仍是 15 挑，第一挑 2 皮，余挑均高一皮。，至檐口另加半皮高的檐口线。再反迭涩收进 8 皮至第三层塔壁外皮。

第三层塔壁阔几与二层同，中央设同样大小的券门，而壁高反而较二层高出一皮。出檐除了减少一皮外，其余做法与二层相同。檐口上反迭涩亦减少一层，如此一来，第三层檐出挑 14 皮，.084 米；反迭涩收檐就成了 7 皮，0.42 米。至第四层塔壁。

第四层塔壁明显开始向内收进少许，在中线分位四向开门洞，较其他诸层为宽阔，原因不明，或因破坏所致，待查。壁高 9 皮，0.54 米，出檐 13 皮，0.78 米；反迭涩收檐 7 皮 0.42 米。至第五层塔壁。

第五层塔壁明显更向内收进，在中线分位四向开门洞，较其他诸层明显减小。壁高 9 皮，0.54 米，出檐 13 皮，0.78 米；反迭涩收檐 7 皮 0.42 米。至第六层塔壁。

第六层塔壁继续向内收进，在中线分位四向开门洞，较其他诸层明显为小。而塔壁特高为 12 皮，0.72 米。出檐则减 1 皮，为 12 皮，0.42 米；反迭涩收檐未减仍为 7 皮 0.42 米。至第七层塔壁。

第七层塔壁继续向内收进，在中线分位四向开门洞。而塔壁高又回落到 9 皮，0.54 米。出檐则为 12 皮，0.72 米；反迭涩收檐为 6 皮 0.36 米。至第八层塔壁。自此以上面阔开始明显向内收进，而塔壁高度却无甚变化。

第八层塔壁高 9 皮，0.54 米。出檐 9 挑，0.54 米；反迭涩 6 皮，

0.36 米。

第九层塔壁高 9 皮，0.54 米。出檐 9 挑，0.54 米；反迭涩 6 皮，0.36 米。

第十层塔壁高 10 皮，0.60 米。出檐 10 挑，0.60 米；反迭涩 5 皮，0.30 米。

第十一层塔壁高 9 皮，0.54 米。出檐 9 挑，0.54 米；反迭涩 5 皮，0.30 米。

第十二层塔壁高 11 皮，0.66 米。出檐 9 挑，0.54 米；反迭涩 4 皮，0.24 米。

第十三层塔壁高 10 皮，0.60 米。出檐 8 挑，0.48 米；反迭涩 4 皮，0.24 米。

第十四层塔壁高 9 皮，0.54 米．面阔仅及底层面阔的二分之一，3.525 米。出檐 7 挑，0.42 米；反迭涩 4 皮，0.24 米。

第十五层塔壁高 11 皮，0.66 米。面阔仅及底层面阔的 43%，3.032 米。出檐 6，0.36 米；反迭涩 3 皮，0.18 米。

塔顶反迭涩收进，似为四方攒尖顶，其上砌四方基台，带山花蕉叶，因破坏较甚，很难准确观察，唯有留待日后继续。按常规肯定方台上砌筑刹竿相轮。整个塔形与嵩岳寺塔极其相似，故推测其刹竿相轮亦相差不远。

塔刹[①]：十五层塔顶上有残存物，从望远镜看似乎是刹坐上的山花蕉叶，也是砖砌的，外加粉刷，故会产生以为石造的误会。结合诸小塔的形式山花蕉叶上安置须弥座，其上设覆莲、仰莲，再累七层相轮。有学者解释相轮也称金盘，来自印度纯属低纬度地区，太阳直射紫外线甚烈，贵人每以伞遮挡之。故形成有伞处必有贵人，伞成了贵人存在的象征。而伞又演变成了轮盘形式，插在墓塔上作为贵人墓塔的标志和象征。刹顶上再加装饰性的宝珠之类以为结束。这些描述和嵩岳寺塔塔顶现存实物非常一致，既然我们认为法王寺塔是嵩岳寺塔的翻版，我们照搬一个嵩岳寺塔的塔刹来也就不足奇怪了，只是选一个通体适合的尺寸，既不大也不小；既

---

① 《日本近畿文化报》400 期 1983 年 3 月。

不高，也不低，这就是我们的美学原则。

山花蕉叶残体高 0.90 米，仰莲、覆莲须弥座 1.10 米，七层相论 2.20 米，宝珠 0.90 米。

如此一来，我们可以推算出大法王寺舍利大塔塔高应在 39.10 米左右，如用北魏尺（0.2894）① 折算为 13 丈 5 尺 1 寸（实际残存高 36.687 米，折合北魏尺为 12 丈 6 尺 7 寸 7 分，须修补 0.833 丈，不足 1 丈，约合 2.41 米））。如用隋尺换算，39.10 米折合隋尺（0.273）② 14 丈 3 尺 2 寸 2 分，这样一来"方丈 12 就不太好解释了。总之，"虽不中，亦相差不远，是可以理解的。最后结论：只能用"方丈十二"来理解。即大法王寺塔底层围长为十二丈，正四边形，每边长三丈，7.05 米，每丈折合为 2.35 米。

---

① 引自刘敦桢主编《中国古代建筑史》，第 416 页。
② 引自刘敦桢主编《中国古代建筑史》，第 416 页。

佛道教书法异同初探

聂 清[*]

佛道教在中国传播的过程，很大程度借助了汉地自古以来对书写文字的推崇。佛道教典籍的书写形式乃至书写过程，都被当作宗教仪式的组成元素，因此佛道教同中国的书法艺术产生了密切关联。反过来讲，佛道教的很多重要观念也渗透到了书法艺术的思想之中，成为书法家指导或者诠释其创作的理论依据。关于佛道教同书法的关联已经不乏研究，好比田光烈所著《佛法与书法》、陈寅恪所作《滨海地域与天师道的关系》等研究成果已经为学界所熟悉。但是关于佛道教书法的比较性研究，成果尚不多见。本文不揣浅陋，试从佛道教书法的发生脉络、佛道教书法形态以及佛道教书法精神三个方面对此专题，对佛道教书法的异同问题予以初步阐述。

一 佛道教书法的简要发展历程

目前而言最早的成熟汉字系统为甲骨文，而甲骨文本身是祭祀、祈祷的记录，因此同前道教时期的宗教信仰有密切关联。这种密切关联不仅涉及甲骨文的书写内容，也影响了甲骨文的书写风格。

在《甲骨文断代研究6例》中，董作宾将盘庚迁殷至纣王灭亡这二百七十三年间的殷墟甲骨文，分为下述五个不同时期。即：第一期书风雄浑谨饬，刀法劲健，字势开张，笔势爽畅挺劲。第二期书风混穆、工整疏朗。第三期作品一般笔画较细，整体上清劲含秀，但字势稍欠圆融，书风颓靡而显稚拙。第四期作品笔势奔放痛快，多大字，刀笔奇峭，风格洒

---

[*] 聂清，中国社会科学院世界宗教研究所副研究员。

脱，旨趣酣畅通达。第五期书风整饬秀丽，严整有序，刀不掩笔，似开金文之先河。甲骨文的很多艺术风格为后来的金文和秦篆所继承，成为中国文字的正宗。

及至汉代神仙信仰影响逐渐增大，与升仙过程相关的形象多是横向舒展。譬如同升仙过程关联密切的龙、虎、鹿三必屏①，无论是龙、虎还是鹿，在汉画中多突出水平方向飞奔的横势。贾谊在辞赋中对仙境描述道："苍龙蚴虬于左骖兮，白虎骋而为右骓。"② 如南阳英庄雷公出行石刻画像中，为雷公前驱的三只虎状神兽，其前后肢几乎延展为水平直线。这种水平方向夸张构图的目的，依然是强调神仙自由世界对于凡俗沉重的摆脱。这种水平方向动势的强调，并非偶然的特例，而是贯穿了整个汉代的造型艺术。除了神仙画像中衣饰的飘动、羽人的羽翼、神兽的飞奔、青鸟的尾羽之外，还包括宫阙的飞檐、舞蹈的长袖、墓室壁画的构图、灵阙雕塑的布局等众多艺术造型。而作为应用最为广泛应用的书写文字艺术，隶书自然也吻合了当时对于横向取势的审美倾向。隶书对于横向取势的表达，以波磔最为充分。隶书波磔形态，是汉代具象化的神仙信仰在书写艺术中的集中体现。

在组织化道教初期，道符于传教过程中发挥了巨大作用，各派都利用道符的力量来宣扬教义、吸纳信众。张道陵创"五斗米教"之初，"学道鹄鸣山中，造作符书，以惑百姓"。③《华阳国志》卷二《汉中志》也说："汉末沛国张陵学道蜀鹤鸣山，造作道书，自称太清玄元，以惑百姓。"两说稍有差异，但都共同说明张道陵初期传道最为有影响的工具就是道符。道符中会嵌有星象、云气、画像等元素，但一般来说它的基本内容还是文字构件，通过文字点画、构件的变形或者变位来形成新的组合。道符中切入顺出的元素，大致来源于楚系篆书，圈转和波折来源于鸟虫，也跟楚地文化相关；至于道符中的方折或许来自缪篆，也可能来自隶书或者楷书。主流小篆系统还是来自秦文字，藏头护尾的写法是对金文和籀文的效仿。有了以上区别，我们再观看隋唐魏晋时期的篆书就不会感到怪异。譬如

---

① 张光直：《濮阳三蹻与中国古代美术上的人兽母题》，《文物》1988 年第 11 期。
② 《楚辞·惜誓》。
③ 《三国志·张鲁传》。

《天发神谶碑》独特的造型，并非艺术家凭空虚构，而是大量借鉴了来自于道符的元素。这种道教书符对于篆书的影响更多见于南北朝直至隋唐的墓志盖书体中，毕竟墓志盖与死后的亡灵世界有密切关联，这时用符文化的篆书更容易达成宗教上的意图。

正因为道教继承了传统上天人之间通过神圣文字进行沟通的立场，那么书写道教经典的意义就保存、传播重要书籍等实用意义上的之外，还具有了宗教信仰本身所独具的价值。山阴道士处心积虑延请王羲之为其书写道经，原因不外乎王羲之的书法成就有助于体现道经的神圣性。而陶弘景竭力搜寻许、杨诸君的真迹，其意义也在于他们书写的道经更有宗教价值。在初期道教看来，道经内容的神圣性和书写形式的美感之间有着密切关联。

后世往往注意到佛教以书写经典为莫大功德，但实际上它在印度传承时更注重经典的口诵。早期佛教传承，完全依靠口耳记忆传诵来延续教法，直到公元前2世纪前后才形成文字经典。其实不止佛教，整个印度文化对于口诵的尊崇都远胜于书写，这同中国的文化传统形成鲜明反差。佛教传入中国初期，记诵佛经依然具有非同寻常的意义。《洛阳伽蓝记》里面记载了一段传奇：

> 阎罗王曰："沙门之体，必须摄心守道，志在禅诵，不干世事，不作有为。虽造作经象，正欲得人财物。既得它物，贪心即起。既怀贪心，便是三毒不除，具足烦恼。"……自此以后，京邑比丘悉皆禅诵，不复以讲经为意。

虽然事涉神异，但流传影响之大，可想见当时信仰的倾向，依然在于印度早期佛教推重的禅定与记诵。后世僧籍制度的要求，常以诵经为获得僧籍的基本资质，同样是继承了印度的佛教传统。然而从《洛阳伽蓝记》的那段传说来看，北朝时期谋求造像写经功德已经成为风尚。文中阎罗王所谓"造作经象正欲得人财物"，不能全面反映造像写经的动机。在中土佛教中，写经造像的主要动机是追荐先祖亡魂。这种后代与前辈之间功德共享与转移的因果观念，在佛教中并不明显，反而与《太平经》记载的"承负"观念有相通之处。不过《太平经》的"承负观"认为前辈善恶影响后代祸福,而追荐观点认为后代的善恶会影响前辈亡灵的际遇。这种观念固然有佛教功德回向思想的影响,但更多的是中国本土信仰中子孙与祖先魂灵之间具有特殊沟通能力的观念,否则对魂灵的追荐不会如此大量地集中于直系血亲之间。

由此而言,佛教写经在中国的盛行缘于诸多元素的集合。首先传统文化背景中对于书写性经典的尊重,导致了印度以口授为主的传承模式在汉传过程中逐渐演变为以书写系统为主,当然这个过程还伴随着佛典翻译工作的书写需求。其次是造像写经本身作为一种修行方式在汉传地区的展开,激发了社会各层对写经的热忱。但还有很大一部分写经并不是出于积累本人功德的目的,只是为了追荐先辈(一般是父母)亡魂而延请僧人或者经生予以抄写。从题记中可见,出于这种动机的写经为数不少。除此之外当然还有目的最为单纯的写经——保存并传播经教。

印刷术推广之后手写经典退居次要地位,此后写经的施行者多为文士而非书匠。这些文士往往一方面因为担任政府官职而恪守儒学准则,另外一方面又私下倾心于佛道。他们抄写佛道经典的意图就不止于保存经籍或者为亡魂祈福,而是表达他们对于佛道教的敬重与体会。这时写经就脱离了宗教实用范畴,而更为体现佛道教精神内涵对于士人的影响。

在写经之外,佛教书法最为集中的体现为刻经。刻经有多种形态,有露天的摩崖刻经,有洞窟内壁的刻经,还有铭刻于石板埋藏于地下的刻经。虽然形态不同,但是与刻经当初的动机类似,都是为了避免灭佛运动对于佛教经典的灭绝。在这三种形态中,佛教摩崖刻经具有最高的艺术性。摩崖刻经一般字形较大,铭刻于天然的平滑岩壁上。较为典型的佛教摩崖刻经为山东的刻经群落,如泰山、铁山、冈山、葛山等地,其中以安道壹的刻经最为多见且最具艺术价值。

简要来说,道教书法的演化历史更长且完整,而佛教书法是进入中国之后写经、刻经衍生出来的产品。从数量而言,佛教书法作品更多见,尤其是敦煌文献面世以后,大多为佛教手写经卷,扩充了佛教书法的数量。但从艺术价值而言,两者难分伯仲,各有千秋。

二 佛道教书法在形态上的区别

书法受时代的影响很大,每个时代都有自己独到的汉字表达形态,所谓"结字因时相传"。即便是同一位书法家,前后期作品都可能存在很明显的差异。在这种情况下试图对佛道教书法形态进行概括性比较,无法做到同每件作品都精确对应,只能就典型的作品中抽取出若干特征予以推断大致的结论。如佛教书法中较为典型的代表,有安道壹、良宽、弘一法师等。道教书法的代表人物有王羲之、郑道昭、陶弘景等。佛教书法与道教书法在形态上的区别,简要而言就是:佛教书法更注重结字的空间性,而道教书法更偏重于书写过程的时间性。

如"书圣"王羲之世代奉道,其作品中笔法最为复杂的当属《兰亭集序》,因为毕竟这是字数最多的行草作品。《兰亭集序》虽然被誉为第一行书,但并非每个字的形态都无可指责,它最大的成就在于书写的运动性。《书谱》讲到:"真以点画为形质,以使转为性情;草以使转为形质,以点画为性情。"所谓"使转",不能简单理解为弧线形的笔画,而应理解为在空间中挥运的动作。行草对于挥运动作的强调,就体现在其运行轨迹的复杂多变之中。对于一件优秀作品而言,其笔墨线条中应该充满不可预见性的构成元素,甚至作者本人都无法将其进行复原。《兰亭集序》恰好可以作为此类作品的典范,因为它笔法之复杂多变可谓达到了极致。然而《兰亭集序》却不是王羲之仔细筹划之下的作品,而只是他微醺之下随手记录的文稿。据说当王羲之酒醒之后试图重新创作,终因无法达到初稿的艺术高度而喟然作罢。

在一般情况下,创作心态同最终作品的感染力之间没有如此明显的直接对应关系,但是我们也能通过理解作品的创作背景来加深我们对作品的理解。安道壹的写经摩崖虽然厚重沉稳但不失疏朗开阔,根植于佛教对于空性的理解;云峰刻石的飘逸与从容传达的是郑道昭对于神仙世界的由衷信仰。创作理念的不同会体现于具体的点画与结字中。

虽然统观之下安道壹和郑道昭的整体布白风格相似,但实际上两者采

用了不尽相同的布白模式。安道壹采用的方式是用超大面积的块面来稳定整个布局，而郑道昭则是利用块面之间的近似性来获得均衡。郑道昭与安道壹的基本不同在于，安道壹采用的基本是平面宽结，而郑道昭多采用斜面宽结。① 他的布白方式比安道壹要复杂，至少我们不容易在他作品中找到主导性的块面。表面上看他采用了均匀分割空间的办法来获得平衡，但真正临摹的时候会发现如果完全均衡地分割空间，根本无法获得郑道昭作品中所具有的灵动气质。他貌似均衡的空间分布中，隐藏着众多的细微变化。在小小的中宫空间中，欹侧与平正、对比与呼应，各种关联与对比错综复杂交织成为充满活力的平衡状态。总体而言，郑道昭获取均衡布白的手法比安道壹要更加细微而多变。通过郑道昭与安道壹摩崖的对比，我们对于佛教书法偏重于空间性布白，而道教书法偏重于时间性流逝，有了大致的印象。其实佛教书法的典范形态如良宽与弘一法师的作品，我们都可以从中发现对于空白的巧妙处理，这不能不归至于他们本身对于空性的持续思考。而道教书家中王羲之、白玉蟾等对于草书的偏好，既与书写道符相关，也体现了道体生化不息的过程。

　　从审美体验的角度来看，这两种书法形态造就的效果也有差异。典型佛教书法对于空间布白的特殊处理，实际上打断了欣赏者将汉字作为整体来领会的过程。如安道壹刻经中大面积布白及通透性断裂的出现，一方面造就了字形本身的张力，另外一方面使得汉字的整体性被突破。这种对于汉字整体性的破除，会引发审美过程中意识短暂的停顿。这种审美引发的意识停顿，引发了类似于参禅过程中"狂心顿歇"的效果，从而暂时摆脱了日常意识的压力，获得心性暂时的解脱。这种心性摆脱日常意识压力的体验，既是审美体验，也是宗教体验。佛教书家将自己的宗教体验渗透到艺术作品之中，而这种艺术作品又引发了欣赏者的宗教体验，那么艺术品就成为"以心传心"的媒介。道教书法引发宗教体验的内容与佛教有差异。往往道教书法并不刻意安排对布白空间的处理，而偏重于对书法书写过程之时间性的体验和传达。从现存道教书法的典型作品来看，大多具备富有节奏的流动性。《庄子》中"庖丁解牛"寓

---

　　① 一般来说同平面宽结对比的是斜画紧结，如《张猛龙》。

言中讲到庖丁解牛的动作"合乎桑林之舞,乃中经首之会"。这种类似于舞蹈的创作过程,将运动的痕迹存留于纸面,使得道教书法体现出节奏激烈变化的舞蹈气息。而所谓"巫",本来就是"以舞降神"者,民间通过舞蹈进入出神状态的现象也屡见不鲜。道教书法借助类似于舞蹈的书写节奏,传达给欣赏者类似于出神的体验,从而进入摆脱日常意识纠结的自然之境。就书法而言,佛道教书法引发审美体验的途径不同:佛教书法借助于空白对整体的消解来引发空观,而道教通过舞蹈般的节奏性来引发类出神体验。

当然,在书法艺术中时间性和空间性两者不可分割,佛道教对于书法时空二重性的偏重并没有将两者予以割裂对待。佛教书法中,也能体察到细微的时间性贯通,而道教书法中也能发现对于空间的巧妙处理。在后期文人书法中,很多情况下佛道教的思想通过禅宗的融会而对书法共同产生影响。

三 佛道教理念在书法中的影响

禅宗在宋代成为佛教最重要的派别,它的影响已经超越单纯的宗教范畴,而对哲学、文学和艺术等各个方面都留下鲜明的印记。参究禅法的人士也不限于僧侣,而是扩展到士大夫阶层,甚至帝王将相乃至贩夫走卒。此时禅宗已经不复被看作是外来宗教的异端,而似乎成为了本土文化的固有元素。因为它的很多观念同老庄之说相近,对于接受禅宗的信众来说,庄禅之间似乎没有太多的差异。这种庄禅合流的情况体现在书法领域,那就是宋代尚意书风的兴起。

苏轼无疑是尚意书风的领袖,他同尚意书风的另外两位代表黄庭坚和米芾的关系,都处于师友之间。苏轼之所以对后世书坛影响巨大,是因为他作品中具备了前所未有的元素。这些元素并不来自历史名家或者同代人,而来自他自己的体悟,这是尚意的根本原则。这种来自个人的体悟并非出自理性的推演,而是出自无意间的流露,这个体悟的过程类似于禅宗的顿悟,而无意的流露则类似于禅宗所说的"无心"。如颜真卿的《争座位帖》在宋代获得极高赞誉,米芾虽然对颜柳的楷书颇多微词,但是认为此帖"在颜最为杰思,想其忠义愤发,顿挫郁屈,意不在字，天真罄露，在于此书"。① 米芾认为《争座位帖》之所以成为颜真卿最有魅力的作品，就在于它并不是作为一件艺术品而被创作出来，恰好是颜真卿无意把它作为艺术品来完成，所以它才能获得"天真罄露"的艺术效果。他的话中隐藏了一种创作模式：无意于创作的创作才是真正的创作。虽然说这个命题看起来有些矛盾，但它却可以得到很多艺术家的认可。譬如苏轼便对此说颇有共鸣："昨日长安安师文出所藏颜鲁公《与定襄郡王书》草数纸，比公他书尤为奇特。信手自然，动有姿态，乃知瓦注贤于黄金，虽公犹未免也。"② 瓦注贤于黄金典故出自《庄子·达生》："以瓦注者巧，以钩注者惮，以黄金注者殙。"原文的意思是重于外在者会失去内在，苏轼借用这一典故则用来说明因为书写草稿所以颜真卿才能"信手自然"达到"动有姿态"的效果。苏轼受庄禅的影响极大，其中庄子"虚心之说"，连同"禅宗不动心"的观念，使得他最终得出了"书初无意于佳乃佳"的结论，确定了尚意书风的基本原则。苏轼曾经作《小篆般若心经赞》云："善哉李子小篆字，其间无篆亦无隶。心忘其手手忘笔，笔自落纸非我使。正使匆匆不少暇，倏忽千百初无难。稽首《般若多心经》，请观何处非般若。""忘"，是苏轼艺术创作理论中的一个重要概念。它本自庄子哲学的"坐忘"，但在苏轼看来这种坐忘之境与佛教观想甚深般若境界并无区别。

关于学书的方法，苏轼既受禅宗的启发，也与庄子有密切关联。他讲："世人见古有见桃花悟道者，争颂桃花。便将桃花作饭吃，吃此饭五十年，转没交涉。正如张长史见担夫与公主争路，而得草书之法，欲学长史书，日就担夫求之，岂可得哉？"③ 其中"见桃花而悟道"的典故出自沩山弟子灵云：一日经行，灵云禅师见桃花灼灼，因而悟道，平生疑处，一时消歇。于是作偈曰：三十年来寻剑客，几回落叶又抽枝。自从一见桃花后，直至如今更不疑。而"担夫与公主争道"的典故见于《国史补》，讲张旭见担夫如何在狭窄道路上避让公主车队而大悟草书之理的故事。灵云与张旭的大悟在形式上有些类似，但实际上所悟的内容大有

---

① 米芾：《书史》。
② 《苏轼文集》卷六十九《题鲁公书草》。
③ 《苏轼文集》卷六十九《书张长史书法》。

不同。灵云所悟是空性之体，而张旭所悟是具体的作用，就需要自悟来讲两者是一致的。赵令畤讲过："客有从丹阳来，过颖，见东坡先生。说章子厚学书，日临《兰亭》一本。坡笑云：从门入者非宝，章七终不高耳！"①自唐代以来《兰亭》就成为学书的楷则，苏轼早年也曾经对《兰亭》多有临习，为何却反对别人临习？他给出一个禅宗式的解答：从门入者不是家珍。禅宗认为任何外在的解说，都不能替代人对自己本性的探索，学禅的最终步骤必须是自悟的过程，外在的理论反而会干扰人对自性的把握。苏轼借用这一理论，阐明学书的过程也有类似之处：如果从外在形态入手，恐怕反会妨碍对内在实质的理解。虽然如此，禅宗的方法，可以说是彻底的以无法为有法。他的这种观点在《庄子》中也有很多体现。首先就学须自悟而言，《天道》篇中有"轮扁斫轮"的典故。其次就用志不分而言，则有《达生》篇"佝偻承蜩"的寓言。至于不以己意害自然的道理，则于《齐物论》中有充分阐述。

如果就对于"意"的理解来看，无论是苏轼所谓的新意还是黄庭坚所言的古意，都有很重要的特征，便是"无意"。苏轼曾有过"书初无意于佳乃佳"的论断，黄庭坚也多处表露出类似的观点，如"子美诗妙处，乃在无意于文，夫无意而意已至"。《黄庭坚全集·正集》卷十六《大雅堂记》，他在评价李煜书作时也说过："盖刻意与率尔为之，工拙便相悬也。"《山谷题跋》卷四《跋李后主书后》以刻意与率性而为相对比，也是《庄子》中比较突出的思想。但是黄庭坚也采用过佛教的典故来说明他的艺术理念：

幼安弟喜作草，携笔东西家动辄龙蛇满壁，草圣之声誉满江西。来求法于老夫，老夫之书，本无法也。但观世间万缘如蚊纳聚散，未尝一事横于胸中，故不择笔墨，遇纸则书，纸尽则已，亦不计较工拙与人之品藻讥弹。譬如木人舞中节拍，人叹其工，舞罢则双萧然矣。幼安然吾言乎？

《山谷题跋》卷五《书家弟幼安作草后》

---

① 赵令畤：《侯鲭录》卷八，《笔记小说大观》第八册。

黄山谷这里借用的"机关木人"显然来自佛教典故，指人之身心系由五蕴假和合而形成，无有自性，犹如傀儡，故以机关木人喻之。《大智度论》卷六（大二五·一〇三上）讲："都无有作者，是事是幻耶！为机关木人，为是梦中事。"《宗镜录》中有更详细的解释："眼具九缘生等，若无色空和合之缘，见性无由得发。五根亦然，皆仗缘起。斯则缘会而生，缘散而灭，无自主宰，毕竟性空。如《楞伽经》偈云：心为工技儿，意如和技者，五识为伴侣，妄想观技众。如歌舞立技之人，随他拍转，拍缓则步缓，拍急则步急。五根亦如是，但随意转。如云：身非念轮，随念而转。何者？意地若生，身轮动作；意地若息，根境寂然。真心则不尔。常照常现，铁围不能匿其辉；遍界遍空，穹苍不能覆其体。"《宗镜录》卷三《大智度论》中对于"机关木人"的比喻是佛教般若性空思想的经典论述，表明世间所有现象都由因缘暂时积聚而成，从根本而言并无实在。《宗镜录》中的论述更为深入，试图从唯识学的角度来解析幻想的生成原理。它引用《楞伽经》的说法，以心为舞者，意如同对舞者，而识相当于伴舞，那么妄想就如同观众。《宗镜录》要证明的是：五根随意而转变，所以如果意地平息的话，那么根境都随之解脱。需要注意的是，《宗镜录》以及《楞伽经》中所言的"意"是妄心，妄心平息之后才会有真心显现，而真心本身是不生不灭没有变异的。仔细分辨一下，虽然黄山谷此处论书借用了佛教的典故，但同时与《庄子·达生》中"呆若木鸡"的寓言相合。《庄子》原文中斗鸡达到的境界是："鸡虽有鸣者，已无变矣，望之似木鸡矣，其德全矣，异鸡无敢应者，反走矣。"虽然对手的鸡百般挑衅，但是应战的鸡却没有任何反应，看起来像是呆呆的木头雕刻的鸡一样。这种对所有外在变化无动于衷的状态，说明它达到了德全的境界，因此对手不战而退。黄庭坚所讲述的，恰好就是这种状态，所谓"世间万缘如蚊蚋聚散，未尝一事横于胸中，故不择笔墨，遇纸则书，纸尽则已，亦不计较工拙与人之品藻讥弹"。其根本内涵与呆若木鸡一样，都是对于世俗是非高下等诸多价值判断的中止。虽然黄庭坚很多创作状态更接近庄子，但是他也的确从参禅过程中得到了这些启发，这种情况并非偶然。因为禅宗在中国的传播，很大程度上借鉴了老庄的思维模式，或者说中土士人已经习惯于从老庄的角度来理解禅宗。

　　综合考察苏轼与黄庭坚这两位代表性书法家的创作与理念,我们大致可以看出,尚意书风的形成,与庄禅推重无心之境有密切的关联。所谓无心,并非全然无思无虑,但也并非刻意求工。这种纯任自然而又不离法度的境界,既有来自道家思想的源头,也同当时流行的禅学相应,因此在中国书法展开独到的"尚意"的一面,对后世产生极大的影响。

假如没有美术史：国博藏《十一面观音变相》的阐释

李 翎[*]

国家博物馆收藏有一幅精美的五代时期绢画（由于其上部边缘有明显的用于张挂的布环，笔者在此称这种画为挂画），有供养人题记，有发愿文，画面十分精美，对于此画的解读，通常围绕在画面本身的绘制上。像所有的博物馆藏品一样，由于失去了合理的时空关系，在聚光灯下，静静地呈现为一种单纯的美感。笔者以为，忽视发愿文、忽视宗教绘画的功能性，可能导致误读。笔者尝试通过对挂画使用的分析，来释读这一用于特定时期的宗教作品。

一

佛教自汉代传入中国以后，逐渐发展成为具中国特质的文化现象，一些佛教节日特有的祭祀活动成为民众集体情感的舒发，在节日中体现的观音信仰是最为引人注目的现象之一。观音信仰从印度的 Avalokite1vara（观世音）到具中国特色的 guanyin（观音），以至到具有道教色彩的观音娘娘，从而将观音（guanyin）推举到这些宗教活动中礼拜的主神之一的位置。这种礼拜仿佛古老的咒术，如通过指甲、头发或衣服的碎片施行咒语，作用类似印度的还愿物"擦擦"（tsha tsha）[①]，在其中放入高僧的头

---

[*] 李翎，中国国家博物馆研究员。

[①] 意大利学者图齐认为："擦擦可以作成一种小型塔的形状，但也可以不是，它也可以表现佛教中的某一尊神或者简单记述诸多总摄教义的某一偈颂。它一般是用土和水和在一起制成的，有时也加入著名喇嘛的骨灰。有时又由于别的原因而搀入大麦或小麦粒：因为这些麦粒或是在这个擦擦的开光仪式中被使用过、或是为了祈求丰收或感恩。后者是为了给越来越因邪恶而形容枯槁、因饥荒而毁灭、被死神横扫的后人一种昭示：（转下页注）

发和衣服碎片而产生神奇的功效一样，这种咒术披上佛教的袈裟，活跃于各种法术活动当中。宗教关注的是生死之事，因此，在处理死亡的活动中，形成一系列的仪式，在仪式当中，宗教造像成为重要的物品之一。由于寄希望于这种法术，因此，写经、造像成为佛教传入中土后，体现于民众生活中最普遍的宗教现象。生死之际，观音菩萨是人们普遍求助的对象，这种求助体现在造像或写经的发愿文和题记中。造像如 Ch. lvii, 004 藏品，为"米延德等施绘观音菩萨像"、MG. 17674 藏品，为"纸绘九面观音图榜书"、MG. 2568 藏品为"显德四年画十二面观音菩萨图"、波士顿美术馆藏 No. 201570 藏品为"观音经变相"，在各种写经的同时，通常也不会缺少造观音像，如甘肃省博物馆藏 005 号《优婆塞卷第十》写道：仁寿四年（604）四月八日，楹维珍目向京为亡父母写《灌顶经》一部、《优婆塞经》一部、《善恶因果经》一部、《太子成道经》一部、《五百问事经》一部、《千五百佛名经》一部、《观无量寿经》一部，造观世音像一躯，造四十九尺续命神幡一口等等。写经内容也多涉及观音经、题记中也往往提及观音，如 p. 2055c 写经中记到：佛说善恶因果经（首题）弟子朝议郎检校尚书工部员外郎翟奉达为亡过/妻马氏追福，每斋写经一卷，标题如是：第一七斋写无常经一卷、第二七斋写水月观音经一卷、第三七斋写咒魅经一卷等等；秋 030（6211）写经为"观世音经一卷"。

　　艺术史发展到今天，众所周知的一个事实是，艺术品最主要的功能之一是观赏性，通过作品的"美"引发观众的共鸣。而宗教造像，作为宗教活动的一种功能物，不是用于观赏的，而是要求人们礼拜的。今人过度的解释其艺术性的优美或感人，可能导致一种误读。作为所谓的宗教艺术，对其在祭祀与艺术之间的解释，是要通过了解宗教用品的功能来进行的，从而才能在整体上把握造像的性质，尽量减少其历史信息的

（接上页注①）在人们还没有如此堕落的远古，众神曾以怎样的丰产裕收优待过他们"。参见 Tucci: *Indo-Tibeatica*, vol. 1, 中文译本可参见图齐著、李翎译《梵天佛地》卷一, 上海古籍出版社, 2009。擦擦在汉地佛教中，西魏、隋、唐有实物，有学者称其为"善业泥"，关于其称谓，参见拙作《擦擦与善业泥考辨》，载《中国国家博物馆馆刊》2011 年第 6 期。

丢失。

国博藏《十一面观音变相》，从馆藏艺术品的角度看，无疑是一件精美的作品，但这显然不是一种正确理解宗教造像的角度，在对它的解释完成之后，我们会发现，这件所谓的精美作品，并不是用来长期张挂欣赏的艺术品，而是在七月十五日鬼节的时候，于道场中作法使用的功德，当它挂在寺庙或法会当中的时候，上面所画的神，对于信众来说，一定是"真"的，而不再是一幅画，这是最重要的。别的时间可能大多收藏在寺庙或家中，这也正是此类绢画，时间如此悠久还基本保存完好的原因之一。对于当时礼佛的人们来说，他们最关注的不是造像的美不美，而是神的灵不灵！敦煌莫高窟保存诸多的"瑞像"正是这种信仰的结果。

二

《十一面观音变相》图出自莫高窟，全画高 120 厘米、宽 60.5 厘米，由原中国历史博物馆（现中国国家博物馆）于 1961 年购自宝古斋。画的中心主尊是十一面八臂观音，八臂中二臂向上托举日、月，二主臂当胸捻二莲花，下二手右手结印，左手持净瓶。观音左右表现的是救难，对称描写了六个救难场面，依据榜题六个难场分别是，上右：或在须弥峰为人所推堕念彼观音力如日虚空住；上左：或被恶人逐堕落金刚山念彼观音力不能损一毛；中右：云雷鼓掣电降雹澍大雨念彼观音力应时得消散；中左：若恶兽围绕利牙爪可怖念彼观音力疾走无边方；下右：咒咀诸毒药若欲害身者念彼观音力还著于本人；下左：□蛇及蝮蝎气毒烟火然念彼观音力寻声自回去。在观音像足部的左右有两童子，题榜右书"恶童子"，左书"善童子"。下部是供养人行列，中心是绿地墨书的发愿文。自左至右，供养人像题榜：

（1）施主节度押衙银青光禄大夫检校太子宾客吴勿昌一心供养

（2）故慈父知口（铁？）手一心供养（原书：施主节度押衙银青光禄大夫检校太子宾客吴勿昌一心供养。后书此覆盖）

（3）弟释门法律临坛大德愿保一心供养

（4）慈母令狐氏一心供养

（5）妹二娘子一心供养

（6）妹三娘子一心供养

中心的发愿文为七行：

1. 其斯绘者厥有节度押衙吴勿昌奉为故父早辞人

2. 口未赴泉台不知诞质於何方贵要荐酬於福力今届

3. 盆半之日遂口良之谧依织之间乃造观世音菩萨并

4. 侍从一铺伏愿无上菩萨引灵口北幽暗之中妙觉

5. 佛……拯拔於真途之内然後合州信众口忧乐於

6. 晨昏诸派平安口福因於晓夕……岁次（戊？壬？）

7. 子七月十五日题记

绢画的四周缀以绫边，宽约9厘米，上端缀有三环，显然是用于张挂的，断年为五代（图1）。

画面布局，是敦煌地区这种挂画普遍流行的样式，即主尊占有画中大部分面积，画幅下部留出空间绘供养人，供养人中间墨书发愿文。这种绘画，可能是一种画坊中的半成品，上方绘有完整的流行主尊像，下方预留出供养人的位置，流行的主尊不会仅此一种，可能存在几种样式或组合样式，供请神者挑选，选中者请画工依据个人要求填补上供养人像及名子[①]。图中的发愿文进一步证实了笔者的推测。发愿文记：今届盆半之日遂口良之谧依织之间乃造观世音菩萨……七月十五日题记。显然这是七月十五日当天的题记，但这样复杂的布局结构不可能是当时绘制的，主体绘画可能是现成的，而供养人位置是预留的，可以在很短的时间内补上人像和文字。这幅画的供养人共表现了六位，有吴勿昌、父亲、弟弟、母亲、两个妹妹。其中有生者有亡者，这种将生者与亡者绘于一处的方式是敦煌此类绘画的特点之一。生者是吴勿昌、出家的弟弟、母亲和两个妹妹，亡者是其父。此画即是由吴出资，为追念亡父、祈愿生者平安幸福而作的功德，供养的主神是救难的十一面观音（图2）。

十一面观音，是观音信仰中出现较早的样式，以敦煌石窟的遗存为

[①] 关于这种挂画的绘制方法，参见拙作《佛画与功德》，载《故宫博物院院刊》2008年第5期。

例,在敦煌石窟初唐的几个洞窟中可见最早的秘密观音,如321、334、340、331窟等,都是十一面观音像,从佛经翻译方面看,汉文十一面观音经的翻译要早于千手观音经。《十一面观世音神咒经》最早的译本为北周耶舍崛多所译①。印度最早的观音秘密身形也是十一面观音,即砍黑利(Kanheri)石窟所存,据说为公元5~7世纪的十一面观音石像。从藏传佛教这个图像系统看,早期的,即公元9~10世纪的克什米尔金铜像、藏传佛教后弘初期都是十一面观音像。由此可见,汉地对观音秘密身形的供养首先流行的是十一面观音。十一面观音的宗教功能通常是救难(七难、八难),因此在古代自然灾害和战争灾害频繁发生的时候,观音信仰可以解决民众心理上的无助感。而观音双手托举的日月,透露出中亚祆教的痕迹,证明这尊神的古老与多元文化的结合。十一面观音之名是由其神咒而来。该神咒名为"十一面观世音神咒",为十一亿佛陀所说,威力甚大。依佛典所载:此心咒十一亿诸佛所说……为一切众生故,欲令一切众生念善法故……欲除一切诸魔鬼神障难不起故。持这一神咒的人,现身可得十种功德(无病、常念佛、衣食充足等)及四种果报(临终见佛、永不堕地狱、不为禽兽所害、命终生无量寿国)。由于神咒效验如此,因此持诵该咒及尊崇该咒本尊十一面观音的信仰,一直盛行不衰。十一面的配置有种种不同②,手臂或有二臂、四臂、八臂之异。作为盂兰盆或施食等仪中,所请佛像以观音为多。跋驮木阿译《施饿鬼甘露味大陀罗尼经》记录的坛城就是绘制佛或观音像:坛城四门,每门各置一瓶,瓶中盛满香水,瓶口置放随时五色草木花。四角安四钵乳,五炉香四角布列,一炉安在中心,

---

① 后又有三译,唐玄奘译本,题名《十一面神咒心经》;唐阿地瞿多译本,题名《十一面观世音神咒经》,载于《陀罗尼集经》第四卷。以上皆作一卷。唐不空译本,题名《十一面观自在菩萨心密言念诵仪轨经》,三卷。藏文也有两种译本,其中之一系据唐玄奘译的汉文《十一面神咒心经》转译而成。此经的内容,叙述佛在王舍城耆阇崛山中,时观世音菩萨在会众中白佛:欲为除灭一切众生的忧恼病苦等,说十一面观世音心咒,使能读诵书写者,除殃护身。并说过去恒沙劫前,在百莲准眼顶无障碍功德光明王如来所,为大持咒仙人,获得此咒,即能见十方佛,得无生忍。又于曼陀罗香如来所为优婆塞时也得到此咒,由此而得一切诸佛大慈悲喜舍诵慧藏法门等功德。然后次第说示根本神咒、咒水、咒衣、咒香、咒华、咒油、咒食、咒火、结界、行道等咒,及造十一面观世音像法,供养念诵法、诸种成就法等。

② 关于观音十一面的排列方式及传承关系,参见拙作《十一面观音像式研究》,载《敦煌学辑刊》2004年第2期。

中座置一灯，复取四钵盛花水及粳米饭，于坛中心作一莲花座，杂色缯綖敷其台上，上置佛或观音像，北门置阎罗王，东门置天主等[①]。

　　观音的下方左右是善、恶二童子。童子（梵 kumāra）一般而言，指发心求道、尚未剃度的幼童。据《大智度论》卷二十九所述：四岁以上、未满二十岁的，称为鸠摩罗伽，即童子；而《玄应音义》卷三则载：八岁以上乃至未娶之人，总称为究摩罗。又，在寺中随侍师长，从事杂务的幼童，称为童侍或僧童；禅家则称其为童行。另在显密两宗的法会中，参加行列的幼童，有堂童子、上童子、持幡童子、小童子、中童子、大童子等差别。此外，另有若干异解。如金刚萨埵的忿怒化身，名金刚童子；初禅梵王因其容颜似童子，故又称鸠摩罗天或梵童子；文殊、善财、月光等菩萨也称为童子。而《释氏要览》卷上"师资"条载文殊等菩萨也有童子之称。又，随侍佛菩萨或诸天而担任种种杂役者，也称为童子。例如随侍文殊菩萨之请召等八大童子，不动明王之随从慧光等八大童子，以矜迦罗为首之三十六童子，以及乾闼婆神王之眷属弥酬迦等十五鬼童子。善、恶童子在佛典中出现不多，但在敦煌文书中出现频率较高，可能是佛教借用道教神祇中的一个名词，指的是地狱中的管理人员，与地藏信仰产生一些关联。如 S.2630《唐太宗入冥记》：善童子启判官曰……，S.473《劝善文》：善恶童子每诸闻好事恶事皆抄录，临时未肯放一分……，其它还有 S.3961、S.2870 关于十王经的内容中都提到善恶童子。依据 S.473《劝善文》所记，善恶童子主要是记录人们的善业恶业，以便在地狱中考虑该人的处置方式，又如 S.2204《董永变文》：好事恶事皆抄录，善恶童子第抄将。《十一面观音变相》画卷中的善、恶童子分别抱着一个大纸卷，即表示用以书写人们所行善恶之事的记录状。其它拟构的神名还有：察命司录、太山府君、五道大神、行病鬼王等，他们也是施食仪中的施食对象。

　　在观音类经典中没有善恶童子的记录，二童子主要出现于地藏类绘画和经疏中。绘画如《披帽地藏菩萨图》，北宋（10 世纪后半）MG.17664；《披帽地藏十王图》，北宋太平兴国八年（983 年）MG.17662；《披帽地藏十王图》，北宋 MG.17793 等。观音与善、恶二童子这种组合方式在在敦煌

---

① 参见李小荣《敦煌密教文献论稿》，人民文学出版社，2003，第 262 页。

石窟壁画中没有出现，但在敦煌绢画中出现较多。如 Ch. lvii, 004：北宋太平兴国八年（983）铭《米延德等施绘观音菩萨像》（大英博物馆藏），绘观音菩萨和二童子，题榜有"南无观世音菩萨"、"善童子供养，恶童子供养时"；Ch. lvii, 001：五代绘《法华经普门品变相图》（大英博物馆藏），绘观音与二童子，左右有六难；MG. 17674《纸绘九面观音图》，绘九面观音与二童子，题榜为："南无善童子（左），南无恶童子（右）"；吉美博物馆 EO. 1147 麻布绘《九面观音与善恶童子》；EO. 3581 绢本《观音与善恶童子》；波士顿美术馆藏 NO. 201570《观音经变相》，绘观音救难及二童子，题榜为：1. 堕落金刚山，2. 或在须弥峰，3. 推落大火坑，4. 或漂流巨海，5. 善童子，6. 恶童子；EO. 1173《千手千眼观音与地藏十王图》绘观世音菩萨和地藏菩萨，题榜为：1. 日光菩萨，2. 月光菩萨，3. 功德天，4. 婆薮仙，5、6 不清，7. 王判官，8. 赴判官、善童，9. 宋判官，10. 崔判官、恶童，等等。表明这是敦煌地区特有的一种图像组合样式，而这一类图像，可能多用于祭奠先人方面，后面还要谈到这个问题。

吴勿昌，此人不见其他文书上记载，按发愿文所记，他的官职为节度押衙银青光禄大夫检校太子宾客。按唐制"太子宾客"就是三品官员，是一个位高的闲职，由于缺少其他考察资料，因此对于此人的行状尚没有结论。

发愿文中还提到供养者吴勿昌的母亲令狐氏。"令狐"在敦煌地区可能是一个特别常见的姓氏。无论上层或下层人物皆多见[1]，如 Ch. i, 0014《令狐和君供药师琉璃光佛》，画中从左至右供养人像列题榜有：儿丑奴、令狐□□、令狐和君、佛令狐和君永充供养、慈母杨氏、妻□氏、女令狐丑□等；Дх. 164《绢画供养人像题榜》，画中自左至右供养人题榜：清信佛弟子新妇令狐氏一心供养、清信佛弟子妹盐（姨）胜（泛氏）一心供养等等；写经题记如 p. 2078《佛说观佛三昧海经卷第四》：信士张（阴？）双周为命过妻令狐□姬写供养，二校竟；p. 2189《东都发愿文》：大统三年（537）五月一日中京广平王大觉寺涅槃法师智睿供养《东都发愿文》

---

[1] 妇女令狐姓氏可参见赵晓芳、陆庆夫《试论唐西州下层女性的婚姻生活》，载《敦煌研究》2010 年第 1 期，第 72～73 页。

一卷，神奉明王殿下，在州施化。齐于友称之世，流润与姬文同等，十方众生含生，同于立愿。令狐宝书之；潜 015（6460）《大般涅槃经卷第廿八》（尾题）：夫理深难执，非音教不传。妙果常寂，非积行不阶。是/以佛弟子清信女令狐阿咒自惟秽业所招，早罹孤苦，/思慕所天情无已已等等；s. 4553《大通方广经卷上》记：大隋仁寿三年（603）二月十四日，清信女/令狐妃仁，发心减割衣资之分/敬写大乘方广经一部，愿令七/世父母及所生父母，见在家眷等等。

与这幅画中观音类型相似的大约有四幅，一是五代绘麻布作品，现存俄罗斯，构图基本一致，但观音为十一面六臂，也是双手高举托日月（图3）；二是敦煌 35 窟五代绘十一面观音，八臂与此完全相同（图4）；三是五代至北宋时期的作品，1906 年至 1909 年伯希和由敦煌莫高窟掠走，现法国吉美国立东方美术馆藏（图5）。四是法国吉美博物馆藏 3644 号五代绘十一面观音与地藏图，观音为六臂，向上两手也是托举日月（图6）。还有一件是敦煌 76 窟北宋绘十一面八臂观音（图7）。可以推测，这种十一面八臂（或六臂）的观音像可能是五代前后用于各种法会仪式中最流行的像式之一。

据发愿文所记，这张挂画是在七月十五日入施的，即俗称鬼节的这一天请用。据敦煌文书，七月十五的盂兰盆节可能是从七月十四持续到七月十七，而吴氏在七月十五入施请画，其时可能正当法会进行中。这是有些奇怪的地方，从逻辑上说，请画供养神灵应当提前一些日子，才不会耽误十五日的法会。但事实上敦煌挂画中有一些正是七月十五或十五日以后请绘的，如 Ch. liv, 006《天复十年绘观音像》记"……时天复拾载庚午岁七月十五日毕功记"；Ch. lvii, 004《米延德等施绘观音菩萨像》记"……永充供养于时太平兴国八年七月十七日题记"；只有 MG. 17775《天福八年绘千手千眼观音菩萨图》在时间上是合理的，题记是"……福资三世不值泥黎缘及有情同超觉\路于时天福八年岁次癸卯七月十三日题记"。因此推测敦煌的盂兰盆节在作法的过程中，可以陆续挂上供养的画，请僧人作法，甚至在法会即将结束的时候，即七月十七日，也可以挂画，而不是提前安排好，统一挂上去的。下面还将谈到这个问题。

敦煌地区，一年有四次大型的宗教节日，主要是正月、二月、七月和十二月的四大节日，春秋两季有两个重要的宗教节日，一是春季正月十五的燃灯节，二是秋季七月十五的盂兰盆节①，我们在探讨这种挂画的同时，不能忽略了这种画与法事、仪式的关系，即绘画的使用和目的。发愿文中记到："今届盆半之日，遂口良之谥，依织之间，乃造观世音菩萨并侍从一铺，伏愿……"，也就是说吴勿昌请画的时间是在盂兰盆节已开始的时候，所谓"盆半之日"，推测这一次的节日可能开始于七月十四日。从这个细节也可得知一个信息，即前文的推测，这幅画是提前画完了的稿件，只预留了发愿文与榜题框，有人请画时，短时间内补上供养人像及文字即可，所以这种绘画表明人们追求的是祭奠的意义，绘制的精美不在于观赏，而是娱神。那么挂画在盆节期间的情况如何呢？

盂兰盆会（梵 Ullambana）是汉语系佛教地区，根据《佛说盂兰盆经》于每年七月十五日举行的超度历代宗亲的佛教仪式。盂兰盆乃梵语 avalambana（倒悬）之转讹语，比喻亡者之苦，有如倒悬，痛苦之极。经中说：目连以天眼通见其亡母生饿鬼道，受苦而不得救拔，因而驰往白佛。佛为说救济之法，就是于七月十五日众僧自恣时②，为七世父母及现在父母在厄难中者，集百味饭食安盂兰盆中，供养十方自恣僧。七世父母得离饿鬼之苦，生人、天中，享受福乐③。这就是盂兰盆会的缘起。据史料载，依

---

① 传说正月十五是释迦牟尼降魔之日，佛教自两汉之际传入中国，与中国传统的元宵节结合，又称"灯节"，所以一天要举行燃灯法会，全民同庆。盂兰盆起源于古印度，后佛教吸收了这一仪式，活动依据的是《盂兰盆经》，该经主要讲述了佛弟子目连以天眼通见其母堕在饿鬼道所受种种苦，乃向佛陀请示解救之法。佛陀遂指示目连于七月十五日僧自恣日（印度雨季期间，僧众结夏安居三个月，此日乃安居结束之日），以百味饮食置于盂兰盆中以供养三宝，得救七世父母。我国最早行盂兰盆会者传为梁武帝，据《佛祖统纪》卷三十七载，大同四年（538）武帝曾至同泰寺设盂兰盆斋。其后蔚成风气，历代帝王臣民多行此会，以报父母、祖先恩德。据敦煌文书载，每年有春秋两次法会，春季燃灯是为供佛菩萨，秋季盂兰盆是为纪念父母。

② 僧自恣时又称"僧自恣日"，即夏安居之终日，即圆满日，为七月十五日。佛制每年一夏九十日间，僧众聚集一处安居，坚持戒律、皎洁其行，于最后一日，僧行自恣法，即请僧众举出各自所犯之过失，于大众中发露忏悔而得清净，自生喜悦，称为自恣。又十方诸佛欢喜其安居圆满之精进修行，故亦称佛欢喜日、欢喜日。据《盂兰盆经》载，目犍连尝于此日供养十方众僧，以此广大功德，救拔其母脱离饿鬼道。后世遂有于僧自恣之日，以饭食等供养十方众僧，其功德广大，令七世父母等皆得解脱。

③ 原文如下：佛告目连：十方众僧于七月十五日僧自恣时，当为七世父母及现在父母厄难中者，具饭百味、五果汲灌盆器、香油锭烛、床敷卧具，尽世甘美以着盆中，供养十方大德众僧。参见《大正藏》第16册。

据《盂兰盆经》而举行仪式，创始于梁武帝萧衍。《佛祖统纪》卷三十七云：大同四年（538）帝幸同泰寺，设盂兰盆斋。义楚《释氏六帖》四十五：宏明云：梁武帝每于七月十五日普寺送盆供养，以车日送，继目连等。自此以后，成为风俗，历代帝王以及群众无不举行。但众所周知，《佛说盂兰盆经》是由西晋高僧竺法护所译，据《出三藏记集》载：竺法护"其先月支人也，世居敦煌郡"，由于他对佛教的贡献，人称"敦煌菩萨"，"《佛说盂兰盆经》是否竺法护在敦煌所译不详；敦煌属此经的初传地区，盆斋（盂兰盆节又称盂兰盆斋）较早出现在敦煌的寺院是可能的"①。唐时风俗对于盂兰盆供更为重视，《佛祖统纪》卷五十一云：（唐）代宗（李豫）诏建盂兰盆会，设七庙神座，迎行衢道。又见卷四十一"大历三年"条：德宗（李适）幸安国寺，设盂兰盆供。到了宋代，这种风俗相沿不改。但是盂兰盆供的富丽庄严和供佛及僧的意义减少，而代之以荐亡的行事。在北宋时，如宋·孟元老《东京梦华录》卷八"中元节"条所说：'印卖尊胜、目连经。又以竹竿斫成三脚，高三、五尺。上织灯窝之状，谓之盂兰盆。挂搭衣服、冥钱在上，焚之。构肆乐人自过七夕，便搬目连经救母杂剧，直至十五日止，观者倍增。盂兰盆中的"盆"字本来是对应梵语音节"ban"的音译，结果却导致了节日里对盆子的使用②。因此这一节日的主要内容之一就是"破盆"……11世纪在敦煌盛行一种仪轨："为了超度已故的祖先，一位和尚头戴莲花形的帽子，手捧锡仗、拿响环。在一种舞蹈中代表着穿过地狱和强迫魔鬼打开关押囚犯牢门的地藏菩萨。为了表示各座地狱大门的打开，他一锤就敲碎一只陶盆……③"。"破盆"的另一种意义就是斋僧。据敦煌文献，盆节的时候，供养佛菩萨的称为"佛盆"，供养僧众的称"破盆"，以"有别于只设供不食用的佛盆。故称破盆，意为'供破用的盂兰盆'；破盆日因而又称供养僧破盆日（S.3074V），以区别于供养佛盆日"④ 因此推测盆节可能是在

---

① 张弓：《敦煌秋冬节俗初探》，载《敦煌学国际研讨会文集·石窟史地语文编》，辽宁美术出版社，1990，第586页。
② 参见〔美〕芮沃寿著《中国历史中的佛教》，常蕾译，北京大学出版社，2009，第77页。
③ 〔法〕谢和耐著，耿昇译《中国5~10世纪的寺院经济》，第204~205页。
④ 张弓：《敦煌秋冬节俗初探》，载《敦煌学国际研讨会文集·石窟史地语文编》，辽宁美术出版社，1990，第588~589页。

七月十四开始准备，正如吴勿昌愿文中说：（七月十五日）已是盆半之日了。十五供佛盆，如 P. 2032VO《净土寺食物等品入破历》：麦两石三斗贰［豆斗］壹升七月十五日造佛盆用；P. 2040VO《净土寺食物等品入破历》：油贰［豆斗］参胜七月十五日煮佛盆……。七月十七日破盆，如 P. 3763《入破历》：粟两石一斗七月十七日造破盆用；P. 2032VO《净土寺食物等品入破历》：麦壹硕陆［豆斗］七月十七日造破盆用。十八日散[1]。正因为此，七月十五至十六日可能是供佛盆日，一些盆节中祭奠先人的挂画可以等到七月十七日斋僧的破盆日挂出，由此，我们就可以理解前文提到的挂画不是提前挂出的，而是"盆半"之日或在十七日才挂上去。盂兰盆节自梁代开始相沿成具道教色彩的中元节。不过后来除设斋供僧外，还增加了拜忏、放焰口等活动。

盂兰盆会的目的是祭祖先，超度亡魂，但更实际的内容可能是斋僧。据《盂兰盆经》："行孝慈者，皆应为所生现在父母、过去七世父母，于七月十五日，佛欢喜日，僧自恣日，以百味饮食安盂兰盆中，施十方自恣僧，乞愿便使现在父母寿命百年无病，无一切苦恼之患，乃至七世父母离饿鬼苦，得生天人中福乐无极。佛告诸善男子、善女人是佛弟子修孝顺者，应念念中常忆父母供养乃至七世父母，年年七月十五日，常以孝顺慈忆所生父母，乃至七世父母为作盂兰盆施佛及僧"。因此盆节斋僧可能是更加突出的一个活动。盂兰盆会在敦煌地区是由都司组织，官府监督检查，各寺僧人均需参加，僧人须从事置道场、转经、造佛盆、破盆等活动[2]，而斋僧的目的是通过僧人的作法达到乞愿七世父母及现在父母无苦无病长寿，因此，在盆节中有两项重要的活动，一是讲唱《盂兰盆经》，这种法事的听众是释门五众，讲唱通常由学养较高的上座僧来进行，将《盆经》改编为韵白相间的《讲经文》，现藏台北故宫博物馆的《盂兰盆经》残卷，可能是当时使用的一种讲唱手本。讲唱完《盆经》之后，就是讲唱《目连变》，敦煌写本 S. 2614《大目乾连冥间救母变文并图一卷》可能就是当时讲唱目连变的手本，它的听众是盆节

---

[1] 张弓：《敦煌秋冬节俗初探》，载《敦煌学国际研讨会文集·石窟史地语文编》，辽宁美术出版社，1990，第590页。

[2] 郝春文著《唐后期五代宋初敦煌僧尼的社会生活》，中国社会科学出版社，1998，235页。

的供养人①。而那些绘有供养人像的挂画应是在此期间挂于道场内并起"作用"的。这类绘画相比于观赏性绘画,则更体现出一种消费性,这种消费性体现在供养人像的写意性上,它往往不具有写真的特质,而只具有一种意向,这种只具有意向的供养人像,如前文所说,通常是由工匠提前画好的,或临时补绘上的,往往是一种概念性的表现,只有通过文字,即人的名字,人像才能得到确认,一旦经过名字的确认,图像"就产生了不同于一般的力量"②。

供养人不但请画要出资,在道场中挂画由僧人做法更要出资。这些费用主要用于道场中的造佛盆和破盆。从敦煌文献中保留下来的《施舍疏》来看,当时道场做法,出资人通常施舍物品,如粮油、布匹、牲口等,从统计的施舍疏来看,用于道场的财物,占施舍中的大部分③,也就是说,当人们出资请画,再出资请僧人做法,造佛盆、破盆等,其目的是希望通过供养僧人和供养神灵,使文字中提到的先人得到抚慰、所求愿望得到实现,这个场面在敦煌地区虽然并不奢华,但也尽力而为,也就是说,挂画可能绘制的特别精致,特别美,但这不是目的,目的是通过绘画、法事而娱神,从而先人得到慰藉,也就说通过这些精致的绘画和奉献活动,彰显出割资人的虔诚,以使神祇显灵,"显灵"才是最具吸引力的。

中国史书上有批判民众崇拜活动为"淫祀"④,所谓淫祀指的是民间流行的不合封建礼典的鬼神崇拜,而佛教进入后,利用的策略之一就是从事淫祀民众的崇拜心理,如对刘萨何的信仰,就具有淫祀色彩,之所以有这种淫祀活动,原因正是其"灵验",人们将佛菩萨神化,将淫祀崇拜对象取而代之,由此产生一系列关于观音、地藏、阿弥陀佛的灵验之事,中国佛教史文献记载有许多佛教灵验的故事。观音的灵验记大量出现在魏晋南

---

① 相关内容参见张弓《敦煌秋冬节俗初探》,载《敦煌学国际研讨会文集·石窟史地语文编》,辽宁美术出版社,1990,第588~589页。
② 吴立行:《制度化宗教下对"工匠"制作技术与风格的影响》,载《考古与艺术史的交汇》,中国美术学院出版社,2009,374页。
③ 施舍疏的统计,参见郝春文著《唐后期五代宋初敦煌僧尼的社会生活》中列表,中国社会科学出版社,1998,第242~252页。
④ 《隋书》卷三十一《地理志》下:扬州于《禹贡》为淮海之地……其俗信鬼神,好淫祀,父子或异居,此大抵然也。中华书局简体字本,第23册,第603页。

北朝时期，主要有傅亮《光世音应验记》、张演《续光世音应验记》、陆杲《系观世音应验记》等。应验的事件内容主要依据《普门品》而来，即火不能烧、水不能淹、刀不能杀等，灵验记出来之后，传播很广，对于地处边塞的敦煌，这种渴求会更加强烈，从敦煌壁画来看，五代前后绘制各类观音身形十分流行，因此在盂兰盆节使用的挂画可能也以观音类为多，供养人吴勿昌自然会选择当时流行的神灵类型。

三

对于宗教绘画的理解应该从单纯的绘画分析，进入到与周围环境的结合以及使用目的的考虑，这样形成的对话才是有效的。我们没有足够的资料来复原当时吴勿昌买画和他携此画参加法事活动的全过程，但是可以推测入施请画可能是一个复杂的过程①。通过对一些文献的分析，我们大致可以知道一点历史的片断，也就是吴勿昌请画的目的和使用画的基本方式。从而可以得知，这样一幅功德画，功用性目的是首要的，而精美的绘制主要在于娱神而不是人的观赏，功德画的使用是在法会的诵经当中，而不是一幅卷轴在美术馆式的陈列。从吴的发愿文中，可以读出，此画对于他及他的家人来说，没有太多因画面精彩而吸引他多费些笔墨来赞美画工的水平的地方，而类似的赞美或可见于别的功德画的发愿文中，整个文辞只是在表述他为父求福，为诸人求平安的宗教心态。吴请画的时间是在七月十五日，那时法会已经开始，即所谓"届盆半"之日，而斋僧、讲唱《盆经》和《目连变》要在十七日，因此吴请画的时间并不算晚。在画坊中，这类画可能是一种半成品，在接受委托之后，画匠可能再补上供养人的图像与相关文字②。吴氏请画匠填上自己和家人的画像、名字、发愿文

---

① 敦煌画匠接受委托绘画的收入，即"手功"多少，可能要通过"平章"即协商来定，商定的依据是画幅的大小和精致程度，相关详细的分析可参见吴立行《制度化宗教下对"工匠"制作技术与风格的影响》之四"'工匠'的经济状况与自我提升"，载《考古与艺术史的交汇》，中国美术学院出版社，2009，第362～369页。

② 对于敦煌绢画、纸画等单幅绘画的制作方法，笔者通过一些敦煌画稿和题记题写的时间，以为画匠在画坊中先画出主体图像，而预留出供养人的位置，在接受出资人的委托之后再补绘。参见拙作《佛画与功德》中的观点，载《故宫博物院院刊》2008年第5期。另一种观点是张培君，他认为："敦煌遗画中供养人像、题记和发愿文的组合形式主要有两种不同的情况：其一是绘有供养人像，并书写题记或愿文，此种遗画一般（转下页注）

之后，可能于十七日将画挂于道场中，推测吴也格外布施了一些财物用于法会的造盆，通过斋僧达到祭父的目的。

以观音与善、恶童子等图像的组合是敦煌挂画中出现的一种特有形式，由于其特定的含义，这种绘画可能更多地用于祭祀活动中，也就是类似七月十五这样的法会道场。

需要进一步研究的是善恶二童子为什么会出现在敦煌挂画中。众所周知，在佛教文献中这个名称不多见，目前笔者只检索到五部文献中出现过善恶童子的记载，如在有争议的唐译《楞严经》中出现过，《楞严经》卷8记："善恶童子，手执文薄，辞辩诸事"；唐善无畏译《阿吒薄俱元帅大将上佛陀罗尼经修行仪轨》卷2记："五道大神阎罗大王，善恶童子司命司禄"。另外在失译本《佛说大轮金刚总持陀罗尼经》卷1中记："善恶童子护戒善神，证知弟子发露忏悔，所有罪障悉令消灭"；明本《瑜伽集要焰口施食仪》卷1："善恶童子一切功曹狱吏、乘马执枪一切罗叉"；成都大圣慈恩寺沙门藏川所述《佛说地藏菩萨发心因缘十王经》卷1："证明善童子，时不离如影，低耳闻修善，无不记微善；证明恶童子，如响应声体，留目见造恶，无不录小恶"。在道教经典中如《太上洞玄灵宝业报因缘经》卷一《开度品》中记："见有诸天仙人、灵人及诸飞天神王、善恶童子，日日游行人间，条录善恶，以奏诸天"①、《太上洞玄灵宝国王行道经》"仙真圣众，善恶童子，金刚神王，三界四司，五帝官属，随其起念，记录抄条罪福因缘，毫分不失"②。从现存佛经文献看，较早的是唐代善无畏译《阿吒薄俱元帅大将上佛陀罗尼经修行仪轨》和有争议的唐译本《楞严经》，而唐代道教思潮也十分流行。另外只有在藏川讲述的《佛说地藏菩萨发心因缘十王经》中说到善恶童子与地藏十王的组合。因此笔者以为

（接上页注②）是画师按施主意愿有计划绘制，画幅一般较大，质地较好，按照比例布置供养人的位置，画面构图合理，人物排列有序，绘画水平高。其二是只书写供养人题记或愿文，但不绘供养人像，此种遗画有的可能是由供养人选购画师预先绘制的相宜绘画，然后根据需要书写题记或愿文"（张培君《敦煌藏经洞出土遗画中供养人图像初探》，载《敦煌研究》2007年第4期），但通过国博藏画中的题记题写的委托绘画的时间来看，这种观点还有待商榷。

① 《道藏》第6册，第81页下。
② 《道藏》第24册，第665页中。

敦煌挂画中出现的这类童子，可能是吸收了道家的名词，而理念上或与中亚文化有关。善、恶体现了二元论的观念，而这种观念可能与摩尼教、祆教有关，至于这种观念如何进入到敦煌绘画中，可能与观音和地藏的救度、往生作用有关，正是由于观音与地藏的组合，才进一步出现了观音与善恶童子的组合，如前文提到的 EO.1173《千手千眼观音与地藏十王图》，图中绘观音和地藏菩萨，同时也出现了善恶二童子。这种绘画出现的时间主要集中在晚唐五代的挂画中。这种绘画中出现记录人们善恶行为的善恶童子图像，更多地体现了功德画的宗教功利性。

在人们不断对挂画进行阐释的过程中，这件作品也在不断地被增加上新的信息。最初这幅画被称为"功德"，当它从画坊中被请到法会上时，它就不再是一张简单的图画，挂在那里，它就代表神灵和虔诚的供养者。如今在国家博物馆被称为"一级文物"，只是一幅艺术珍品，在国外类似的作品又被称为"遗珍"，它在一次次被赋予新的名称的同时，其原有的历史信息是否也在一点点地被人遗忘呢？

法王寺古建筑浅析

杨焕成[*]

　　法王寺位于河南省登封市城北 5 公里嵩山南麓玉柱峰下。据明人傅梅《嵩书》"大法王寺在县北十里，嵩山之南麓。备考志博，乃汉明帝永平十四年创建"的记载，可知其寺建于东汉明帝永平十四年（71 年），为我国最早的佛教寺院之一，因佛教尊释迦牟尼为法王，故称大法王寺。三国魏明帝青龙二年（234 年），改称护国寺。西晋惠帝永康元年（300 年），于寺左建法化寺。据有关文献和寺内碑刻记载，隋仁寿二年（602 年）增建舍利塔，因名舍利寺。唐代改称功德寺、御容寺、广德法王寺。五代后唐称护国、法华、舍利、功德、御容五院。宋仁宗时赐名"东都大法王寺"。元以后仍称"法王寺"。

　　法王寺历史悠久，佛教文化内涵丰富，不但是我国最早的佛寺之一。还是我国历史上的十大古寺之一，[①] 被称为"嵩山第一胜地"。法王寺早期历史上寺院规模宏大，僧众甚多，因自然和人为的原因，寺院几经兴衰。至 1936 年，我国著名建筑学家刘敦桢、陈明达实地考察时，法王寺常住院仅存稍有宋代建筑特征的明代建筑山门三间；山门东西两侧的清代建筑钟楼和鼓楼；清代建筑东西配殿各两座；位于中轴线上的面阔五间，进深三间，单檐硬山式清代建筑大雄宝殿；东西配殿各一座；大殿后有面阔七间，单檐硬山式清代建筑地藏殿。地藏殿西檐墙下嵌砌《大唐闲居寺故大

---

[*] 杨焕成，河南省文物局原局长、研究员。
[①] 张驭寰、罗哲文：《中国古塔精萃》，科学出版社，1988，第 134 页；张驭寰：《中国名塔》，中国旅游出版社，1984。十大古寺：洛阳白马寺、金陵长干寺、鄞县阿育王寺、嵩山闲居寺、登封法王寺、天台国清寺、洪洞广胜寺、西安慈恩寺、洛阳永宁寺、西安荐福寺。

德珪禅师塔记》一方。东垛殿前有石舍利函一具，其铭记"大唐中岳闲居寺故大德寺主景晖舍利函，开元二十年岁次壬申七月辛丑朔十五日乙卯弟子比丘琰卿等记"。在当时已倒塌的金刚殿处存有元代元贞二年（1296年）及元代延祐元年（1314年）、三年（1316年）石碑各一通。寺内还有明清时代的碑刻文物；寺后有唐代及其以后的砖塔，寺之东山谷有时代不详的和尚墓塔。1936年至今已逾七十年，寺内外的木构建筑、砖石建筑及碑刻文物历经沧桑，发生了很大变化，有的仍存在，只是经过重修，原貌有一定改变；有的已经倒塌，重建后已失去原貌；有的被拆除后，原址难寻；有的石刻文物下落不明，已不知去向，短短75年，历史一瞬间，法王寺发生了很大变化，过去自然倒塌，人为拆除的古建筑，丢失的碑刻文物，被破坏的塑像和壁画等将一去不复返，不能再生，造成无法弥补的损失，只能作为教训，留下遗憾。改革开放的三十余年，历史文化遗产受到重视，得到保护，法王寺内占用单位和居户被迁出，文物建筑经过维修后，得到了较好的保护，并已对外开放，使文物保护和利用相得益彰，良性循环。通过这次学术研讨会成功举办，法王寺的文物保护、佛事活动，开放旅游等诸事必将会更加健康地发展。

笔者从20世纪60年代初到法王寺调查古建筑，至今已50年，对法王寺文物被破坏感到痛心，对法王寺的新生感到欣慰。现就法王寺现存的木构建筑和砖石建筑一些有争议的建筑时代和建筑法式、结构特点、在建筑史学研究中的地位和价值等问题谈一点粗浅的认识。

一 常住院古代木构建筑

法王寺内现存的天王殿、大雄殿、地藏殿及东西配殿为古代遗留下来的木构建筑。山门、钟鼓楼、西方圣人殿、藏经阁（卧佛殿）等为20世纪90年代复建或新建的。现有法王寺的论著多为记载论述古建筑的布局、建筑形式、建筑功能、建筑时代等，均未涉及建筑手法，笔者近期专就大雄殿和地藏殿的建筑手法进行了简略的考察，发现与同期官式建筑的建筑手法差异很大，现就有关建筑手法的差异予以浅析，供商榷。

大雄殿：面阔五间，进深三间，单檐硬山造，灰筒板瓦覆盖殿顶。柱头科和平身斗拱皆为五踩单翘单下昂里转五踩双翘计心造，外檐耍头雕刻成龙头状。每间平身科均为二攒。殿内梁架为抬梁式五架梁前后对双步梁立四柱。

　　官式建筑外檐斗拱的布置，主要是平身科斗拱数量的变化，如宋元建筑每间补间作（即明、清式建筑的平身科）一朵（即明、清建筑一攒），最多明间补作二朵。而明代平身科的数量逐渐增多至 4 攒，有的甚至 6 攒，清代官式建筑最多达 8 攒。而法王寺大殿（以下简称"该大殿"）每间平均平身科斗拱仅为 2 攒，与同期官式建筑差别很大，不仅反映了建筑手法的不同，而且也是该大殿因袭古刹的证据；斗拱个体的大小，除目测外，主要是通过斗拱正立面高度与檐柱高的比例来测定的，宋金时期斗拱高约为檐柱高的 30％，元代约 25％，明代减为 20％，清代官式建筑北京太和殿斗拱高仅为柱高的 12％，由此可以看出随着时代早晚的不同，斗拱个体是由大变小的。而该大殿檐柱高 408 厘米，斗拱高 68 厘米，斗拱高是檐柱高的 16.7％，斗拱高度小于明代官式建筑，而大于清代官式建筑；按照清代官式建筑的规定，一座建筑各间斗拱与斗拱之间的距离（攒当中距）一律为 11 个斗口，即所谓攒当距离相等。而该大殿不但不遵攒距 11 斗口的规定，而且同一间的攒距也不相等，如该大殿斗拱口为 9 厘米，西次间平身科与平身科的距离为 127 厘米，平身科与柱头科的间距分别为 117 厘米和 128.8 厘米，均超过 11 斗口（11 斗口应为 99 厘米），且同一间的攒距也不相等，相差达到 10～11 厘米；清代官式建筑规定一攒半拱中斗的耳、腰、底三者高度之比为 4（斗耳高）：2（斗腰高）：4（斗底高），而该大殿的坐斗通高 17.5 厘米，其中斗耳高 8 厘米，斗腰高 2.3 厘米，斗底高 7.5 厘米，三才升（即散斗），通高 8.5 厘米，其中斗耳高 3 厘米，斗腰高 2.3 厘米，斗底高 2.5 厘米，远远超出官式建筑的规定；官式建筑规定清代中叶以后昂的下平出为 0.2 斗口，而该大殿昂的下平出为 18 厘米，是斗口 9 厘米的二倍，即昂的下平出达到 2 斗口，是清代官式建筑昂的下平出的 10 倍；清代官式建筑斗拱中拱的上留以下部分的均为刻瓣，规定为瓜拱和正心瓜拱及正心瓜拱的拱端刻四瓣，万拱刻三瓣，厢拱刻五瓣，即专业术语简称的"瓜四万三厢五"。而该大殿的拱端刻瓣不明显，可以说基本不分瓣；斗拱中的拱身长度也不相同，清代官式建筑的瓜拱和正心瓜等长，为 62 分，厢拱为 72 分，万拱 92 分，若将各拱长度的分数换算成比式，即为 1（厢拱长）：0.86（瓜拱长和正心瓜长）：1.227（万拱长）。该大殿的厢拱长64.8厘米，瓜拱长67.8厘米，万拱长97.8厘米，三者的比例关系为1:1.05:1.51，与官式建筑的规定差别较大，而且拱形也与官式建筑有差异，斗拱中昂嘴的做法既与官式建筑手法有差异，也表现出时代特征，实测两个昂嘴的数据，一为昂嘴正面底宽7厘米，边高4.8厘米，中高8厘米。另一昂嘴正面底宽8厘米，边高6.5厘米，中高8.5厘米，呈现出"中高＞底宽＞边高"的关系，与清代官式手法建筑明显不同；清代官式建筑的平板枋和大额枋的断面呈"凸"字形，即大额枋的宽度要大于平板枋的宽度，而该大殿大额枋的宽度反而小于平板枋的宽度，二者断面呈"T"形，正好与官式建筑"凸"字形相反。不但说明二者的差异，也体现了后者的袭古手法；柱高与柱径之比例大小，既反映出一座殿宇建筑殿身的高低和柱子的粗细，也是鉴定古建筑时代早晚的依据之一。唐宋时期，柱径与柱高的比例为1:8~1:9，元明时期多为1:9（或稍多），清代官式规定为1:10。该大殿檐柱高408厘米，柱径37.26厘米，二者之比为1:9.2，表现出檐柱较粗，大于清代官式手法建筑规定；唐代至元代是露明柱础多为"覆盆式"，明清官式手法建筑的柱础为"鼓镜式"，特别是清代官式手法建筑几乎全是鼓镜柱础。而该大殿的柱础仍为"覆盆式"，且造型古朴；清代官式建筑柱头多为平齐状，明代柱头多在柱头正面斜杀，即将柱头正面抹刻斜面。而该大殿柱头正面仍保留抹刻成斜面的做法。

该大殿梁架制作稍显单枕造，梁断面基本上呈圆形或不规则的方形，甚至有的梁断面显示宽度稍大于高度。与清代官式手法建筑梁枋制作规整，梁高、宽之比为10:8~12:10不相同；清代官式手法建筑，梁架之结点均采用瓜柱连接，且瓜柱断面几乎全为圆形，早期建筑的八角形与小八角形瓜柱基本不用，瓜柱下的合榻已起不到驼峰分散结点荷载的作用，而仅起到扶持瓜柱的作用，多不用叉手和托脚，也基本不用隔架科，而使用定制的"檩""垫""枋"三大件，而该大殿与同期官式手法建筑的做法也有较大的差别，如不使用圆形瓜柱，而使用小八角形瓜柱，瓜柱下皆用角背。梁檩下均有隋梁枋和隋檩枋，并使用两攒隔架科。脊桁下使用未加雕饰的叉手，但用材已减小，梁头平齐不加雕饰。

墙体较厚，用砖较大。多数条砖长34厘米，宽17厘米，厚7厘米，用白灰浆黏合剂，灰缝宽约 5 毫米，采用灰缝岔分的甃砌方法，殿顶椽子的排列方法，采用乱搭头的做法，非同期官式建筑手法常用的斜搭掌做法。官式建筑的飞椽头不卷杀，而该大殿飞椽头卷杀明显，飞椽椽身断面最大处为 7.8 厘米，椽头仅为 6.3 厘米，卷杀幅度达 21%。

地藏殿：位于大雄殿后，面阔七间，进深三间，单檐硬山式建筑，灰色筒板瓦覆盖殿顶。檐下斗拱为一斗二升出下昂或卷云头。梁架结构为抬梁式五架梁前后对单步梁立四柱。

该殿用材较小，斗口仅为 6.5 厘米。每间平身科皆为二攒，东尽间和东梢间的攒当距离分别为 128 厘米和 113 厘米，远远大于清代官式建筑攒距为 11 斗口的规定。坐斗的耳高 6.2 厘米，腰高 2 厘米，底高 8 厘米，其三者的比例也不遵官式建筑 4∶2∶4 的规定。昂嘴的底宽 5.3 厘米，边高 3.5 厘米，中高 5 厘米，单纯从三者高度比例关系看，似为明代或清代的中原地方建筑手法的昂嘴形制。但综观昂身的制作特点，拱身拱眼的刻挖做法，诸斗的形制等，无一不是清末中原地方手法建筑的习作，梁架结点所有瓜柱均为小八角形，瓜柱下使用塔形角背。脊桁下使用叉手，不用托脚。上金桁、下金桁等均有金枋，金桁与金枋间置荷叶墩（墩体较薄，清代晚期特征）。大额枋与平板枋的组合断面沿袭"T"字形的传统形制。柱体包于墙内，柱础呈覆盆状。斗拱间砌筑拱眼壁。仅使用圆形檐椽，而无飞椽。条砖长 30 厘米，宽 14.5 厘米，厚 6.5 厘米，白灰浆黏合剂，灰缝宽 1 厘米，采用灰缝岔分的甃砌方法。

大雄殿和地藏殿的建筑手法与同期官式手法建筑比较分析，可以清楚地表现出二者差别很大，而这两座殿宇的建筑手法与清代中原地区地方建筑手法完全吻合，它既不是官式手法建筑，也不是受官式建筑手法影响的地方手法建筑，而是两座纯清代中原地方手法建筑。通过这两座殿宇地方建筑手法特征分析鉴定，大雄殿为稍有明代地方建筑风格的清代早期木构建筑；地藏殿为纯正的清代晚期中原地方手法建筑。这两座殿宇为研究法王寺的建筑历史和中原地方手法建筑特征提供了实物资料[1]，具有较重要

---

① 杨焕成：《河南明清地方建筑与官式建筑的异同》，《华夏考古》1987 年第 2 期。杨焕成：《试论河南明清建筑斗拱的地方特征》，《中原文物》1983 年第 2、第 4 期。

的建筑史研究价值。

二　法王寺古塔

　　法王寺历史上有诸多古塔，由于自然和人为的原因，一些古塔早被破坏，现已不存，有的从方志文献中略知其塔况，有的连资料线索也难寻觅，成为已泯灭消失的文化遗产，造成不可挽回的损失。幸喜的是至今仍保存着6座唐至清代的砖塔；另外5座被拆古塔，当地健在的老人还能回忆其被拆的片段。在幸存的6座古塔中4座唐代砖塔尚存争议和需要进一步研究的问题。

　　（1）法王寺佛塔：位于法王寺常住院西北约200米的山坡处。为平面方形十五级叠涩密檐式砖塔，通高35.16米，塔下无基座。第一层塔身每边长7.1米，周长28.4米。塔身外形呈抛物线状，富有优美秀丽之感。第一层塔身正面辟半圆拱券门，采用二伏二券和甃砌方法，门高3.345米，宽2.07米。塔壁厚2.135米。自第二层以上塔身四面中央皆辟有佛龛。塔身壁画残留有厚约0.3~0.5厘米的白灰墙皮，并有浅黄色刷饰。一层门洞内残存的墙皮，材料为黄泥掺麦糖，泥皮外刷饰白灰层，墙皮厚约1.5~2厘米。诸层塔檐均用叠涩砖层和反叠涩砖层砌筑而成，出檐深，檐颇明显，犹如振翅欲飞的鸟翼，舒展绚丽。角隅处残留有高18厘米，宽14厘米的木质角梁头。多鼓塔砖长35~36厘米，厚6.5~6.6厘米，宽17厘米，砖面有绳纹，采用三顺一丁灰缝不岔分的垒砌方法，砖与砖间用黄泥浆粘合，灰缝宽约1~1.4厘米。不但用平顺砖和丁头砖，而且兼用少量补头砖甃砌塔身壁面。第一层塔身上部壁面留有砍凿痕迹，并有三层方形和长方形架梁的卯口。与之对应的是塔身四周残存有副阶遗迹，通过现仍存原位的四个副阶柱础分析，副阶通面阔约11.73米，明间面阔3.97米，东西次间面阔3.88米，进深约2.30米。副阶石柱础残甚，从残迹分析，可能为覆盆栓础，础径56~66厘米。副阶内的铺地方砖长、宽各33厘米，厚5.5厘米。塔顶残存有方形束腰塔刹刹座，座之每角中央饰一山花蕉叶，四角隅为山花蕉叶插角，露盘已残，刹座之上的刹身与刹顶早已不存。塔内中空呈方形竖井状。通高31.48米，每层皆有向叠出的三层叠涩砖层，东西内壁靠近南端每层均有等距离的方孔，用作安插方木，尚存9根方木，可能为棚架楼板之用，经国家文物局批准，并拨付专款，于2003年2月至2006年9月对该佛塔和另外三座唐代墓塔进行保护维修，使其得到有效保护。为全国重点文物保护单位。

　　此塔为法王寺现存古塔中形体最大，造型最美，文物价值最高的大型砖塔。目前它的名称叫法不一，有笼统称为"法王寺塔"的，或称"法王寺舍利塔"的，有称作"法王寺1号塔"或"法王寺1号唐塔"的，也有称"法王寺大塔"等等。由于塔的称谓不一，给保护、管理、科研和旅游参观等带来诸多不便，也对塔的真实性造成影响。故给该塔以规范名称很有必要，笔者通过现场考察并根据塔的位置、塔的形制、文献记载、佛教建塔的规制、其他寺院的寺塔关系等综合分析，该塔所在的位置可能是尊奉佛祖的礼佛场所，所以该塔应为寺院的佛塔，其规范名称应为"法王寺佛塔"。该塔的建筑时代，截至目前说法不一，有建于隋唐或唐代中叶说等等，莫衷一是，如明代傅梅《嵩书》载"隋文帝仁寿二年，创建舍利塔"；顾延培、吴熙棠主编《中国古塔鉴赏》载"登封法王寺隋塔，位于河南省登封县西北太室山玉柱峰下法王寺后山坡上，塔建于隋仁寿二年（公元602年）"①。法王寺内有关碑刻记载，塔建于隋代，我国著名建筑学家梁思成、刘敦桢合著《塔概说》一书载"嵩山法王寺塔……除了平面用正方形外，可以说完全保存北魏嵩岳寺塔典型"。我国著名古建筑专家罗哲文在《中华名塔大观》一书中称"法王寺大塔……继承了我国北魏时期密檐式砖塔的建筑技法，为唐代早期密檐式塔的精品"。② 张驭寰、罗哲文合著《中国古塔精萃》载"法王寺后山坡上有法王寺大塔……这座塔是初唐建筑（公元620年左右）"③；中国营造学社社员鲍鼎先生1937年撰文《唐宋塔之初步分析》称"在砖建筑方面，唐代初期有不少砖塔，如法王寺塔……在整个的权衡与细部处理上，均不失为砖建筑中最佳之例"。④ 我国著名建筑学家刘敦桢先生1936年实地调查后著文称（法王寺塔）塔身内外虽未留下年代铭刻，然其形制，

---

① 顾延培、吴熙棠主编《中国古塔鉴赏》，同济大学出版社，1996。
② 罗哲文、柴福善：《中国名塔大观》，机械工业出版社，2009。
③ 张驭寰、罗哲文：《中国古塔精萃》，科学出版社，1988。
④ 鲍鼎：《唐宋塔之初步分析》，《中国营造学社汇刊》第六卷第四期，1937。

可次为盛唐无疑。①"李保裁《中国古塔大观》云:"法王寺塔……根据塔的形制、风格、建筑手法,当是盛唐建造。②"笔者近期再次对该塔和三座唐代墓塔进行考察,并与嵩山地区现存的其他十余座唐代和五代的砖石塔进行比较研究,结合上述有关该塔建造时代的记载等分析,此塔的平面布置及立面造型,叠涩与反叠涩塔檐的砌筑形制,特别是叠涩砖层的叠出排列方法及檐颛的深度,塔体的砌筑方法和黏合剂成分,塔砖的形制与尺寸,中空呈筒状和塔内建筑结构,塔门及壁龛的形制,窗龛及盲龛的位置,塔身的整体造型,塔之底部与上部的建筑手法,塔的敷着物成分,副阶的残留形制与副阶柱的比例关系,佛塔、墓塔与常住院的位置关系,等等表现出的建筑特征,可证塔之建筑时代无疑为唐代初期。至于隋塔之说,可否这样理解,一是在此曾于隋唐或隋仁寿二年创建舍利塔,但现存之塔是不是隋代创建的舍利塔,就目前所掌握的资料,尚不能予以肯定,说句模棱两可的话,原隋塔已毁,现存塔为唐代早期另建之塔,也有可能现存之塔即为隋代所建的舍利塔;二是隋代历史短暂,仅30多年,在建筑历史上与唐代可为同一建筑历史时期,即隋唐时期。现有诸多将此塔建筑时代定为初唐或唐代早期,甚至定为"初唐建筑(公元620年左右)"。这样初唐与隋代仅相差30多年,此短时期内的建筑结构和建筑手法是不会有太大差别的。所以初唐之塔和隋塔,虽是两个朝代的塔,但很可能在建筑结构和建筑形制、建筑材料、建筑手法上是一样的塔。加之梁思成、刘敦桢先生《塔概说》:"一书中论述的法王寺塔,除了平面正方形以外,可以说完全保存北魏嵩岳寺塔的典型。"罗哲文先生在《中华名塔大观》所述"法王寺大塔,继承了我国北魏时期密檐式砖塔的建筑技法"。以上三位著名专家关于法王寺佛塔与北魏密檐式砖塔继承关系的论述。也为研究法王寺佛塔的建筑时代提供了重要论据。再者张驭寰先生《中国佛塔史》言:隋文帝杨坚在首都大兴城决定在全国各地建舍利塔,他要求绘制统一图样,同时在全国80个州开建该塔,舍利塔共分三次建造,计113座,时至今日,没有一座塔保存下来。据分析,这些塔全部是木塔。隋所建的这

---

① 刘敦桢:《河南省北部古建筑调查记》,《中国营造学社汇刊》第六卷第四期,1937年。
② 李保裁、赵涛:《中国古塔大观》,科学出版社,2006年。

113座舍利塔，塔体比较小……既然用木结构做塔，必然要做三层（笔者注：也有塔著云'三层或五层'）"。张驭寰先生还根据各种有关资料，对舍利塔所在地考察遗址。结合舍利塔碑进行综合分析、力求准确推测出塔的原状。他从平面、主柱、梁架、塔顶、塔刹、塔的外观等方面进行研究隋统一建造舍利塔的原状，并绘出复原塔的木架图、外观图和全塔透视图。依张驭寰先生对隋代统一图纸同时并工兴建舍利塔研究的文、图看，法王寺佛塔显然不是那次统一建造的舍利塔。张先生还列表记述隋仁寿元年、仁寿二年两次（隋仁寿四年第三次建造的30座塔，因缺史料，未能列表）建塔的地址、寺名、塔况等内容，仅河南境内就有相州大慈寺塔、郑州空觉寺塔、怀州长寿寺塔、许昌辨行寺塔、邓州塔（无记寺名）、汴州慧福寺塔、汜州塔（无记寺名），并记有嵩州闲居寺塔。若《中国佛塔史》[①]的记述符合隋代建造舍利塔的真实情况，显然现存法王寺佛塔非隋代统一建造的舍利塔。在嵩州闲居寺近邻的法王寺又建舍利塔。这样现存的法王寺佛塔就有可能是隋代法王寺依北朝佛教寺院砖塔风格单独建造的大型砖塔，或者是初唐建造的大型砖塔。推测在大型隋塔存在的情况下，初唐又建大型砖塔的可能性较小，故有可能现存的佛塔就是有关文献中记载的隋塔，或隋塔毁后的初唐又建大型砖塔。因隋代国祚甚短，全国现存的隋代文物稀少，世界公认的现存隋塔为位于山东省济南市历城区南山村的四门塔，建于隋大业七年（611年），为单层亭阁式石塔，因塔形材衬不一样，故与法王寺佛塔的可比处较少，仅在叠涩檐和塔刹基座处略有相似的地方。陕西省周至县仙游寺法王塔，在《中国古塔鉴赏》和《中华名塔大观》二书中均称其"为我国现存唯一的隋代砖塔。"在该塔地宫中出土有石碑、石函、鎏金铜棺、舍利子等文物，著名古建筑专家单士元、罗哲文、郑孝燮鉴定游仙寺法王塔为隋代砖塔。三老并针对此塔分别赋诗曰："隋塔今犹在"，"最是寺中隋塔好"，"隋塔云浮皆过眼。"据记载该塔建于隋仁寿元年（601年），由高僧奉敕令送舍利安置修建的。为方形七级密檐式砖塔，高35米，周边长8.7米。由13层叠涩砖和反叠涩砖出檐，塔身正面各层辟半圆拱券门，塔刹已

---

① 张驭寰：《中国佛塔史》，科学出版社，2006年。

毁。通过游仙寺法王塔的图版照片和文学介绍，与嵩山法王寺佛塔比较，也有一些相似之处，通过以上现场考察、实物对比、文献记载、当代专家学者的鉴定和评述等综合分析，笔者初步结论意见认为，嵩山法王寺佛塔的建筑时代，当为隋代或唐代初期，该塔建筑时代早，塔形优美壮观，文化内涵丰富，文物价值重要，被誉为我国现存唐代三大密檐式砖塔之一[①]，被遴选为"中国古塔"。

（2）法王寺塔墓塔：法王寺佛塔附近现存5座和尚墓塔，除元代"月庵海公园净之塔"和清代"弥壑澧公和尚之塔"外，另有3座唐代法王寺和尚塔墓塔，因3座塔的塔铭早已佚失，故既无留下建塔年代，又不知道塔名。为了叙述方便，将其分别编号为1号无名墓塔、2号无名墓塔、3号无名墓塔。

1号无名墓塔：位于法王寺佛塔东北约38米处山坡上，坐北面南，为方形单层单檐亭阁式砖塔，通高14.05米，塔身边长4.35米，周长17.4米，塔身稍有收分。塔砖长36厘米、宽17.5厘米，厚7.5厘米，砖与砖间用黄泥浆黏合，灰缝1厘米左右，采用不岔分的甃砌方法，部分塔背面留有绳纹痕迹。塔身正面辟半圆拱券门，采用两伏两券的砌法，塔壁厚1.35米，门内为方形塔心室。塔身背面留有高67厘米、宽87厘米的塔铭遗失后的洞痕，可知原塔铭的大小尺寸。塔檐下存留有两层插入梁头的卯口，并有与法王寺佛塔相同的砍凿砖面的痕迹，推测原有副阶，但地面的副阶柱础已不存，故副阶的面阔和进深已不可知。由于有副阶，故塔身壁面砖既未经水磨，灰缝也较宽，稍有粗糙之感，但这正是塔身处于副阶之内的佐证。塔身壁体之上砌出由两层平卧顺砖组成的拔檐砖层，其上塔檐由20层叠涩砖层和14层反叠层涩砖层甃筑而成，叠涩出檐较深，檐颐较大，但叠涩檐最外边的1~3层叠涩砖伸出部分比法王寺佛塔明显小一些（楼塔形比例关系计算），是此塔稍晚于法王寺佛塔的例证之一。塔身之上置塔刹，刹高5.31米，刹座系用砖砌的覆钵体，四角石雕山花蕉叶插角，四正现各置一半圆形的石雕山花蕉叶装饰，刹基让石雕八个莲瓣，承托石雕精美的相轮涅，顶冠石宝珠。塔刹雕刻非常精美，保存完好，且未经后

---

① 徐伯安：《塔林漫步》，中国展望出版社，1989。

人扰动，具有重要的造型和雕刻艺术价值。

2000 年，河南省文物考古研究所对该塔地宫进行了抢救性考古发掘，出土一批唐代珍贵文物。地宫由宫道、宫门、甬道、宫室四部分组成，宫室结构为直壁四角攒尖顶，通高 2.55 米，方形宫室的边长 2.45 米，地面用边长 36 厘米，厚 1～2 厘米。墙体用青砖垒砌，砖与砖间用黄泥浆黏合，砖缝宽 1 厘米，砖面印有绳纹和划纹，砖的形制和大小与塔体用砖相同。在地宫北部的须弥座上，有一泥塑跌坐高僧真身像，上身残损严重，但仍可见彩绘袈裟。地宫文物未经扰动，出土有陶砚 1 件，砚之中部置一未经使用的墨块，墨心印有"天宝二年绛县上光墨"，字迹尚清晰。还有白釉瓷盒、白釉双系罐、白釉瓷盏、白釉浅腹盘、黑釉瓷壶、鎏金镂孔铜薰炉、铜净瓶、铜箸、铜钱（均为"开元通宝"）、伽陵频伽舍利盒（玉石质）等[①]。

该塔地面上塔体形制、建筑手法、塔刹雕刻、塔砖和黏合剂等与地面下地宫形制、甃砌手法、出土文物等证明此塔为唐代建筑。当代有关塔的论著也把此塔的建筑时代定为唐代，并对塔刹予以高度评价，认为是唐代雕刻艺术的珍品，特别是罗哲文先生指出"尤其是（法王寺佛塔）东南侧那唐代墓塔造型精美，为全国所罕见。……此塔的建筑可贵之处在于塔刹。塔刹的高度和体重都十分突出，装饰也很富丽。刹座为一低平的须弥座，上置巨大的半圆覆钵式塔肚。须弥座四隅置巨大的蕉叶形插角，上刻旋花，塔肚坪出巨大的莲瓣 8 片，斜出 8 瓣宝装莲花，承托巨形石制相轮 3 重，至顶冠以巨大宝珠。整个塔刹就是雕刻富丽的窣堵波，最为可贵的这些都是唐代的原状，未经后代修改"。

2005 年对塔体进行保护维修，对不影响安全的残破部分予以加固处理，未进行复原性修葺，尽量保留历史信息。

2 号无名墓塔：位于 1 号无名墓塔以北 17 米处，坐北面南，为方形单层单檐亭阁式砖塔，通高 8.76 米，塔之下部砖筑方形基台和基座，边长 4.2 米，用长 34.3 厘米、宽 16 厘米、厚 5.5 厘米的青灰条砖甃砌而成，

---

① 河南省文物考古研究所：《河南登封市法王寺二号塔地宫发掘简报》，《华夏考古》2003 年第 2 期。该塔本文编号为 1 号无名墓塔。

砖与砖间黄泥浆黏合，采用灰缝不岔分的砌筑技术，为壁面砖未经水磨的清水墙。基座之上的塔身也为方形，也采用青砖黄泥不岔分的砌筑技法，但通体壁面砖经过水磨后，使塔身壁面平整光洁，灰缝很细，甚至灰缝最细处肉眼难辨其缝。塔身南面辟半圆单券假门，门高 1.19 米，塔身下部瞪砌高 40 厘米的束腰须弥座，须弥座四周之束腰处砖雕壶门装饰。塔身壁体之上为拔檐砖层，其上由 16 层叠涩砖和 11 层反叠涩砖层组成塔檐，深厚秀美，犹如振翅欲飞的鸟翼，舒殿绚丽，体现了早期塔檐的时代特点。塔身后壁嵌砌的塔铭早年佚失。塔檐之上置砖石雕造塔刹，刹高 2.7 米，用磨制的特型青砖瞪刹座，座周砖砌仰莲瓣，刹座为石雕宝装覆莲的覆钵和宝装仰莲的露盘，露盘中央置石宝珠。此塔刹造型优美，雕刻精湛，保存完好，与 1 号无名墓塔相比，虽稍有逊色，但仍不失古代造型艺术和雕刻艺术的精品之作。

　　该塔的建筑时代有争议，有唐代说，有五代或宋代说，甚至有宋金之说，通过实地考察，并与全国现存同时期砖石塔相比较，特别与少林寺塔林内外近 30 座唐、五代、宋、金时期砖石佛塔和墓塔相比较，首先可以排除宋金之说，因为此塔形制和建筑手法与宋金塔差别实在太大，如宋、金时期的塔黏合全为白灰浆，而此塔的黏合剂为唐代砖塔通用的黄泥浆等等。我国著名建筑学家中国营造学社刘敦桢先生 1936 年实地考察后撰文称"……其一（笔者注：指法王寺佛塔）为盛唐无疑。南侧者（笔者注：指 1 号无名墓塔）……少林寺法玩禅师塔推之，极似初唐遗物。其余二塔（笔者注：指此塔和 3 号无名墓塔）……疑皆建于唐中叶以后"。刘先生将该塔的建筑时代定为"唐中叶以后"是妥当的，现场考察发现塔之外观形象、瞪砌工艺、塔砖形制与大小、黏合剂成分、叠涩檐做法、檐颐弧度、塔刹造型与雕刻技法等，与唐代中晚期塔的特点相吻合，故其建筑时代可定为唐代中晚期。这座唐代墓塔具有重要的历史、科学和艺术价值，是研究唐代亭阁式砖塔的珍贵实物资料。2005 年，对塔体进行保护维修，使其得到妥善保护。

　　3 号无名墓塔：位于 2 号无名墓塔东 6 米许处，坐北面南。系方形单层单檐亭阁式砖塔，通高 7.87 米。塔之下部砖筑基台和基座，基座边长 3.28 米，塔砖多为长 34.2 厘米、宽 17 厘米、厚 5.7 厘米的青灰条砖，砖背面印有绳纹。砖与砖间黄泥浆黏合，采用灰缝不岔分的甃砌技术，基台与基座壁画砖未经水磨，灰缝较粗。基座之上的塔身也采用青砖黄泥不岔分的建筑材料和砌筑技术，但塔身壁画磨砖对缝，平整光洁，灰缝很细。塔身正面辟半圆单券拱形假门，门高 0.96 米。塔身背面的塔铭早年佚失。塔身下部砖筑高 46 厘米的须弥座，须弥座的束腰四周砖雕壸门装饰，塔身壁体上为拔檐砖层，其上塔檐的叠涩砖层和反叠涩砖层破坏严重，现已难辨其形。塔檐虽遭到严重破坏，但塔檐之上的塔刹幸免于难，保存完好。刹高 2.41 米，用磨制的条砖甃筑方形刹座，其上为砖砌覆钵，再上为精美的石雕。石雕部分依次为表面高浮雕旋花的相轮，相轮之上为高浮雕露盘和受花，受花中央置尖顶宝珠。经与嵩山地区唐代石雕塔刹比较分析，该塔刹无疑为唐代作品。结合塔的塔体形制、建筑材料、建筑手法等综合研究，该塔的建筑时代可能为唐代中晚期。对研究法王寺的历史和唐代砖构建筑、雕刻艺术具有重要的参考价值。

该塔之檐部等处破坏严重，经 2005 年保护维修后危及塔体安全的部分得到了加固，散乱塔砖归位黏结，未进行复原性修葺，最大限度地减小历史信息的流失，为保护和科研留下原结构的实物资料。也为旅游参观者提供一座真实的唐代和尚墓塔。

月庵海公园净之塔：位于法王寺佛塔西南 300 米灵台山顶的丛林中。坐北面南，通高 11.83 米，为六角七级密檐式砖塔。建于元代延祐三年（1316 年），由基台、基座、塔身、塔刹四部分组成，通体用长 34.2 厘米，宽 13.5 厘米，厚 5.4 厘米的青灰条砖甃筑而成，壁现平整光洁，灰缝很细，甚至肉眼难辨其缝。塔下为平顺砖和主丁砖砌筑的基台，基台承托束腰须弥座，束腰每面砖雕缠枝牡丹等花卉图案。塔身第一层南面砖雕精美的四抹格扇门两扇，格心砖雕龟背锦文图案，保存完好，一层塔檐下置砖雕五铺作双抄偷心造无令拱斗拱，每面补间铺作皆两朵，斗颤较深，制作规范，保存完好，用叠涩砖和反叠涩砖甃塔檐，檐之翼角处置砖雕挑角龙头。塔身第二层正面嵌砌石质塔额。塔刹高 71 厘米，石雕覆莲刹座，其上为石雕露盘，露盘之上为刹顶宝珠，塔刹的座、身、顶间用雕刹柱连贯，柱面刻佛龛等。该塔现存基本完好，四抹格扇门形制规范雕刻精湛，仿木构的砖制斗拱形象逼真制做规范，须弥座束腰砖雕艺术价值较高，塔刹完好雕刻尚精，并有具体的元代建塔年代，故该塔在河南现存的95座元代砖塔中占有重要地位，具有较高的历史、科学和艺术价值。

弥壑澧公和尚之塔：位于法王寺佛塔南110米处，坐北面南，系六角形七级密檐式砖塔，高11.7米。建于清代康熙二十四年（1685年）。由长31厘米、宽15厘米、厚5.5厘米和条砖和白灰浆砌筑而成，灰缝宽1厘米，基座为双重叠涩束腰须弥座，束腰六隅立角柱，上束腰每面在各辟四壶门，壶门间用槏柱分隔，下束腰每面辟五壶门，壶门间也用槏柱分隔。塔身第一层较高，正面嵌砌石质塔额，楷书"临济三十二世弥壑澧公和尚之塔"。塔身背面嵌石塔铭，书"嵩岳玉柱峰弥壑和尚塔记……康熙二十四年四月立"。第一层塔檐下置砖砌半拱，六隅置角科斗拱，每面施平身科一攒，均为三弥单昂重拱造，卷云耍头。塔檐由叠涩砖层和反叠涩砖层构筑而成。塔刹高1.19米，石雕尚好，保存完整。

清代历经260多年，由于种种原因，古塔建筑渐趋衰落，数量相对减少，发展也不平衡，形体显得单调生硬，式样和构造方法也无大的创新。而法王寺这座清代和尚墓塔，使用双重叠涩束腰须弥座；一层檐下砖砌规范的斗拱，且大坐斗有斗颛；运用水磨砖的砌砌方法；叠涩塔檐的叠涩砖层层数较多，显得出檐较深，并稍有檐颛；塔刹、基层、斗拱等处设砖石雕刻较精，且保存完好。故此塔在清代砖石塔中系为数不多的因袭古制的"袭古手法"之塔，有较高的历史、艺术和科学价值，是研究清代砖塔的重要实物资料。

（3）被拆除的古塔：有关志书及1936年刘敦桢先生调查法王寺的文章中的记载在寺南存留有古塔，虽然所记塔数不一，但根据文中简略记述可知这些古塔建筑时代可能晚于唐宋时期。到底法王寺有多少古塔，毁于何时？没有确切的答案，现有资料多言毁于20世纪60年代"文革"时期。在此次现场调查时，走访了当地两位年逾七旬的老先生，他们回忆在法王寺偏东约1公里处原有5座古塔，也不知道建于何时。两位老先生清楚记得这5座塔高低不一，"高者十来米，低者只有几米的样子。"老人所住的村庄，因有这五座古塔，故村名为"五座塔村"，此村名始于何时不详，两位老人均言："两座塔毁于解放前，是国民党军队驻扎在五座塔村时，扒塔砖垒床铺用了。另外三座塔是在1958年'大刮五风'时拆除修猪圈了。"

　　法王寺历史悠久，佛教文化内涵丰富，遗存文物价值重要。对宗教史、建筑史、雕刻艺术史研究具有重要的参考价值，是研究法王寺历史和文物的非常珍贵的实物资料。我们一定要保护好惠及当代、泽被后人的历史文化遗产，为遗产保护、宗教活动、史学研究、开放旅游等精神文明建设做出更大的贡献。

　　登封市文物局吕丽霞同志协助现场考察，在此深表谢忱！

浅论嵩山大法王寺为中国最早佛寺及其在中国佛教建筑上的蓝本作用

张国昌[*]

在全国各地现存的佛寺中,有几个古寺院都自称是佛法传入中国后所建的第一个佛寺。其中在论证为第一佛寺时,主要有从两个方面入手。一是有史料文献佐证它是不是在佛教传入中国之始建造的;另一个方面,就是从其建筑布局和风格上,看是否佛教初传中国时应有的模式,从而推断它是否最早。笔者也从这两个方面及寺内的树、塔等遗存,浅论嵩山大法寺应为佛教传入中国的最早寺院,并认为它对后来不断发展的中国佛教建筑有着蓝本作用和意义。

一 佛法传入中国的准确时间考

关于佛法传入中国的时间,各种文献古籍中多有零星的记载。其中:

1. 关于听说西方有佛的,有人认为最早的应为《列子》中所载:一是《周穆王篇》中的"周穆王时西极之国有化人来……"。二是《仲尼篇》中的"丘闻西方有圣人焉,不治而不乱,不言而自信,不化而自行,荡荡乎民无能名焉。"

2. 关于佛教诞生国印度,最早应是出现在《史记·大宛列传》中,文中说:"大夏……其东南为身毒国。"文中的"身毒"据考证就是"印度"的音译。

3. 关于最早记载佛教传入中国的文献,应是《后汉书》,其中有著名的汉明帝夜梦金人,遣使赴印礼佛的记载。

---

[*] 张国昌,嵩山文化研究会副秘书长。

4. 关于佛教传入中国的时间，除《后汉书》的记载外，还有五种说法。

一是隋代费长房所撰的《历代三宝纪》载，周敬王 16 年（公元前 504 年），阿育王又在中国"江汉左右，关陇西东"建筑佛舍利宝塔。秦始皇 26 年（公元前 221 年）大行焚书坑儒，以致"周代圣教灵迹，及阿育王造舍利塔，传记湮绝，靡知所承"。①

二是清代学者俞樾的《茶香室丛抄》中说为战国时期。文中载，战国燕昭王在位时，有一位来自身毒国的老人来谒，他自称名尸罗，此人"指端出浮屠十层，高三尺，乃诸天神仙。"

三是唐释法琳《广弘明集》中说为秦时。文中载，秦始皇二年（公元前二二○年），有西域骞霄国画家烈裔来朝，此人"口吐丹墨，而成魑魅怪诡群物。"

四是《魏书·释老传》中说为西汉时期，文中载："及开西域，遣张骞使大夏还，其旁有天竺国，一名身毒，始闻有浮屠之教。"

五是三国时鱼豢所著的《魏略·西戎传》："昔汉哀帝元寿元年（公元前二年），博士弟子景卢受大月氏王使伊存口授《浮屠经》。

以上诸多文献资料，我认为永平十年为最可信。其原因分析如下：

一、关于佛教传入中国时间，从以上各种文献资料中看出，总共有周代、战国、秦时、西汉、东汉五种说法。但是，说为周代的《历代三宝纪》成书于隋代，说为战国的《茶香室丛抄》成书于清代，说为秦时的《广弘明集》成书于唐代，其所说的史实与成书年代相差太远，又都是唯一说法，没有比它更靠前的文献资料作佐证，所以不足为信。说为西汉的《魏书》倒是相差不远，但是其内容只说是张骞听说印度有"浮图之教"，这从另一方面证明当时佛教还未传入中国，甚至连当时的西域都没有传到。再说为西汉的《魏略·西戎传》，由于此书失传，其中文字多为裴松之注《三国志》时所引用，其可信度就大打折扣，故也多不被采纳。

---

① 引自《从〈历代三宝记〉论费长房的史学特质及意义》阮忠仁（东方宗教研究新一期 1990.10. 出版）

二、说《后汉书》中记载的时间永平十年最为可信，是由于，一方面，它记载的几乎是同时代的事件，另一方面，内容相对翔实，佛教传入的原因、途径都很具体可信。

三、至于以上所列的其他文献资料，《列子》中的被认为是关于佛最早的记述，但是，其中孔子说的"西方"与"圣人"是否指的印度与佛，尚不能肯定。即使肯定，也只是听说，不等于已传入中国。《史记》中的记载，其中只是关乎古印度国的位置，并未涉及佛教方面。

所以，通过以上分析，永平十年，即公元67年应为佛教最早传入中国的时间。

二 最初中国人礼佛方式对中国佛教建筑的影响

既然关于佛教传入中国的记载，以《后汉书》最为可信，那么，我们就列出该书中关于佛教初传中国的文字，分析最初中国人是如何礼佛的，从而探究一下它对中国最初佛教建筑的影响。

在该书中约有五处七段文字涉及佛教。具体为：

1. 《西域传》中两段，分别为：

"天竺国，一名身毒，在月氏之东南数千里。俗与月氏同，而卑湿暑热。其国临大水，乘象而战。其人弱于月氏，修浮图道，不杀伐，遂以成俗。"

"世传明帝梦见金人，长大，顶有光明，以问群臣。或曰：'西方有神，名曰佛，其形长丈六尺而黄金色。'帝于是遣使天竺，问佛道法，遂于中国图画形象焉。楚王英始信其术，中国因此颇有奉其道者。后桓帝好神，数祀浮图、老子，百姓稍有奉者，后遂转盛。"

2. 《楚王英传》中一段：

"英少时好游侠，交通宾客，晚节更喜黄老，学为浮屠斋戒祭祀。八年（六五），诏令天下死罪皆入缣赎。英遣郎中令奉黄缣白纨三十匹诣国相曰：'托在蕃辅，过恶累积，欢喜大恩，奉送缣帛，以赎愆罪。国相以闻。诏报曰：楚王诵黄老之微言，尚浮屠之仁祠，絜斋三月，与神为誓，何嫌何疑，当有悔吝？其还赎，以助伊蒲塞（男居士）、桑门（沙门）之盛馔。'因以班示诸国中傅。"

3. 《襄楷传》中一段：

"延熹九年（一六六）楷自家诣阙上疏。……书奏不省。十余日复上书曰。……又闻宫中立黄老浮屠之祠。"

4. 《孝桓帝纪》：

"论曰：前史称，桓帝好音乐、善琴笙。饰芳林而考濯龙之宫。设华盖以祠浮图、老子。斯将所谓'听于神'乎。"

5. 《陶谦传》

"初，同郡人（丹阳郡）笮融，聚众数百，往依于谦，谦使督广陵、下邳、彭城运粮，遂断三郡委输，大起浮屠寺。上累金盘，下为重楼，又堂阁周回，可容三千许人，作黄金涂像，衣以锦彩。每浴佛，辄多设饮饭，布席于路，其有就食及观者且万余人。"

分析起来，我认为，以上文字，大概给我们提供了佛教初传中国时，中国人基本的礼佛方式。

一是最初中国人礼佛不是对着雕塑的佛像礼敬，而是画一个佛像挂在屋子里。"遂于中国图画形象焉"。至于《后汉书》中有"大起浮屠寺。上累金盘，下为重楼，又堂阁周回，可容三千许人，作黄金涂像，衣以锦彩"，已是一百多年后（约于灵帝、献帝时的公元 188~193 年）的事了。

二是在礼佛的具体仪式上，主要有"斋戒"、"赎罪"、"布施""浴佛"等简单的方式。"学为浮屠斋戒祭祀。""奉送缣帛，以赎愆罪。""其还赎，以助伊蒲塞（男居士）、桑门（沙门）之盛馔。""每浴佛，辄多设饮饭，布席于路，其有就食及观者且万余人。"

三是最初礼佛不是单独的，而是和老子放在一块供养礼拜的。没有单独的佛寺，而是在中国传统的祭祀场所"祠"中，或者在宫中专门建祠，同时供奉佛与老子。"楚王诵黄老之微言，尚浮屠之仁祠。""桓帝好神，数祀浮图、老子。""宫中立黄老浮屠之祠。""设华盖以祠浮图、老子。"

从以上分析出来的中国人最初的礼佛方式，我们不难推理出它对中国最初佛教建筑的影响。

一是佛教初传中国，是没有专门佛寺的，大多与其他的祭拜神像一块悬挂在中国传统的祭祀建筑中，即使专门建一个供奉的地方，也是按中国传统的祠、庙来建的。这说明，佛教一传入中国，其方方面面就已融入了中国传统之中，建筑也不离外，其选址、布局、风格将无不遵循中国传统的祭祀建筑原则与规制，并非很多佛教建筑专著中说的，是按照印度的以塔为中心的模式建造的。

第二点是礼佛的对象就是佛经和佛的画像，没有佛骨之类的圣物，也就没有必要如印度佛教一样建塔。由于佛塔建筑最早产生的原因是用于收藏佛祖释迦牟尼的"舍利"，所谓舍利，就是佛骨、佛发、佛牙等，释迦牟尼死后，他的弟子将他的舍利分成多处，建塔埋葬。而佛教初传中国时，没有佛的舍利，建塔也就失去了意义。另外，佛塔在梵文中为"stupa"，意译即为"墓冢"。这与中国传统文化很不相合，中国人不可能在活人生活的场所，比如说皇宫官府中，建一个墓冢，这对中国人来说很不吉利。

第三点是最初礼佛只有佛的画像，不需要建如塔楼一样的高大建筑来容纳巨大的塑像。笮融建于徐州的佛塔就是为容纳巨大的泥塑彩绘的佛像才建的；至于《魏书·释老志》中记载白马寺中的木塔，"自洛中构白马寺，盛饰佛图，画迹甚妙，为四方式。凡宫塔制度，犹依天竺旧状而重构之，从一级至三、五、七、九，世人相承，谓之浮图，或云佛图。"我认为应是在原来政府机构"鸿胪寺"的基础上加进去的建筑，至于什么时候加进去的，应不在佛教初传之时，而是中国人对佛教的认识和传播已融入了许多本土化的东西之后才会出现的。由于从文字描述看，其塔已是在中国的阁楼建筑基础上改良的，其作为塔在印度的本意已完全没有了。

所以，佛教初传中国时，在王公贵族那里，"大多利用原有的大府第经过适当改造，将前厅改建为佛殿，将后堂辟为讲经室，而供奉佛像的佛殿成为寺院的主体。"[①] 也就是说其布局模式还是中国传统的祠庙，只是里边的内容变了，悬挂上了佛像，摆放了佛经。这虽在严格意义上来说，还只是中国佛寺的雏形，但它为后来中国佛寺建筑提供了原则，即以中国传统祠庙建筑为范本的原则。而以佛塔为中心的建筑模式，在中国的发展，应是先从个案引入（比如白马寺在鸿胪寺建筑基础上加木塔），然后在中国文化大背景下从材料（比如由土石改为以木、砖等多种多样的材料）、

---

① 引自张奎元《世界古代后期科技史》。

功用（比如葬佛舍利改为容纳巨大雕塑佛像和埋葬高僧或高僧遗物等）、位置（由寺中心到寺外）等方面逐步改良发展，才普遍兴盛起来的，但最终也没有真正成为中国佛寺建筑模式的主流。

那么，以前学界普遍认为"唐以前的佛教寺庙主要是以佛塔为中心的廊院式建筑群"①的观点，无疑是片面的。从实例来看，从汉到唐的佛寺，也以中国传统的祠庙式建筑为多，就嵩山地区来说，北魏是佛寺建造最盛的时期，共有一千多的佛寺，可是，以塔为中心的廊院式建筑群也很寥寥，在登封地区众多寺院中，也只有嵩岳寺最为典型。这更证明了中国佛教建筑形式的主脉，还是以中国传统的围绕宫殿中心，沿中轴线多院落组合递进形式。

三 嵩山大法王寺应为中国最早的佛寺

通过以上论述，得出两个结论，一是佛教传入中国应为汉明帝永平十年，即公元67年；二是中国最早的佛教建筑形式应为中国传统的"祠"、"庙"模式，以塔为中心的廊院式建筑群应为后来吸纳了印度寺院布局模式，又融入中国文化改变了塔的功用后才出现的，至少说最初即使有，也是个案。

那么，嵩山大法王寺是怎样的一种情形呢？

首先让我们看一下有关嵩山大法王寺的文献资料：

1. 明代嘉靖八年（公元1529年）侯泰著的《登封县志》载："法王寺在县北十五时嵩山南麓，汉永平中建。魏明帝、元魏孝文帝皆尝避暑于此"

2. 明代嘉靖十年（公元1531年）刻立的《重修法王寺记》石碑载："法王者，夷考县志，建于汉永平十四年，佛入中国之始。"

3. 明代万历年间，登封知县傅梅著的《嵩书》载："汉明帝永平十四年嵩山建大法王寺。魏明帝青龙二年更名护国寺，晋惠帝永康元年于护国寺左建法王寺，隋文帝仁寿二年建舍利塔，更名舍利寺，唐太宗贞观三年更名功德寺，开元时更名御容寺，大历间更名法王寺，后唐时因废坏之余，分为五院，仍历代护国、法华、舍利、功德、御容旧称。"

---

① 引自王英《中国四大宗教建筑特色》。

4. 清顺治年间，叶封著《嵩山志》载："法王寺地势高敞，背负嵩岭，俯瞰二熊诸山，排列如拱，嵩前第一刹地。建自东汉永平，与洛阳白马寺最为首刹。"

5. 清康熙十二年所立的《重修嵩山大法王寺碑记》载："是寺也，建于东汉明帝永平年间，释教来震旦之始创，沿既久，名亦屡易，而大法王寺之号，自宋迄今未之有改。"

6. 清代名臣，登封人景日昣所著的《说嵩·释氏》"大法王寺"条目载："（永平）十四年，嵩山建大法王寺。法王者，佛称也，此佛教入中国作寺之始。"另在《说嵩·释氏》"慈云寺"条目中载："（慈云寺）与嵩之法王、洛之白马同始于汉，为西僧摩腾、竺法兰所创建，在达磨四百年之前。"

从以上文献资料中，我们基本可以得出关于法王寺的几个史实信息。

一是法王寺在建筑时间上，应为中国最早的佛寺。它是"佛入中国之始。""此佛教入中国作寺之始。"建于永平十四年，即佛教传入中国后的第四年。有人把这个表述为"比白马寺晚三年"[①]，我认为不妥。由于白马寺是在当时的鸿胪寺基础上改建的，而鸿胪寺本是"待四夷宾客"的一个政府机构，后来因"摩腾初来，以白马负经，既死，尸不坏，因留寺中。后遂以为浮图之居。"[②] 按此推断，鸿胪寺改为白马寺，应在白马死后才改的，而白马又是何时死的呢，不得而知。故白马寺与嵩山大法王寺虽为同一时期，但谁先谁后，就难以定论了。

二是嵩山大法王寺的创建人为摄摩腾、竺法兰两位外来高僧。摄摩腾、竺法兰是被当时政府请来的印度高僧，而鸿胪寺又是当时"待四夷宾客"的地方，当然才开始二位高僧是住在这个"政府招待所"的。但他们来的任务是译经与授众传播佛法，不可能长期住在宾馆中，同时也不能一时就把这个"政府机构"改为佛寺。那么要求当时当政者选址建寺就成为可能，嵩山作为"京畿之地"，临近当时的都城洛阳，自然也很容易成为首选之地，法王寺也就应运而生了。

---

① 引自部分媒体对嵩山大法王寺的宣传材料。
② 引自宋·叶梦得《石林燕语》。

三是嵩山大法王寺从汉至宋,演革脉络清晰,没有断代,并且其名字的变更都与当时的最高统治者帝王有关。这一点也进一步为大法王寺作为中国最早佛寺提供了翔实依据,并一直是历代的重要佛寺。

四是嵩山大法王寺在选址上,符合中国早期祠庙建筑的选址原则。古代中国传统的宫殿、神庙、祭坛建筑,在选址上,是以道家"王法地,地法天,天法道,道法自然"的思想作为指导的,具体来说,就是依自然山水而建宫观,形成自然与建筑天然合一的独特风格。而嵩山大法王寺"地势高敞,背负嵩岭,俯瞰二熊诸山,排列如拱。"使建筑与自然山水浑然一体,充分体现了中国人的天人合一建筑理念。另与当时盛行的阴阳五行理论也甚为相合。比如坐北面南、北高南低表示上乾下坤、上尊下卑;左右两道山岭护着峡谷中的寺院,表示左青龙右白虎;前面远方俯瞰诸山,如对此朝拜的弟子,更显佛的尊严与崇高。

通过对有关嵩山大法王寺有关文献资料的分析,它是中国最早佛寺在时间上没有问题,由于有确切的建筑时间和建造人,并且发展脉络一直没有断代。它的建筑模式,结合我在前面对中国早期佛寺建筑原则与形式进行的分析,不仅相对否定了以前把"以塔为中心"作为论证最早佛寺的重要依据,同时也证明了法王寺在选址布局上,不以塔为中心的布局模式,正是中国最初佛教建筑的蓝本。其蓝本意义与影响后面再做细述。

四 关于嵩山大法王寺为中国最早佛寺的补充论述

对前面关于嵩山大法王寺为中国最早佛寺的论证,可能有人对所引用的文献资料皆出自地方志书,而不是所谓的国史正史,认为其史实性会大打折扣。

为了证实我所引用地方志书文字的史实可信,下面,再用法王寺中现存的实物来与地方志书上的文字进行互证,从而进一步证明其建寺时间的最早及布局上对称性符合中国传统建筑的布局原则。

现存实物就是嵩山大法王寺中的两棵古银杏树。在法王寺的寺大雄宝殿前的甬道两侧,有两株古银杏树,高30多米,周长5米左右。春夏之即,树冠如伞,树叶茂密葱绿,深秋时节,黄叶满枝,硕果累累,一年四季,它们将寺院点缀得古朴清幽,使人清心安静,荡涤邪秽。

首先，这两棵古银树非天然野生，而是由人专门种植的。其理由有二：

一是它的位置以嵩山大法王寺整体布局的南北中轴线为中心线，呈对称分布。这一点，任何一个到过嵩山大法王寺、看到这两棵古银杏树的人都不会否认。可是，还有一个问题，那就是现在大法王寺整体布局中的南北中轴线是不是初建时的中轴线呢？我认为建筑有变，但这个中轴线是没有变化的。由于嵩山大法王寺坐北朝南，北边是玉柱峰，左右两边是岭，除了南边的谷崖可以填充延伸外，向北边和东西两边的建筑布局位置是固定的，无法做太大的位移，至少说南北中轴线无法改变。那么这两棵银杏树是不是自然野生又刚好巧合了呢？这种可能性几乎没有。另外，我们还可以拿嵩阳书院的将军柏来反证，据植物学家考证，将军柏（原为三棵，现为两棵）为原始柏，也就是说是自然野生的，而它们在嵩阳书院中就呈不规则分布，人们受中国建筑多以坐北朝南原则的影响，也没有专门从两棵柏树中间规划出一条中轴线来，以此为准决定整体建筑的布局。所以说，嵩山大法王寺的两棵古银杏树应是在确定了整个寺院建筑布局的中轴线后，被建造者人工专门种植的。至于现在有些介绍资料上说，为摄摩腾、竺法兰亲手所植，由于我没有查到相关史料记载，不予采纳。

二是银杏树的特性使它在不适应菩提树生长的中国北方地区成为佛教圣树的替代品。

相传佛祖释迦牟尼是在菩提树下，大彻大悟成佛的，为了纪念佛祖，并表示对佛教的虔诚，佛门弟子都在寺庙中种植菩提树，并视其为"佛门圣树"，引以为荣。但是，在中国北方温带地区，作为热带亚热带植物的菩提树却很难种植。那么，寻找替代品就成为必需，而银杏树有两大特点，又使其作为替代品成为可能。一个是它寿命较长，是植物中的"活化石"，用它预示着佛法在中国兴盛永远，同时，中国人又称银杏树为公孙树，有爷爷辈栽树，孙子辈得果之说，这又预示着佛法代代相传，佛门弟子永记佛祖的度化之恩。第二个特点是银杏树"树体苍健挺拔，叶片扇形，叶脉平行，洁净素雅，有不受凡尘干扰的宗教意境。"[①] 这两

---

① 引自教亚丽、张义君《植物与佛教》，《生命世界》2000年第3期。

个理由，使银杏树成为中国佛教圣树的主要代表，并在历代被各大寺院广泛种植。

其次，嵩山大法王寺中的银杏树的树龄再次证明了地方志书中所说的建寺时间是准确的。

据植物学家对法王寺大雄宝殿前的两棵银杏树的树龄检测，确定为2000年[1]。距今2000年的两棵银杏树，又为人工专门种植，这足以证明，嵩山大法王寺也有了2000年的历史。

由人工种植的银杏树树龄，再结合前边的其他论证推理，证明地方志书中所说的嵩山大法王寺建于东汉永平十四年，公元71年是可信的，嵩山大法王寺应为中国佛教第一寺也是没有疑义的。

另外，法王寺周围现存有和尚塔6座，其中有一座为隋代舍利塔，位于法王寺后山坡上，15级方形砖塔，高约40米，周长28米，塔体壁厚2.13米，黄泥砌缝，外涂白灰。塔身密檐层层外迭，迭出塔身最宽者约90厘米。另外，塔身的高度和宽度由下而上递减，呈抛物线形。2001年，该塔被国务院公布为第五批全国重点文物保护单位。河南省文物部门报请国家文物局批准后，对其进行了保护性发掘。在地宫中出土了世界罕见的"飞天舍利盒"和"舍利子"及三颗"佛牙"等20多件国家一级珍贵文物[2]。

这个塔的形状与考古发现，印证了《隋书》中记载的隋文帝两次向全国"全国起塔供养舍利"，其中在嵩山地区，仁寿元年（公元601年）是在"闲居寺"（即现在嵩岳寺）起塔供养，仁寿二年（公元602年）是在大法王寺起塔供养的史实[3]。同时这个史实，也在一定程度上证明了嵩山大法王寺在历史上的佛寺地位绝非一般。

五 嵩山大法王寺作为中国佛教第一寺在中国佛教建筑史的蓝本作用

嵩山大法王寺儿作为最早的中国寺院，它在建筑选址、布局、格式等

---

[1] 引自《郑州市古树名木目录》，郑州市林业局编，2005年10月发布。
[2] 引自赵志文、郭木森、宫嵩涛、朱汝生《河南登封市法王寺二号塔地宫发掘简报》，《华夏考古》2003年第2期。
[3] 引自游自勇《隋文帝仁寿颁天下舍利考》，《世界宗教研究》2003年第1期。

方方面面，一定为后来的中国佛寺建筑具有参考与被模仿的作用与意义，这就是我说的它的蓝本意义。由于嵩山大法王寺的建筑兴废变迁，我们已经无法看到更多的原始遗存，但有几点在佛教建筑史上的蓝本作用与意义是巨大的。

一是在选址上以天人合一原则指导下的依山水而建佛寺。佛教初传中国时，最先是只在上层阶级中传播的，而上层阶级又均在大都市居住，所以，礼佛也多在都市。这一点在《后汉书》中我们很容易看到，基本都在王公贵族的朝堂或者家中设祠庙礼佛。但是，法王寺的选址建造，使佛寺一开始就走出了都市，也走出了王公贵族的专利，走向了秀美了山水之间，走向了劳苦大众，这为其后的中国佛教建筑选址确定了"山寺"方向，以致后来形成了"天下名山僧占多"的局面。另外，更因这种选址原则，也为佛教在中国普及化起到了不可估量的作用。

二是在建筑布局上因循中国传统祠庙的建筑模式建筑佛寺。这一点我认为从中国佛教建筑一开始就遵循下来，一直没有改变，其间有吸纳印度佛塔建筑和石窟建筑的成分，但因佛塔的特别功用违背了中国人避讳死亡的传统文化观，所以不管它从材料上的如何改进，形象上的如何改变，都会很快从一个整体建筑群的中心位置迁移出去，中国佛教建筑发展史也证明了这一点，以塔为中心的佛寺，从唐以后，基本不见了，佛塔也以特有的功用和千变万化的姿态迁移到了佛寺之外。而以佛殿中心，沿中轴线多院落组合递进的佛寺形式，一直没有间断，成为中国建筑史上的一道靓丽的风景。

三是银杏树作为菩提树的替代品，成为中国佛教圣树，被历代大多寺院广泛种植，同时，也使中国的银杏树因为担此重任，增添了更加丰富的文化内涵。

应该说法王寺作为中国佛教史上最早的寺院，对后来的中国佛寺建筑还有更多的蓝本作用和意义，只可惜佛法因世间历史的风云变化而兴衰不定，其建寺之初的历史遗存也已寥寥，所以，其他的作用与意义也就无从说起。

参考资料

1. 《老子·列子》，上海古籍出版社，1989。

2. 《史记》，甘肃民族出版社，1997。
3. 《魏书》，中华书局，1999。
4. 《后汉书》，中华书局，2010。
5. 周心慧：《中国古代佛教版画史综论》。
6. 《后汉三国西晋时代佛教寺院之分布》，颜尚文《历史学报》（师大）1985年第6期。
7. （明）侯泰：《登封县志》，登封县志办公室重印，1984。
8. （明）傅梅：《嵩书》，中州古籍出版社，2003。
9. （清）叶封：《嵩山志》，中州古籍出版社，2003。
10. （清）景日昣：《说嵩》，中州古籍出版社，2003。

法王寺塔副阶周匝遗迹考略

张家泰[*]

法王寺是我国一座著名佛寺。该寺位于河南省登封市城北5公里的嵩山太室南麓玉柱峰下。始创建于东汉明帝永平十四年（公元71年），是我国最早营建的佛教寺院之一。法王寺不仅创建历史悠久，而且寺址选择也十分优胜。清景日昣在《说嵩》一书中称："寺于嵩刹为最古，建于汉永平佛法初入时。……背负高岑如倚，左右峻峰张翼如卫。俯瞰南岫，排列雁拥如拱。"尤其寺东岭"嵩门待月"奇观，早已成为中岳著名的八景之一。寺内古树参天，盛夏入寺，顿感清爽。又"殿前石池丈许，紫金莲开中秋一月"[①]，圣僧说法，地涌金莲的佛门故事，至今仍在流传。

法王寺除悠久的寺史、优胜的自然环境之外，其宏大的建筑布局，丰富的文化蕴藏，珍贵的历史文物，更为古刹增光添彩，令人向往。其中尤以寺后山坡与寺西侧的六座古塔最具文物价值。这座历经沧桑而形成的塔林，营造技术精良，各具时代特色。其中十五级之法王寺塔，高大壮丽，是法王寺突出的标志性建筑（见图1）。寺后林带中最大的单层单檐墓塔，塔身与顶部比例适当，气势壮观，尤其是覆钵上下的山花蕉叶、莲座、莲盘和宝珠等，皆以青石精雕细刻而成，其艺术水平之高，当为嵩山诸塔中所罕见。另外，建在寺西北隅的元代月庵海公园净之塔，整体造型典雅大方，砖雕塔门，十分精丽。凡此等等，皆为法王寺塔林中不同时代之代表作品。尤其是法王寺塔，早已为学术界所重视。在20世纪30年代，由中国营造学社出版的《中国营造学社汇刊》第六卷第四期，刊登的鲍鼎《唐

---

[*] 张家泰，河南古代建筑保护研究院原院长、研究员。
① （清）景日昣：《说嵩》卷三。

宋塔之初步分析》、刘敦桢《河南北部古建筑调查记》以及梁思成、刘敦桢合著之《塔概说》等都对法王寺塔有所介绍评述。在日本学者的著作中亦有介绍。在近些年来出版的有关古塔的专著或论及古塔的著作越来越多，其中对法王寺十五级砖塔的时代、形制、价值等多有评论。

由于法王寺塔的重要历史、科学与艺术价值，它很早便得到了党和政府的关心和保护。如在新中国成立之前，1949 年 6 月由清华大学和中国营造学社合设的建筑研究所编、华北高等教育委员会图书文物处印行《全国重要建筑文物简目》（本来是供人民解放军作战及接管时保护文物建筑参考用的），1950 年 5 月中央人民政府文化部文物局成立后，又将该《简目》重印发至各地

图 1　法王寺塔

各级政府，以便加强对重要文物古迹的保护，河南省列入《简目》的文物建筑计 69 项，其中就有法王寺塔，而且在塔名前还加了两个圆圈符号，以强调其重要性。1963 年 6 月 20 日，"法王寺塔（包括附近唐、明单层小塔，唐代以后石刻等）"被河南省人民委员会公布为"河南省第一批文物保护单位"。2001 年 6 月 25 日，法王寺塔被国务院公布为第五批全国重点文物保护单位，建筑时代为唐。由于年久失修，法王寺塔外部损毁严重，顶部漏雨，急待维修，其方案经国家文物局批准后，并拨专款已进行了全面维修。工程自 2003 年 2 月开工，至 2006 年 9 月竣工。在修缮过程中，施工部门认真遵守"不改变文物原状的原则"，在不影响古塔安全的情况下，保留了部分残缺的檐角、壁面、塔基与副阶崩裂的地面砖，特别是原

址、原状保存了副阶周边的柱础，为对该塔的进一步考察研究与修复提供了真实可信的原有状态、历史信息与数据资料，对进一步认证古塔的结构、历史价值以及存在的问题等，将大有帮助。在修塔工作中，这当是一个好的范例。只有如此，才能最大限度地保存古塔的原真性，给后人留下认识与解读这些古塔的第一手资料。修塔前后，笔者多次到法王寺塔调查，尤其是在动工修缮前夕登上塔架，逐层观察，直至塔顶，现场研讨修缮工程事宜，至今记忆犹新。也正是在长期的现场考察中，使我对法王寺塔是否筑有副阶周匝（塔下四周加的回廊）逐渐产生了兴趣，并从多方面感悟到塔本身存在的一些特殊结构表现，均与副阶周匝的结构有直接关联。但是，由于尚未做专题的深入调查，目前还只能作一初步的分析，以此与同行讨论而已。

一　关于法王寺塔副阶周匝遗迹的初步调查分析

20世纪80年代前后到法王寺塔进行文物保护调查时，法王寺塔的塔基部分多被淤土杂物所覆盖，看不到多少地面信息，仅只对塔身上部整齐的卯孔感到新奇，也分不清它们是修塔的架孔还是有其他用途。有一次在塔的西北隅看到一方残损的石柱础，听当地人讲是山上水渠跑水时冲去土层露出来的，在后来的维修保护工作中，又在塔周清除了其余的淤土与杂物，全面露出了原有塔基地面和四件石柱础以及13.7平方米的方八砖地面。上有架孔，下有柱础、地面，形状正是回廊的格局，更加感到这是一座塔下的副阶周匝建筑遗存。自然又联想到塔身外墙上部经砍砖造成的粗糙墙面及塔体四隅凹陷的砌法。后来又看到几篇文章中对该塔外形现状尺度比例的评述，更觉得从实物遗存的疑点到建筑审美的歧义等，均有必要分析探索一下法王寺塔下部做法的问题。

1. 法王寺塔平面布局与副阶遗存的关系

从法王寺塔平面结构分析，在砖塔塔身下部原保存有构筑副阶周匝的实物遗迹。现塔身下部四周保留了两圈地面砖实物与遗迹。内圈紧邻塔身外沿，高出地面（即副阶地平）两皮砖（约12厘米），这正是塔基的上面。该塔基平面每边宽83~100厘米。用长34厘米、宽17.5厘米、厚

5.2~5.5厘米的条砖砌成，砌法为内、外边沿用顺砖 2~3 行，其中部夹砌丁砖 1 行；塔基之外为副阶周匝的地面，略低于塔基 12 厘米，并改用 32.6 厘米×32.6 厘米的方八砖直缝平铺而成。方砖地面现以塔东侧保存面积最大。东西向（宽）每行六砖，南北向（长）每行最长现为 24 砖（原构每行应为 30 砖，始与两侧铺地砖接头），现副阶地面尚存方块约计 126 块，面积 13.5 平方米。这些方形铺地砖虽仍原地规整地成行布局，但几乎全部砖的表面都呈现出炸裂的冰裂纹状，在一块 30 厘米×30 厘米的小八砖面上，多数砖能崩裂为 5~9 个小碎块，最多的一砖可崩裂为 17 个小碎块，但绝大多数方砖裂而不散，仍平卧于原地，其质坚硬。保存现状证明方砖是经过火烧而崩裂的。其火源当是副阶木构架着火后坠地而致。这种状况和洛阳龙门石窟奉先寺大佛因木构窟檐着火倒塌，落地后将窟外石路面烧毁的情况有些相似。由此也反射出此塔既有塔基以外的大回廊路面存在，又有地面普遍过火崩裂的痕迹。这便为法王寺塔设有木结构的副阶周匝的做法提供了平面依据。

2. 四件残石柱础及塔身四壁梁孔，提供了法王寺塔构筑副阶周匝的立面依据

首先，发现的四件柱础，证明了副阶每面为三开间。在北侧一行三个柱础中，西北隅相邻的两柱础和东北角与东侧面相邻的两柱础，经现场实测两柱础间距分别为 3.88 米和 3.86 米，由此说明塔北面副阶的西次间与塔东面的副阶北次间之尺寸是基本一致的。又测得西北角与东北角两柱础之间距为 11.73 米（以上尺寸皆以柱础石中心至中心计算），除去东、西两次间长度，可求得明间面阔为 3.97 米。同时，我们还实测到东侧明间北柱础中心距塔身东壁的距离为 2.30 米。有了以上几处数据，便可复原出原法王寺塔副阶的平面图（见图 2）。另外，柱础的现有尺度，也提供了副柱（即廊柱）直径的参考数据。柱础石多严重残损，取其完整处，知其原形近似覆盆式，上部覆盆近于圆形，直径 60~66 厘米，下部础盘为方形，边长 66~74.5 厘米，由此推之副柱直径约为 33~37 厘米，而柱高将由塔身上部主梁孔下皮至柱础上面的高度来确定。经实测，中间梁孔至塔基上面之高，平均为 6.6 米，下部梁孔至塔基上面之高，平均为 5.13 米。以此为

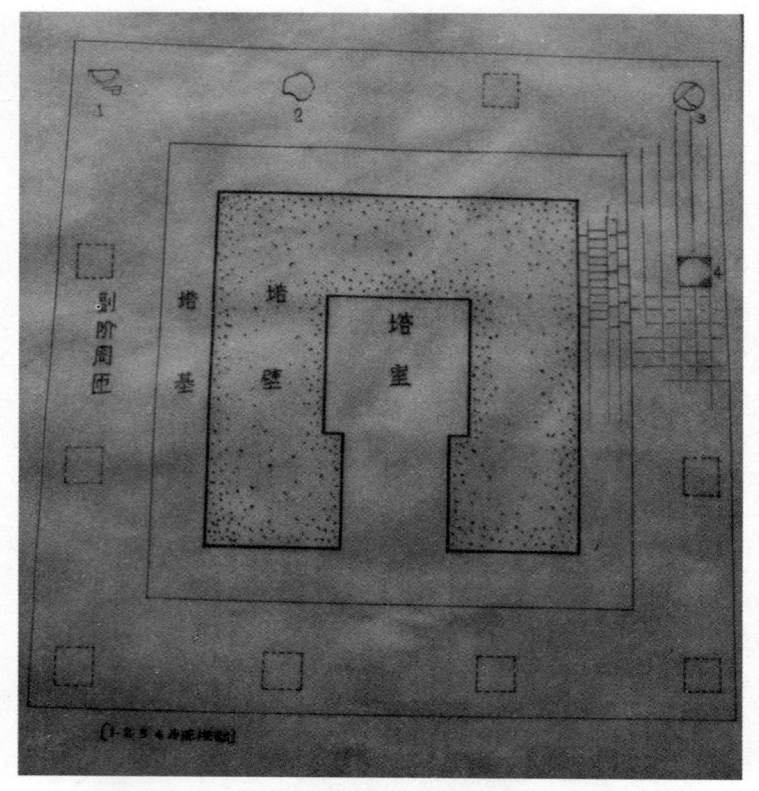

图2　法王寺塔副阶周匝平面复原图（柱础1～4为原柱础）

准，再加上副阶地面低于塔基地面的12厘米，便是副柱（含柱础及斗拱）的高度。另外，现场实测证明，塔身上部梁孔的尺寸，与地面明间柱础的尺寸上下非常接近：如明间面阔为3.97米，梁孔中距南面4.05米、西面3.97米、北面4.04米、东面4.01米，四面平均为4.02米，壁孔明间与柱础明间，仅有5厘米的误差。上下结构如此一致，更进一步证明梁孔与柱础是构成副阶周匝的有机组成部分，也是法王寺塔曾经建有副阶周匝的有力证明。关于梁孔的砌造，四面做法是一致的，比较规整，而且不同的部位也有不同的规格，其宽度基本为一丁砖，但高度却有三种规格：中孔最大，为四皮砖砌成；上孔次之为三皮砖砌成；下层最小为二皮砖砌成近于方形。这些高低不等的梁孔，当是不同梁枋一端榫头插入塔体得承重结构。上孔的上边距第一层塔檐计18皮砖，约1.5米。中孔距上孔11皮半砖，下孔距中孔16.8皮砖。这部分尺寸，当是根据半坡木构梁架而确定的。参照五台山佛光寺大殿之梁架用材，试想法王寺塔最下边的小孔，当为由柱头下联系塔体得枋木，而中孔最大，当是一组柱头铺作之上所承大梁头之榫孔，是主要承重构件，梁巨榫自大。上孔略小于中孔，当用做次要构件，并兼承脊部横向构件（檩、枋）的梁孔。由它们组合为一幅半坡式廊架。至于转角处之构架处理，塔壁四角皆有条形凹面角残迹，尤其正面南角，尚显出较规整的砌痕（见图3），颇似原置有木柱（倚柱）之可能，否则四转角也当有规整的梁孔，以承合角部位更复杂、更重的荷载。但至今却一直未发现转角上有梁孔，仅有此凹面槽，如用木质倚柱嵌入塔角凹槽，则在复杂的转角结构上可做到既稳固又便于安装操作的结构处理。只是

图 3 塔身正面及西侧面得梁孔及西南角倚柱凹槽遗迹

背面仅在梁孔存在的上部留有此凹角（或为坍毁部分），安装倚柱痕迹并不明显，此点尚需进一步研究。但是东北与西北两角柱础的存在，说明四角应有角柱与角梁等木构件的设置，因为这是四面廊子房坡的结点。关于四面壁孔部位做有砍茬壁面的问题，不少人认为当和在回廊四壁绘制壁画或堆塑佛像等艺术作品有关，对此说法尚缺少证明资料。但有一点可以肯定，此四处壁面统一规整地砍茬或粗糙壁面，必有一种室内观瞻的需要。

关于塔室内部，是一个自下而上的空筒形结构，下部塔室为正方形，现场实测内壁每边长、宽各2.73米，塔室内壁高约八九米。未设隔层，这完全是为适应外部建副阶周匝而为之。塔门宽2.07米。塔室墙壁上敷以厚1.5~2厘米的加糠泥皮。塔门砌作二伏二券，上券用立丁砖，下券用立顺砖，十分坚固。塔室内除去佛像台，周边仅余很少空间。而且塔门之下坎距塔基地面高达65厘米，不易登临，只能从塔外仰望塔内佛像而已。塔室内天井式的洞壁，也随外檐一样，以内檐将壁体区分为15段。可能为了古人的维修需要，在内塔壁上也砌有许多栈孔，内可插入栈木，供僧人攀登塔之上层，现在塔内栈孔中尚可见9个栈孔中嵌有栈木之遗存。这种塔内做法同一岭之隔的北魏嵩岳寺塔内部的做法完全是一脉相承。

3. 法王寺塔现塔体造型的质疑与副阶周匝原形在整塔审美观瞻上的价值

对于法王寺塔的塔形自古至今，称颂之声不绝。如称其"叠涩出檐十五层，具有极轻微的 Entacis 秀丽玲珑，远出永泰寺二塔之上……"①；"整个塔身呈柔和的曲线，给人们以挺拔秀丽之感。"② 有人称其为"唐代早期密檐式塔的精品"③，还说："在整个的权衡与细部的处理上，均不失为砖建筑中最佳之例。"④ 等等。的确，法王寺十五级唐塔，堪称同时代古塔的代表作，具有重要的建筑历史、建筑美学和建筑科技的研究价值。此外，对于法王寺

---

① 刘敦桢：《河南省北部古建筑调查记》，《中国营造学社会刊》第六卷第四期。文中所言"永泰寺二塔"原有七级唐塔和十一级唐塔两座，后七级塔毁，今仅存十一级唐塔一座。
② 于小川：《登封法王寺塔林》，载《中原文化大典·文物典·建筑卷》，第二十五节，中州古籍出版社，2008。
③ 罗哲文、柴福善编著《中华名塔大观》，机械工业出版社，2009。
④ 鲍鼎：《唐宋塔之初步分析》，《中国营造学社汇刊》第六卷第四期。

塔毁掉下层副阶之后的现状，人们也发现外部形象不够协调。如顾延培、吴熙棠先生指出法王寺塔"塔身下部略为高瘦"。① 又梁思成、刘敦桢先生在他们合著的《塔概说》中提到："唐代遗物中……如嵩山法王寺塔，第一层特别高耸，壁面上也未曾砌出斗拱柱额……"② 刘敦桢先生在《河南省北部古建筑调查记》中也说："塔高四十公尺余，下部塔身比较高瘦……"③ 路秉杰教授也提出重要的看法及疑问。他说："……因此供笔者联想到这毛糙部分必是屋顶内不可见部分，每面皆位于同一水平、同一垂线上分布的洞孔，莫非支撑屋顶的梁架后尾的榫孔？倘如此，则此塔当初曾有木结构的副阶周匝？这将完全改变了塔底层过分瘦长而形成的危楼高耸的不均衡感。但却是一个很奇特的立面形象。"④ 据以上论述，可以看出不少专家都已看出该塔塔身部分有"略为高瘦""特别高耸""比较高瘦""过分瘦长"乃至形成"危楼高耸"的感觉（见图4、图5）。其实这都是因为本来

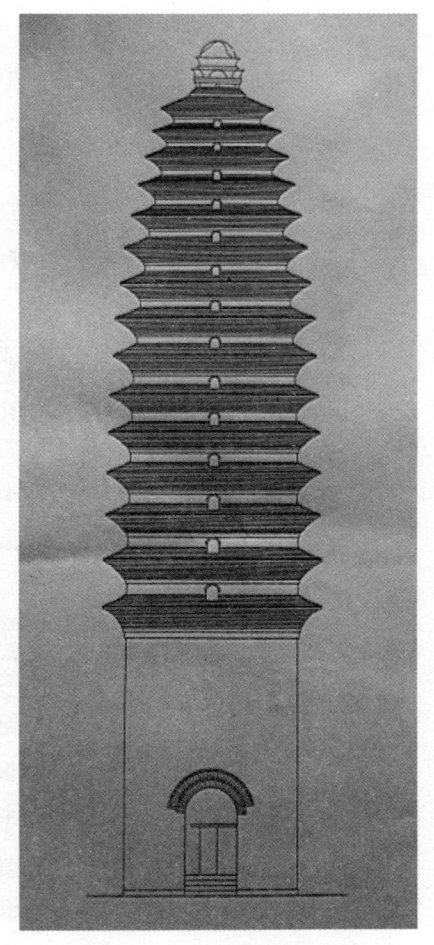

图 4　法王寺塔正立面实测图
资料来源《中原文化大典·文物典·建筑卷》文物典·建筑。

上下均衡的结构，因下部原副阶周匝的毁掉而造成的不正常的形态。如果在副阶周匝存在的情况下，法王寺塔肯定会比现在更为壮观。通过对比观察发现在一些原来就没有构建副阶周匝的唐塔中，其下部塔身都比较粗

---

① 顾延培、吴熙棠主编《中国古塔鉴赏》，同济大学出版社，1996，第314页。
② 梁思成、刘敦桢：《塔概说》，"隋唐佛塔"。
③ 刘敦桢：《河南省北部古建筑调查记》，《中国营造学社会刊》第六卷第四期。
④ 路秉杰：《关于嵩岳大法王寺塔之考察》，载王雪宝《嵩山大法王寺》一书附五。

图 5　法王寺塔整修前照片

壮，塔身上下相对协调。正因为法王寺塔比一般古塔更为重要，所以才特意有这种副阶周匝的设计（见图 6、图 7）。从佛教功能上，副阶周匝不仅扩大了建筑的使用面积、活动空间，而且更重要的是此结构也反映了一种佛教礼仪——"绕佛"或"绕塔"。这是一种早期佛教活动的仪式，僧人们围着佛像或佛塔由右（即依顺时针方向）旋绕一圈或多圈，用以表示对佛的崇敬与仰慕之意。原为古印度佛教的一种礼节（绕塔一周，也称一匝）。随着时间的推移，这种礼仪形式后世渐少。除以上使用功能之外，在审美功能方面，也能起到使法王寺塔整体协调，上下呼应，使造型更为优美壮观，从而加强了大塔的审美效果和庄严和谐之感。所以，这种建有副阶周匝的古塔，一直延续到唐代以后很久（见图 8）。在我国营造技术方面，法王寺塔对中国古塔历史的研究也有重要的价值和意义，如砖塔、木廊有机配合的高超技术水平也是一个很好的实例。

二　由法王寺塔副阶周匝问题而引起的思考

在对法王寺塔多次现场调查与整理、查阅资料的过程中，笔者不断地思考着一些关于古建筑保护、研究与利用的问题。

第一，法王寺塔这座佛塔建筑，又保存有重要的副阶周匝遗迹，我们应当如何把它有效地保护好，又如何把它在历史上曾有过的最美好的面貌展示出来，让我国古代佛教建筑艺术的光辉成果展现给今天的广大人民，使人们受到鼓舞与启迪，在各自的建设事业中做出有创造性的成就。为此，在做法上，首先要加强保护。在法王寺塔本体已于 2003 年 2 月至 2006 年 11 月加以全面维修之后，对塔周围的相关遗迹（如塔基砖层、副

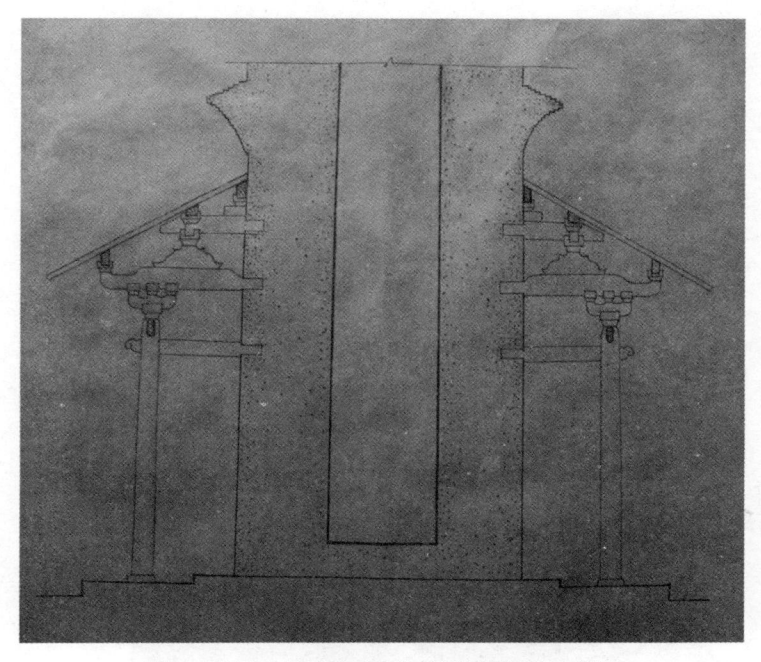

图 6　法王寺塔副阶周匝下部梁架复原示意图

阶周匝所遗存的方砖地面及柱础等）也应加强保护，不要再让游人随意踩踏和使其遭受风雨冰冻的侵害，用适当材料制作可避免自然力损毁的保护设施；另设置专供游人行走的游路，做到既便于游人观察历史遗迹，又做到不踩踏地面文物遗迹。对石柱础、砖地面之本体进行防风化加固处理，使之延年益寿。

第二，依据实测图纸资料及法王寺塔副阶周匝的实物资料精心设计复原性法王寺塔图纸，并依之制作完整的法王寺塔模型，在法王寺适当位置进行陈列，一展其雄伟壮丽的千古风采，此举将在宗教界、文物界、建筑界长期产生很好影响，又供广大游人增长历史知识，这对弘扬祖国优秀传统文化必将发挥积极的作用。

第三，法王寺二号塔，是一座建筑规格极高的亭阁式墓塔。2000 年 3～5 月由河南省文物考古研究所对该塔地宫进行了抢救性考古发掘，其内有踏道、宫门、甬道和宫室组成，在宫室北部有砖筑须弥座式的禅床一座，其上有泥塑跌坐高僧真身像一尊，禅床前原有香案遗迹。地宫中还出

图 7　法王寺塔副阶周匝正面复原示意图

土了迦陵频伽舍利盒等非常珍贵的文物。这说明二号塔是一座十分重要的高僧墓塔。塔之外观也有雕刻极精美的山花蕉叶、莲座、莲盘、宝珠等塔顶宝刹。而且，在塔檐之下的四面塔壁上，也伴存有和一号塔基本相同的三次梁孔以及梁孔间砍砸出的粗茬壁面。唯一不同的是，在三层梁孔中，中、下两孔上下垂直对应，而上孔靠近塔檐，距拔檐砖仅两皮砖，而且较中下孔偏中，不在一条垂线上，对二号塔梁孔，有几点值得注意处，其一，此塔塔身高、宽比例适当，塔身与塔顶高、宽尺度也非常协调，塔身不像一号塔，它没有"高瘦之感"。第二，它是一座经过考古发掘确证的墓塔，为何要构筑副阶周匝呢？是否高僧的传法弟子，视师成佛，仿效佛

图 8　敦煌壁画中的五代副阶周匝式佛塔（采自萧默《敦煌壁画研究》）

塔之礼仪，作绕塔之法事？还是因年代久远，地宫之结构不为人知，被视作佛塔供养呢？凡此等等均与副阶周匝制度有关，虽难厘清，却可引发关注，设为课题，逐步深入探讨。这也是一号塔副阶周匝研讨而引起思考有待探索的又一课题。

　　嵩山地区古塔众多，值得研究的问题自然会多。在登封市同一市区，拥有北魏以下历代古塔达二百多座，犹如一座天然的嵩山古塔博物苑，这在全国是不多见的。由此也深感登封市文物建筑保护任务之重大。有条件时在这里建立一所古建筑保护科研所，专职开展对古塔等建筑的科学管理保护研究与宣传教育工作，开展经常性的调查保护与系统的科学研究工作，这将会使本地区得天独厚的古建文化资源得到更好的保护与利用，在新时代的文化建设中做出突出贡献。

在法王寺塔的多次调查工作中，一直得到登封市文物局领导的大力支持，近时笔者和杨焕成同志在法王寺进行古塔调查中，市文物局吕丽霞、谢战刚和李亚冬等同志，再次给予大力协助，克服不少困难、占用许多休息时间，耐心细致地进行现场调查和测量。他们这种热爱文物事业、认真负责和乐于助人的精神，值得我们学习，谨此致以谢忱！

佛塔受花形制渊源考略

——从嵩山大法王寺单层唐塔说起

王敏庆[*]

一 问题的缘起

河南嵩山大法王寺现保存有3座唐代单层佛塔，砖石结构，造型精美别致。这类方形单层佛塔在我国中原地区普遍出现，大约要在南北朝中后期，隋、唐颇为流行。方形单层佛塔在敦煌壁画中时能见到，但能够保存至今的实体佛塔建筑却十分稀少，山东济南历城神通寺隋代所建的四门塔（单层佛塔）应是时间较早的一例。像嵩山大法王寺如此集中、如此完好的保存着三座唐代单层佛塔的情况实为罕见，而这三座唐塔最引人注目的是佛塔平顶以上的塔刹部分。法王寺单层唐塔塔刹制作精细繁复，与塔身简洁明快的直线形成鲜明对比，取得了良好的艺术视觉效果。这三座佛塔的塔刹在具体细节上有所不同，但基本形制结构一致，即塔刹部分由三个鼓状覆钵丘罗列而成，由下至上依次变小形成收分，每层覆钵的底部边缘都装有花瓣（或称莲瓣）形的装饰，而这个花瓣形的装饰就被称为"受花"（见图1、图2）。

孙机先生在对比了我国境内出土的，粟特人墓葬中石棺床线刻画上出现的粟特建筑及南响堂山第1窟之浮雕石塔后认为，这类花瓣形受花起源于粟特建筑圆拱顶端的花朵装饰，他在《我国早期单层佛塔建筑中的粟特因素》一文中这样写道："可以说，南响堂山石塔除了在圆拱顶上立刹竿、悬铃铎以外，几乎原封不动地借用了粟特建筑的外形。其刹竿直插在原先饰于圆拱顶端的花朵上，这一部分以后被称为'受花'，以为是从犍陀罗

---

[*] 王敏庆，中国社会科学院文学研究所，助理研究员。

图 1　嵩山大法王寺唐代单层佛塔

图 2　嵩山大法王寺唐代单层佛塔顶部

塔之平头演变而来,其实它本是粟特建筑的饰件。"①(见图 3) 文中孙机先生还提到:"为了使塔显得高耸,此类受花有时重复叠加好几层,如莫高窟第 217 窟盛唐壁画中所见者。"② 图 4 为敦煌 217 窟中的单层佛塔,将其

---

① 孙机:《我国早期单层佛塔建筑中的粟特因素》,载《宿白先生八秩华诞纪念文集(下)》,文物出版社,2002,第 429 页。
② 孙机:《我国早期单层佛塔建筑中的粟特因素》,载《宿白先生八秩华诞纪念文集(下)》,文物出版社,2002,第 431 页。

塔刹与大法王寺单层塔的塔刹相对比，可见二者在造型上的一致性，只是大法王寺的单层塔没有相轮，即套在刹杆上的几个圆盘状物，而刹杆也被大大缩短了。由此不难看出，大法王寺单层塔的受花样式正是"此类受花有时重复叠加好几层"的结果。

图 3　粟特式建筑与南响堂第一窟单层塔

资料来源：1. 安阳出土北齐石棺床雕刻中所见粟特式建筑；2. 天水隋唐墓出土石棺床雕刻中之粟特建筑；3. 南响堂山第一窟浮雕石塔，引自孙机《我国早期单层佛塔建筑中的粟特因素》，《宿白先生八秩华诞纪念文集（下）》，文物出版社，2002，第 429 页。

孙机先生在文中似乎意指它最早出现在北齐的单层塔上。但问题是，在北齐之前的北魏，单层佛塔已经出现，而且不论在单层塔还是多层塔上受花也已出现，只是样式与孙先生所述之"花瓣式"有所不同。此外，孙机先生所说的"平头"指什么？它与受花又有什么关系？因此若要弄清受花的渊源，还需对早期的佛塔图像进行梳理。

二　塔刹受花形制渊源

受花又名请花，又称山花蕉叶或蕉叶。

据笔者所查，在古代文献中并无"受花"或"请花"之名，"山花蕉叶"一词亦不见用，所用者唯"蕉叶"一词。宋代知礼撰述的《金光明经文句记》云："十二因缘经八种塔并有露盘。佛塔八重。菩萨七重。支佛六重。四果五重。三果四。二果三。初果二。轮王一。凡僧但蕉叶火珠而已。虽两经异说。而凡僧并无层级。迩世所立虽无露盘。既出四檐犹滥初果。傥循蕉叶火珠之制。则免僭上圣识者宜效之。"① 从文献记载上看，凡僧的塔上只有蕉叶火珠，而轮王以上至佛的塔上还树有数量不等的露盘（相轮），从位置上可知，这个蕉叶火珠的位置就是受花的位置。该条史料是关于"蕉叶"这一佛塔构件的最早记载。"蕉叶"之名盖是由其形态而名，所谓"受花"不知因何，是否有承受上部的相轮之意，不得而知。本文以下对佛塔这一部位采用学界常用的称呼"受花"一词。

图 4　莫高窟 217 窟佛塔（盛唐）
资料来源：萧默《敦煌建筑研究》，机械工业出版社，2003，第 159 页。

在笔者对佛塔受花的考察中发现初期受花形制大约可分为两类，一类是植物花叶状受花，一类是阶梯式几何状受花。为了便于下文的论述，在讨论这两种受花形制渊源之前，首先来了解一下佛塔各部位名称。

（一）佛塔各部位名称

关于中国早期的佛教艺术，学术界已有一个共识，即中国早期的佛教艺术并非直接受古印度的影响，而是与犍陀罗地区的佛教艺术有着甚深渊源。下面我们以典型的犍陀罗小塔为样本，来了解一下佛塔的各部位名称，（见图 5）。佛塔最下层的四方形台座为佛塔的基座，其上为覆钵形塔身，覆钵顶部中央为一个斗状平台，被称为平头，本文所要讨论的受花便是在这个位置上。在平头的中心立有一根贯通上下的柱杆，即为刹杆，在刹杆上罗列的依次减小的圆盘状物就是相轮，从平头的底部一直到刹杆的顶尖，被称为塔刹。从功能上来看，这个平头很像是塔刹的基座。其中覆

---

① （宋）知礼述《金光明经文句记》，大正藏 No.1786 第 39 册，第 83 页。与此记载相似的资料还有（明）性只述《佛说目连五百问经略解》，卍续藏第 44 册，No. 0750，第 889 页。孙机先生的《关于中国早期高层佛塔造型的渊源问题》一文中对于此段文字的引用，记其出处为《法苑珠林》卷三十七，有误，其出处为知礼《金光明经文句记》，《法苑珠林》的记述并无"蕉叶火珠"之句（孙机《关于中国早期高层佛塔造型的渊源问题》，《中国历史文物》1984 年第 6 期）。

钵和相轮可以说是佛塔的标志性部位。

图 6 是印度至中国的佛塔演变示意图，覆钵的外观由低平变得高耸，但不论是印度还是犍陀罗的佛塔上均不见受花，在我国甘肃酒泉、敦煌等地出土的北凉小石塔上也不见受花。图 7 是我国新疆地区克孜尔石窟壁画中的佛塔，虽然壁画中的佛塔与图 6 中实体建筑佛塔有所不同，但壁画佛塔仍未见受花。此外，甘肃炳灵寺 169 窟西秦壁画上的覆钵塔，相轮通过刹杆直接安在覆钵顶上，亦无受花。可见在佛教初传我国的十六国时期，受花还尚未出现，这一现象表明受花不是舶来品，不是随佛塔的传入而传入我国，它是佛教艺术在中国发展的产物。那么受花是由什么发展演变而来的呢？

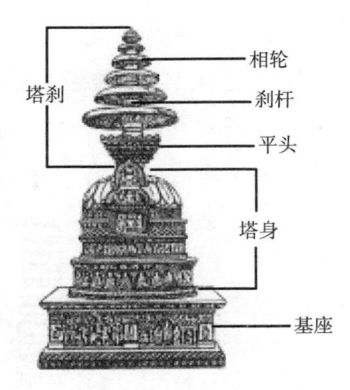

图 5　佛塔各部位示意

图 6　印度－中国佛塔演变示意（笔者绘）

图 7　克孜尔石窟佛塔

资料来源：杨淑红：《克孜尔石窟壁画中的佛塔》，《新疆师范大学学报》（哲学社会科学版）2006 年第 2 期。

吴庆洲认为受花"由中国屋盖脊饰演变而得"。他在《中国佛塔塔刹形制研究（上）》关于受花的渊源中这样写道："我国现存最早的塔为北魏平城石塔，其刹上置一佛龛，山花蕉叶即为其屋盖脊饰。敦煌428窟所画的金刚宝座塔，每塔均有二层山花蕉叶，下一层山花蕉叶无疑即为塔之屋盖脊饰。主塔下一层山花蕉叶由花瓣状曲线及雉堞状线组合而成，对照东汉脊式，其演变线索非常明显，是由武梁祠石刻脊饰及哈佛大学所藏汉明器脊饰两种形式结合演变而得。主塔上一层山花蕉叶置于相轮之下，呈堆谍状，其余四塔则上下二重山花蕉叶均呈堆谍状，与平城石塔山花蕉叶形态相同，都应是从脊饰演变而得。"[1]

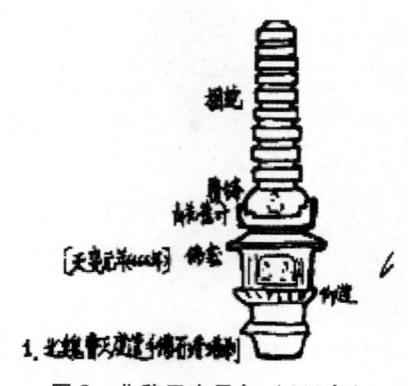

图8 北魏天安元年（466年）曹天度塔

资料来源：吴庆洲：《中国佛塔塔刹形制研究（上）》，《古建园林技术》1994年第4期。

笔者认为这种论断恐怕有些过于草率了，从东汉末到北周相隔约四百余年，这四百余年间中国社会正处于汉唐之间的转型期，其中变化错综复杂。受花虽小，但出现和演变却并不简单。尽管武梁祠的脊饰（图10中的1、2）看上去和莫高窟428窟佛塔主塔一层的受花在弧线的运用上有些相似（见图9），但二者并无明显的内在演变关联。此外，曹天度塔呈阶梯几何状（雉堞状）的受花（见图8），更与武梁祠的脊饰造型相去甚远。而且武梁祠也只是个个例，自两晋南北朝以来，大量出现的建筑图像，如明器陶楼、墓室壁画建筑以及石窟中的建筑，其屋脊鸱尾装饰普遍的形式是半月形（图10：3），在这种情况下，北朝晚期的受花跨过几百年的光阴，从东汉山东的一个祠堂里寻找其出现源头，似乎不太妥

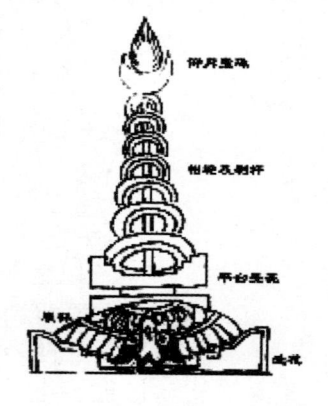

图9 428窟佛塔覆钵顶及塔刹部分

---

[1] 吴庆洲：《中国佛塔塔刹形制研究（上）》，《古建园林技术》1994年第4期。

图 10　屋脊鸱尾示意图（笔者绘）

当。而且我们也应注意到，受花有着阶梯几何状和花叶（或花瓣）两种形态，难道其中的差异是可以忽略的吗？受花出现在佛塔上，关于它的形制渊源还是要在佛教艺术中去寻找渊源，需要对初期佛塔上的受花做一个比较全面的考察，方能得出结论，而云冈石窟为受花的出现提供了完整的图像演变序列。

（二）植物花叶状受花

受花的真正出现是在云冈石窟，在云冈二期石窟中不仅出现了完整的带有受花的佛塔，而且还清晰地反映了受花的出现及演变过程①。

云冈石窟的佛教造像艺术受犍陀罗佛教艺术的影响甚大，受花的出现笔者认为与犍陀罗佛教雕刻中古希腊科林斯柱式有密切的关系。古希腊有三大柱式（图11），其中科林斯柱式在犍陀罗佛教艺术中被广泛运用，并形成具有犍陀罗地方特色的"科林斯"柱式（见图12）。它在石柱上的花叶中出现的人物形象，这一特征在传入中国后，也在一段时期内被保留了下来，这就是在云冈二期石窟佛塔或类似佛塔的柱头上所见到的形象。有学者认为这一形象是"化生"②，但它更多成分是云冈对犍陀罗艺术图像的挪移，在犍陀罗这一人物形象是不固定的，但他们有一个共同的身份即佛教徒、佛的供养者③（图13）。进入云冈后这个人物形象变得比较固定而

---

① 云冈一期无佛塔。
② "依照其构造，应该是一种石造的重层柱，顶部没有相轮和覆钵，而在塔顶上覆有类似'阿康萨斯（Acanthus）柱头的装饰，即在两片半扇形叶状的中央，出现一个人头，有时出现半身人像，或许就是所谓的'化生像'"。陈奕恺：《略论北魏时期云冈石窟、龙门石窟浮雕塔形》，载龙门石窟研究所编《龙门石窟一千五百周年国际学术讨论会论文集》，文物出版社，1996，第230页。
③ 有时偶尔出现佛坐像。晁华山：《佛陀之光——印度与中亚佛教胜迹》，文物出版社，2001，第139页。

简略，它是受花源自柱头花叶装饰的最好"人证"。

图11 古希腊三大柱式：多立克、爱奥尼亚、科林斯（笔者绘）

图12 犍陀罗石柱雕刻（笔者绘）

图13 古犍陀罗柱头雕刻（原物斯瓦特博物馆藏（笔者绘））

表1归纳的是云冈石窟中所出现的佛塔及类似佛塔的建筑雕刻，通过对它们的梳理和排比，受花的出现和演变一目了然。

表1 受花形制演变

窟 号	内　容
7、8	第7窟　　　第7窟　　　第8窟

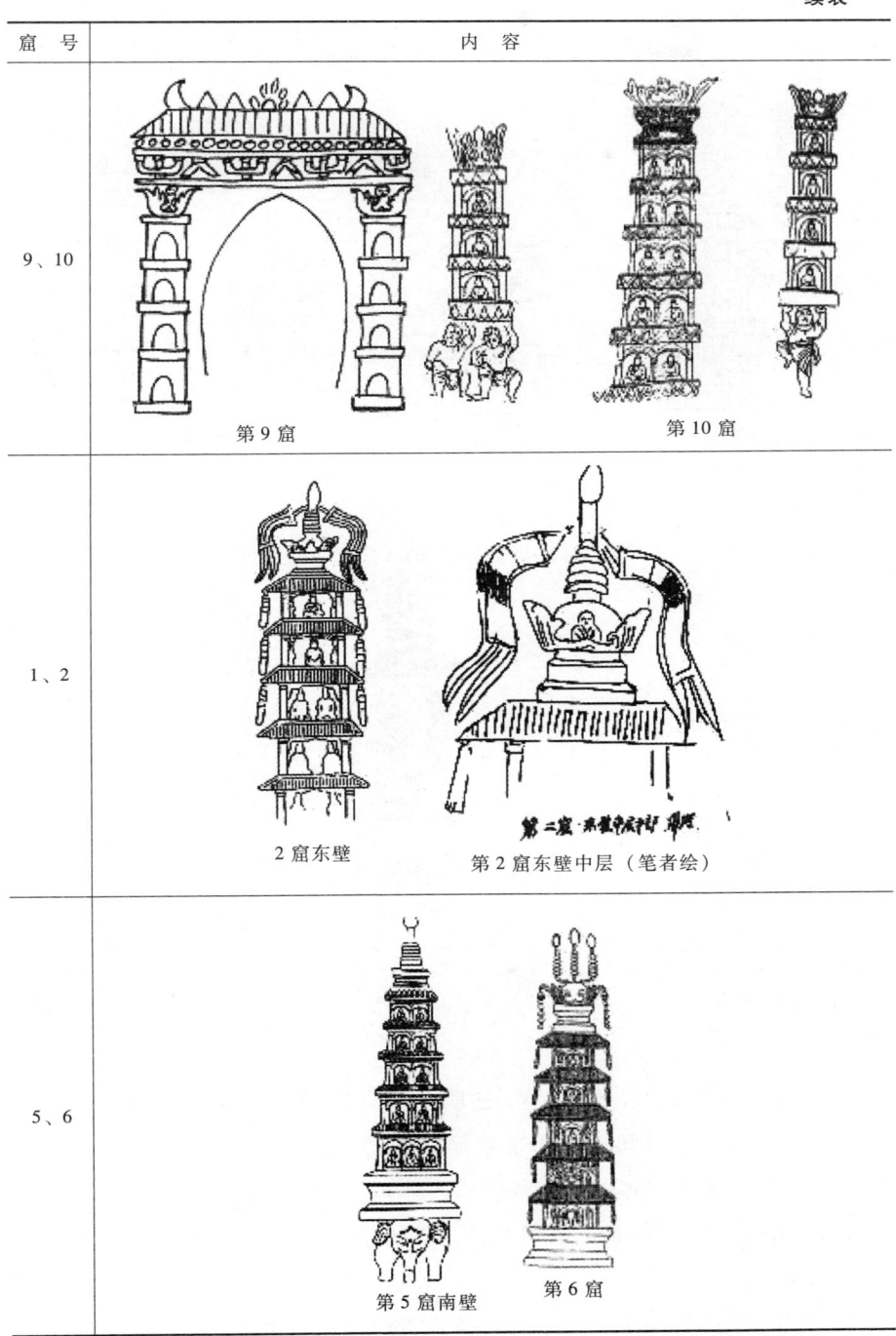

续表

窟号	内 容
9、10	第9窟　　　　　　　　　第10窟
1、2	2窟东壁　　　第2窟东壁中层（笔者绘）
5、6	第5窟南壁　　第6窟

续表

窟 号	内 容
11、12	第11窟　　第11窟　　第12窟
14（云冈三期）	第14窟

注：表1对云冈二期石窟的先后排年顺序按宿白先生的云冈排年，即7、8窟，9、10窟，1、2窟，5、6窟，以及二期晚期的11、12、13窟。宿白著《云冈石窟分期试论》，《考古学报》1978年第1期。

表中所列石窟为云冈的二、三期洞窟，云冈一期洞窟中未见佛塔。二期洞窟"其具体时间大约自文成帝以后以迄太和十八年（494年）迁都洛阳以前的孝文帝时期，即465~494年"。[①] 三期洞窟为北魏迁洛以后开凿。表格中二期洞窟的前后排列顺序，亦基本上是二期洞窟开凿的先后

[①] 宿白：《云冈石窟分期试论》，《考古学报》1978年第1期，第26~27页。

顺序。①

表1明确地显示出石柱、受花与塔三者之间的关系。在云冈二期早期的石窟中，尚可以很明显地看到犍陀罗科林斯柱式的身影，之所以如此肯定，是因为中国柱子的柱头是没有花叶装饰的，而且花叶丛中出现的人物，亦证明了那是来自犍陀罗的柱头装饰。而且我们看第9窟殿堂式龛两侧的多层石柱，它取代了中国传统建筑中柱子的位置，这也说明了那个多层的、顶部有着花叶装饰的建筑构件是柱子。只是在中国，其柱身发展为多层，柱头的花叶也被简化，形成单层、左右对称呈扇状排布的柱头花叶。饰有花叶的柱头，多层且雕有佛像的柱身（在犍陀罗往往在柱身上只雕有一尊佛像或一到两个人物），已经使这种柱子成为中国的"科林斯"柱式（见图14）。

希腊科林斯式柱头　　犍陀罗柱头　　云冈石窟柱头

图14　古希腊科林斯柱式在犍陀罗和云冈的演变示意图（笔者绘）

多层柱身的出现可能是受中国楼阁式高层建筑的影响，早在东汉末笮融所起之佛塔就是一座中国式楼阁建筑②。另外，在第10窟我们还看到有了层层收分的多层石柱，它的外貌特征越来越接近多层楼阁式塔的外貌特点，只是它尚无作为塔的标志性特征的相轮③。但在第10窟这座有着收分

---

① 宿白：《云冈石窟分期试论》，《考古学报》1978年第1期。
② 孙机：《中国早期高层佛塔造型之渊源》，《中国圣火——中国古文物与东西文化交流中的若干问题》，辽宁教育出版社，1996，第278~294页。
③ 关于这种中国式的"科林斯"多层石柱与高层楼阁式塔的关系，陈奕恺已经注意到这一问题，但他只是提及二者具相似性这一现象，而未加深究。参看陈奕恺《略论北魏时期云冈石窟、龙门石窟浮雕塔形》，载龙门石窟研究所编《龙门石窟一千五百周年国际学术讨论会论文集》，文物出版社，1996，第23页注释3。

的多层柱的柱头变得更为讲究，它的形制不再像柱身那些平板式的隔层，而是出现了类似束腰须弥座似的台座，它的上面承托着花叶。这种多层柱身石柱的进一步演化形式则是如第2窟那样带有相轮、多层屋檐的完整意义上楼阁式塔的出现。之所以认为云冈二期中这种楼阁塔的形式来自多层柱身的石柱，除它们都为多层柱（或塔）身之外，我们看到石柱最显著的特征——带有基座的花叶柱头被保留了下来，并演变成佛塔的受花，但我们注意到，受花并不在覆钵上，而是在覆钵下，即覆钵出现在受花中，覆钵的上面立有刹杆相轮，最上面置宝珠。如图表中的第2窟、第6窟、第11窟以及云冈三期的第14窟，都是如此。在上文提到，受花本是位于覆钵的上部，即平头的位置，承托着刹杆和相轮，但为什么在云冈却被置于覆钵的下面呢？笔者认为这是由于我们上面所讨论的云冈佛塔都是多层楼阁式这一中国式的佛塔，而并非印度、犍陀罗的覆钵塔，中国的楼阁建筑与半球状覆钵塔之间没有丝毫的共同之处。我们看图表中第2、6、11以及14窟的佛塔，如果将基座上的受花及以上部分去掉，它们不过就是普通的中国楼阁建筑，正是有了上面的部分它们才被赋予了佛塔的身份，而其中最重要的、最具佛塔象征意义的一个部件就是覆钵。试想如果一定要将受花置于覆钵之上的话，也就是说要在受花和楼阁屋顶之间加一个半球状覆钵，那么这个造形将会十分滑稽。而且我们在梳理云冈佛塔图像的过程中发现，楼阁式塔顶的受花源于犍陀罗石柱的柱头，它并未与覆钵塔的平头产生任何关联。云冈二期楼阁塔塔刹实际上是由一个带有基座的受花，承托着缩小了的、带有相轮的覆钵构成，这一时期塔刹规制并不固定，呈现多样性，如有的相轮为三个，有的覆钵极为低平，几乎难以认出。

　　上面讨论的是楼阁式塔，下面再来看云冈及龙门单层覆钵小塔受花的情况。从表2所列出的云冈和龙门的覆钵小塔中可以看到，龙门石窟的单层覆钵塔形制比云冈的更规范、精细，但两处石窟单层覆钵塔的塔刹，除个别小塔外，主体上沿用着云冈多层楼阁塔上塔刹的形制。那么印度或即犍陀罗的覆钵塔上的平头究竟与受花有无关联呢？当然有，只是不表现在这种花叶状受花上，而是体现在另一种受花形式——阶梯几何状受花上。

佛塔受花形制渊源考略 | 247

表2 云冈及龙门单层覆钵塔

云冈二期、三期单层覆钵塔

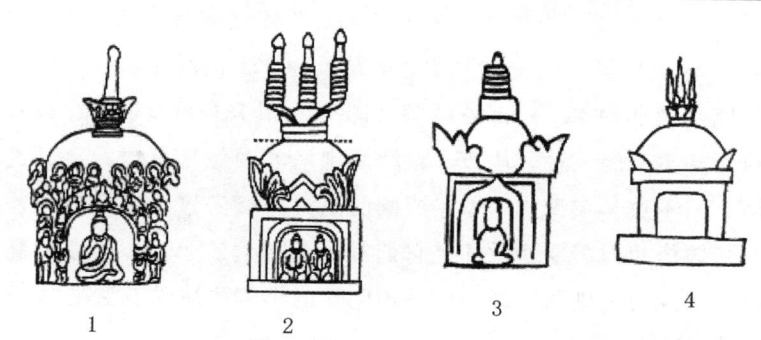

1　　2　　3　　4

1-3为云冈第13、第11窟佛塔（二期），4为云冈14窟（三期）西壁南侧佛龛群单层覆钵式塔（笔者绘）

龙门北魏后期（494年迁洛后）单层覆钵塔

4　　5　　6

4为龙门石窟21号塔（726龛）页51；5为龙门石窟37号塔（1034窟南壁）页51，6为龙门石窟普泰洞南壁小龛

注：图片出处：1-3引自唐仲明《晋豫及其以东地区北朝晚期石窟寺研究——以响唐山石窟为中心》，图26，4-5引自杨超杰，严辉《龙门雕刻精萃·佛塔》；6引自陈亦恺《略论北魏时期云冈石窟龙门石窟浮雕塔形》，图一一，第230页。

（三）阶梯式几何状受花

这种阶梯几何状受花在云冈二期晚期洞窟中出现，表1中第11、第12窟都有几何状的受花形式，它的形象很像城墙上的城垛，也许是受到城垛造型的影响。11窟佛塔除受花为几何状外，其余因素与楼阁塔塔刹基本一致，而第12窟的建筑形式严格说来则不能称其为塔。

除云冈外，北魏时期敦煌壁画的佛塔受花也出现了阶梯几何状受花（图15：1-3），到北周这种几何形受花依然流行，如301窟佛塔（图15：4）428窟佛塔。这里需要注意的是敦煌257的两座北魏塔（图15：3更像是阙）及北周428窟佛塔主塔（图9），其几何状受花都出现在小覆钵的上方，即平头的位置。从257窟两座佛塔的图像上可以看出，这两座所谓的塔，只不过是在汉式的屋宇或阙的上方直接安置了一个受花、相轮俱全的小覆钵塔，但需要注意的是它们都是单层建筑，当254窟的高层佛塔出现几何受花时，则与云冈一样，不明显的小覆钵被置于受花中。

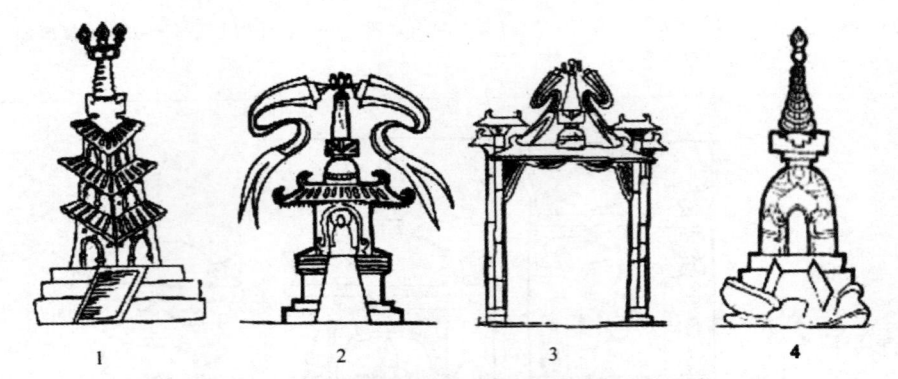

图15　敦煌莫高窟壁画中带有几何状受花的佛塔

1. 莫高窟254窟北魏塔；2. 莫高窟257窟北魏塔；3. 莫高窟257窟北魏塔；4. 莫高窟301窟北周塔

资料来源：1. 引自陈奕恺《略论北魏时期云冈石窟、龙门石窟浮雕塔形》，图三二；2. 引自唐仲明《晋豫及其以东地区北朝晚期石窟寺研究——以响唐山石窟为中心》，图25；3. 引自陈奕恺，图三三；4. 引自陈奕恺，图十三。

关于几何状受花的起源，笔者曾认为这可能是造型艺术趋向简化规律的结果，但详细审查，在云冈简化的花叶柱头与阶梯几何装饰之间并无内在关联，而且云冈12窟那两个形制颇为奇特的建筑十分令人困惑，它们是从哪里来的？顶部出现的小人让人联想到犍陀罗石柱花叶中的人物，那么它是否与犍陀罗有关？

图16是现藏于斯瓦特博物馆的一座犍陀罗小佛塔平头的局部，好像模仿的是城墙上的城堞。我们发现它的形状很像几何状受花，只不过几何状受花是将相邻的两个城堞各取一半。在很多犍陀罗小佛塔上都有着这样的平头。图17是著名的古城波斯波利斯谒见殿（阿帕达纳宫）的遗址，矮

图 16　斯瓦特博物馆藏犍陀罗小塔局部

图 17　进贡者之行列　公元前 5 世纪初　伊朗

资料来源：林良一：《世界美术 2：美索不达米亚之美术》，日本：讲谈社，昭和四十一年五月，第 125 页。

　　墙上的城堞与犍陀罗小塔上的形状一致。墙垣上的这类装饰（如果可以称为装饰的话）不仅在波斯，而且在阿拉伯地区广为存在，现今阿拉伯岛上的一些古老建筑仍保存着这样的"装饰"。

　　在敦煌壁画中我们也发现了这种形式的城堞（见图 18），连堞眼都与伊朗谒见殿遗址的堞眼相似。而且墙上的每一个墩台上出现的城堞形式与佛塔阶梯几何状受花形式一致。那么，这种相对的两个阶梯状图形图像来自何处，是否是中国本有的？云冈 12 窟那个顶部类似阶梯状受花的建筑源自何处？很明显那不是中国的建筑形式。

　　笔者在了解伊斯兰文明时无意中发现了位于阿拉伯半岛的纳巴泰文明

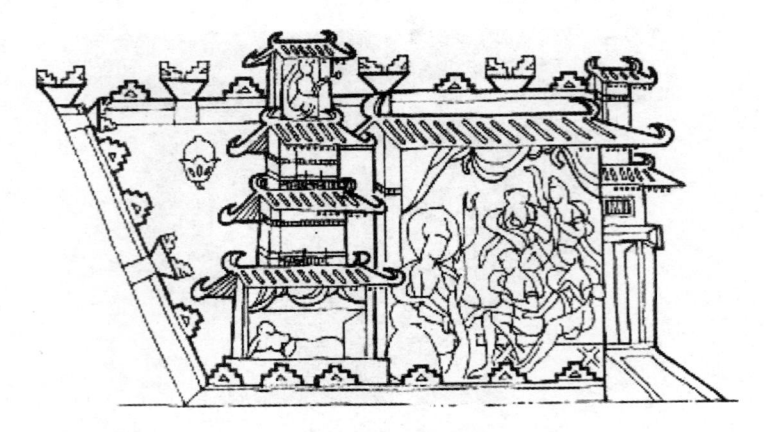

图 18　北魏第 257 窟

资料来源：萧默《敦煌建筑研究》，机械工业出版社，2003 年，第 136 页。

图 19　madain saleh 古墓外观

资料来源：Kamaan Al Kamaan: *Under the sky of the Saudi Arabia*, Singapore, 2007, p. 156。

遗迹，madain saleh 的纳巴泰人古墓群。这处古墓群约建于公元前后，其建筑深受古希腊罗马影响，在公元前 65 年他们被罗马人打败，公元 106 年罗马的图拉真皇帝完全控制了这里。图 19 是纳巴泰人古墓的外观，将之与云冈 12 窟的两个类佛塔的建筑（图 20）相比较，我们会发现二者在建筑结构上惊人的相似性。当然笔者的意思并不是说，云冈 12 窟的这个小建筑，其图像就是源自遥远的纳巴泰人古墓，而是说图像的极其相似性提醒我们注意，位于阿拉伯西北部的纳巴泰文明，与希腊罗马以及波斯都有着密切的关系，例如图 21 中，纳巴泰人具希腊罗马建筑风格的古墓门楣上的连续花纹，也频繁出现在犍陀罗佛教雕刻中。在公元前后的几百年间，欧亚大陆之间，或因战争、或因商贸文化，其交流的深度与广度远远超出了我们今人的想象。从《魏书》中，我们也看到，魏人对西方世界的了解已远达罗马。在这样的时代背景下，纳巴泰人的建筑样式会通过这样或那样的形式流传入中国。

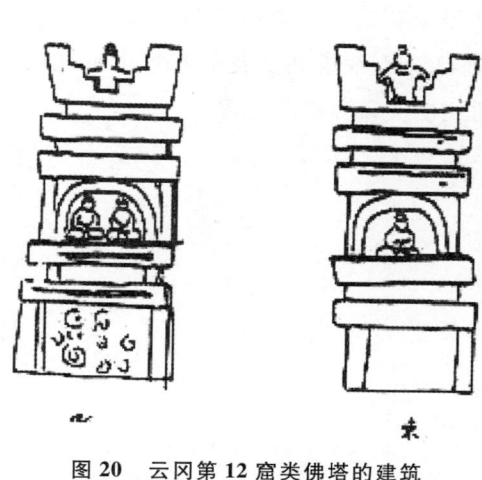

图 20　云冈第 12 窟类佛塔的建筑

图 21　madain saleh 古墓的外观
资料来源：Kamaan Al Kamaan：*Under the sky of the Saudi Arabia*, Singapore, 2007, p. 155。

佛塔上几何状受花的出现不是偶然的，也不像花叶式受花那样是在中国发展起来的，它有着更加直接的图像来源，是中国与西方文明交流的结果，只是这种几何图像被作为受花应用在佛塔上，则是中国的创造。

三　结语

在对云冈佛塔的梳理中我们发现，受花的出现与犍陀罗石柱的柱头有着密切关系，由柱头的花叶逐渐演变成佛塔受花，阶梯几何状受花也与西域的建筑形式相关。但孙机先生所提出的北齐之后至隋唐单层塔的受花与粟特建筑装饰渊源甚密的观点，笔者认为也是对的，只是其时间不是在受花形成的初期。由此笔者将早期佛塔受花在我国的形成和发展大约分为两个阶段，第一阶段是从云冈二期石窟开凿到北魏分裂，第二阶段大约从南北朝晚期的东魏－北齐到隋唐，即孙机先生所讨论的受花的时间。

第一阶段是受花的形成期,但它形成后不是就一成不变了,几何状受花逐渐退出佛塔受花的舞台,花叶状受花在东西文化不断交流的背景下也在不断发生变化。粟特因素的介入使得受花的形式更加丰富出现了形似莲花(或花朵)的受花,但它是在中国已经出现塔刹受花的背景上形成的。受花的出现和发展,就是一个东西方文明交流互动的过程。

金代教亨禅师墓塔建于嵩山法王寺考

张建伟[*]

> 最胜西山古道场，三年南贝棣华芳。钧怀不忍虚潭柘，省檄专驰下法王。
>
> 烟瞧晓波游鸭绿，雪痕春草乍鹅黄。后生力可持吾道，正好乘云入帝乡。

这首名为《玄悟老人劝请亨公住潭柘》的七律古诗石刻，现存于嵩山法王寺内，刻立于金代正大二年（1225年），是由时任少林寺住持僧木庵性英书写，法王寺住持僧慧昭立石，追忆起二十年前曾在少林寺和法王寺分别驻锡并担任过住持的金代著名高僧教亨禅师，被劝请去金中都（现北京）西山潭柘寺和庆寿寺为住持弘法的一段荣事。

一 教亨禅师生平传记解析

教亨禅师，字虚明，金代著名禅师。元明佛教僧传《大明高僧传》卷五、《佛祖历代通载》卷三十、《五灯会元续略》卷四和《新续高僧传四集》卷一六等都有传记。另外登封明清地方文献也有记载，其传记和文献资料对教亨禅师的生平事迹记述内容基本一致。今据明代释如惺撰《大明高僧传》八卷本第卷五"燕都庆寿寺沙门释教亨传二"（以下简称《僧传》）和元代常念和尚撰《佛祖历代统载》卷三十"金国庆寿亨禅师"（以下简称《统载》），我们对教亨禅师生平传记做以下三方面解析：

---

[*] 张建伟，河南古代建筑研究院副研究员。

（1）福安托梦，非凡降生。

教亨禅师曾作为金代"领僧万指"的著名高僧，其降生过程也被《僧传》著者赋予了神奇的色彩。根据《僧传》记载，"释教亨字虚明，济州任城王氏子，先有汴京慈济寺僧福安，居任城有年，精修白业缁素仰重，一日赴斋于芒山村，乃倚树而化"去世了，当晚"是夕示梦于女弟冯"及母子，"见其乘白马而下，曰：我生于西陈村王光道家"，第二天"诘旦至光道家询之，其母刘氏先夕亦梦，安公求寄宿焉，是日果诞亨"，教亨禅师就是这样非凡降生。幼年的教亨禅师"素部茹荤血，见僧喜从之游。人皆呼为安山主，故芒山村乃以师事于石纪其异"。此段《僧传》记载，教亨禅师的降生，有福安"转世"的寓意，并在芒山村有"碑于石纪其异"。

（2）宝公亲传，领僧万众。

根据《僧传》记载，教亨禅师"年七岁出家，依州之崇觉寺园和尚剃染，十三岁受大戒，遇苦瓜先生相之曰：此儿他日坐道场，必领僧万指"。在这里，《僧传》著者这段记载中为下文做出"必领僧万指"的暗示。"年十五游方，闻郑州普照宝和尚法席之盛。于是荷锡自汴发足"。就在亨禅师计划来拜见宝公当晚，宝公也"夜梦，庆云如金芙蕖缤纷乱坠，因语众曰：吾十年无梦矣，今有此是何祥也。翌日亨至，宝独异之"。《僧传》这段记载又为下文做出一点暗示，又借用"托梦"形式"金芙蕖（金莲花）缤纷乱坠，吾十年无梦矣。今有此是何祥也"，来解说教亨禅师投拜宝禅师这一相见，并"师朝夕参叩，宝亦痛札之"，经过数年参修，教亨禅师终于证入悟道而出世。"忽闻打板声霍然证入，遂呈偈曰：日面月面，流星闪电，若更迟疑，面门着箭。咄宝公曰：我谩汝不得也，师后出世"。他先是在五座寺庙弘法，"若嵩山之戒坛、韶山之云门、郑州之普照、林溪之大觉、嵩山之法王"。后又应金代丞相夹谷清臣邀请"请主中都潭柘"今北京西山潭柘寺，后又回老家"迁济州普照"。没有间隔多长时间，"未几忽方丈后丛树中有一株，亭亭高丈余，而群鸦以次来巢，状若浮图，上下十二级。众贺曰：和尚佛法愈大振乎。不十日诏住庆寿寺，众常万人"，这时教亨禅师最高荣誉，也是他弘法事业的顶峰，终于应验了前文苦瓜先生"必领僧万指"的预言。庆寿寺也叫双塔寺，该寺创建于金章宗大定二十六年（1165年），为当时中都最为知名的佛教寺院之一。

(3) 继主嵩少,放歌长啸。

教亨禅师在庆寿寺住持弘法仅仅三年后即退位禅让了,《统载》记载,"三年,退居缺门。知河南府国公石抹仲温,以少林虚席,请师继之,居无何师复引去。徜徉嵩少间者数年"。另《僧传》也记载,"三年继主少林,法席大盛,无何师引去乃徜徉于嵩少之间。或放歌或长啸。如是数年"。这里又明确教亨禅师在少林主法其间"法席大盛",但是没有多久亨师"复引去",又禅位了。教亨禅师二次"隐去",皆是三年左右时间,又长啸又放歌,这是什么原因呢?笔者在翻阅谢重光和白文固二位先生合著的《中国僧管制度史》一书中找到了答案。在该书第七章第二节"女真的崇佛及僧司的设置"一文中考证:"金之各级官员皆以三年为任,'任满,则又别择人',这一做法源于辽。辽之主要僧职皆有任期,都存在一个'秩满'的问题,在石刻中见到的不少僧官衔号上都冠有一个'前'字,称'前'者说明已秩满卸任了。辽的这一制度为金承袭,明确规定亦三年为任,不得连任"①。

教亨禅师虽然"领僧万众","法席大盛",但无奈金代有严格的僧司"秩满"制度,所以复"引去"嵩岳数年"放歌长啸"。《僧传》记载,到"金兴定己卯七月十日(1219年),一日忽觉四大弦缓。杜门坚坐谢绝宾客。诫其众曰:汝辈各自勤修。索浴说偈端坐而逝。享年七十。坐夏五十有八,弟子分舍利罗以建塔焉"。《统载》也记载:"塔于嵩山……收灵骨建塔焉"。教亨禅师完成了他辉煌的弘法事业后,弟子们建塔于风景秀丽的嵩山。

二 教亨禅师墓塔建于法王寺考

《僧传》和《统载》等明确记载了教亨禅师圆寂后"弟子分舍利罗以建塔"和"塔于嵩山",可是,根据登封文献有关少林寺塔林的资料统计,在少林寺塔林里没有教亨禅师的墓塔,另外在嵩山会善寺和嵩岳寺里,也没有找到教亨禅师的墓塔或碑刻传记,教亨禅师墓塔究竟建在哪里呢?

---

① 谢重光、白文固合著《中国僧管制度史》,青海人民出版社,1990,第206页。

由王雪宝先生编著的《嵩山·少林寺石刻艺术大全》一书，提供了一条重要线索，在该书第二编"叙录"第六节"金代"一文里①，收录有《嵩岳少林寺教亨禅师塔铭》和《法王禅寺妙济塔铭》，并明确指出该塔铭"在法王寺"，这时我们眼睛一亮，教亨禅师塔铭没有出现在少林寺，而在法王寺内，并且还另存有《妙济塔铭》保存在法王寺内？那么他们的墓塔会不会也在法王寺及其周围呢？可是登封现存所有文献资料显示，法王寺周围的古代高僧墓塔里，没有那处是教亨禅师和妙济禅师的墓塔，那么他们的墓塔究竟会葬在哪里呢，哪里寻找二座金代风格的墓塔或是塔基呢？

我们查阅登封史志文献，在吕宏军先生主编的《登封市志》上册·卷四"文物古迹"第一章"古代建筑"第二节"其他寺庵·法王寺"一文，看到有这样的记载，"寺东南 500 米处的五座塔、寺前小河东岸的砖石墓塔，都在'文革'时被毁"②。这里说明在"文革"以前，法王寺周围还有两处小型的塔林，很显然，法王寺这里既然有教亨禅师和妙济禅师塔铭，还有"文革"中被毁掉的砖塔，那么，教亨禅师的墓塔以宋金代风格建筑而论，而他的墓塔究竟会不会在毁掉的哪一处塔林里呢？

我们在刘敦桢老先生的《刘敦桢文集》中，应该是找到了准确答案，在该书第二册"河南省北部古建筑调查记"一文"登封县法王寺"一条中明确说明："……东山谷仅有单层单檐式墓塔二座。……它们的年代，当然不能超出宋、金二代以外"③。这里把宋金时代的风格给确定了，刘老先生是我国古建筑鼻祖，他对古塔的断代是具有权威性的，此篇文章写于民国二十五年（1936 年），刊发在《中国营造学社会刊》第六卷第四期内，是刘敦桢先生带二位研究生亲自来河南北部考察古建筑回去之后整理编写的，并且，这二座宋金时代的砖塔一直保存到"文革"时期才被毁掉，这是偶然的巧合还是必然结果？所以笔者推测，东山谷毁掉的二座宋金时期墓塔，我们断定就是教亨禅师和妙济禅师的墓塔。刘敦桢老先生还在该文章里描述了墓塔的简单结构特征，"有单层单檐式墓塔二座，除下部须弥座以外，塔身两侧，并嵌有几何形窗棂"。笔者还推测，这两座墓塔中其

---

① 王雪宝主编《嵩山·少林寺石刻艺术大全》，光明日报出版社，2004，第 161 页。
② 吕宏军主编《登封市志》，中州古籍出版社，2008，第 215 页。
③ 刘敦桢：《刘敦桢文集》第二册，中国建筑工业出版社，1984，第 403 页。

一塔前还立有记载教亨禅师生平的碑刻,《僧传》和《统载》著者才能有如此详细的一手资料来撰写教亨禅师的传记。

三 教亨禅师在少林寺的碑刻史料

前文《统载》和《僧传》说到,教亨禅师于大安元年(1209 年)受"知河南府国公石抹仲温,以少林虚席,请师继之",使少林"法席大盛"。现查阅少林寺金代石刻资料有十余品,其中有五品和教亨禅师有直接关联,具体如下:

(一)《大金嵩山少林寺故崇公禅师塔铭并序》,镶嵌在少林寺塔林中部"崇公禅师塔"上,塔铭刻立于金代大安元年(1209 年),前款为"本寺悦众比丘僧祖昭撰,侍者比丘僧□柔书"。末行落款为"都劝缘住持传法嗣祖沙门教亨立"。这里说明两点意思,一是"崇公禅师塔"及塔铭石刻是在教亨禅师组织募捐下修建刻立的;二是教亨禅师曾经担任金中都(现北京)的"都劝缘"。

(二)《三教圣像》碑,立于少林寺碑廊,刻在唐代《大唐天后御制诗书》碑阴,刻于金大安元年(1209 年),中间为佛祖释迦牟尼立像,有头光;其左为老子李耳拱手而立;其右为孔子侍立。为少林寺僧祖昭绘,落款为"嵩山少林祖师道场住持传法虚明老比丘教亨建"。这里又说明两点意思,一是教亨禅师也是主张三教"圣意"相融汇的;二是此刻石是在教亨禅师组织授意下刻立的。

(三)《弥勒大士应化像》碑,立于少林寺碑廊,刻于金代大安元年(1209 年),前款为"济州崇觉寺讲院僧古井祖昭重绘,为师长父母四恩三有,嵩山少林立石,升高女弟子李守性施财"。落款为"大庆寿教亨稽首赞"。

(四)《达摩祖师只履西归相赞》碑,立于少林寺碑廊(1222 年),刻于金代兴定壬午年元年(1222 年),分为上下两首。上首颂刻"达摩入灭太和年,熊耳山中塔庙全,不是宋云葱岭见,谁知双瘦去西天"。落款为"太原比丘祖昭继明谨书,大安己巳嵩高少林重刻"。下首为教亨禅师在庆寿寺时所写赞语:"达摩当年住少林,武牢人去觅安心。安心不见安心法,正脉通流直至今"。落款是"庆寿教亨稽首赞,法王祖昭顿首谨书,兴定壬午端月二十一日"。

（五）《东坡居士苏轼稽首赞》碑，刻于《大唐文武圣皇帝龙潜教书》碑阴，落款为"明昌三年（1192年）二月十五日，中都潭柘传法住持虚明老人教亨谨书"。在碑刻右下角另有小字落款"大金大安元年八月初五日，嵩山少林道场悦众比丘用脢祖昭手绘此像，命工刻石，为保佑方丈虚明老师"。这里说明教亨禅师是于明昌三年被邀请在潭柘寺任住持僧的，金大安年间继任少林寺方丈。

结语

教亨禅师一生崎岖坎坷，从福安托梦非凡降生到普照宝公亲传禅发，从主持潭柘领僧万众到继主少林放歌长啸，最后弟子建塔嵩山归宿法王，展示了一代高僧虔诚传法忠心弘教的博大信仰。最后让僧俗二众遗憾的是，他的墓塔是在四十年前那场动荡的"文革"期间被拆毁，给人们留下了太多的遗憾和叹惜。

艺/术/考/古/篇（下）

佛教舍利塔基的考古发现与有关舍利瘗埋的石刻

赵 超[*]

中国古代的佛教寺院建筑具有自己独特的民族特色，也是汉化佛教的重要组成部分。与印度次大陆流行的寺院建筑遗址不同，中国的佛教寺院源于中国传统的大型宫殿与庭院建筑模式，组成寺院的主要殿宇往往以一条中轴线为主一字贯穿。而在寺院建筑中安排佛塔建筑，作为寺院建筑的重要组成部分与标志性建筑，则是很多寺院建筑中的重点。有些寺院甚至因建筑佛塔而形成。而具有中国木结构建筑特色，仿照中国古代楼阁建筑的砖石结构佛塔，在一千多年的佛教建筑历史中巍然屹立，成为重要的佛教文物。即使是因年代久远坍塌毁坏的佛塔，也有作为地下建筑部分的塔基保存下来，成为中国佛教考古的重要研究对象。

中国古代佛教寺院中建立舍利塔的制度源远流长。有学者认为这是受到《阿育王经》传入中国后的影响[①]，自南朝兴起的风气。因此，舍利塔基的考古发现也就成为中国考古学研究的一个重要组成部分。在近几十年中，全国各地发现了几十处重要的古代佛舍利塔基址，并且出土了一大批重要的佛教文物。本文首先简单介绍一下中国舍利塔基的考古发现情况，然后重点讨论与舍利塔建筑和舍利瘗埋有关的石刻文物。例如舍利函、舍利塔铭、陀罗尼经幢等。归纳一下它们的形制、纹饰、铭文内容与作用，并涉及隋文帝在全国建佛塔的历史作用。

自 20 世纪初以来，中国的佛教舍利塔基已经有几十处重要发现。其中

---

[*] 赵超，中国社会科学院考古研究所研究员。
[①] 南朝梁扶南三藏僧伽婆罗译《阿育王经》，《大正藏》50 册 131 页。

最早的是在河北定县发掘的北魏太和五年建成的佛塔塔基。该塔基用夯土筑成，表现出比较原始的早期佛塔建筑迹象。例如它还没有正式的地宫建筑，只是把舍利石函埋设在夯土塔基里面。然后在塔基上面建筑佛塔塔身。这种作法似乎是模仿中国传统的土坑葬形式，表现了佛教进入中国后，在根深蒂固的汉族传统文化影响下吸收了大量的汉地文化因素。而在舍利石函中存放有七宝和金银首饰等器物，则表现出佛教徒传统的供养佛舍利的习俗。这种来自古印度的佛教传统作法在中国土地上以后的舍利瘗埋中一直延续下去。在定县出土的舍利石函模仿当时中原日常器具中的箱函式样，上面为盝顶。盝顶上面刻有铭文十二行，记述了造佛塔的缘起。这种用铭文记录有关事宜的作法也是汉地文化传统中的习惯。

以后的重要发现例如陕西耀县发掘的隋代宜州宜君县神德寺塔。虽然仍是在夯土中埋设舍利，但在塔基的清理中发现在埋设的舍利石函四周又砌了围绕的护石和砖墙。形成了初步的地宫建筑。在石函的四周有线刻的舍利弗、迦叶、阿难、大目犍连，四大天王与力士等佛教神祇形象。石函的上口，专门嵌了舍利塔下铭作为内盖。说明在石函上刻写文字表明建塔缘起仍然是埋设舍利时必要的内容。类似的舍利塔下铭已经有过众多发现，内容与字体基本相似，可能是当时官方统一规定的式样。这是隋炀帝在全国三十州建立的舍利塔之一。

1964年发掘的唐代泾州大云寺塔，在其塔基中已经出现了完整的地宫与金棺银椁。地宫有门可以进入。石函安置在地宫中，四周刻有铭序、末尾有建塔官吏与僧众题名。并注明"大周泾州大云寺舍利之函总一十四粒"，刻于延载元年（694年）。石函中放置铜函，金棺银椁。这就已经形成了比较完备的中国特色的地宫建筑与地宫瘗埋品模式。

近年在山西太原凤峪太山龙泉寺发掘了唐代的宝塔基址，出土了有大量信士题名的石函，根据文字可以判断是武周时期的文物。里面出土了木棺、鎏金铜椁、银椁、金棺等多件文物。但这座塔基中的地宫还比较小，仅可容纳舍利石函。地宫砌有石质的象征性石门，并雕刻有力士天王把守。

宋代最早的佛教塔基发现是在河南郑州发掘的宋开元寺塔基。这个佛塔已经建筑有完整的方形地宫。地宫后部砌有棺床。上面放置石棺。石棺前后刻有板门、天王力士等图像，两侧刻有弟子痛哭送葬的场面，盖上刻纪年与施主匠人姓名。棺座上面刻写施舍的物品名称。与此年代相近的还有河北定县静志寺、净众院等塔基。地宫的建筑与棺床、石棺的建造明显是在模仿当时流行的砖室墓建筑模式，表现出佛塔建筑在不断地吸取着当时民间葬俗的因素。

1999年，在山西临猗双塔寺的北宋塔基地宫中也出土了石函、银棺、木棺和舍利瓶。

2008年，发掘了山东兖州的兴隆宝塔塔基，该塔为北宋嘉祐八年（1063年）重建。塔基中出土瘗埋舍利使用的石函，里面装有鎏金银棺、舍利金瓶、玻璃瓶等多重瘗埋容器。并且出土宋代的舍利碑。记录了这里瘗埋的是正光大师从印度带回来的佛顶骨真身舍利。

2011年，江阴悟空寺的泗州大圣宝塔塔基得到清理，地宫中仍然是使用石函瘗埋舍利。石函上刻有北宋景德三年（1006年）建的字样。石函中有鎏金铜手指等随葬品，并且发现有装在北宋影青净瓶中的舍利子。

辽代佛教盛行，在内蒙古、辽宁、河北等地保留了大量辽代佛塔，很多已经被确定为全国重点文物保护单位。并且曾发现多处辽代塔基，如辽宁朝阳清理的辽塔。值得注意的是北京房山的一座辽塔，在地宫中放置石函，函上刻有涅槃图。特别是在地宫的石板盖顶上树立了陀罗尼经幢，高3.12米。这是辽代新出现的现象，将陀罗尼经幢加入了佛塔地宫的建筑之中。

中国佛舍利塔的建筑经过了漫长的变化与发展过程。在这一过程中不断地添加进了新的建筑成分与有关器物。现在已知的与舍利塔有关石刻已经十分丰富，包括了石函、塔下铭、舍利塔记碑刻、陀罗尼经幢等多种不同类型的佛教石刻。将上面简单介绍的中国古代佛教塔基考古中的一些代表性成果排列下来，已经可以揭示出佛教舍利塔的地宫建筑从无到有，从简单到完善的逐渐发展过程。这些材料同样表现出有关舍利瘗埋的石刻材料也是这样逐渐完善并且丰富发展起来的。

有关舍利瘗埋的石刻材料中，首先出现的是简单的石函刻铭。这种刻铭只是在石函上面刻写建造舍利塔的缘起，包括建造时间、地点、建造人员的姓名等等。起到一个简单的记事作用。这种文字材料在印度的佛塔中很少出现，是具有中国特色的佛教石刻。寻其来源，可以追溯到当时中国流行的民间习俗与文化传统。第一，应该是受到中国古代埋葬习俗的影响。在中国古代的埋葬习俗中，长期以来就存在着用文字材料来标记墓葬的习惯做法，出现过很多埋在墓中的砖石铭记，例如刑徒砖、墓记、柩铭、墓志等。这种习俗在秦汉时期开始萌芽，通过长期的演变与使用，到了南北朝时期，在墓葬中埋设墓志的作法已经普遍存在，墓志的形制也已经基本确定。在中上层人士的墓葬中大多要随葬记录死者生平与埋葬缘由的文字铭记。所以，在建造具有印度特色的坟墓——佛塔时，自然会吸取社会习俗中已经定型的埋葬习惯。在塔基中也埋设标记性的文字。第二，佛教徒瘗埋舍利，建造佛塔是一件莫大的功德，而且往往是一件集各方众人力量的大型社会活动。对于这样的活动，中国古代也经常建立石碑或其他文字铭刻来予以记录。从东汉时期的父老僤刻石等材料到南北朝时期的佛教造像题记，都是这类的文字铭记，用来记录事件的原委，彰显参与的人士等。在这两种社会习俗的影响下，舍利瘗埋活动也采用了刻铭记录。早期的石函铭就是采取了这样的一种记述形式。

而后，有关建造舍利塔的记录题铭从石函上脱离出来，形成单独的一件刻石。以往的金石著录中称之为舍利塔下铭。根据现有材料看，这一变化应该是隋文帝在全国大肆建造舍利塔的结果。《隋书·文帝本纪》中记载隋文帝在仁寿元年（601年）下诏命令在全国30个主要的州内建造舍利塔，供奉舍利。《广弘明集》卷十七《隋国立舍利塔诏》中称："朕归依三宝，重兴圣教。思与四海之内一切人民俱发菩提，共修福业。使当今现在，爰及来世，永作善因，同登妙果。宜请沙门三十人谙解法相兼堪宣导者，各将侍者二人并散官各一人，薰陆香一百二十斤，马五匹，分道送舍利往前件诸州起塔。"从现在已有的文物来看，这一诏令是得到了完全的执行。以前金石著录中就记录了一些隋文帝建立的舍利塔铭，如山东益都广福寺出土的仁寿元年青州胜福寺舍利塔下铭，扶风龙光寺出土的仁寿元年岐州舍利塔下铭，这些塔下铭已经脱离了石函，刻成一件单独的方形碑石，很可能是覆盖在舍利石函上面的。

在北朝时期，还存在有一些有关建塔的题记或造像碑。这类造像题记或造像碑多采取横向长、纵向短的卧式碑形状。如北魏正光五年（524年）刘根等人造塔像记，北魏永熙三年（534年）韩显祖造塔像记，北齐天保三年（552年）刘子端造塔像记，北齐天保八年（557年）法仪兄弟八十人造塔像记等。日本学者松原三郎首先提出这类造像体现了造塔的意识。张总先生在《北朝石刻中的天宫问题》中指出北朝造像题记中以天宫造像为名的不少，所说天宫造像实际上是具有中国宫殿建筑特点的佛塔[①]。而北朝极盛时期的造像碑有不少应该是在雕刻成后建天宫塔用。将造像碑与佛塔结合在一起。可见造像碑这种在北朝极为盛行的石刻与佛塔也存在着一定的联系。

到了唐代以后，出现了单独树立的建塔碑，形制完全仿照世俗树立的功德碑。在碑文中记载建造佛塔的经过与有关人员等。这种碑有些可能还在地宫中，有些可能已经脱离地宫，树立在地面上，与佛塔比映。例如：唐代李德裕在南京北固山甘露寺重新埋藏梁代阿育王寺塔基的舍利时建立的《重瘗长干寺阿育王塔舍利记》碑，就是一座规模宏大的石碑。碑文流传至今，记载梁武帝在大同三年（537年）改建阿育王寺塔，发现地宫石函和舍利，并重建双塔的情况。说明在梁代就已经采用石函瘗埋舍利。在近年南京市发掘甘露寺塔基时，南京考古部门就根据这一碑刻考察塔基出土的舍利容器与舍利情况。

宋代中原地区墓葬中出现了一些使用石棺的作法，尤其是一些火葬墓。而火葬应该是佛教信徒采用比较多的作法。所以这时佛塔瘗埋舍利时也吸取了民间习俗。使用石棺，同时在石棺上、棺床上刻写铭文，记录有关舍利瘗埋的事件经过。这是一种新的石刻铭刻形式。说明佛教石刻始终与世俗社会紧密结合，互相影响，具有共同的发展趋势。

从现有材料中看，在唐代中后期开始兴起建造石经幢的风习。建造陀罗尼经幢祈福成为佛教信徒们最普遍的功德形式之一。在这种风气的影响下。舍利塔的地宫中也出现了树立陀罗尼经幢的现象。例如上面所说的房山辽代塔基，以及辽宁朝阳等地的佛塔塔基，都发现过石经幢或者经幢的部件。联系在辽、金、元时期北方一些墓葬中随葬陀罗尼经幢的现象，可

---

① 张总：《天宫造像探析》，《艺术史研究》创刊号，中山大学出版社，1999。

以看出，由于汉族社会生活习俗的影响与佛教不断汉化的倾向，在中国，佛教舍利塔地宫建造与舍利瘗埋的制度内容始终与世俗社会中的埋葬习俗相关联。而上溯佛塔建筑的历史，则反映出将舍利塔作为佛祖坟墓圣迹崇拜的思想，应该是从南朝梁天监十一年（512年）僧伽婆罗翻译《阿育王经》以来，在中国根深蒂固、时代延传的。其中具有关键作用的，是隋文帝大兴佛塔的举动。它为这一思想的普及，奠定了坚实的基础。

日高僧圆仁与大法王寺佛舍利的千年之秘

高志其[*]

闻名世界的中岳嵩山，以少林寺的武功而蜚声海内外，但少林寺是武寺，在嵩山七十二刹中还有一座译经开教而著称于世的、历史悠远的大法王寺。它建于东汉永平一十四年，比洛阳白马寺晚3年，较少林寺早424年，大法王寺与山西五台山的显通寺为伯仲之间，并列为我国佛教最早的三大寺院。

大法王寺不仅是译经开教之地，也是地藏王菩萨的第二道场，同时还是释迦文佛的舍利所在之处，在隋唐之前，曾长期领导嵩山地区的佛教。这也是历史上所载"嵩山七十二刹，刹刹朝法王"的含义之所在。

一 嵩山大法王寺的历史由来

佛法东来的由来，据《高僧传》等记载，东汉永平七年（公元64年），明帝夜梦金人，高一丈六尺，项佩日光，气行殿庭。次日问诸群臣，莫能言对。太史傅毅进曰："臣闻周昭之时，西方有圣人出者，其名曰佛，可以治国，正如陛下所梦。"于是明帝派遣郎中蔡愔、秦景，博士王遵等十八人，出使西域，寻求佛道。永平十年（公元67年），汉使蔡愔等人行至中竺大月氏国，巧遇在当地传教的印度高僧摄摩腾、竺法兰，汉使讲明来意，热情邀请来中国传教，二僧应诺。汉使和二僧用白马驮载佛倚像及梵本经六十万言，跋山涉水，历经艰险，到达古都洛阳。明帝礼请二位高僧，并安置于鸿胪寺内。永平十一年（公元68年），明帝深感鸿胪寺内各国使臣宾客往来频繁，译经多有不便，遂敕命于洛阳西雍门外建立白马寺

---

[*] 高志其，中国科协科普所高士其基金会理事长，世界大文化促进会会长。

一座（以纪念其白马驮经而来之意），摄摩腾始译《四十二章经》藏梵本于兰台石室，图佛像于西阳城门及显节陵上。

由于摄摩腾"善风仪，解大小乘经，常游化为任"。于是他上书汉明帝，翻译佛经，不宜于京都闹市，应另选风水宝地（含有清幽之意）。于是明帝敕令文武官员陪同，在京畿附近择地建寺，终于在嵩山玉柱峰下觅得一片宽阔地面，认为是译经传教的最佳之地。永平十四年（公元71年），明帝御旨，在嵩山太室南麓的玉柱峰下，建立译经弘法的菩提道场，并赐名为"东都大法王寺"。

法王寺背负峻极，前临颍水。俯瞰二熊诸山，排列如拱，诚谓深山藏古寺。尤有奇者，寺东有峡，形若半园之门，位于嵩山之巅，而称为"嵩门"。每当仲秋，天高气爽，一轮皓月从嵩门升起，恰似银镜镶嵌，谓之"嵩门待月"，是为登封八景之首。故古人称"法王寺"为"嵩山第一圣地"。

由此嵩山大法王寺与洛阳白马寺、山西显通寺一起奠定了佛教在中国大地传播的坚实基础。

二　法王寺供养佛舍利的大时代背景

公元581年，隋文帝（公元581～604年）继承了北周的统治后，针对"刑政苛酷，群心崩骇"（《隋书》卷一）的局面，大崇惠政，躬履节俭。与以前多数帝王不同的是，他以佛法的宽容精神为旗帜收揽天下人心，以崇尚佛教作为巩固政权的重要方针。这和他出生在冯翊（今陕西大荔县）般若尼寺受智仙尼的抚养，因而深受佛教思想的影响，以及即位时昙延大和尚力请兴复佛教等不无关系。所以，隋文帝一反北周灭佛的政策而大兴佛教。他首先下令修复毁废的寺院，允许人们出家，又令每户出钱营造经像，京师（长安）及并州、相州、洛州等诸大都邑由官家缮写一切经，分别收藏在寺院及秘阁之中，故而天下风从，民间的佛经要比儒家的六经多很多倍（见《隋书·经籍志》）。

结果不足十年，民众归心，天下大治，户口滋盛，仓库盈积，结束了三百年来的割据战乱，全国复归一统。诚可谓上化而下有，如风之靡草，并为盛唐的出现打下了良好的基础。

隋文帝一生致力于以佛教教化天下。在度僧方面，他于开皇十年（公元590年）听许以前私度的僧尼和人民志愿出家，一时受度的多到五十余万人（《续高僧传》卷十《靖嵩传》；又卷十八《昙迁传》）。在建寺方面，他于即位初年，即改周宣帝所建立的陟岵寺为大兴善寺。又令在五岳各建佛寺一所，诸州县建立僧、尼寺各一所，并在他所经历的四十五州各创设大兴善寺，又建延兴、光明、净影、胜光及禅定等寺，据传他所建立的寺院共有三千七百九十二所（《辩正论》卷三）。

在造像写经方面，据传从开皇初到仁寿末年（公元604年），建造金、铜、檀香、夹纻、牙、石等佛像大小一万六千五百八十尊，修治故像一百五十万八千九百四十余躯（《辩正论》卷三）。并且在开皇二十年（公元600年）严禁毁坏、偷盗佛像等（《隋书高祖纪》下）。又缮写新经十三万二千零八十六卷，修治故经三千八百五十三部（《辩正论》卷三）。

而在隋文帝以佛法的精神来治理国家所采取的一系列的政策中，影响最大的事情就是仁寿年间从公元601至公元604年在全国一百一十余州建立舍利塔。

隋文帝在未即位之前，即有天竺沙门赠送了一包舍利子，云"大觉遗身"。即位后，曾与昙迁禅师数之，竟未能数清。仁寿元年（公元601年）六月十三，恰值文帝诞辰，遂下《隋国立舍利塔诏》，令从京城分送舍利，于雍、岐、泾、同、华、蒲、并、定、相、郑、嵩、亳、汝、泰、青、牟、随、襄、杨、蒋、吴、苏、衡、桂、番、交、益、廓、瓜、虢等30州各立一塔以为供养。隋文帝在《诏书》中这样说道："朕归依三宝，重兴圣教。思与四海之内一切人民，俱发菩提，共修福业，使当今现在爰及来世，永登善因，同登妙果。"当时朝廷中有监佛教事务的僧官，名为"昭玄统"。为此，隋文帝派遣三十位高僧大德各率侍者、官吏，并赍熏陆香百二十斤，分送佛舍利于各州起塔。起塔之时，任人布施，但钱只限止10文以下。若不够，可役用正丁，取用库物。限十月十五日午时，30州舍利同时置于石函内入塔。总管、刺史以下，县尉以上，息军机、停常务7日，专门办理建舍利塔之事。

隋文帝令全国各州建塔安置佛舍利，前后共为三次。第一次是仁寿元年（公元601年），在他六十岁的生日六月十三日，令全国三十州立塔，并请名僧童真、昙迁等三十人分道送佛舍利前往安置。

第二次是仁寿二年（公元 602 年），在佛诞日，请名僧智教、明芬等分送佛舍利至全国五十三州入函立塔。

第三次是仁寿四年（公元 604 年），也是在佛诞日，令在三十州增设宝塔，请名僧法显、静琳等分送舍利。

前后立塔共为一百一十所。

三　大法王寺隋塔的建立与佛舍利的供养

大法王寺隋代舍利塔，又称法王寺塔，建于寺后山坡之上，即为隋文帝于仁寿元年诞辰之际下《隋国立舍利塔诏》时修建的。该塔呈四角抛物线形的正方形，高为十五级，四十五米；周长二十八米，壁厚两米多；系用黄泥砌砖而成，仅在外壁涂刷一层石灰，塔内呈空心状可达顶部，整个塔身显得雄伟而壮观，并于次年正式落成。

仁寿二年（公元 602 年）大法王寺隋舍利塔建成后，隋文帝即令高僧智教将佛舍利护送到法王寺舍利塔内供养。同时下诏，将"大法王寺"改名为"舍利寺"。而这恰恰是属于第二次的佛舍利大分送，即"仁寿二年（公元 602 年）在佛诞日时，隋文帝请名僧智教、明芬等将佛舍利分送至全国五十三州入函立塔"。

鉴于法王寺的许多珍贵石碑，已于"文革"之中毁于一旦。为此，我们无从查寻隋文帝派遣智教向法王寺赠送佛舍利的盛况，但从朝廷当时派往雍州的童真法师迎送佛舍利的盛况中，亦可见其大略情景。

童真与智教同为朝廷监管佛教事务的僧官昭玄统。童真法师是昙延法师的高足弟子，通明三藏，尤善《涅槃》经。曾奉命入西京大兴善寺国立译场，从北贤豆沙门阇那崛多大师译经。四年后，奉诏为涅槃众主，教授后学。仁寿元年普建舍利塔时，童真法师就是被挑选往 30 州分送舍利的 30 位高僧之一，当时他奉命送舍利于雍州仙游寺。

据历史记载，是年十月初，童真法师一行跋山涉水来到雍州仙游寺。将一枚珍贵无比的佛舍利放入金瓶之中，最后又将金瓶放在琉璃瓶中，小心翼翼地放进石函，置于塔下。奇怪的是，当舍利入塔时，天空竟然阴云四散，朗日垂照，顿时使得满山遍野的善男信女们欢呼不已。

由此可见，大法王寺佛舍利安奉供养之情景亦不脱此例。

四　大法王寺塔群的建立

此后，大法王寺塔群陆续建立，它们在法王寺塔（隋塔）东边的山坡上分别建立了三座唐代砖塔。塔群造型俊秀，规制精巧。尤其在隋塔东南侧的四角塔，又称一号唐塔，更为可观。塔高约15米，周长17.52米，采用迭涩檐式和砌造手法，用料则与隋塔相似。

二号唐塔虽然不如一号隋塔这般更赋予典雅壮观的典型意义，而略显得小些，但恰恰是这种平淡无奇的特征，使它在会昌法难时，被选择为佛舍利的保藏之处。

一号隋塔与二号唐塔横向并列，其间的距离为三十米到四十米左右。直对二号塔后二十米处为三号唐塔一层方形檐塔，直径为五米，高度约为十米。三号唐塔右侧八米处为四号塔，与三号塔横向并列，直径为四米，塔形较小，没有方形的檐角。

此三座唐塔，铭文均已丢失，塔顶和基座也已有破损，然虽历千年之久而大唐风范宛然犹存。

它们组成了法王寺塔群。在会昌灭佛中，共同起到了保护和掩护佛舍利的作用。

五　武宗灭佛、会昌法难

世事如幻，转瞬而去，兴废成毁，古来无常。俟公元820年，唐穆宗李恒（795~824年）即位时，即力禁佛教，并下诏严斥山人柳泌以仙药惑人，大通和尚也因借神佛虚奸邪，此二人均被交付京兆府衙门重杖而死。而一度勇谏迎佛骨的韩愈则被重新征召入朝，委任国子监祭酒，并转迁兵部和吏部侍郎的重职。唐武宗李炎（公元814~846年）时期，亦严禁佛教，而力倡道教。并于会昌四年，公元844年三月，下诏令毁寺院佛像，焚佛经，勒令僧尼还俗，又令饬终南、五台、普光寺和法门寺……凡瘗贮佛牙佛骨均不准供养，违者如送一钱，脊杖二十。并下诏：改佛寺庙为道观，安置天尊老君像位，大有以道代佛之势。当时的法门寺塔基地宫被捣毁，"影骨"被砸毁，"真佛骨"也被抛撒于地宫之内。一场巨大的灭佛浩劫遍及全国，史称会昌法难。不仅寺宇僧众，包括信仰佛教的官宦士民皆笼罩在巨大的恐怖之中。在会昌法难延续近40年的漫长历史时期中，计毁寺庙4.46万余所，还俗僧尼26.1万人，诸役杂匠15万人。直至公元859年，唐懿宗李漼（公元833~873年）即位后才重新倡导佛教。并于咸通十二年，公元871年，整修了法门寺地宫，在地宫的西北角寻见了佛骨，遂又敬供于地宫的神龛之内。

大唐初期以其自身的强大对外来文化采取包容、开放的政策，而自安史之乱后，唐处于衰落时期，因此对外来文化采取排斥、抗拒的态度，如韩愈的《谏迎佛骨表》也更体现了儒、道两家与佛教在思想文化上的斗争。但统治阶级与官宦集团又怎能知道经过魏晋南北朝的战争杀戮、生灵涂炭、尸横遍野，人民流离失所之乱，佛教思想已经深入人心，弥陀、观音的信仰亦由此而建立。

然会昌法难不仅仅是发端于思想与文化上的冲突，更是基于政治、经济、军事等各方面的原因，是社会矛盾不断激化的产物。

当时，唐王朝朝纲败坏，藩镇跋扈；宦官专权，嬖幸用事；朋党相争，民政涂炭；天灾人祸，屡见端倪；战乱叛衅，连绵不断；国库亏损，饷银不继。当时僧人较多，寺庙经济庞大。同时，按朝廷惯制，每三十年迎佛一次，迎佛之际又过于奢侈铺张，所费巨糜。这就引起了各种利益集团，对佛教广泛传播的嫉妒和排斥等诸种原因而产生了会昌法难。

佛本中道，倡节俭而禁奢靡，止杀生而行悲愍。并以利他者为善，以利己者为恶。寺宇经济过于庞大，朝廷可以政策法令进行限制，迎佛之费巨糜可以节俭。但值此后唐的非常时期，佛教就成为朝野乱源的替罪羊。这说明唐王朝的晚期没有处理好宗教、文化、政治、经济、军事之间的关系。

总之，会昌法难波及全国，而嵩山大法王寺无疑也受到了极大的冲击，并笼罩在一片恐怖之中。

对此，法王寺《释迦舍利藏志》碑铭也清楚地记述了此事。正如铭文中写道："汉西来释迦，东肇佛坛，嵩之南麓法王寺立矣，隋仁寿间帝敕建浮屠，遣使安真身舍利于内，殊因移匿地宫密函之，盖护宝非公也，法门圣物，世远遗失，诚恐镌石以记，祈圣门永辉。圆仁、天如大唐会昌五年。"

六 日高僧圆仁与嵩山法王寺

在《释迦舍利藏志碑》中首先出现的是圆仁法师的名字。

圆仁者何许人也？经笔者遍阅中国国家图书馆唐王朝数百年间的《高僧传》《续高僧传》，并无名为圆仁者，遑论武宗灭佛时期。那时，叫圆仁的只有一位，那就是由日本国入唐求法并撰写了《入唐求法巡礼行记》的高僧圆仁，此圆仁即彼圆仁吗？如果是！那么圆仁又是如何来到当时的大法王寺并参予佛舍利的藏匿与立碑的呢？

而在《入唐求法巡礼行记》中并无记载此事，但有一点引起笔者的注意，即圆仁归国途中确实经过了嵩山。时间与立碑的时期完全吻合。

根据《入唐求法巡礼行记》记载，圆仁法师于大唐会昌五年，公元845年5月17日，从陕西长安出发，过潼关及诸县，6月1日到达洛阳（东都），并于6月9日到达郑州。从洛阳到郑州途中要经过登封嵩山。

圆仁归国，行囊必重，携带在扬州、五台山与长安等处求得的佛教经论、章疏、传记等共五百八十五部、七百九十四卷以及胎藏、金刚两部曼荼诸尊坦样之类法门道具以及衣物、生活用具、日记等物品，因此，必有马匹作为载重工具，亦有马夫、脚夫相伴而行。

从长安到洛阳全程约为774里地，这段路程圆仁一行整整走了15天，以两京之重要，其中尚有一些官府公案的挂碍与人际关系的酬留，故每天平均为五十里许。从洛阳到郑州全程为320里地，嵩山居其中，东西皆为160里地。而这段行程圆仁一行却整整走了九天，倘以日行五十公里许，那么六天的时间也足以走完全程，那么还有三天的时间圆仁到哪里去了？做了什么？

从郑州到洛阳途中必经嵩山，而嵩山大法王寺则是处于该地区佛寺群中领袖群伦的地位。同时又是隋文帝所赐佛舍利供奉之处。圆仁法师是属于见寺就进，见佛就拜的日本高僧。于是，故事就从这里展开了。现在，让我们再现这一千年之前的历史情景吧！

七 日高僧圆仁法王寺立碑记

公元845年，唐会昌五年，6月1日，圆仁法师到达洛阳（东都），并于6月9日到达郑州，途经嵩山。

从洛阳到嵩山约为一百五十里地。在唐朝年间，若骑快马，两个多时辰即可到达。若骑慢马，大半天的时间也到了。若按圆仁一行，每天五十里许，三天的时间亦可到达。由于已离两京地面，无官府的挂碍与人际的滞留，故速度又畅快了许多。古人讲究早起早行，暮晚即宿。这是为了便于旅途安全，因为古代夜行的照明设施和条件都远远不够。同时，山路崎岖，旷野无人，野兽出没，甚至强人横行，若贪赶路，遇村不宿，则过了这村就没这店。

僧人的生活习惯更是讲究早起，为此圆仁法师一行，拂晓即起，暮晚住宿。于三天后的中午时分便赶到嵩山。因大法王寺是当时领导嵩山地区佛教的主要寺庙，且为佛舍利所在之处。因此，必然是挂单于彼寺。僧人天如应为当时彼寺的方丈，总之方丈与接待过往宾客僧人挂单的知客，知客都亲往迎接。

双方简单茶叙，便进午餐。餐后圆仁法师回房小歇片刻，随于午后二至三时，再与大法王寺住持方丈与知客天如进行务谈。根据当时的情况，圆仁必然要谈到朝廷的灭佛政策，长安地区灭佛的种种状况以及法门寺佛舍利惨遭抛撒的情况。根据大法王寺佛舍利的状况，双方很快会进入实质性商议。如何采取措施，保护法王寺的佛舍利的安全，免遭会昌灭佛的毁坏。于是，决定将佛舍利从声名赫赫的法王寺 1 号隋塔地宫中转移到并不起眼的 2 号唐塔地宫中，并一致认为法王寺群塔还能起到共同的掩护作用。在商议中，不觉红日西沉，夜晚降临。晚钟敲响，山门已关，而具体的种种措施，则于晚餐前后即已议定，并吩咐与安排下去。

直待夜渐深沉，四赖无人，即行开始转移佛舍利的秘密工程。1 号隋塔、2 号唐塔地宫两边同时开挖，同时组织工匠开始刻碑。根据实地勘察，这一工程的劳动量也是很大的，需要石匠、泥瓦匠和众多的僧人。既要挖开掩埋的泥土，搬开巨大的石门，同时还要精心的挪移佛舍利和众多的供养器皿，并撰文刻碑。

由于圆仁是从日本来华的求法请益僧，已对佛法有深湛的研究，初到扬州即习汉文，文理通达而简约，善开门见山，直陈要义。所到之处，又多有达官贵人接待，影响较大，故天如等恭推圆仁为碑铭撰文，于是就出现了我们上述所见的《释迦舍利藏志碑》的碑铭内容。碑铭一如圆仁行文之风格,以《入唐求法巡礼行记》一书与碑铭两相对照,不难见其真章。盖无中土撰文之赘也。

同时圆仁、天如等僧众作为虔诚的佛弟子也必然要按照佛教的仪轨举行简单的仪式。

内事已毕,外护复周。为保护好佛祖舍利,法王寺僧人与圆仁在 2 号塔地宫入门处安置了三道墙,内外二道是砖墙,中间则是无字碑墙。既是扶持中间的墙体不致倒塌,亦是为了会昌灭佛的特殊情况,防止朝廷灭佛政策的破坏性挖掘以及民间的盗墓者而建的。同时,也是为了避免自然的损害,如土地塌陷,雨水沉积,山体滑坡。最后则是将刻好的碑文安置于地宫之中。由于时间紧张,石碑没有精雕细刻,饰之花纹,而是比较简单粗糙。可见当时动工与行动的仓促,也真实地反映了当时严峻的社会形势。但碑体的文字却十分清楚地表达了转移佛舍利的原因和意义。碑文的落款为日本僧人圆仁和大法王寺方丈天如。

在会昌灭佛,风雨如磐,鸡鸣不已的时代。可以想象,当时大法寺全体僧人的紧张程度。转移佛舍利的工程应是由夜晚进行,因白天动静目标较大,不易隐蔽。因此约需三天夜晚的时间来完成。

彼时之际,山风浩荡,林涛夜吼,直到黎明晨曦,东方皆白。

不觉中三天已过,当第四日的清晨来临时,圆仁一行即整理行装准备赶路,圆仁带着凝重而愉悦的心情与法王寺天如方丈等一干僧人在山门口郑重道别,并相约守密。天如等僧众怀着感激之情一送再送,直至两京大道的路口始合掌告别,目送圆仁一行缓缓远去。

这是圆仁从洛阳往郑州途中的第七天。

第九天圆仁便已到达郑州,并与郑州刺史晤谈,获赠锦缎两匹、银两若干。

谁能想到,从兹之后的千年之中,佛舍利就消失于世了,因此再也没有哪个皇帝与王朝想将法王寺改名为舍利寺了。

八 圆仁生平介绍及《入唐求法巡礼行记》文化意义的阐述

日僧圆仁,俗姓壬生氏,日本桓武天皇延历十三年(唐德宗贞元十年,公元 794 年)生于下野国的都贺郡(今栃木县),他幼诵经典,心慕佛乘。十五岁赴京都府滋贺县比睿山，师从日本天台宗创始人最澄。勤学苦修而成绩卓著。

最澄曾上奏朝廷，要求在比睿山高处立大乘圆顿戒坛。弘仁十三年（公元822年）获朝廷允准，最澄已经寂灭。于是，由二十八岁圆仁开坛弘法。天长十年（公元833年）圆仁写根本如法经，是横川地区如法写经会的肇始。此外，他还建立根本如法堂等等。在入唐求法成行之前，圆仁已是日本天台宗的一位高僧。

日本仁明朝承和五年（唐文宗开成三年，公元838年），圆仁四十五岁时即随遣唐使腾原常嗣等一行，历尽海难劫波，九死一生而西渡入唐。

到中国后，圆仁以日本比睿山延历寺未决天台教义三十条请求唐朝高僧决释为名，先后向扬州、五台山、长安等地高僧求法请益，受学天台止观和遮那，即法华宗与真言密教。另外，他还受灌顶，学梵、汉文字、定经卷和书曼荼罗功德帧等。

他在中国求法巡礼，历时九年七个月。即将回国时，恰逢唐武宗会昌灭佛。在途经嵩山法王寺时，与中国僧众为共同的精神信仰不惜冒着身家性命的巨大危险保护、移匿佛舍利，并立碑以记。

圆仁几经曲折，备尝艰辛，终于在唐宣宗大中元年（公元847年）携带在扬州、五台山与长安等处求得的经藏、疏论、法器、道具返归故土。

回国后，圆仁先在比睿山设灌顶台，又于日本嘉祥三年（公元850年）建根本观音堂。仁寿元年（公元851年）还将五台山的念佛三昧用于比睿山始作常行三昧。仁寿四年（公元854年）建法华总持院，进一步弘扬台、密二教，在日本佛教史上产生了深远的影响。

日本清和朝贞观六年（唐懿宗咸通五年，公元864年）正月十四日，圆仁示寂，终年七十一岁。贞观八年（公元866年）清和天皇赐予"慈觉大师"称号，同时赐其师最澄为"传教大师"。在日本佛教史上，僧人获赐大师之称者实始于此。有唐一代，日本学问僧、请益僧等先后来中国求法巡礼者不乏其人。其中，平安朝（公元782年至1191年）"入唐八家"：天台宗最澄及其法裔圆仁、圆珍。真言宗空海及法裔常晓、圆行、慧远、宗 八人尤负盛名。圆仁于其中更是业绩斐然。

圆仁不仅志气坚毅，为弘法奔波操劳，而且擅长著述。他有《金刚顶经疏》《苏悉地经略疏》《顶扬大戒论》《入唐求法目录》《在唐送进录》《入唐新求圣教目录》等十余部作品。这部《入唐求法巡礼行记》（简称有《巡礼行记》《巡礼记》《求法行记》《入唐记》等，以下统称《入唐行记》）的历史史料价值更高，影响也就更为深远。

《入唐求法巡礼行记》是一部千古流传的不朽之作，与玄奘的《大唐西域行记》《马可波罗游记》并称为世界三大游记，它忠实地记录了唐王朝年间的语言文字、民风民俗与晚唐时期的宗教、文化、政治、经济、军事动态及朝野臣民真实、生动的思想情状，是一幅全景式的历史画卷，从而成为一部宝贵的历史书籍。

从《入唐行记》中，我们可以看出他对唐王朝的排佛灭佛的政策行径表示了心中巨大的痛苦和愤懑，并以讽刺的口吻揭示了唐王朝后宫的辛秘酷事以及灭佛政策的不得人心。

> 会昌四年，三月，敕下："朕欲驾幸东京。仍晓示百：如有朝臣谏者，诸身灭族！"敕不许供养佛牙。又敕下云："代州五台山及泗州普光王寺、终南山五台、凤翔府法门寺，寺中有佛指节也。并不许置供及巡礼等。如有人送一钱者，脊杖贰拾。"因此四处灵境绝人往来，无人送供。准敕勘责彼处僧人：具姓名闻奏。恐路府留后押衙作僧潜在彼处也。宰相李绅、李德裕奏："停三长有，作道士教。"新定三元月：正月上元，六月中元，十月下元。

> 国教以道代佛。禁佛供养，无公验者当即打杀。上、中、下元皆为道教之节。

> "会昌四年八月中，太后薨——郭氏太和皇后。缘太后有道心，信佛法，每条流僧尼时，皆有词练。皇帝进药酒，兴药杀矣。又义阳殿皇后萧氏是今上阿娘，甚有容，今上召纳为妃。而太后不奉命。天子索弓射杀。箭透入胸中而薨。"

凡诸为帝，当有德政，然武宗的道德品行也由此一斑而见全豹。

会昌四年七月十五日，城中诸寺七月十五日供养。诸寺作花、螺花饼、假花果树等，各竞其妙。常例皆于佛殿供养花药等尽般到兴唐观，祭天尊。十五日，天子驾幸观里，召百姓令看。百姓骂云："夺佛供养祭鬼神，谁肯观看！"天子怪百姓不来。诸寺被夺供养物，甚也。

佛、道之争的历史亦甚烈。然道进谗言，而佛甘辱之，此立义与境界之不同也。

又敕下，令毁拆天下山房兰若、普通佛堂、义井、村邑齐堂等：未满二百间，不入寺额者。其僧尼等尽勒还俗，宛入色役。具令分析闻奏。且长安城里坊内佛堂三进余所，佛像、经楼等庄校如法，尽是名工尊胜石幢、僧墓塔等有敕皆令毁拆。敕召国子监学士及天下进士及第身有学者，令入道教。未曾有一人入其道者也。今年已来，每雨少时，功德使奉敕帖诸寺观，令转经祈雨。感得雨时，道士偏劳蒙恩赏，僧尼寂寥无事。城中人笑曰："祈雨即恼乱师僧，赏物即偏兴道士。"

综上以观，讽刺已极，诚为嬉笑怒骂皆文章。

同时，《入唐行记》又如实地记载了朝野人士对佛的敬仰之情和对灭佛、排佛的态度。

六月九日，到郑州刺史李舍人处，有杨卿书；任判官处，亦有杨卿书。将书入州见刺史及判官，并已安存殷勤。州长史、殿中监察侍御史赐紫金鱼袋辛文昱在长安长供饭直，情分甚殷勤。去年得郑州长史赴任。今在州相见，悲喜交驰，存问至厚。便唤宅里断中歇息。刺史施两疋绢。诸人皆云："此处是两京大路，乞客浩汗，行人事不辨。若不是大官，是寻常衣冠酢大来，极是殷勤者，即得一疋两疋，是刺史殷重深也。"任判官施夹结一疋。辛长史见来，便交裁作裆衫。齐后出州归到宿处。辛长史专使来施绢一疋、抹肚一、汗衫、褐衫一。

此时已离嵩山，而到郑州。人心向佛，不可阻遏。《入唐行记》深意如是。

圆仁出郑州，"行十五里，回望西，见辛长史走马趁来，三对行官遏道走来。遂于土店里在，吃茶，语话多时相别，云：'此国佛法即无也，佛法东流，自古所言。愿和上努力，早达本国，弘传佛法。弟子多幸，顶谒多时。今日已别，今生中应难得相见。和尚成佛之时，愿不舍弟子。'"

众情殷殷，皆望佛渡，脱离世间苦海。纵然官吏亦无脱此心。

会昌五年八月十六日，到登州见萧端公——新来赴任。又有敕云："天下金铜佛像，当州县司剥取其金，称量进上者。"

登州者，大唐东北地极也。枕乎北海，临海立州。州城去海一二许里。虽是边地。条流僧尼，毁折寺舍，禁经毁像，收捡寺物，共京城无异。况乃就佛上剥金，打碎铜铁佛，称其斤两。痛当奈何！天下铜铁佛金佛有何限数，准敕尽毁灭，化尘物。蓬莱县　送牟平县。向东南傍海岸：川野难过，山坂重重。

此为东归最后一站，面对大海，回望大陆，圆仁对灭佛政策的愤懑与归国喜悦相迭于此。

在《入唐行记》中我们可以看到，尽管皇帝下令排佛灭佛，但佛教信仰在达官贵人和老百姓中依然十分尊崇，所以，他每到一处都有官宦之家接待，辞别时，又都赠以财礼，并都对他说："吾师东归成佛后，毋忘前来度弟子。"从这里我们也可以看到正是鉴于圆仁在日本国佛教界的崇高地位和在中国社会的巨大影响，由此，法王寺"殊因移匿佛舍利"之碑，就以圆仁的名字而放在首位了。

九　佛舍利之千年秘事再现于世

时空荏苒，转瞬千年。时光再回溯到1998年，河南省文物局开始挖掘2号唐塔地宫时，施工队伍于塔前三米以梯形台阶的方式开始下挖，在三至四米的深度时触及地宫塔门，塔基则沿着塔门四周。地宫共有三道墙，第一层是砖垒的，目的是把门堵住，砖后面的则是无字碑，两端是侍女图。第三层还是砖墙，掀开第三层砖墙后，则显示了地宫室内的全部情况。室深约为三米多，头上是圆形的屋顶，四面也是圆形的，类似于蒙古包，里面靠墙半尺处有一个土坛，土坛上端坐着一尊一米多高的包骨像。包骨像肉身外面用木板加固身子，再外面则用铁皮裹住，再以棉花与泥进行塑像，外面涂以彩绘。从门口望去，清晰可见莲花座上祖师的彩绘像。

当大门轰然打开时，包骨祖师像即告风化，半个头与半边身子开始逐渐塌陷。地宫中还出土了白瓷、黑瓷、鎏金镂孔铜炉、玉念珠、珍珠、玉戒指、飞天舍利盒、开元通宝等珍贵文物二十四件。经考古专家鉴定，国家一级文物在五件以上。

然而，更为重大的发现则是佛祖舍利的出现。佛祖舍利装藏于飞天舍利盒中。飞天舍利盒为玉质，小巧玲珑，鸟身人首，作吹箫状，雕刻精细，极富想象力和创造力。盒内则为三颗极其珍贵的佛舍利，佛舍利是世所罕见的佛教圣物。从人类的精神角度而言则为无价之宝，具有极高的瞻仰与供奉价值。

为此，当时的《河南日报》，以十分兴奋的语调报道说："法王寺2号地宫大放异彩。"

大法王寺全体僧人原本是伏地长跪不起，以阻拦施工队开挖地宫，破坏佛教圣地。但奇怪的是，当天施工队强行挖开2号唐塔地宫，破门而入时，大法王寺四十个僧人当中，有三十九人食物中毒，上吐下泻。登封县医院来了两辆救护车，而寺院中唯一的一辆三菱轿车也拉着病僧往医院送。这真是一次奇怪的巧合，仿佛也预示着有什么重大的事情要发生？

从此，释迦牟尼佛舍利由入藏之日起，在法王寺2号塔地宫中历尽了1155年的千秋岁月，直至公元1998年这一一个偶然的机缘，才得以重现于世。

十　为什么圆仁未记入《入唐求法巡礼行记》

圆仁在大唐求法时，鉴于武宗严酷的灭佛政策与恶劣的社会环境在日记中不记录此事是情有可原的，但为什么圆仁归国后亦未补入《入唐行记》之中。

武宗时期，以灭佛法律之酷，令人发指，而中日两国交往甚密，遣唐使络绎不断，口耳相传间稍有不慎泄露出去，法王寺僧众即有身家性命之虞，众多工匠亦会株连而诛，然以"慈觉大师"高尚品行与慈悲之心，拯众生犹尚不及，何况不慎言而遗害为此，圆仁归国后，整理《入唐求法巡礼行记》时未将此事补录书中。圆仁生前至寂灭的十六年中对此事缄口不语。

于是，圆仁移匿法王寺佛舍利之事成为千古之谜。

为什么圆仁绝口不提此事，让我们来看一看唐武宗的生卒时期、在位时期，他的灭佛政策的接班人唐宣宗的生卒时期、在位时期，和迎佛的唐懿宗的生卒时期、在位时期以及圆仁大师的生卒时期便可知晓一二内在的原因。

唐武宗　生卒（公元 814～846 年）
　　　　在位（公元 840～846 年）
唐宣宗　生卒（公元 810～859 年）
　　　　在位（公元 847～859 年）
唐懿宗　生卒（公元 833～873 年）
　　　　在位（公元 859～873 年）
圆仁　　生卒（公元 794～864 年）

从会昌灭佛到懿宗倡佛期间又经历了 27 年，直至懿宗在位后的最后一年才公开明确了迎佛政策，这时，时间已为公元 873 年。而圆仁已经等不到这一天了，他于公元 864 年圆寂，即灭佛政策的最后九年。

在此历史期间，圆仁没有机会提及此事并把它补录行记之中。这是圆仁与法王寺佛舍利成为千古之秘的根本原因。

此外，封建王朝律仪，神权天授，相继沿袭，不容毁谤。纵然前朝之事，亦不开此风。宋王朝时期，日僧深成，朝见皇帝献上《入唐求法巡礼行记》作为晋见的重要礼品。但不献第四卷，因第四卷中有攻击皇帝之说。此亦说明了圆仁不写移匿法王寺佛舍利，违抗皇权一节的深层原因。

圆仁的《入唐行记》深刻地描写和揭示了中国历史上极其特殊的历史篇章（但不是仅有的，因为历史是会反复的），这是其他书刊典籍所不具有的意义与作用。

十一　圆仁心理分析

《入唐行记》与圆仁的行踪密切相关，它标志着圆仁的行程。

圆仁路过嵩山这一重要的佛教文化地区，从 6 月 1 日～6 月 9 日却不著一字。对于一个善于记日记，喜欢记日记的人来讲，九天的时间不算短，为什么在"漫长"的九天里不著一字？这就透露了一个信息，透露了一个隐秘。

日本人常说：秘是花，不秘无花。这隐秘的花必是一个重大的事故。但什么重大的事故能够不予记载，讽刺皇帝的话都说了，直斥皇帝隐私的事也揭示了，如郭、肖二位太后的悲惨故事。

所以，这里必然隐藏着一个天大的秘密，也应是圆仁入唐所作的最得意的一件事。这一秘密在圆仁未走完的入唐行程是严峻的，而在圆仁归国之后是充满喜悦的，闭口不语的喜悦，秘密之花盛开的喜悦，直至他的入灭圆寂，可以说是法喜充满。

他的心灵一直在微笑，而外人却无从窥见与知晓。

十二　历史的回忆与总结

2006年，笔者随香港延佛国际慈善基金会来到日本，在比睿寺瞻礼圆仁大师喜悦微笑的法像，倍感亲切与敬仰，留恋再三而不忍离去，圆仁情结于心生焉。

回顾千年之前，圆仁入唐求法，护佛舍利，立碑以记，这就为中日文化交往历史上平添了一段佳话，而且是鲜为人知的佳话，也是日本佛教界、学界想都想不到的一段佳话。我们应该深切地感谢日本圆仁和尚对保护嵩山佛舍利所作的贡献。这也是圆仁法师入唐参访所作的最为重大的贡献，也是一位佛子冒着巨大的危险所体现出来的殷殷之情。

圆仁与法王寺佛舍利的故事生动地表明：宗教信仰的共同纽带跨越了民族，跨越了海峡，跨越了时空。

同时也表明，在人类世界各文明的和合中，宗教的和合是最根本的和合，因此各宗教间的沟通、理解、包容与超宗教的融合是必不可缺的。

人类世界和平、和谐、和合的根本之道是在宗教和合的前提下再进行物质与精神的合理分配，这样事物的本末关系就明确而通畅了。

一切和合从宗教开始，这是新的世纪人类世界的全新曙光。

后记

本文作者对嵩山大法王寺的研究是从1998年开始的，当时因释延佛方丈的邀请撰写了《重兴大法王寺碑记》，已于大法王寺山门前立碑；2005年则作了《日高僧圆仁与大法王寺佛舍利的千年之秘》一文的考证；又于2007年撰写了《毗卢遮那——大日如来诞生记》的报告文学；复至2008年完成长篇巨赋《毗卢遮那——大日如来颂》，随后即患白血病而病倒，所以一直未将《日高僧圆仁与大法王寺佛舍利的千年之秘》一文公开发表，但在当时即将全部的考证资料交给了大法王寺方丈释延佛，他们利用这一考证的文章与资料与中央电视台十频道"探索栏目"合作拍摄、播出了《法王寺传奇》，再现了圆仁与佛舍利的千年秘事；前日本驻华大使阿南夫人阿南史代曾写了《寻访圆仁的足迹》一书，2010年访问嵩山大法王寺时，读到这一文章，认为它填补了历史空缺，并将此内容补录其书之中。日本佛教界的专家、学者访问法王寺时也一致认为这一秘事是真实可信的。

现在，圆仁与法王寺佛舍利的故事已在中日两国间广为流传。

2011年11月20日在中国社会科学院世界宗教研究所、中国河南嵩山大法王寺联合主办的"中国嵩山大法王寺佛教文化艺术论坛"上作者正式宣读了《日高僧圆仁与大法王寺佛舍利的千年之秘》一文。

的确，武宗灭佛，会昌发难，千年殷鉴，于今会当慎思，如何更好地妥善处理政治、经济、文化、哲学、宗教的关系乃至民族、国家及东、西方文明间的矛盾与冲突对我们今天的世界依然具有深刻的、巨大的启示性意义。]

法王寺地宫出土的迦陵频伽玉棺和佛舍利

彭仁厚*

　　兴建于东汉永平十四年的大法王寺位于河南省登封城北十五里嵩山南麓的玉柱峰下，寺院东、西、北三面群山环抱，苍松翠柏，郁郁葱葱，如龙椅一般紧抱着大法王寺，有王者之气，是汉明帝专为印度高僧摄摩腾和竺法兰译经传教而敕建的，是我国最早的寺院之一，比洛阳白马寺晚三年，比少林寺早424年，距今已1900多年，兴盛于唐宋时期。

　　"环天下皆山，惟嵩高当天地之中。占名山皆寺，惟法王据形势之最佳。"在古刹林立的嵩山，大法王寺是当之无愧的"嵩山第一胜地"。晶莹宝塔、碑刻造像、殿堂楼阁、文物典籍等佛教文化的精粹，已经成为伟大的华夏文化不可分割的组成部分。大法王寺同全国其他名寺古刹一样，既是重要的历史文物，又是陶冶人们情操的著名幽境胜地。在1963年被河南省政府公布为第一批文物保护单位，1995年国务院公布为全国重点文物保护单位，是国内外开放的宗教活动场所，寺内现有房40余间，全部面积约为5000平方米，保留的文物有不少古塔、古树及石刻。

　　2004年4月8日，河南省文物考古研究所在对大法王寺塔群进行考古挖掘时，意外的在二号塔内发现了佛牙舍利……在大法王寺沉睡了1155年的佛教圣物——释迦牟尼佛的佛牙舍利终于穿越历史的时空，惊现在中国的菩提道场。

　　据《河南日报》报道说：……二号塔发掘出土了一批十分重要的文物。该塔地宫由宫道、隧道、宫室三部分组成。宫室为平面方形直壁四角攒顶式结构，砖砌地面北半部有一座坛，坛上有一跌坐真身坐像，

---

* 彭仁厚，成都市收藏家协会副会长，古玉专委会会长。

这是河南省目前发现的唯一一处真身坐化像，国内考古也属少见，具有很高的考古和宗教价值。出土的珍贵文物，经专家鉴定为晚唐时期河北邢窑系产品，世所罕见，具有极高的艺术价值和学术价值……。飞天舍利盒小巧玲珑，鸟身人首，做吹箫状，通体雕刻精细逼真，极富想象力和创造力，盒内有佛牙。舍利盒及佛牙的发现，对于宗教的研究有重要意义。各家新闻媒体对佛牙舍利的报道，令国人和国际人士为之震惊。

2009年11月笔者应中央电视台之邀，有幸瞻仰了法王寺地宫出土的飞天舍利盒（见图1、图2、图3），发现它是和田白玉雕琢而成，精美异常，并认定它是供奉佛牙的迦陵频伽玉棺。在法门寺地宫出土的铜浮图塔（见图4）置于地宫前室阿育王塔中，内置镏金迦陵频伽鸟纹银棺，其内安放了第四枚佛指舍利。证明迦陵频伽鸟的形象作棺供奉佛舍利是有先例的，只不过一个是刻有迦陵频伽鸟纹的银棺，一个是用白玉雕琢玲珑剔透、精美异常的玉棺！

图1 法王寺地宫出土的迦陵频伽玉盒

"玉，石之美者也！"许慎在《说文解字》中解释并感慨着。生成了亿万年的玉，遇到了中国人之后，才变成了通灵之宝。而具有人类所有美好品行的中国人，把玉看作了民族的精魂。因此玉也就具备了人类所向往的所有美好的品行，温文、宁静、含蓄、纯净、坚贞和正气。

图 2　揭开子母扣的迦陵频伽玉盒

图 3　笔者应中央电视台之邀，瞻仰法王寺地宫出土的飞天舍利盒

中国玉文化有着上万年的历史，源远流长。几千年来中国人喜玉、爱玉，用玉作为陪葬古来有之，但各个朝代则有不同。

汉代帝王、诸侯可享用"金缕玉衣"，以保尸骨不朽，如西汉中山王陵出土的"金缕玉衣"，徐州楚王墓出土的"镶玉漆棺"。

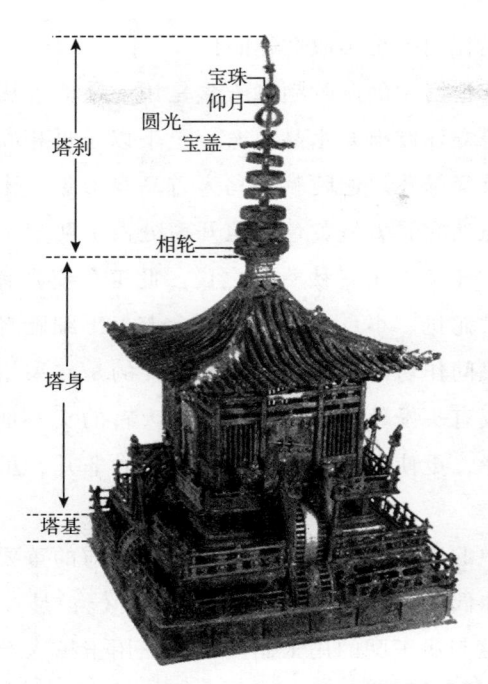

图 4　法门寺地宫的铜浮图塔，置于地宫前室阿育王塔中，内置鎏金迦陵频伽鸟纹银棺，其内安放了第四枚佛指舍利

　　唐王朝则喜用"玉棺"入葬。如唐高宗李治、武则天可能均以"玉棺"为寝入葬乾陵；法门寺地宫出土的九重宝函的第八重是"水晶棺椁"，古代水晶是玉；第九重是"白玉棺"，棺内供奉佛真身"指骨舍利"。水晶棺和白玉棺放在石、木、铜、银、金等最里面的核心位置，证明"玉棺"在唐代在人们心目中的地位。故有"玉棺启见佛指骨，曾使唐王泪盈目"，"举国上下争迎拜，倾城遍野持香华"的盛大场面[1]。唐代大诗人李白有："天上坠玉棺，泉中掩龙章"的叹息[2]。大诗人杜甫也有："玉棺已升天，白日亦寂寞"[3] 的感慨。

　　在唐代玉棺是帝王用棺，是至高无上的佛舍利用棺。一般的达官贵人、高僧、百姓是不可能享用的，这是封建王朝的礼仪制度、佛经佛教的

---

[1] 赵朴初：《扶风法门寺佛指舍利出土赞歌》。
[2] 李白：《自溧水道哭王炎》之一。
[3] 杜甫：《昔游》。

仪轨所决定的，是任何人也不敢僭越的！

出现在法王寺地宫中的迦陵频伽玉盒是用上乘的和田白玉制作的，是雕成一个人首鸟身立体圆雕艺术品小盒，上下以子母相扣，内中空，可盛物。整体造型如佛经描述之迦陵频伽鸟人首鸟身形象，十分优美，包浆色泽也十分亮丽。虽然它看着呈黄色，但开窗处白玉明显，黄色是千百年变化的结果。玉有"千年白玉变秋葵"之说。此玉盒皮壳有宝光色，十分漂亮。刀工为唐代大砣机、小点凿工艺。玉盒上刀工细腻老道，线条雕刻精细、流畅，不是民间作坊的制玉风格。更重要的是它采用盛唐时期典型的玉加彩工艺，在仅有头发丝粗细的线条中，人首的头发加填有黑彩，鸟身的羽毛加填了绿彩，更使它显得豪华贵气、灵妙非凡，虽历经千年仍栩栩如生。

法王寺地宫中的迦陵频伽玉盒处于地宫佛座前的重要位置，同时又发现舍利子，这绝非偶然！只能认为此盒是"玉棺"，是存放、供奉"佛舍利子"的玉棺！这与唐王朝的用玉制度，帝王用玉棺入葬，法门寺用玉棺供奉"佛指骨舍利"的情景是吻合的。

迦陵频伽鸟是喜马拉雅山林中的吉祥鸟，以其美妙的歌喉而被佛经命名为"美音鸟""妙音鸟"，经常以它的鸣声来譬喻佛和菩萨的妙音，是极乐净土之鸟。迦陵频伽在佛教经典中的形象是"人首鸟身"，它飞翔在西天的灵山，使整个极乐世界充满欢乐。《佛说阿弥陀经》中说阿弥陀佛的极乐世界中，有如来变化所成的迦陵频伽、共命鸟等，其微妙悦耳之声，能使众生生起念佛、念法、念僧之心，这都是阿弥陀佛欲令法音宣流变化所出生的。在佛陀的三十二种相中，其中一相就是梵音深远相。佛陀的清净之梵音，声音圆满如鸣天鼓，微妙最胜；如同迦陵频伽之音，听者都会爱乐，得无量利益。众生听闻佛陀说法，皆生善心无杂乱，断除迷惑，而且恒常欲闻。法王寺地宫的迦陵频伽玉盒和佛舍利，寓意着佛舍利虽处地宫，但仍在灵山，仍在"美音鸟"和"妙音鸟"的音乐回响的极乐世界，仍在为芸芸众生说法。

迦陵频伽一直存在于佛教世界中，从汉代的翼人、羽人，再至飞天一直到迦陵频伽形象的出现，它始终环绕、陪伴在佛的身边，但必定有一个演变过程，真正的形象定型还是在南北朝晚期，在甘肃敦煌莫高窟中可以看到。它的出现、进化直至定型，都可考证，都有脉络可寻。从古代丝绸之路——也是佛教进入中原大地的重要通道新疆开始，新疆罗布泊出土的被英国探险家斯坦因窃走的米兰带翼天使壁画，到敦煌莫高窟的飞天壁画，再到唐代的金花狮子银瓶、南北朝的铜镏金佛造像和青海民和县出土的唐代迦陵频伽瓦当，基本这种人首鸟身、呈吹箫状的"菩萨鸟""妙音鸟"形象出现了，它有别于佛教神像大鹏金翅鸟。大鹏金翅鸟是鸟头而不是人首。当然，在历代众多的迦陵频伽形象作品中，不管时间有多长，历史的跨度有多大，涉及的地域有多广，法王寺出土的用玉制作的迦陵频伽玉棺无论是从材质、工艺、造型等方面都是出类拔萃，首屈一指，无与伦比的。

尽管法王寺用迦陵频伽玉盒供奉佛舍利不如法门寺供奉佛舍利的九重宝函富丽堂皇，但法王寺的这种超时空、超地域的设计和布局，虽匪夷所思，却匠心独运，不得不感叹古人的高超智慧和无穷想象，令人叹为观止。

法王寺用迦陵频伽作玉棺供奉佛舍利的规格是极高的，至今资料查证，独一无二。

嵩山大法王寺第十二代住持福海行实考

赵长海*

福海（1241~1309年），本姓杨，山西翼城人（元代隶属绛州，故碑文称"绛之翼城"）。出家后法号福海，曾用法号普耀，又自号月庵。在家排行最小，生而颖异，性好浮图。五岁时（1246年）即拜翼城香云寺诚公（《海禅师道行碑》作"成公"）为师。元宪宗八年（戊午年，1258年）受具足戒，尽得诚公之学。此后西行陕西参访伯达禅师。伯达禅师以赵州柏树子公案检量福海，而福海则是"机锋劲捷，辞理明晰"（灵岩寺碑）。故伯达禅师对其聪明颖悟十分赏识，曾有别记云："他日祖道，必赖此子弘扬。"（灵岩寺碑）此后，因省亲返回家乡。

福海经过近二十年的修行参访，识见大增，但他仍不满足，立愿修普贤行。就到洛阳龙门宝应寺，参访嵩岩禅师修行。嵩岩，法号圆玉，号嵩岩。河北南宫县岳家寨人，原姓刘。为复庵圆照弟子，圆照是与被称为少林寺开山祖师福裕同时期的人，对于少林寺的中兴有很大的贡献。中统三年（1263年），复庵圆照主持少林寺，嵩岩亦随之到少林寺，领寺事，最后得圆照衣钵，开坛讲法少林，又先后主持洛阳宝应寺、嵩山法王寺及汝州香山寺。嵩岩最后圆寂于香山寺，寺前有碑名《汝州香山嵩岩玉公长老道行碑》，其碑称："不意世缘偶尽，忽示微疾，泊然而逝，阇维（即火化）后，分灵骨于宝应、（香山），立二浮图。"[1] 嵩岩的碑文为林泉老人从伦所撰，而从伦（1223~1281年）和福裕同为万松的嗣法弟子。

---

* 赵长海，郑州大学图书馆研究馆员。
[1] 《汝州香山嵩岩玉公长老道行碑》，嘉庆《宝丰县志》卷十七"金石"。

另外，在少林寺塔林也有一名嵩岩的高僧塔，在塔林中部。为四边形三级砖塔。塔身前有正书"嵩岩之塔"四个大字，后有"嵩山祖庭大少林禅寺宝应住持嵩岩俊公和尚塔铭并序"铭文，少林住持松庭撰并书。嵩岩，名智俊，号嵩岩，任少林寺监寺、都提点、宝应住持等，元末示寂。据吕宏军先生考证，嵩岩俊公塔当建于洪武六年（1373年）[①]。故嵩山少林寺前后当有两个嵩岩，且都任过少林寺的监院和洛阳宝应寺的住持。二人的行实是否有混淆的地方，有待进一步的考证。

福海此后的路子基本上是按照嵩岩的路子走的，如主持法王寺及香山寺等。

在洛阳宝应寺，其间的重九登高之日，福海曾有诗句"极目黄花妍岳岫，满林红叶映嵩阳"。据法王寺碑，嵩岩闻之曰："维那异日可当嵩山法主。"师乃掩耳潜行。此与禅宗六祖接受衣钵潜行，很有相仿的地方。是否也有不得已的情况，文献无证，不能妄测。

至元丙子年（1276年），福海听说复庵圆照接任大万寿寺（在今北京宣武区永光寺东街，寺早已毁弃）住持，即北上大都（今北京）参访复庵大和尚。经过三年，复庵授其衣颂，命监大万寿寺，应该是做大万寿寺的监院。此后，复庵圆照退居齐河西庵，福海此间受大法王寺举荐和僧都寺任命，于至元庚辰（世祖至元十七年，1280年）春开堂于法王寺，是为法王寺第十二代住持。

福海在法王寺总计七年（1280~1286年），此时的法王寺经过长期战乱，已是破败不堪。经过福海的不懈努力，"创整丛席，傅猷（此二字或有误）之外，凡诸修造，轮焉奂焉，海会单寮一新"（法王寺碑）。并且扩大寺院，在西堂后，凿崖扩基，并起海会，延十方云侣，使法王寺成为嵩山的一大胜迹。

1286年，龙门宝应寺及汝阳香山寺争延福海主持寺院，最后福海到香山寺任住持，主要是奉有纶旨，到香山寺命念大悲圣迹。另外，福海到香山寺主持，当为其时正在香山寺修行的嵩岩长老所推荐，而嵩岩正是福海的师傅，原在洛阳宝应寺任住持。

---

① 吕宏军：《嵩山少林寺》，河南人民出版社，2002，第103页。

福海在香山寺主持共计12年，丙戌年（1286年）至大德丁酉年（1297年），其间出己资，觅工运水，供众十有余年。法王寺碑文称："旧弊革，古式仍；田野阔，仓库增；单寮新，云侣会。传持专务，接待诸方。及叠寺基，周围岩岩壁立，三门拥路，凿石创开，自始归正矣！"而灵岩寺碑文则更详细，称"其创者四围石、丈室、二涌路、水击米麦之具"。水击米麦之具，当即水磨，这样的水磨就有三处。也说明僧众日多，碑文称其"度苾刍千余指"，即度出家弟子百余人。这样吃饭喝水都有困难，因为香山寺是在山顶，仅靠雨水饮用。所以碑文称"师以己资傡运给用，十二腊如一"。

香山寺原称香山观音禅院，福海主持香山后，改称香山十方大普门禅寺。

（灵岩寺碑）福海之后，接任香山寺的则为桂庵觉达，达禅师原来曾一同拜嵩岩为师，在福海任灵岩寺住持前，桂庵觉达则为灵岩寺住持。这说明，在此期间，二师兄交替主持了灵岩寺及香山寺，故在灵岩寺《达公禅师道行碑》中有文曰："与前代住持海公禅师从旧至新，勤无二迹，先圣后圣，其揆则一。"① 香山寺第十三代住持讷庵禅师道行碑称："达摩西来，传芳五叶，枝分列荫，五派兴焉。香山乃曹洞宗也。当为本宗月庵嫡嗣也。""……拜月庵大禅和尚为师焉，习诵宗门，进学无怠，躬赴少林罗汉会，受十戒。"②

香山寺与大法王寺有着不寻常的紧密联系，除嵩岩、福海、觉达外，香山寺的第十二代住持福满（号汾溪），亦为圆照的弟子，和法王寺亦应有渊源关系，死后其弟子在法王寺建塔，现法王寺院残存《汾溪蒲公禅师道行碑》③。其文云："一塔于大法王禅寺之阳，仍勒石树碑于山门之下，昭列师之景光，垂于不朽。"④ 而此塔现已无存，不知毁于何时。

香山寺为国内著名寺院，全称香山大普门禅寺，在宝丰县城东南十五

---

① 孟昭水校点集注：《岱览校点集注（下篇）》，泰山出版社，2007，第714页.
② 香山寺第十三代住持讷庵禅师道行碑，载嘉庆《宝丰县志》卷十七"金石"。
③ 据温玉成先生著文称"蒲公"，而香山寺则为"汾溪福满"，应为满公，待对照碑文核实。
④ 嘉庆《宝丰县志》卷十七"金石"，《南阳汝州香山十方大普门禅寺第十二代汾溪满公大禅道行之碑》。

公里的香山之巅（火珠山）。寺内有北宋熙宁元年（1068年）重建的大悲观音大士塔，高33米，内有《千手千眼观世音菩萨得道正果史话碑》，为宋著名书法家蔡京书丹。而香山寺曹洞宗之始，则是从福海及其接任者桂庵觉达开始，二人则把万松行秀的大弟子从伦及二人的老师复庵圆照，作为第一世。另外，香山寺尚有碑《汝州香山观音禅院第十代故慈照大禅师塔铭》，则从香山寺自己的传承系统来讲，慈照方为第十代住持。

大德戊午年（1298年），福海到山东长清灵岩寺做第三十二代住持。福海到灵岩后，"隆殿堂于久替，新丈室三十余楹。诸栋宇无一不备"（灵岩碑）。而法王寺碑则称其在灵岩寺："倾囊并助，香积弥新。余诸修造备已，又创盖方丈，凿石定基，功倍于前。"其后于元大德六年（壬寅年，1302年），以己资饭僧万起。福海在灵岩寺五年（1298～1302年），并为自己死后选定了葬地。

灵岩寺碑文称：一日因与耆宿辈游山，遂指寺后奇峰曰：予终可骸于斯。大书偈于石，云："层峰为塔，响谷为铃。清风明月，题我之铭。"

福海在退席灵岩寺后，接替自己主持灵岩寺的就是曾主持少林寺的古岩普就，而福海则到了南阳的南召丹霞寺做住持，但时间不长。福海在丹霞寺时间虽短，并对丹霞寺的整修倾注了大量心血。法王寺碑称："间受丹霞请命，开荆榛、除瓦砾、辟正涂，而入出己财，铸钟、板、锅、釜之谙会众因。及府北竹园，芜甚，堑围成就。"对于"堑围成就"，法王寺碑语焉不详，而在灵岩寺碑中，则有较详的记载，谓："古迹成烬，府北丛竹广袤三顷，常住也。比邱众野处其中。师倾囊鸠功作堑，深广成寻，以御诸畜。创钟鱼灶釜于瓦砾之余，手足胼胝，不辞劳苦，竹利遂归日用。谚曰：'师之身，馁虎欲得而食之，师亦舍之矣。'"

大德癸卯（1303年），香山寺僧众到丹霞寺延请福海再到香山寺主持，遂再返香山。此次在香山寺的时间，法王寺碑称"才经一周"，而灵岩寺碑则称："未及期，大德甲辰，大都万寿禅寺具疏恳请，冬十月庚寅登座。"则到大都万寿寺，应当是在第二年，"才经一周"，意即在香山寺刚经一年之意。

福海于大德甲辰年（1304年）到万寿寺主持，对于万寿寺扩建整修出力甚多。法王寺碑文称："击大法鼓，震大法雷，焚修传獻，的为专务。并欲补诸修造，值常住肃然。知事辈怵惕而告之，师固不允，仍相为曰：

胜事若行，何患无钱？由是努力复新无还轩，暨创建后厨廊庑。间于大德丙午（1306年）春，果应本愿，钦承恩赐一万五千缗，如渴得泉，其胜缘克日而成。后累蒙王公大人施利云委，又创新通玄关店铺，各严备已。"灵岩寺碑文仍较为详细记载此次寺院整修情况，但对于钦赐钱款的年份稍有差别，谓："大德乙巳（1305年），钦蒙敕赐元宝万五千缗，王公通施亦二万缗，以之作僦柜纳质赢羡计焉。东庑等三十余楹，创为西庑。"

福海最后卒于大万寿寺，具体时间为元至大己酉春正月戊戌，即1309年正月十四日。福海一生，主持多家著名的禅寺，每到一寺，整丛林，兴法会，度僧众，是这个时间甚有影响力的佛教大德。灵岩寺碑文称嗣法者二十余，有声望的三百余（比丘度出时辈者三百余）。对于福海的信行，灵岩寺碑称其在世68年，为僧51年，"于文殊、普贤、观音门中，略生色而徧动"。对于承其法嗣的，在法王寺碑后有一个名单，共列有23人。其中立碑的就是"法王当代住持嗣法小师思维"。

福海去世后的灵骨分葬于五个寺院，即万寿寺、灵岩寺、香山寺、法王寺、丹霞寺，且皆有墓塔。

历经700余年，福海灵骨所葬的五处寺院，其塔及碑铭存者仅有法王寺。而灵岩寺碑存，塔或已无，此碑为"观物道人怪斋孙荣畀撰，桂庵觉达书并篆额；苏克珉等刻。立石于元皇庆二年（1313）八月旦日"。香山寺月庵海公碑在道光《宝丰县志》中，尚记载存世，题名《汝州香山十方大普门禅寺第十代普耀月庵海公禅师道行碑》，并标注有"存、正书，在香山寺前二里许。延祐元年"。但经过"文革"浩劫，塔和碑均荡然无存。但查嘉庆《宝丰县志》，金石部分卷十七，收有此碑全文，经对山东长清照灵岩寺碑，则二碑文字内容相同，均为"观物道人怪斋孙荣畀撰"，但二者书丹和立石日期不同。香山寺碑为"大都大万寿禅寺传法主持嗣祖法侄思慧书丹并撰额"。立石于延祐元年（1314年）。大万寿寺塔和碑，经查询各方面资料，均未能发现有福海的塔和碑记载，因其寺院早已毁弃，资料中亦未能发现对其墓塔和碑文的记载。至于河南南召的丹霞寺，据记载尚有元、明、清时期的砖石塔14座及碑碣8通，计元代塔5座，明代塔5座，清代塔4座。但没有查出有福海的塔和碑的情况，或许需要找机缘到丹霞寺认真查考，或能一探究竟。

对于福海在大都大万寿寺主持 5 年时间，直到在此去世。今天众多的文章均称潭柘寺即当时的大万寿寺，但查遍今天潭柘寺的资料，竟然没有丝毫的记载。那么大万寿寺并非今天的潭柘寺，据今人张云涛著《潭柘寺碑记》对大万寿寺的注释，大万寿寺为潭柘寺的下院，在大都（今北京宣武区永广寺东街）。所以如复旦大学历史地理研究所《中国历史地名辞典》等众多图书所标明的，大万寿寺"本唐龙泉寺，金皇统时改名，在今北京市西潭柘峰上。清康熙三十一年改名岫云寺"等记载，是错误的。这些错误的记载，主要是误读《元一统志》的结果。而今人王岗著《北京城市发展史·元代卷》第 113 页，则谓：大万寿寺，在大都旧城嘉会坊报恩寺东，辽代天禄年间创建。曾称"悟空寺""太平寺""华严寺"等。在《元一统志》《析津志辑佚》《顺天府志》中均有记载。据《日下旧闻考》卷六一引《析津日记》："永光寺，元大万寿寺也，曹洞下青州辩公居之。寺有大万寿寺《开山传法历代宗师实迹碑记》。"同书引《京城古迹考》："永光寺在顺承门外东南。"即今天宣武区永光寺东街。清代乾隆年间尚有少量建筑存在，今寺和碑均荡然无存。

为何考证大万寿寺，这是因为在金元之际，著名的高僧，如和少林寺及大法王寺关系都很密切的万松行秀、福裕、复庵圆照、足庵净肃等都主持过大万寿寺，但在潭柘寺的史料中，竟然很难发现这些人的遗迹。这也充分说明，大万寿寺，或称大万寿禅寺在今天北京宣武区永广寺东街，寺院早已荡然无存，仅留有地名而已。

附录一 嵩山大法王禅师第十二代月庵海公禅师道行之碑

（碑竖法王寺金刚殿后，圆首，无花边。碑高 161 厘米，宽 76 厘米。楷书。此碑下边缘残断，每列缺坏三五字不等。）

万松一枝，复庵嫡派。正续绵绵之道，密联叶叶之芳，代不乏人。克当远继者孰欤？思微躬仰我师本贯，绛之翼城人也，杨姓也。福海，法讳也；月庵，自号也①。裔积善因，二亲明达。为师值孩时，凝然丰彩，惟

---

① 福海为其法号，月庵为其自称。灵岩寺碑及香山寺碑，载其"号普耀"，当是。而有很多资料记载"普耀"为其字，则误。

乐佛像，容止不凡。遂舍出家于香云寺①，礼诚公讳玉②大和尚为师。班于行辈，气清沿袭；日课习经，受无窒塞；洒扫应对，皆合善缘。薙发训名，以旌其兆，名曰福海。禀持戒行，孜孜不忘，自兹游方，访善知识。初诣秦中，投诚伯达老和尚③，告香入室。达悯其幻，自是老成，勘辨④明了；又举柏树子因缘⑤征之，应捷高迈，蒙记授之曰：扶持祖道者，他日非子而谁？从之最久，后因省亲而还。

闻河南嵩岩和尚道价炽然，径谒得进，叩拜累年。节属重九，得句偶然，曰："极目黄花妍岳岫，满林红叶映嵩阳。"⑥ 岩闻之曰："维那异日可当嵩山法主。"师乃掩耳潜行。

闻复庵老师受燕都万寿寺⑦，请命挑囊而进。告香入室，又经三祀⑧，复承印可，授以衣颂，俾监其寺，凡百增辉。老师退隐齐河小刹⑨已，因出召之，果符岩识。

于至元庚辰（世祖至元十七年，1280年）春开堂于法王，创整丛席。传猷之外，凡诸修造，轮焉奂焉，海会⑩单寮⑪一新。创建安居清众，通贯十方，经七寒暑。岁丙戌（1286年），其龙门宝应及汝阳香山齐命念大悲圣迹，应缘切心。钦奉纶旨住持⑫。间出己资，觅工运水，供众十有余

---

① 香云寺，不可考，但据灵岩寺碑"里闻寺曰香云每戏，则累日忘归。"则香云寺当在其家附近。
② "诚公讲主"，灵岩寺碑及香山寺碑均作"讲主成公"，当是。
③ 灵岩寺碑称其"乃纳履入西安西伯达禅师室"，则伯达当安西（今西安一带）高僧，但不知确指何人。
④ 勘辨指禅林师家判别修行者之力量，或学者探问师家之邪正。临济录、云门录等有勘辨一项，内容即记录师家与学人之勘辨问答。
⑤ 柏树子因缘即赵州柏树子公案。"僧问赵州如何是祖师西来意？州云：庭前柏树子。"此公案非常有名，据说河北柏林寺的名字即源于此。
⑥ 此句，《海禅师道行碑》为："赖有黄花封岳顶，又添红叶壮嵩阳。"
⑦ 创建于辽世宗天禄初年947年，金代皇统初年赐名"大万寿寺"，曹洞宗多称其为"祖席"。复庵圆照（1206~1283），少林寺住持。雪庭福裕、乳峰德仁、复庵圆照和足庵肃公都作过"京刹"大万寿寺住持。
⑧ 祀指"年"。
⑨ 据《达禅师道行碑》，为齐河西庵。据法王寺《复庵圆照碑铭》，暮年退居于齐河之旧隐，经营院务。小刹，即今山东齐河县之普照寺，在泰山南麓。
⑩ 海会为佛教术语，比喻德深如海，圣众会聚之多，所以叫做海会。此处当指僧众居所。
⑪ 头首知事退职居于独房及名德之居于西堂，首座之居于独房者，皆称单寮。
⑫ 指主持汝阳香山寺。《海禅师道行碑》有：丙戌夏，龙门宝、汝阳香山交疏至，师去宝应就香山者，钦纶命也。

年。旧弊革，古式仍；田野阔，仓库增；单寮新，云侣会。传持专务，接待诸方。及叠寺基，周围岩岩壁立，三门拥路，凿石创开，自始归正矣！

于大德戊戌，受山东灵岩命①，倾囊兼助，香积弥新。余诸修造备已，又创盖方丈，凿石定基，功倍于前。

一日因与耆宿辈游山，遂指寺后奇峰曰：予终可骸于斯。大书偈于石，云："层峰为塔，响谷为铃。清风明月，题我之铭。"噫！可谓所养高妙也。

又斋僧万员，通主经五祀②，于壬寅（1302年）退席。间受丹霞③请命，开荆榛、除瓦砾、辟正塗而入；出已财铸钟、板、锅、釜。谘会众，因及府北竹园芜甚，暂围成就。

是岁癸卯，香山复命。才经一周，又蒙万寿祖刹不惮迢遥垦请，躬领是刹。已，击大法鼓，震大法雷，焚修传猷，的为专务。兼欲补诸修造，值常住肃然。知事辈怵惕而告之，师固不允，仍相为曰：胜事若行，何患无钱？由是努力复新无还轩④，暨创建后厨廊庑。间于大德丙午（1306年）春，果应本愿，钦承恩赐一万五千缗，如渴得泉，其胜缘克日而成。后累蒙王公大人施利之委。又创新通玄关店铺，各严备已。嗣法门人开堂□，方亦应化矣。

师阅世七旬不为先，僧腊四十有五不为少。将辞于世，凡遇淑人君子云：有河南之行。俱叵测其由。不期于至大己酉正月十四⑤，忽示微恙，俨然终于万寿方丈之西室。为僧之道昭然，更无加于此矣。云空忽开，雪霁风和。时值禁酤，敬奉晋王令旨，遣使以嘉酝百升、黄香一盒、宝钞五百缗，来享其祭。其发引之日，南北两城诸刹，各严香花仪式，将及百会送终。□□□，王府官僚教禅大德暨士庶法眷，其睹者无不嗟赞。阇维灵骨，蒙万寿等刹分之于五，一分建塔，藏于本寺西冈焉。末后□□□集贤陈大学士⑥主张之力也。

---

① 大德戊戌（1298年），月庵福海任灵岩寺住持，大德六年（1302年），月庵退席。
② 指总共主持五年。
③ 丹霞寺位于南召县东北部，留山镇北五公里处。因后山前岭土质红色，建寺初取名红霞寺、仙霞寺，后更名为丹霞寺。
④ 无还轩，为万寿寺一名轩。国家图书馆藏有元刊本如意和尚注《韩文公别传》，书后有至元丁卯（1267）少林雪庭福裕后序，即有"书于中都大万寿寺之无还轩"的题记。
⑤ 原碑残断，据灵岩寺碑补，碑文云：至大己酉春正月戊戌。
⑥ 陈大学士，指陈荣禄。

呜呼！思维居学位时，侍师廿有三年，仰师行道而弗称愆于我也，故倾囊树石以告之。为□□□□：

稽首复庵，法海舟楫。承继万松，茂林枝叶；嫡付我师，月庵先哲；嗣续牲牲，遂成派列；我师之法，□□□□，焚修专务，克诚昭哉；我师之道，至玄至奥，五位联绵，正偏兼到；我师之德，坦然明白。伯迭□□，□□□□；我师之功，无所不通。五住大刹，三宝兴隆。按师行实，言言准的，末后流徽。敬承：宝龛及香，享于灵堂。发引之日，孰不哀伤？灵骨有归，建塔翠微，刻铭贞石，愿□□□。

大元延祐三年岁次丙辰五月□日
集贤大学士光禄大夫陈
开列月庵大和尚法嗣于后
南阳丹霞口口禅师　南阳德用庵主
嵩山法王普醒禅师　晋宁显密庵主
汝阳香山思言禅师　胶西清淋庵主
裕州大乘福德禅师　汝阳思谦庵主
洛阳天庆思才禅师　白茅定聪庵主
藏雩慧山口口禅师　辉州定让庵主
顺德天宁思微禅师　晋宁行裕庵主
上都华严惟寿禅师　辅成明金庵主
山东龙泉思然禅师　德州惟兴庵主
中山干明宝润禅师　晋宁思聪庵主
古燕鞍山智藏禅师　古燕圊净庵主
法王当代住持嗣法小师思维谨口上石

附录二　海禅师道行碑[①]

十方大灵岩禅寺第三十二代普耀月庵海公禅师道行碑并序

[①] 本文原载孟昭水校点集注之《岱览校点集注（下篇）》，泰山出版社，2007。孟昭水先生已经根据原碑文进行了诸多刊误，并进行了标点。但仍有一些不可通读的地方。此次整理，在孟先生基础上，重新标点，并参考有关资料进行了必要的校勘。此碑在灵岩寺，立于元皇庆二年（1313）。碑通高二百六十四厘米，宽一百零五厘米，碑阳文二十八行，字径三点三厘米，正书。额篆"海公禅师道行之碑"四行八字，字径十一点五厘米。

观物道人怿斋孙荣昪撰

大灵岩禅寺传法住持嗣祖桂庵觉达书丹并篆额

集贤大学士陈荣禄邻于京城万寿寺，予由是亦往来其间。方灵峰禅师退夹山席，弃冗于此，予每见读洪觉范《林间录》，其书间引用儒之经史子集，文体彬蔚浏亮，良鲜俦匹。而灵峰求虚无，叩寂寞，贵有穷音。抑又一觉范出，惜乎不为陋学所知。及典法万寿，由①东川铭，予始受知灵峰。皇庆癸丑夏四月甲子诘旦，灵峰偕比邱数辈，携普耀法嗣思然，至大二年四月十二日行实于愚，为普耀请铭。愚遽曰："东川铭序，不通句读。碌碌之诮，幸息于包羞，其可再？"灵峰曰："伯阳父不云乎，下士闻道大笑之，不笑不足以为道。果复有韩柳二蔡，王官麻革辈出，则当趋走下风，镜中尘乌能为明害！"辞不获已，勉阅理其状。

师号普耀，讳福海，自称月庵，翼城杨氏季子。生而异光照室，稚而性好浮图。里闬寺曰香云，每戏，往则累日忘归，处如己室。父母二兄忖其志不可夺，至丙午仅五稔，乃为行童②于香云讲主成公，诵读不再，略无遗忘。岁戊午，披剃受具戒，馨获成公平昔之业，有龙象称。乃纳履而西入安西伯达禅师，参究无懈。久之，伯达讶其聪敏，以赵州柏树子检量，师机锋劲捷，辞理明晢。蒙记别云："他日祖道，必赖此子宏扬。"常自度云，虽达毗卢界，宜③修普贤行。闻宝应嵩岩禅师与复庵重足一迹，器量沉雅，禅风大振。存诚敬谒，遂入嵩岩室。参访之暇，思留翰墨，重九有"赖有黄花封岳顶，又添红叶壮嵩阳"之句。嵩岩闻之云："海维那异日当为嵩山法主"。

至元丙子，闻复庵受大都万寿寺疏，遂北上入复庵室以师。虽不若杨岐会，从游久，见其颖悟特达，即以衣颂付之。及复庵退席居齐河，以书召之，俾应嵩山法王请，果符嵩岩之兆。至元庚辰，开演于法王④，纲颓载振，纽绝复维。丛席规矩之余，台门堂殿，一切所须檐宇，无不具者。尚冀瞻盼壮丽，乃凿西堂堨垣后崖广基，以起海会，延十方云侣，金碧灿烂，奂然一新，实嵩阳之胜迹也。至元丙戌夏，龙门宝应、汝阳香山，二

---

① 由，原作"山"，意不通。当为"由"之形误，径改。
② 行童，原碑文作"童行"。
③ 宜，原作"宣"，或当形误，径改。
④ 王，原为"王座"，"座"当衍。径删。

疏交至。师去龙门就香山者，钦纶命也。师自指门登座，至大德丁酉，凡一十二腊，其创者四围石、寺基正门、丈室、二涌路、水击来齑之具，厥三所焉。寺处山巅，唯雨水是赖，师以己资僦运给用，十二腊始终如一。殿宇僧室，弊者补，阙者增，功与法王等，传诵不息，度苾刍千余指。

大德戊戌，领疏移席于灵岩禅寺，师至则曰："危哉岩乎！名非妄得。"遽命□师錾①凿广平，隆殿堂于久替，新丈室三十余楹，诸栋宇无一不备。大德壬寅，以己资饭僧万。起退席念，率尔受疏挂锡南阳丹霞山。古迹成烬，府北丛竹广袤三顷，常住也②。比邱众野处其中。师倾囊鸠功作堑，深广成寻，以御诸畜。创钟鱼灶釜于瓦砾之余，手足胼胝，不辞劳苦，竹利遂归日用。谚曰："师之身，饿虎欲得而食之，师亦舍之矣。"大德癸卯，香山比邱众退思久积，勤旧毕至，泣哭以请。丹霞乌能优俪哉！师亦弗果拒，返锡香山。未及期，大德甲辰，大都万寿禅寺具疏恳请。冬十月庚寅登座。当是供费，事见东川碑。大德乙巳，钦蒙敕赐元宝万五千缗，王公通施亦二万缗，以之作僦柜纳质嬴羡计焉。东庑等三十余楹，创为西庑，偶驵验列，肆之增繁，文则近俚。至大己酉春正月戊戌，以疾示寂，茶③毗灵骨，自万寿始，余分于灵岩、香山、法王、丹霞者，皆寿塔焉。嗣法者二十余，比邱度出时辈者三百。寿六十有八，为僧五十一腊。其于无上正等正觉之道，确乎其不可拔。于文殊、普贤、观音门中略声色而偏动，用观始终之际，则可知已。《书》不云乎："知人则哲，惟帝其难。"而欲爽斟④浅深于沧海，穷涯际于太虚，况视听之所不暨、四空之所庞昧、不生不灭者哉！以是知摩竭提⑤寂灭，道场毗邪离⑥，不二法门，形

---

① 錾，原作"錾"，意不通，径改。
② 也，颇疑或当"及"。此句与下句或当连读。
③ 荼，原作"茶"，形误，径改。
④ 斟，原作"爽□"，字不可识，或当"斟"。
⑤ 摩竭提，即摩揭陀国。《大方广佛华严经》首句即"一时佛在摩竭提国菩提树下。成正等觉"。
⑥ 耶，原作"邪"，径改。"毗耶离"、又译作"毘舍离""吠舍离"，古印度城名。《维摩经》说，维摩诘（意译净名）居士住毗耶城（在今印度比哈尔邦 南部）。释迦牟尼于该地说法时，维摩诘称病不去。释迦派文殊师利 前往问疾。文殊师利问维摩诘："何等是菩萨人不二法门？"维摩诘默然不对。文殊师利叹曰："乃至无有文字语言，是真人不二法门"。古代诗文中，多以此佛教传说故事为杜口不言而深得妙谛的典故。

乎彼岸矣。夫彼岸者，名言不可得，随迎不可见，师岂不得其蕴乎！是其可铭也已。

词曰：乾乾梵师，乃眷中土；繄西四七，实为东祖。道本于一，离而乃五；派分世异，昭牒著谱。青州崛起，用彰曹洞；巍乎万松，当代纪统。爰及午月，纂复衣颂；大觉冥契，讵垂妙用。五启玄阙，返锡者一；修普贤行，厥功克即。六通洞彻，枢机固必；语及有无，默究愈悉。唯此灵区，敢侔名宇；桁梧上叠，榱桷下颓。高甍業業，周原臚臚；气耸泰颠，势起①梁父。凭轩广陆，极目沃流；离朱至精，莫测迥修。去彼只树，来此少留；其徒佥曰，师实罕俦。刊铭贞石，永扬厥休。

大元皇庆二年岁次癸丑八月旦日，小师思轧等同立石。大灵岩禅寺传法住持嗣祖沙门桂庵觉达劝缘。青亭苏克珉等刊。

---

① 起，原碑文作"超"。

附录三

月庵海公圆净之塔位于河南登封法王寺西山岭上，建于元仁守延祐三年（1316年）。这是嵩山地区雕刻最为精细的一座元代砖石墓塔。

塔高约10米，六角密檐砖塔，底部须弥座，第一层塔身高大，南面装饰砖雕假门，雕工精致，首层塔檐斗拱加叠涩，以上各层叠涩出檐，顶部圆形石刹，塔身第二层嵌石额"月庵海公圆净之塔"。塔身以水磨砖砌成，各面光滑平整，塔砖之间的缝隙几可忽略。

元代法王寺管窥

——以法王寺现存元代碑刻为中心

张玉霞*

法王寺位于河南省登封市区北五公里许的太室山南麓玉柱峰下，寺院背负嵩岳，两翼俯瞰二熊诸山，排列如拱。"环天下皆山，惟嵩高当天地之中。占名山皆寺，惟法王据形势之最佳。"法王寺被古人称颂为"嵩山第一胜地"。

法王寺的沿革，据志书载，"汉永平十四年建，唐开元中改名功德，宋庆历中复改今名"①。寺院保存的明清重修碑刻记载的要详细许多。如嘉靖十年（1531年）的《重修法王寺记》载："建于汉永平十四季，佛入中国之始。至魏青龙名护国，隋文名舍利，唐贞观名功德，开元名御容，代宗名广德。法王寺至五代后唐，分为五院，以护国、法华、舍利、功德、御容并名焉。至宋仁宗庆历，时仍以法王赐号。"康熙五十六年（1717年）的《重修大法王寺碑记》载："创于汉明帝永平之十四年……嵩阳之法王与嵩阴之慈云、洛都之白马同时，并作为佛教入中国作寺之始。……魏明帝青龙间更名护国，晋永康时，于护国前另建法华，即今寺所在……隋仁寿年建舍利塔于此，因兹第兴复，更名舍利。至唐太宗贞观间，敕补佛像，复名功德。……比开元时奉安御容于中，又名御容。迄代宗大历间，增名广德，仍法王旧额。逮后唐废坏之余，分为五院，沿历代护国、法华、舍利、功德、御容旧称。宋初乃合，因复名曰大法王寺。迄今因之，此沿革之大概也。……而自金元以降，嵩僧著者多滥，国公司徒等爵

---

* 张玉霞，河南社会科学院副研究员。
① 《大清一统志》卷一百六十三《河南府二》，《河南通志》卷五十《寺观》。

谥，大约驻锡少林、会善、法王"。

法王寺元代的情况，无论是志书还是佛教著作均语焉不详。拟从法王寺现存的 4 通元代碑刻入手略作讨论。

一　法王寺现存古代碑刻状况

据《嵩山志》和《登封市志》的材料，法王寺现存有唐至清代的碑刻 30 余通。唐碑 4 通，分别是珪禅师塔记、相禅师塔铭和两通释迦舍利藏志。宋碑一通，为常住田产的公据碑。金代碑刻 4 通，分别是妙济禅师塔铭、亨公塔铭、劝亨公住潭柘及常住收执。元代碑刻 4 通，分别是劝亮公住法王寺、复庵塔铭、月庵道行碑、学公道行碑。明代碑刻 10 通，其中 4 通是重修碑、1 座香庭、1 尊地藏王像，余分别是悟真塔铭、清公塔铭、保安碑、嵩门诗碑。清代碑刻 10 通，其中 7 通是重修碑，余分别是弥壑塔记、塔志铭和法王寺宗派碑。

比较而言，法王寺现存的古代碑刻中，元代碑刻的刻立时间早期、中期、晚期均有，碑刻类型虽不够全面，但内容相对丰富，是探讨有元一代法王寺基本状况的难得材料。

表 1　大法王寺现存主要古代碑刻一览①

碑　名	时间	书体	高	宽	厚	备注
大唐嵩岳闲居寺故大德珪禅师塔记	唐开元十一年（723 年）	隶	0.35	0.47		碑嵌法王寺大殿壁
释迦舍利藏志	唐会昌五年（845 年）					2 通，内容相同
嵩岳法王寺故大德相禅师塔铭并序	唐		0.32	0.38		
法王寺常住田产公据碑	宋庆历八年（1048 年）	行	2.02	0.97		碑严重剥蚀，文多不可识，碑阴刻金大安时法王寺僧题记

---

① 关于法王寺的主要碑刻的名称和相关数据，在河南省嵩山风景名胜区管理委员会编的《嵩山志》和登封市地方志编纂委员会编的《登封市志》中，多有不同，本文参详二者取其一。

续表

碑　名	时　间	书体	高	宽	厚	备　注
法王寺第十三代妙济禅师塔铭（半）	金皇统八年（1148年）	楷	0.48	0.56		碑原嵌妙济塔上，塔毁后置于法王寺
嵩山大法王寺亨公长老（遗骨舍利）塔铭	金元光元年（1222年）		0.52	0.69		
玄悟老人劝请亨公住潭柘	金正大二年（1225年）	草	0.86	0.79		
法王寺常住收执	金正大五年（1228年）		0.32	0.62		
劝亮公住法王寺碑	元至元二年（1265年）	行	0.58	0.85		智湛书丹
嵩山大法王禅寺第九代复庵和尚塔铭并序	元元贞二年（1296年）	楷	1.90	0.77	0.21	闫复撰文，觉亮书丹，少林寺也有复庵碑等
嵩山大法王禅寺第十二代月庵海公禅师道行之碑	元延祐三年（1316年）[至正八年（1271年）]	楷	1.65	0.80	0.12	释思微撰文，子和书丹
嵩山大法王禅寺第二十四代无能了学公禅师道行之碑	元至正六年（1346年）	行	1.67	0.83	0.17	正济撰文，张惟暹书丹
悟真和尚塔铭	明正德十三年（1518年）		0.43	0.31		
香庭	明正德十六年（1521年）		1.00			
重修法王寺记	明嘉靖十年（1531年）	楷	2.30	0.99	0.22	李时用撰文，郑已书丹
金塑钟楼地藏王像	明嘉靖三十年（1551年）		0.49	0.69		
重修十王殿	明嘉靖三十五年（1556年）	草	1.60	0.75	0.10	
重修上法王禅寺功德记	明嘉靖三十八年（1559年）	楷	1.50	0.75		牛九棘撰文、书丹
上法王寺住持碧潭清公禅师塔铭并序	明嘉靖四十五年（1566年）	楷	1.50	0.75		小山撰文，镇性书丹，碑嵌法王寺天王殿壁

续表

碑 名	时 间	书体	高	宽	厚	备 注
奉佛法王寺供十阎王圣会三次完满保安	明万历九年（1581年）		0.59	0.36		
郑大原嵩门诗碑	明万历	草	1.33	0.67		郑大原撰文、书丹，碑无年月，郑万历十四至十八年任登封知县，碑应当时
法王寺重修伽蓝殿记	明崇祯元年（1628年）	草	0.64	0.39		
重修嵩山大法王寺碑记	清康熙十二年（1673年）	楷	2.38	1.03	0.24	安逸裒（史免裒）撰文，耿介书丹，碑额残
太室山重修大法王寺碑记	清康熙二十二年（1683年）	草	1.50	1.00		孙奇逢撰文，赵御众书丹
嵩岳玉柱峰弥鑿和尚塔记	清康熙二十四年（1685年）	楷	0.50	0.82		信官祖撰文
重修法王寺碑记	清康熙三十九年（1700年）	楷	2.32	0.76	0.12	冉觐祖撰文，焦钦宠书丹
传临济正宗三十二世弥鑿沣禅师塔志铭	清康熙四十六年（1707年）	楷	2.0	0.7	0.14	李澄中撰文，叶长芷书丹，存在法王寺后
重修大法王寺碑记	清康熙五十六年（1717年）	楷	1.90	0.75	0.13	景日昣撰文、书丹，个别字剥落
金装佛像油画大殿修韦陀殿碑	清雍正六年（　年）		0.99	0.49		
补修法王寺地藏王菩萨大殿碑记	清咸丰五年（1855年）	楷	2.15	0.73		卧云樵夫撰文、书丹
嵩山法王寺宗派碑	清同治三年（1864年）	楷	0.84	0.54		智永亮书丹
重新修建碑		楷	1.98	0.64	0.16	

二 法王寺现存元代碑刻情况

原分布于额尔古纳河流域的蒙古人，在成吉思汗的率领下，统一大漠南北，于1206年建立蒙古汗国。1260年，忽必烈在开平（内蒙古正蓝旗东）即帝位，1271年定都大都（北京），国号大元。1279年消灭南宋，征服全国，成为汉唐以来中国历史上版图最大的王朝。其疆域东起海岸，西到新疆，南至海南，北领西伯利亚大部，东北起自鄂霍次克海，西南囊括云南西藏。到1368年朱元璋攻克大都为止，有元11帝，98年。

大法王寺现存元代碑刻，据《嵩山志》和《登封市志》统计，约有4通，均竖于金刚殿后。其基本情况如表2所示。

表2

碑　名	时　间	书　体	碑　额	碑　身
劝亮公住法王寺碑	元至元二年（1265年）	行		智湛书丹
复庵和尚塔铭	元元贞二年（1296年）	楷	圆首。严忠济撰额，字径12×9厘米	闫复撰文，觉亮书丹。24行，满54字，径2厘米
月庵海公禅师道行碑	元延祐三年（1316年）	楷	圆首。子和题额，字径7厘米	释思微撰文，子和书丹。29行，满50字，径2厘米
学公禅师道行之碑	元至正六年（1346年）	行	圆首。正济撰额，字径6厘米	正济撰文，张惟遥书丹。径2厘米

这四通碑刻，年代最早的是至元二年（1265年），元世祖忽必烈尚未定大元国号（1271年），年代最晚的是至正六年（1346年），距离元顺帝退出大都（1368年）明代建立仅22年，已至元代晚期。元代自1271年算起仅历时不足百年，这4通碑的刻立时间基本上贯穿了有元一代。从释恒帅师傅编写的《大法王寺》小册子中，可以找到后3通碑的碑文，其断句虽多有可商榷之处，甚至字词也有脱衍，但已经是能看到的最完整的现存元代碑刻文稿。

《复庵和尚塔铭》（后文简称《复庵塔铭》），简要记述了元初曹洞宗名僧复庵的一生，重点记述了复庵为僧后的活动和贡献，碑阴开列有复庵的宗派嗣法。《月庵海公禅师道行碑》（后文简称《月庵碑》），内容也主要是记述月庵海公为僧的活动和贡献，碑阴开列有月庵法嗣。《学公禅师道行之碑》（后文简称《学公碑》），依然主要记述了学公为僧的活动和贡献。

复庵、月庵、学公曾先后是法王寺的主持，三通碑对于碑主在法王寺的活动都有不同程度的记载，管中窥豹，也能见元代法王寺之一二。

三　元代碑刻反映的法王寺状况

元代政府的宗教政策，大体上是诸教并存，但扬佛抑道倾向明显。对于佛教又崇藏传佛教轻汉传佛教，于汉传佛教又重教而轻禅。尽管如此，元代自成吉思可汗以后，历代君主对汉传佛教及其僧团仍都奉行优礼的政策，"太祖则明诏首班。太宗则试经、造寺、雕补藏经。谷与（即贵由）皇帝则令僧扈从，恒诵佛经。蒙哥皇帝则供僧书经，高营宝塔。"[①] 世祖忽必烈不仅于"万机之暇，自奉施食，持数珠而课诵"[②]，而且在各地广建寺院，大做佛事，蠲免寺院田产诸税。忽必烈以下诸帝，亦多依其范例对待汉传佛教，诸如营建大寺院、大规模赐田赐钞的崇佛事件，屡朝不绝。是故，元人危素言："盖佛之说行乎中国，而尊崇护卫，莫盛于本朝。"[③]

在这种大的背景之下，元代法王寺也有了较大的发展。现从法王寺存元代碑刻入手进行探讨。

1. 法王寺在元代是禅宗曹洞宗丛林

元代，北方尽入曹洞禅域。曹洞宗在金代的活动范围以燕京（今北京）的报恩寺、万寿寺为中心，仅限于今山东、河南、河北、山西等数省的名刹。至元代，曹洞宗的范围向周边伸展，其传法中心也转移到了河南嵩洛。自金末元初万松行秀的高足雪庭福裕入主少林之后，这天下禅宗第一祖庭的少林寺，便成为代代由曹洞高僧为住持方丈的曹洞宗"子孙丛林"，是曹洞宗的弘法中心，其纯一性大于杭州径山寺临济子孙丛林。

与少林毗邻的大法王寺同样是曹洞宗丛林。

《复庵塔铭》载："时万松老师，主盟宗教，权衡人物，号称当代龙门。师一入丈室，甚器重之。服膺三年，即蒙印可，有曹洞正宗，方圆静照之颂。"又说：复庵是"万松一支，曹溪正派"。这里的万松无疑即

[①]（元）祥迈：《至元辩伪录》卷四，见《大正藏》第五十二册。
[②]（元）梅屋念常：《佛祖历代通载》卷二十二。
[③]（元）危素：《危太朴文集》卷五《扬州正胜寺记》。

是曹洞宗硕德万松行秀，复庵是其法嗣。复庵曾为法王寺的住持："师自开堂出世，住德州之天宁，齐河之普照，鹊里之崇孝，嵩山之少林、法王，诸方礼聘，殆无虚岁。"为《复庵塔铭》书丹的是"嵩山法王寺住持传法嗣祖觉亮"，立石的有"香山住持嗣法小师福海，法王住持嗣法小师觉亮"，后面的复庵宗派嗣法表中也有法王亮禅师和香山海禅师，说明法王亮禅师、香山海禅师又是复庵的法嗣。此处的亮禅师即《劝亮公住法王寺碑》中的亮公，海禅师即月庵海公禅师，二者在复庵之后都曾任法王寺住持。

《月庵碑》称月庵是"万松一枝，复庵嫡派"，又载："福海法讳也，月庵自号也……（师）闻复庵老师受燕万寿寺，请命挑囊而进，告香入室，又经三载，复承印可，授以衣颂。""稽首复庵，法海舟楫，承继万松，茂林枝叶，嫡付我师，月庵先哲，嗣续生生，遂成派列"。说明月庵是复庵的法嗣。月庵"于至元庚辰（即至元十七年1280）春开堂于法王……经七寒暑"。为《月庵碑》撰文的是"法王当代传法嗣祖小师思微"，碑中有言："思微居学位时，侍师二十有三"，后面开列月庵法嗣时有"法王当代住持嗣法小师思微谨□上石"，说明思微是月庵的法嗣，是当时法王寺的住持。

《学公碑》称学公"又闻月庵受万寿疏，师翻身赴都，侍月庵入院，不期告香入室……唯许师勤参请"，说明学公师承月庵，秉承的是曹洞宗禅法："列曹溪派，逆洞水波"。学公主持法王寺长达十年："至元首年（1335年），有法王虚席，三阃神举千里，投师三请，固辞再四入院……如是十载"。为《学公碑》劝缘的有"嵩山大法王寺当代住持嗣祖法姪无极野衲"，说明野衲是学公的嗣法，是当时法王寺的住持。

这三通碑，显示了较为清晰的师承关系。说明元代法王寺不仅仅是曹洞宗丛林，而且还是曹洞宗的子孙丛林。

表3

万松行秀	复　庵	月　庵	学　公	野　衲
			思　微	

2. 法王寺在元代禅宗中享有颇高声望

金元之际，本"禁足山林"的曹洞僧人与元蒙军事首领发生了缘遇。经过曹洞弟子耶律楚材的推荐，其师傅万松行秀、师兄雪庭福裕等人，都得到了统治者的倚重，也使曹洞宗得庇于皇权。禅宗祖庭少林寺住持屡被官封，法王寺地位虽不及少林寺，但也享有较高声望，表现在以下三方面。

首先，法王寺住持也曾主持嵩山少林寺、泰山灵岩寺、大都万寿寺等名刹。少林寺是禅宗的祖庭，泰山灵岩寺自唐代始就是名刹，万寿寺在金元时代的地位毋庸置疑，万松行秀、雪庭福裕都曾主持万寿寺。复庵是元初曹洞宗的名僧，有很高的声望，《复庵塔铭》载复庵曾住持少林、法王、万寿寺："皇朝癸卯（1243）岁，集诸路僧，建资戒大会于京师万寿寺，师自此开堂出世，住德州之天宁，齐河之普照，鹊里之崇孝，嵩山之少林、法王……京师万寿，本宗神刹也，师晚年居之。"《月庵碑》载月庵福海曾住持法王、灵岩、万寿寺："于至元庚辰（即至元十七年，1280）春开堂于法王……经七寒暑……于大德戊戌（记大德二年，1298），受山东灵岩命……是岁癸卯（即大德七年，1303），香山复命，才经一周，又蒙万寿祖刹，不惮迢遥，恳请恭领是刹已。"

其次，法嗣分布较广。法嗣分布广，说明影响到的地区就广。复庵本身主要活动在北京、山东、嵩山，《复庵塔铭》载复庵"所度弟子至百人，嗣法者三十，振厉宗风，有若泰山灵岩复公，文行超卓，有若上都华严叔仁，其他升堂演法，皆纲至领一方"。元上都在今内蒙古自治区锡林郭勒盟。后面列出的复庵宗派嗣法，涉及的地区，有古燕（在河北北部）、历山（在山西）、南宫（河北邢台）、燕山（在河北）、太原（在山西）、香山（在今河南汝阳）、崇孝（在北京）、普照（在山东德州）、临淄、嵩山、龙门、关中等，主要还都是位于曹洞宗传统的分布地区，北至河北北部，南至河南汝阳，如上都、关中地区只是个别。月庵本身主要活动除了嵩山、北京、山东，南可至河南南阳丹霞。《月庵碑》后面列出的月庵法嗣，涉及的地区有南阳丹霞（今河南南召）、嵩山、汝阳、裕州（今河南方城）、洛阳、上都、山东、中山（在今河北）、古燕鞍山（在今辽宁）、胶西（在山东）、辉州（今河南辉县）、德州（在山东）等，主要河南、山东、河北，上都也仅是个别。与复庵法嗣相比相比，月庵法嗣的分布有一个比较明显的特点，即范围向北向南有了较大的扩展，向北已至辽东的鞍山，向南已经至南阳的南召、方城。

再次，法王寺住持与统治者上层关系密切。为《复庵塔铭》撰文的是翰林学士太中大夫知制诰同修国史阎复，当时，翰林学士应为正三品，太中大夫为从三品①；撰额的是资德大夫中书右丞严忠济，资德大夫、中书右丞均为正二品②。《复庵塔铭》载："金季杨礼部仲明，杜处士仲梁，风节霭然，一代名士也，咸以文章道艺，缔交于师，中书右丞严公镇国上将军、德州总管刘侯及其子奉国上将军、淮西道宣慰使复亨，其孙中奉大夫、荆湖宣慰使泽，皆杰魁人也，为师护法，始终寅奉，馀四十年。"中书右丞严公镇国上将军、德州总管刘侯，中书右丞、国公均为正二品，镇国上将军为从二品，德州总管为从三品，刘侯也应为从三品。③其子奉国上将军、淮西道宣慰使复亨，奉国上将军、淮西道宣慰使均为从二品。④其孙中奉大夫、荆湖宣慰使泽，中奉大夫、荆湖宣慰使均为从二品。⑤《月庵碑》里虽没有月庵与高官名士交往的直接记载，但通过这段记载也可见一斑："云空忽开，雪斋风和，时值禁酤，敬奉晋王⑥令旨，遣使以嘉酝百升，黄香一盒，宝钞五百缗，来享其祭。其发引之日，南北两城诸刹，各严香花仪式将及百。会送终，□□□，王府官僚、教禅大德、暨士庶法

---

① 据《元史》卷八十七《百官三·翰林兼国史院》，记载：至正八年（1271）时，翰林承旨为升为从二品，则翰林学士为正三品；卷九十一《百官七·散官》记载：太中大夫为文散官，从三品。

② 据《元史》卷九十一《百官七·散官》记载：资德大夫为文散官，正二品；卷八十五《百官一·右丞左丞》记载：中书右丞是正二品。

③ 据《元史》卷八十五《百官一·右丞左丞》记载：中书右丞是正二品；卷九十一《百官七·勋爵》记载：国公为正二品，郡侯爵位有正三品和从三品之分；卷九十一《百官七·散官》记载：镇国上将军为武散官，从二品；卷五十八《地理一·德州》记载，德州隶属中书省，元代十万户之下者为下路，德州有户二万四千四百二十四，属下路，总管为从三品。

④ 据《元史》卷九十一《百官七·散官》记载：奉国上将军为武散官，从二品；卷九十一《百官七·宣慰使司》记载，宣慰使是从二品。

⑤ 据《元史》卷九十一《百官七·散官》记载：中奉大夫为文散官，从二品；卷九十一《百官七·宣慰使司》记载，宣慰使是从二品。

⑥ 据《元史》卷九十一《百官七·勋爵》记载：王为爵位第一等，正一品。

眷，其观者无不嗟赞。"碑末还有"集贤大学士光禄大夫陈□□"。对比泰山灵岩寺现存《普耀月庵海公禅师道行碑并序》"集贤大学士陈荣禄邻于京城万寿寺"，可知此处"光禄大夫"应为"荣禄大夫"。①为《学公碑》书丹的是将士佐郎、河南府路登封县主簿、天堂张惟暹②，《学公碑》载学公"又闻灌顶国师板的达召师，赐号妙监通辩大师，赠玉印，法旨还东原……师得旨潜归圣果，有严侯诸公子知师之名，命师开法主崇孝寺，领众焚修，深加敬信"。

3. 寺院经济有了进一步发展

有元一代，宗教信仰自由和对各种宗教的宽容优礼，包括蠲免各教赋税、免除各种差役、尊崇神职人员等政策，是任何王朝都无法与之相匹的。正如元世来泉州传教的安德鲁主教在一封寄回欧洲的信中所云："在此大帝国境内，天下各国人民，各种宗教，皆依其信仰，自由居住。盖彼等以为凡为宗教，皆可救护人民。"③ 前所未有的宗教宽容政策，造就了元代极其发达的宗教文化，寺院经济也随之有了长足发展，各寺住持不仅仅是高僧大德，往往还有很强的经营能力。法王寺也不例外，复庵、月庵、学公都有很强的经营能力，月庵在法王寺几诸修造，学公更是大有功勤，创水磨、新堂庑、置田产、建诸庄，使法王寺的寺院经济有了进一步发展。

《复庵塔铭》没有记述复庵在法王寺的经营活动，但通过记载的复庵晚年对万寿寺的兴复可以看出复庵发展寺院经济的能力："京师万寿，本宗神刹也，师晚年居之。以寺之恒产为前人所废，力为兴复，敝者新之，质者还之，坠者举之，居数岁，仓库有储，府库有积。"月庵的经营能力更加突出，《月庵碑》载，月庵在法王寺："创整丛席，傅猷之外，几诸修造，轮焉奂焉，海会单寮，一新创建，安居清众，通贯十万"；在龙门宝

---

① 另据《元史》卷八十七《百官三·集贤院》，记载：集贤大学士在大德十一年（1307）之前为从二品，之后为从一品；卷九十一《百官七·散官》记载：文散官"光禄大夫"为正一品，而"荣禄大夫"为从一品。此处应为"荣禄大夫"。
② 据《元史》卷九十一《百官七·散官》记载：将仕佐郎为文散官，从八品；按《元史》卷五十九《地理二·河南府路》载，登封在元代属下县，则登封县主簿也为从八品。
③ 江文汉：《中国古代基督教及开封犹太人》，知识出版社，1982，第137页。

应寺和汝阳香山寺:"住持间出己资,觅工运水,供众十有余年,旧弊革,古式仍,田野阔,仓库增,单寮新,云侣会,传持专务,接待诸方,及叠寺基,周围岩岩壁立,塞门拥路,凿石创开,自始正矣";在山东灵岩寺:"倾囊兼助,香积弥新,余诸修造备已,又创盖万丈,凿石定基,功倍于前……又斋僧万员,通主经五祀";在南阳丹霞寺:"开荆榛,除瓦砾,辟正涂而入,出己财铸钟板锅釜,谘会众。因及府北竹园芜甚,渐围成就";在大都万寿寺:"焚修传猷,的为专务,兼欲补诸修造。值常住萧然……由是努力复新无还轩,暨创建后厨廊庑,间于寺德……又创新通,玄关店铺,各严备已"。学公在侍月庵、居学位时,即已显露出不凡的经营能力,《学公碑》载:月庵在万寿寺时委学公"掌库藏,兼办诸务,不择两架,未尝有失。又职南庄监寺,每岁增租数倍,一众称师以公为最";学公出任住持后更有出色的表现,在崇孝寺时:"重新殿宇,革故堂廊,手植园林,田更蔬圃,百色现成,遍不能举";在法王寺时:"接物利生,抽丁拨楔,诲人不倦。如是十载,大有功勤,两创水磨,一新堂庑,加之置田产,建诸庄,凡物续添,胜前者百倍矣"。

敦煌贞观本《能断金刚经》浅议

马 德[*]

《敦煌遗书》第2323页，为唐代写经，卷轴装，轴首题："能断金刚经一卷　金马"，卷首有失题失名序文，次为"皇太子臣治述　圣记"全文；再次为经文正文，首题：

能断金刚般若波罗蜜多经一卷　三藏法师玄奘奉诏译，

尾题：

能断金刚般若波罗蜜多经一卷
贞观廿二年十月一日于雍州宜君县玉华宫弘法台三藏法师玄奘奉
[诏译]
直中书长安杜行颛笔受
弘福寺沙门玄谟证梵语
大总持寺沙门辩机证文。[①]

《敦煌遗书总目索引》依尾题订名并说明皇太子述[②]；《敦煌遗书总目索引新编》在此基础上加上说明前面也有译文但不知名[③]；《法藏敦煌西域文献》将经文前的内容一并定名为"大唐三藏圣教序"[④]。笔者最近在阅读敦煌遗书的过程中，认为对本卷的有些问题需要进行探讨。故不揣冒昧，

---

[*] 马德，敦煌研究院研究员、敦煌文献研究所所长。
[①] 图片见法国国家图书馆网，http: // gallica. bnf. fr – Pelliot chinois 2323. 1～27。
[②] 《敦煌遗书总目索引》，中华书局，1983，第261页。
[③] 《敦煌遗书总目索引新编》，中华书局，2000，第233页。
[④] 《法藏敦煌西域文献》第12册，上海古籍出版社，2000，第1页。

草成此文,以求教于大方之家。

关于《大唐三藏圣教序》及《皇太子臣治述圣记》

《敦煌遗书》第 2323 页卷首所存失题序文,实为唐太宗李世民撰《大唐三藏圣教序》的后半部分。据佛教史籍记载,李世民《大唐三藏圣教序》及李治《述圣记》专为玄奘法师译经而写,均撰述并宣读于贞观二十二年(648)六月。《佛祖历代通载》[①] 卷十一等佛教史籍均有详细记载,《全唐文》也收录此序、记。按当时的规定,《大唐三藏圣教序》和《皇太子臣治述圣记》当时都规定要抄写在经文之前;P. 2323 即是如此,而且抄写时间上距撰述时间仅三月有余。

敦煌遗书中除本卷外,尚有 S. 343、S. 4612 号、P. 2780、P. 3127 号抄写此二序,但这几卷都没有抄写于经文之前(或因后来人为将序文与经文分开亦不得而知),其中 S. 4612 为一废弃本,卷中有"兑"字;S. 343 混杂于一些佛事活动的应用文书中,时代较晚。但这些写本在文献校勘方面还是有一定的价值意义。

鉴于 P. 2323《大唐三藏圣教序》和《皇太子臣治述圣记》的抄写时间距其撰述和颁布的时间极近,可能是其最早或最原始的形态,与现存各类传世本有一定程度的差异,兹将现存内容移录如下:

(前缺)广彼前闻;截伪续真,开兹后学。是以翘心净土,往游西域,乘危远迈,仗策孤征;积雪晨飞,涂闲失地,惊沙夕起,空外迷天。万里山川,拨烟霞而进影;百重寒暑,蹑霜露而前踪。诚重劳轻,求深愿达;周游西宇,十有七年。穷历道邦,询求正教。双林八水,味道飡风;鹿苑鹫峰,瞻奇仰异。承至言于先圣,受真教于上贤;探赜妙门,精穷奥义。一乘五律之道,驰骤于心田;八藏三箧之文,波腾于口海。爰自所历之国,总将三藏要文,凡六百五十七部,译布中夏,宣扬胜业。引慈云于西极,注法雨于东垂;圣教阙而复全,苍生罪而还福。湿火宅之干焰,共拔迷途;朗爱水之昏波,同臻

---

① 《大正新修大藏经》第 49 册,第 2036 号,第 573~574 页。

彼岸。是知恶因业坠，善以缘升；升坠之端，唯人所托。譬夫桂生高岭，云露方得泫其华；莲出绿波，飞尘不能汙其叶。非莲性自洁，而桂质本贞。良由所附者高，则微物不能累，所凭者净，则浊类不能沾。夫以卉木无知，犹资善而成善；况乎人伦有识，不缘庆而求庆。方冀兹经流施，将日月而无穷；斯福遐敷。与乾坤而永大。

尔后接抄的《皇太子臣治述圣记》为全文：

皇太子臣治述　圣记

夫显扬正教，非智无以广其文；崇阐微言，非贤莫能定其旨。盖真如圣教者，诸法之玄宗，众经之轨躅也。综括宏远，奥旨遐深。极空有之精微，体生灭之机要。词茂道旷，寻之者不究其源；文显义幽，履之者莫测其际。故知圣慈所被，业无善而不臻；妙化所敷，缘无恶而不翦。开法网之网纪，弘六度之正教，拯群有之涂炭，启三藏之秘扃。是以名无翼而长飞，道无根而永固。道名流庆，历遂古而镇常；赴感应身，经尘劫而不朽。晨钟夕梵，交二音于鹫峰；慧日法流，转只轮于鹿苑。排空宝盖，接翔云而共飞；庄野春林，与天花而合彩。伏惟　皇帝陛下，上玄资福，垂拱而治八荒；德被黔黎，敛衽而朝万国。恩加朽骨，石室归贝叶之文；泽及昆虫，金匮流梵说之偈。遂使阿耨达水，通神甸之八川；耆阇崛山，接嵩华之翠岭。窃以法性凝寂，靡归心而不通；智地玄奥，感恩诚而遂显。岂谓重昏之夜，烛慧炬之光；火宅之朝，降法雨之泽。于是百川异流，同会于海；万区分义，总成乎实。岂与汤武校其优劣。尧舜比其圣德者哉！玄奘法师者，夙怀聪令，立志夷简，神清龆龀之年，体拔浮华之世。凝情定室，匿跡幽巖；栖息三禅，巡游十地。超六尘之境，独步迦维；会一乘之旨，随机化物。以中华之无质，寻印度之真文，远涉恒河，终斯满字；频登雪岭，更获半珠。问道往还，十有七载；备通释典，利物为心。以贞观十九年二月六日，奉□敕于弘福寺翻译圣教要文，凡六百五十七部。引大海之法流，洗尘劳而不竭；传智灯之长焰，皎幽暗而恒明。自非久植胜缘，何以显扬斯旨？所谓法相常住，齐三光之明；我皇福臻，同二仪之固。伏见御制众经论序，照古腾今，理含金石之声。文抱风云之润。治辄以轻尘足岳，坠露添流，略举大纲，以为斯记。①

关于玄奘译《能断金刚经》

《开元释教录》卷第八，记载玄奘译经七十六部（一千三百四十七卷经律论记传），其中有《能断金刚般若波罗蜜多经》（以下简称除引文外均为《能断金刚经》）一卷，并云：

  见内典录第四出，与姚秦罗什等出者同本，贞观二十二年十月一日于坊州宜君县玉华宫弘法台译，直中书杜行顗笔受。②

同时，《开元释教录》卷十一、第十九、第二十至提到此经，并注明室罗筏第四译。

在这里，我们看到《开元释教录》所载玄奘译《能断金刚经》的时间、地点及笔受人等与敦煌本完全一致。

《贞元新定释教目录》卷十一基本上是《开元释教录》卷八的移录。但在卷二十，却记录了相关的详细说明。

  金刚般若波罗蜜经　一卷　舍卫国　　姚秦三藏鸠摩罗什译　第一译

  金刚般若波罗蜜经　一卷　婆伽婆　　元魏天竺三藏菩提留支译　第二译

  金刚般若波罗蜜经　一卷　祇树林　　陈天竺三藏真谛译　第三译

  能断金刚般若波罗蜜多经　一卷　室罗筏城　大唐三藏玄奘译出内典录　第四译

  能断金刚般若波罗蜜多经，一卷，名称城，大唐天后代三藏义净译，新编入录，第五译

---

① 录文据注［1］图片。与传世本及敦煌其他各本有出入者，不别注出，特此说明。
② 《大正新修大藏经》第55册，第2154号，第555页。

右五经同本异译。其第四本能断般若，贞观二十二年沙门玄奘从驾于玉华宫弘法台译，后至显庆五年于玉华寺翻大般若，即当第九能断金刚分，今本编入更不重翻。准诸经例，合入大部者即同别生。此录之中不合重载，为与沙门义净译者名同，恐有差错，故复出之（三师造论同释此经）。①

这里明确指出，玄奘于贞观二十二年（648）译《能断金刚经》，原则上早在显庆五年（660年）时就已并入《大般若经波罗蜜多》（以下简称《大般若经》），此后应该无单行本流传。所以，后世大藏经大多将玄奘译《能断金刚经》作为《大般若经》的"第九能断金刚分"编入。如现在通用的《大正新修大藏经》（《大正藏》）第7册第220号《大般若经》（第401～600卷）有"大般若经第九会·能断金刚分"，西明寺沙门玄则撰序，首题"大般若波罗蜜多经卷第五百七十七 三藏法师玄奘奉　诏译"，品题"第九 能断金刚分"。② 而敦煌本抄写于贞观二十二年（648年）十月一日，早于此经显庆五年（660年）并入《大般若经》之前十二年。

前已提及，李世民《三藏圣教序》及李治《述圣记》均撰述并宣读于贞观二十二年（648年）六月，而敦煌此本抄写于同年十月一日；同时从字体上看，敦煌本无疑是初唐贞观书体。因此，我们可以将敦煌本称为贞观初版本。因为此本的抄写时间上距皇帝制序的时间仅三个多月，所以应是真正的初版单行本。

虽然说，《圣教序》和《述圣记》当时都规定要抄写在经文之前，可实际这样实行的情况并不是很多，保存下来的就更少了。而敦煌本《能断金刚经》则是极少保存序、记的写经之一。同时又是在译出后不几年由单行本并入《大般若经》本而不再单独流通，这就使敦煌本成了孤本。我们无法知道当时抄写了多少份玄奘译《能断金刚经》，但可以肯定的是，敦煌本P.2323是我们目前所见唯一一份抄写于贞观二十二年（648年）的玄奘译《能断金刚经》，加上经文之前李世民、李治父子的序文，其版本价

---

① 《大正新修大藏经》第55册，第2157号，第911～912页。
② 《大正新修大藏经》第7册，第220号，第980页。

值彰显无疑。

关于《碛砂藏》本《能断金刚经》

《碛砂藏》，平江府碛砂延圣院大藏经。延圣院在今江苏省苏州市吴县，后改名碛砂禅寺。约在南宋宝庆至绍定年间开雕；端平元年（1234年）编定并刻出天字至合字548函的目录。宝祐六年（1258年）以后，因延圣院火灾和南宋灭亡，刻事曾中断30年。元大德元年（1297年），由松江府僧录管主八住持继续雕刻，到至治二年（1322年）竣工。全藏编次从天字至烦字共591函、1532部、6362卷。由于经过两个朝代的更迭和兵燹，原刻版片部分毁损，另用其他散刻本补充。因此后来的印本中夹杂元代寺院所刻的补本，甚至还附有翻刻的《普宁藏》数函在内。现存的陕西开元寺和卧龙寺的全藏（略有残缺），是在明洪武二十三、二十四年（1390~1391）间刷印的。1931~1935年时，曾用这部藏经影印过500部（缺失者以资福本、普宁本、景定陆道源本、亦黑迷失本和永乐南藏本等补入）。影印本《碛砂藏》共60函593册（经文59函591册，目录1函2册）。

根据民国影印的《碛砂藏》，玄奘译《能断金刚经》在第72册，经文前无序言，首题：

能断金刚般若波罗密多经翔八／　唐三藏法师玄奘译

尾题与题记如下。

　　大宋国嘉兴府华亭县长人乡廿一保玉门塘官路东居住奉
　　三宝弟子须　妙明同母亲陆氏 三四娘妻杨氏　百四娘并男须
　　楷女须 百一娘与家眷等
　　兹者谨发诚心捐施净财柒拾贯官会恭入
　　碛砂延圣院经坊命工刊造
　　大藏能断金刚经壹卷流通佛教所集 功德拜荐
　　亡公须六十六郎 亡婆张氏六娘子 先考须大郎
　　亡前妻陆氏 百三娘子众魂遇此功勋跻登

>   佛界　　岁嘉熙三年（1239）九月　　日弟子须　妙明谨题，
>   干刊经板僧可晖、善成、可闲、法来、法澄、法升、志圆谨募

这里卷首的"翔八"，当是《碛砂藏》的千字文编号。而卷尾的出资者和刊印僧人似于玄奘译《能断金刚经》无多大关系，兹不赘。经文正文与敦煌贞观本极为接近。特别是异体字和俗体字方面，如尔、尒字通用，而最字用标准不用异体。

《碛砂藏》将玄奘译《能断金刚经》排列在义净译本之后，前面分别为罗什、留支、留支（真谛？）、笈多译《金刚经》和义净译《能断金刚经》，实为六个译本。这里列玄奘译本于最末，显示《碛砂藏》编纂者的良苦用心：可能是前面已有第九分大般若本，此处重复，故为最末。《大般若经第九会能断金刚分》在《碛砂藏》影印本的第 58 册，经文前置"大般若经第九会能断金刚分序　西明寺沙门玄则制"，首题"大般若波罗蜜多经卷第五百七十七　珍七／　三藏法师玄奘奉　诏译"，品题"第九能断金刚分"；经文用字如尔、尒混用。

从《碛砂藏》将两种本子《大般若经第九会能断金刚分》与《能断金刚般若波罗蜜多经》一同编入的情况看，尽管有显庆年间关于《能断金刚般若波罗蜜多经》"不重翻""不合重载"的指令，但后来的大藏经依然是两种并收。《碛砂藏》如此，先于此的《开宝藏》大概也是如此。这就有了《高丽藏》保存最为接近敦煌贞观本的《能断金刚经》事。只是原抄写在经文之前的《圣教序》及《太子述圣记》均被删除。

关于高丽本《能断金刚经》

玄奘所译《能断金刚经》，由《高丽藏》第五册收，编为第 0016 号，首题：

>   能断金刚般若波罗密多经　　羽／　　唐三藏法师玄奘译

尾题：

>   己亥岁高丽国大藏都监奉敕雕造

但经文前未收李世民《三藏圣教序》及李治《述圣记》。

经查核,《高丽藏》本与敦煌写本基本相同,连抄写当时的异体字、俗体字也基本一致,如尒、㝡等;可见,敦煌本为高丽本之原稿。又,敦煌贞观本文末正文倒数第 16 行无"是"字,《碛砂藏》本、《高丽藏》本亦缺,唯《大正藏》本大般若本有;由此看来,此"是"本不是缺字,而是《大正藏》的衍字。

按:高丽初雕大藏经,始于显宗(1010~1031 年在位),完成于文宗(1047~1082 年在位)。其时,高丽政府置都监于大邱符仁寺,以复刻北宋端拱年间(988~989 年)传入高丽的开宝藏,兼收入若干民间流通本,共计约 6000 余卷。公元 1232 年蒙古军入侵高丽时,随着国都之毁灭,版木亦被焚烧成灰。高丽高宗二十三年(1236 年)至三十八年(1251 年)间,高丽政府置大藏都监于江华岛,分司都监于南海地域,以开宝藏、契丹藏及初刻高丽藏等经藏互校,重刻汉文大藏经。高丽本雕造《能断金刚经》的己亥岁(公元 1239 年),所依经文大多应该还是《开宝藏》。其刻经时间与《碛砂藏》接近。

《开宝藏》始刻于北宋开宝四年,太平兴国八年(983 年)完成雕版 13 万块;以《开元释教录》入藏经目为底本,共 480 帙,千字文编次天字至英字,5048 卷;卷轴式,每版 23 行,每行 14 字,版首刻经题、版数、帙号等;卷末有雕造年月干支题记。首刻全藏印本曾于北宋雍熙元年(984 年)由日本沙门奝然带入日本。此后,还经过三次比较重要的校勘修订和不断增入宋代新译及《贞元释教录》入藏的典籍,形成三个不同的版本:咸平修订本,北宋端拱二年(989 年)到咸平(998~1003 年)年间的校订本;天禧修订本,北宋天禧初年(1017~1021 年)校订本,曾于乾兴元年(1022 年)传入契丹和高丽;熙宁修订本,北宋熙宁四年(1071 年)的校订本,于元丰六年(1083 年)传入高丽。与《碛砂藏》不同的是,《开宝藏》在国内没有能够较完整地保存雕版或印本,目前所能见到者仅数卷而已。

《开宝藏》所据《开元释教录》将玄奘《能断金刚经》单列为目录,但显庆五年(660)后玄奘译《能断金刚经》单行本已无传世本,可能是《开宝藏》将玄奘《能断金刚经》作为单行本收入,这就是高丽本收编并保存了玄奘《能断金刚经》单行本的原因。但《开宝藏》所依据者,可能是与敦煌本同时抄写的贞观本,所以在保留了原写本的字形,高丽本承袭之,这可能就是高丽本最为接近敦煌本的原因。另外,值得注意的是,高丽本在经名后有一"羽"字,可能是《开宝藏》的千字文编号。

作为单行本,《碛砂藏》本、《高丽藏》本均删除原抄写在经文之前的《圣教序》及《太子述圣记》,这一更加凸显敦煌贞观本作为初版写经的珍贵价值。

敦煌贞观写本《能断金刚经》现状(从上至下依次为卷首、卷中、卷尾)(见附图。)

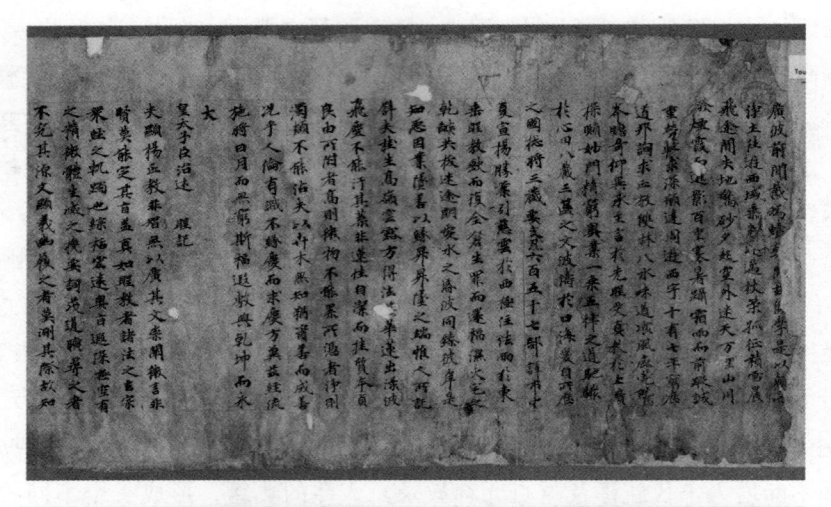

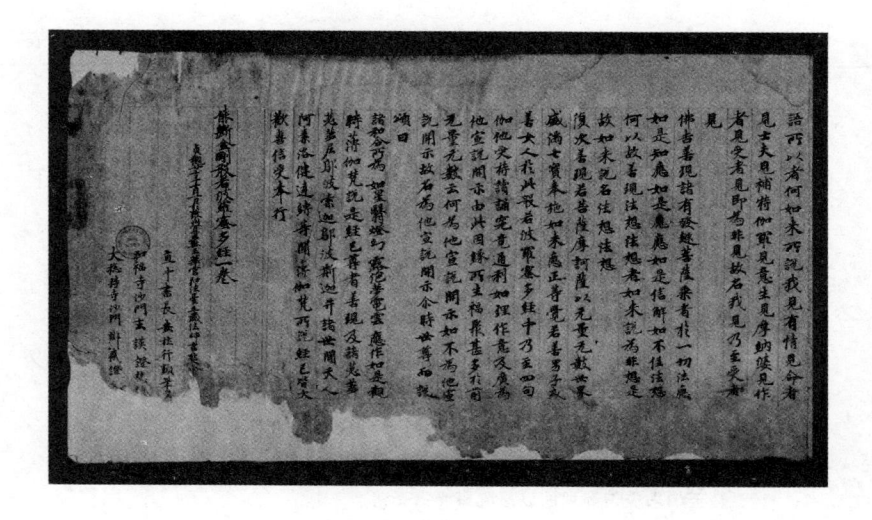

附录

1. 玄奘译《能断金刚经》诸本对照表（经首部分）

能断金刚般若波罗密多经一卷 三藏法师玄奘奉诏译 如是我闻一时薄伽梵在室罗筏住誓多 林给孤独园与大苾刍众千二百五十人俱尓 时世尊于日初分整理常服执持衣钵入室 罗筏大城乞食时薄伽梵于其城中行乞 食已出还本处饭食讫收衣钵洗足于食后 时敷如常座结加趺坐端身正愿住对面念 时诸苾刍来诣佛所到已顶礼世尊双足右 绕三匝退坐一面具寿善现亦于如是众会 中坐 尓时众中具寿善现从座而起偏袒一肩右 膝著地合掌恭敬而白佛言稀有世尊乃至 如来应正等觉能以冣胜摄受摄受诸菩萨 摩诃萨乃至如来应正等觉能以冣胜付嘱 付嘱诸菩萨摩诃萨世尊诸有发趣菩萨乘 者应云何住云何修行云何摄伏其心作是 语已 （后略）	敦煌贞观本

	续表
能断金刚般若波罗蜜多经　　翔八 大唐三藏法师玄奘 奉诏译 如是我闻一时薄伽梵在室罗筏住誓多林给孤独园与大苾刍众千二百五十人俱尔时世尊于日初分整理常服执持衣钵入室罗筏大城乞食时薄伽梵于其城中行乞食已出还本处饭食讫收衣钵洗足已于食后时敷如常座结加趺坐端身正愿住对面念时诸苾刍来诣佛所到已顶礼世尊双足右绕三匝退坐一面具寿善现亦如是众会中坐尔时众中具寿善现从座而起偏袒一肩右膝著地合掌恭敬而白佛言稀有世尊乃至如来应正等觉能以最胜摄受摄受诸菩萨摩诃萨乃至如来应正等觉能以最胜付嘱付嘱诸菩萨摩诃萨世尊诸有发趣菩萨乘者应云何住云何修行云何摄伏其心作是语已（后略）	碛砂藏本
能断金刚般若波罗蜜多经　　羽 唐三藏法师玄奘译 如是我闻一时薄伽梵在室罗筏住誓多林给孤独园与大苾刍众千二百五十人俱尔时世尊于日初分整理常服执持衣钵入室罗筏大城乞食时薄伽梵于其城中行乞食已出还本处饭食讫收衣钵洗足已于食后时敷如常座结加趺坐端身正愿住对面念时诸苾刍来诣佛所到已顶礼世尊双足右绕三匝退坐一面具寿善现亦于如是众会中坐。 尔时众中具寿善现从座而起偏袒一肩右膝著地合掌恭敬而白佛言稀有世尊乃至如来应正等觉能以冣胜摄受摄受诸菩萨摩诃萨乃至如来应正等觉能以冣胜付嘱付嘱诸菩萨摩诃萨世尊诸有发趣菩萨乘者应云何住云何修行云何摄伏其心作是语已 （后略）	高丽藏本

续表

大般若波罗蜜多经卷第五百七十七 大唐三藏法师 玄奘奉　诏译 第九能断金刚分 如是我闻一时薄伽梵在室罗筏住誓多林 给孤独园与大苾刍众千二百五十人俱尔 时世尊于日初分整理常服执持衣钵入室 罗筏大城乞食时薄伽梵于其城中行乞食 已出还本处饭食讫收衣钵洗足已于食后 时敷如常座结加趺坐端身正愿住对面念 时诸苾刍来诣佛所到已顶礼世尊双足右 绕三匝退坐一面具寿善现亦于如是众会 中坐。尔时众中具寿善现从座而起偏袒一 肩右膝著地合掌恭敬而白佛言稀有世尊 乃至如来应正等觉能以最胜摄受摄受诸 菩萨摩诃萨乃至如来应正等觉能以最胜 付嘱付嘱诸菩萨摩诃萨世尊诸有发趣菩 萨乘者应云何住云何修行云何摄伏其心 作是语已 （后略）	碛砂藏 大般若本
大般若波罗蜜多经卷第五百七 十七 三藏法师玄奘奉　诏译 第九能断金刚分 如是我闻：一时，薄伽梵在室罗筏住誓多林 给孤独园，与大苾刍众千二百五十人俱。尔 时，世尊于日初分，整理裳服执持衣钵，入室 罗筏大城乞食。时，薄伽梵于其城中行乞食 已出还本处，饭食讫，收衣钵洗足已，于食后 时，敷如常座结跏趺坐，端身正愿住对面念。 时，诸苾刍来诣佛所，到已顶礼世尊双足，右 绕三匝退坐一面，具寿善现亦于如是众会 中坐。 尔时，众中具寿善现从座而起，偏袒一肩，右 膝著地，合掌恭敬而白佛言："稀有！世尊！乃至 如来、应、正等觉，能以最胜摄受，摄受诸菩萨， 摩诃萨乃至如来、应、正等觉，能以最胜付嘱， 付嘱诸菩萨摩诃萨。世尊！诸有发趣菩萨乘	大正藏大般若本

2. 玄奘译《能断金刚经》诸本对照表（经尾部分）

	续表
者，应云何住？云何修行？云何摄伏其心？" 作 是语已 （后略）	大正藏大般若本

佛告善现诸有发趣菩萨乘者于一切法应 如是知应如是见应如是信解如不住法想何以故善现法想法想者如来说为非想是 故如来说名法想法想 复次善现若菩萨摩诃萨以无量无数世界 盛满七宝奉施如来应正等觉若善男子或 善女人于此般若波罗蜜多经中乃至四句 伽他受持读诵究竟通利如理作意及广为 他宣说开示由此因缘所生福聚甚多于前 无量无数云何为他宣说开示如不为他宣 说开示故名为他宣说开示尔时世尊而说 颂曰 诸和合所为 如星翳灯幻 露泡梦电云 应作如是观 时薄伽梵说是经已尊者善现及诸苾刍 苾刍尼邬波索迦邬波斯迦并诸世间天人 阿素洛健达缚等闻薄伽梵所说经已皆大 欢喜信受奉行 能断金刚般若波罗蜜多经一卷 贞观廿二年十月一日于雍州宜君县玉华宫弘法台三藏法师玄奘奉 ［诏译］ 直中书长安杜行顗笔受 弘福寺沙门玄谟证梵语 大总持寺沙门辩机证文	敦煌本
（前略） 佛告善现 诸有发趣菩萨乘者于一切法应如是知应 如是见应如是信解如不住法想何以故善 现法想法想者如来说为非想是故如来说 名法想法想。复次善现若菩萨摩诃萨以无 量无数世界盛满七宝奉施如来应正等觉 若善男子或善女人于此般若波罗蜜多经	碛砂藏本

续表

中乃至四句伽他受持读诵究竟通利如理作意及广为他宣说开示由此因缘所生福聚甚多于前无量无数云何为他宣说开示如不为他宣说开示故名为他宣说开示尒时世尊而说颂曰。 诸和合所为　如星翳灯幻　露泡梦电云应作如是观 时薄伽梵说是经已尊者善现及诸苾蒭苾蒭尼邬波索迦邬波斯迦并诸世间天人阿素洛健达缚等闻薄伽梵所说经已皆大欢喜信受奉行 能断金刚般若波罗蜜多经　　翔 大宋国嘉兴府华亭县长人乡廿一保玉门塘官路东居住奉 三宝弟子（中略）谨发诚心捐施淨财柒拾贯官会恭入 碛砂延圣院经坊命工刊造 大藏能断金刚经壹卷流通佛教所集　功德拜荐 （中略）岁嘉熙三年九月　日弟子须　妙明谨题， 干刊经板僧可晖、善成、可闲、法来、法澄、法升、志圆谨募	碛砂藏本
佛告善现诸有发趣菩萨乘者于一切法应如是知应如是见应如是信解如不住法想何以故善现法想法想者如来说为非想是故如来说名法想法想。 复次善现若菩萨摩诃萨以无量无数世界盛满七宝奉施如来应正等觉若善男子或善女人于此般若波罗蜜多经中乃至四句伽他受持读诵究竟通利如理作意及广为他宣说开示由此因缘所生福聚甚多于前无量无数云何为他宣说开示如不为他宣说开示故名为他宣说开示尒时世尊而说颂曰。 诸和合所为　如星翳灯幻　露泡梦电云应作如是观 时薄伽梵说是经已尊者善现及诸苾蒭苾蒭尼邬波索迦邬波斯迦并诸世间天人阿素洛健达缚等闻薄伽梵所说经已皆大欢喜信受奉行。	高丽藏本

续表

能断金刚般若波罗蜜多经 己亥岁高丽国大藏都监奉 敕雕造	高丽藏本
佛告善现 诸有发趣菩萨乘者于一切法应如是知应 如是见应如是信解如不住法想何以故善 现法想法想者如来说为非想是故如来说 名法想法想。复次善现若菩萨摩诃萨以无 量无数世界盛满七宝奉施如来应正等觉 若善男子或善女人于此般若波罗蜜多经 中乃至四句伽他受持读诵究竟通利如理 作意及广为他宣说开示由此因缘所生福 聚甚多于前无量无数云何为他宣说开示 如不为他宣说开示故名为他宣说开示尔 时世尊而说颂曰 诸和合所为　如星翳灯幻　露泡梦电云 应作如是观 时薄伽梵说是经已尊者善现及诸苾刍苾 刍尼邬波索迦邬波斯迦并诸世间天人阿 素洛健达缚等闻薄伽梵所说经已皆大欢 喜信受奉行 大般若波罗蜜多经卷第五百七十七　珍七	碛砂藏大般若本
（前略）佛告 善现：「诸有发趣菩萨乘者，于一切法应如是 知、应如是见、应如是信解，如［是］不住法想。 何以故？善现！法想法想者，如来说为非想，是 故如来说名法想法想。 「复次，善现！若菩萨摩诃萨以无量无数世界 盛满七宝，奉施如来、应、正等觉。若善男子或 善女人，于此般若波罗蜜多经中乃至四句 伽他，受持、读诵、究竟通利、如理作意，及广为 他宣说、开示，由此因缘所生福聚，甚多于前 无量无数。云何为他宣说、开示？如不为他宣 说、开示，故名为他宣说、开示。」 尔时，世尊而说颂曰： 「诸和合所为，　如星翳灯幻， 　露泡梦电云，　应作如是观。」	大正藏大般若本

	续表
时，薄伽梵说是经已，尊者善现及诸苾刍、苾刍尼、邬波索迦、邬波斯迦，并诸世间天、人、阿素洛、健达缚等，闻薄伽梵所说经已，皆大欢喜、信受奉行。 大般若波罗蜜多经卷第五百七十七	大正藏大般若本

法王寺二号塔地宫及其相关问题

田　凯[*]

　　法王寺位于登封太室山南麓。据明代傅梅《嵩书》记载：汉明帝永平十四年创建，魏明帝表龙二年更名护国寺，晋惠帝永康元年名法华，隋文帝仁寿二年创建舍利塔，又名舍利寺。唐太宗贞观三年名功德寺。玄宗开元十八年更名御容寺，代宗大历元年重修，又更名文殊师利广德法王寺。五代后唐分为五院，宋初五院合居，仁宗庆历八年赐名嵩山大法王寺。法王寺后玉柱峰下为法王寺塔群。塔群共有六座塔，其中唐代塔四座，元代塔一座，清代塔一座。2000年3~5月，河南省文物考古研究所对二号塔地宫进行了考古发掘，出土了一大批文物，笔者现对二号塔地宫有关问题谈谈自己的认识。

一　二号塔及地宫的基本情况

　　法王寺二号塔是单层单檐亭阁式方形砖塔，西南距一号塔38米。塔高14.05米，塔身方形单边长4.35米，高6.2米。下有基座高0.5米。塔檐高2.25米，下檐有21层叠涩，檐上有14层叠涩。檐上为塔刹，高5.35米，塔刹基座为砖砌须弥座，座上四角及中部石雕蕉叶，基座上置覆钵，覆钵上一圈石雕葵瓣，上为石雕蕉叶，蕉叶上为卷云花瓣，再上为三层仰莲，仰莲上为卷云轮盘，上置石雕宝瓶。塔身南部砌券形塔门，门宽1.5米，高2.3米，内为单边长1.54米的塔心室。砖砌地宫位于塔基中心下部，呈方形，单边长2.45米，四角攒尖顶，通高2.55米。地宫内北部有须弥座式禅床，高0.26米，南北宽1.50米。地宫南部为砖砌甬道，甬道长2.35米，有三道封门墙，前后两道为砖砌人字形封堵，中间一层为线刻

---

　　[*]　田凯，河南博物院副院长、研究员。

石板，石板刻假门，门两侧刻对立两侍女，一人手持净瓶，另一人持长柄手炉，周围饰荷花、花草等，半圆形门楣上饰海石榴等。甬道南为宫门，高2.60米，宽2米，中部券门高1.65米，宽1.40米。门南部接踏道，踏道口距地表0.60～1米，长4.30米，宽1.40米。

地宫内禅床上有一泥塑高僧真身坐化像，坐化像上部坍塌残损。像的前部摆一案，已经腐掉，木件散于禅床。案之右侧摆放白釉双系罐、黑釉注子、白釉细颈瓶、陶砚、铜执壶、铜净瓶、黑釉钵、迦陵频伽盒等。禅床前也有一腐掉的案子，木质结构散座周围，前部有秩序地摆放供品，正前放列一铜制镏金香炉，盖部滑脱于旁边，疑为木案坍塌将盖推掉，铜炉的右侧一倾翻的黑钵应是从案上落下，案之右前摆有黑钵、白釉罐，两侧呈对称各摆两白釉盒和一白釉碗。地上散落铜箸、铜匙等并有四枚铜币，加上踏道填土内出土的16枚铜币，共有30枚"开元通宝"铜币。[①]

二　关于二号塔时代问题

法王寺塔群共有6座塔，其中一至四号塔从形制看应为唐和五代塔，但塔铭均被毁，其余两座分别为元代仁宗延祐三年（1316年）塔和清代康熙二十九年（1691年）塔，此两塔均有塔铭。看来塔铭被毁时间应在元代以前。四座唐塔中一号塔为十五层叠涩密檐式方形砖塔，塔高35.16米，形制与建于唐景龙年间（707~710年）的小雁塔和周至县的八云塔、陕西洋县建于唐开元元年（713年）的开明寺塔形制相近，应为初唐所建。其余三座唐塔均为单层单檐亭阁式砖塔。这种形制的有铭砖塔见表1所示。

表1

名　称	时　代	特征
法如塔	唐永昌元年（689年）	建于高台、塔身宽高比例约1:2，上叠涩9层出檐，塔刹为方形须弥座，上置覆钵、三重相轮、露盘、仰月、火焰宝珠、仙桃宝珠

[①] 河南省文物考古研究所：《河南登封市法王寺二号塔地宫发掘简报》，《华夏考古》2003年第2期。

续表

名　称	时　代	特征
二祖庵无名塔	登封元年（696年）	下有残座、塔身宽高比为1:1.57，上部叠涩8层出檐，檐上残缺
济南长青慧崇禅师塔	唐天宝年（742~755年）	为石塔下有须弥式基座，塔身宽高比约1:1，上置三层叠涩，再上塔刹由露盘、仰莲、宝珠构成
安阳修定寺塔	唐乾元至广德（758~762年）	塔基八角形，塔身方形，长宽比例约1:1，上部叠涩出檐，塔顶被毁
同光禅师塔	唐大历六年（771年）	塔基须弥座式高109厘米，塔身方形，塔身高宽比例约1:1。上为叠涩15层出檐，檐上砖砌双层须弥座，再上塔刹为覆钵、相轮、露盘、受花、宝珠
法玩禅师塔	唐贞元七年（791年）	基础为43厘米的须弥座，塔身宽与高之比约为1:1。上部叠涩出檐约15层，反相叠涩约25层，其上为塔刹由相轮、覆钵、受花和圆形宝珠组成
山西平顺明惠大师塔	唐乾符四年（877年）	为石塔，塔基上为束腰须弥式塔座，塔身高宽比例约1:1，南有壶门，余壁雕直棱窗，塔身上石雕屋顶，塔檐四注式塔刹四层每层均由束腰、山花蕉叶和覆钵构成。顶端以锥形宝珠收刹
行钧禅师塔	五代后唐同光四年（926年）	下为方形须弥式座，塔身宽高比约为1:0.5，上叠涩七层出檐，再上为塔檐上部，是砖砌刹座，最上为青石雕造的石刹，由覆钵、相轮、露盘、受花和火焰宝珠组成

从上述唐代有铭同类塔举例我们可以得出以下结论，从初唐至晚唐、五代亭阁式塔的演变呈现以下趋势：塔身宽高之比越来越大，初唐塔身大于1:1，法如塔达到1:2，显得瘦高，天宝以后变为1:1，显得方正饱满，晚唐之后逐渐变矮至五代行钧塔变成1:0.5。塔檐叠涩前期较少，出檐较短，中晚期叠涩较多，出檐较深远，晚期至五代出檐变少。塔刹刹顶在公元9世纪之前基本为宝珠，之后开始出现宝瓶形刹顶。

二号塔塔身宽4.35米，高为6.2米，宽高之比例约为1:1.4，其出檐深远达21层叠涩，且呈反弧形状与同光塔较为接近，变其刹顶部分为宝瓶，这种顶从纪年唐塔来看出现较晚应为晚唐风格。综合考察三塔会发现三号塔、四号塔均带有高台基座，其中三号塔截身宽高之比为1:0.43，出檐14层，上为宝瓶顶，四号塔宽高之比约为1:0.5，出檐较短虽有残缺但不过十层，上为宝珠顶。从三塔塔身塔檐分析，二号塔应为盛唐至中唐，三号塔与四号塔较晚应为晚唐，特别是四号塔与行钧禅师塔接近，可能晚到五代时期。有趣的是三塔塔形虽有区别，但刹顶宝瓶相同。关于刹顶结构，盛唐以前多为圆形宝珠，至建于唐长庆二年（公元822年）的泛舟禅师塔于圆形宝珠上出乳状尖，建于唐乾符四年（公元877年）山西平顺明惠大师塔形成了较为明显的宝瓶结构。因此宝瓶式刹顶应是唐代较晚的形制。考察二号塔刹顶石质有深浅两种，而卷云轮盘和宝瓶同其他部位石质有别，而形制与四号塔相同，怀疑是后来所制。

据清代席书锦撰《嵩岳游记》记载：开封人常茂徕任登封教谕，咸丰时同会善寺僧智永游法王寺，"于垣外得僧塔残石，如破磬……有大历年三字"。后来带回做砚。这件事告诉我们法王寺塔中由唐大历年或其后所造。少林寺同光禅师塔建于大历六年（公元771年），而法王寺无铭塔中一号舍利塔明显为初唐所建与大历年无关，其余三塔与同光塔最为接近的是二号塔，所以二号塔所建年代很可能在大历年间。

三 关于二号塔地宫封闭时代

考察中国古代塔与地宫的时代关系，往往是先建塔后封地宫，比如陕西周至县仙游寺法王塔建于隋仁寿元年（公元601年），但是地宫则建于唐开元年间。[①] 再如法门寺高宗之前存放舍利为放于石函，埋于塔下，至高宗时才修石室地宫，之后多次开启迎奉，至咸通十五年（公元874年）最后一次封闭。[②] 而河北正定舍利寺塔地宫建于五代后晋天福五年至十二年（公元940~947年）。但是地宫内发现有宋金时期的三彩炉，证明此地宫后代也被开启过。[③]

关于二号塔地宫的封闭年代。出土物中有一陶砚，砚上有一墨碇，上有印文："天宝二年绛县上光墨"。地宫内和填土中还有30枚"开元通宝"钱，其中有"武德开元"钱20枚，"月痕开元"钱10枚，武德开元钱主要流行于唐武德四年（公元621年）至玄宗开元时期，考古资料最晚到景

[①] 刘瑞：《法王塔地宫发现的重大意义》，《西北大学学报》1999年第1期。
[②] 韩金科、王焯：《法门寺唐塔地宫及中国舍利瘗埋制度》，《文博》1993年第4期。
[③] 樊瑞平、郭玲娣：《河北正定舍利寺塔基地宫清理简报》，《文物》1999年第4期。

龙二年（公元 708 年）。"月痕开元"钱主要流行于从玄宗天宝至文宗开成百余年间，考古资料中最晚到文宗开成五年（公元 840 年）偃师杏园韦河墓。武宗开始铸"会昌开元"钱。① 当然我们不能否认一种货币停铸之后会继续流通一段时间，但从上述"武德开元"较"月痕开元"多的现象，我们可以判断二号塔地宫封闭时间或在月痕开元开始流通不久。这些都能与地宫内发现的墨碇铭文和清代发现的刻有"大历"年号的残石相对应。

四 甬道内线刻石板的年代

甬道内的线刻石板刻画了两个侍女相对而立，两人头部均梳双髻。左边一人着圆领宽袖男装，右一人着交领右衽袍。女着男装的习俗起于唐玄宗开元以后。《唐书·舆服志》："开元初，从驾宫人骑马者，皆着胡帽靓妆露面无复障蔽，士庶之家又相仿效，帷帽之制绝不行用。俄又露髻驰骋，或有着丈夫衣服衫，而尊卑内外斯一贯矣"。但是葬于神龙二年（公元 700 年）章怀太子李贤墓壁画中就出现了着男装的仕女，公元 705 年与其丈夫合葬于乾陵东南的永泰公主墓中出土的石椁线画中也出现了女着男装的形象，看来此风在武周时已经出现。此两例男装袖口皆为窄袖，而张萱的《虢国夫人游春图》中后一骑马侍女着男装，袖口出现宽袖，张萱创作此画的时间应为玄宗开元、天宝时期（公元 713~756 年）。安阳唐赵逸公与夫人合葬墓，是赵逸公死后 29 年，即唐文宗太和三年（公元 829 年），其子赵文雅为其与夫人建造的，壁画中的男装侍女同样为宽袖。② 开造于唐宣宗大中五年（851 年）时敦煌藏经洞持杖供养女子服装也为宽袖男装。完成于晚唐的《宫乐图》中侍女形象也着宽袖男装。藏经洞所绘男装侍女衣服下摆较长，而《虢国夫人游春图》与宫乐图中的形象与二号墓侍女更为接近。所以二号塔地宫封门石板的年代也在开元、开宝之后。

五 地宫出土铜器的性质与年代

原发掘简报记地宫中共出土有 7 件铜器，分别为：铜镏金炉一件、铜

---

① 徐殿魁：《唐代开元通宝的主要品类和分期》，中国金融出版社，《中国钱币》1992 年第 3 期。

② 《中原文化大典》，中州古籍出版社，2008。

执壶一件、铜净瓶一件、铜𨰉一件、铜匙一件、铜箸一双。除铜净瓶属宗教法器，鎏金铜炉为熏炉外，其余应为一套茶具。

铜净瓶盖为长管覆钵式，瓶身侈口，细长颈，垂腹，最大腹径靠上部，圈足外撇，葫芦形短流，上有盖与流相连。这种形制的净瓶同葬于永泰元年（公元765年）的洛阳神会墓中出土的净瓶①和唐中期的河北晋县唐墓中②所出相同，其时代应为中唐时期。

目前发现的唐代铜薰炉数量较少，很难断代。圈足壶门薰炉目前发现主要有法门寺地宫、浙江宁波天封寺、江苏镇江丁卯桥。以上所出均为公元9世纪以后，但是从形制演变看有从低矮向细高发展的趋势③。二号塔地宫薰炉较上述几例都低矮，所以年代应早于上述几例。

铜𨰉、铜箸、铜匙、铜壶皆应为茶具。𨰉为煮茶器具，《茶经》曰：𨰉"脐长则沸中，沸中则末易扬，末易扬则其味淳也"。箸也称"火䇲"，用来给风炉添加炭火。铜匙，在这里应称"铜则"，是用来度量茶叶的用具，《茶经》云："则者，量也，准也，度也。凡煮水一升，用末方寸匕，若好薄者减之，故云则也。"

关于二号塔地宫中出土的铜壶的用途，在唐代有两种，一是作为酒壶、二是作为茶壶。很明显，和尚所用应非酒壶，而是茶壶。据唐代李匡乂《资暇集》载："注子偏提"："元和初，酌酒犹用樽杓，所以丞相高公有斟酌之誉。……稍用注子……大和九年后，中贵人恶其名同郑注，乃去柄安系，若茗瓶而小异，目之曰偏提。"从这句话中我们可以了解到，元和之前饮酒不用壶。文宗大和九年（公元735年）改形的酒壶类似当时的"茗瓶"。所谓"茗瓶"应是饮茶用的壶。看来在此之前类似我们所称的"注子"的器具主要用法是饮茶。唐代苏廙著《十六汤品》载："茶瓶用瓦，如乘折脚骏登高。"《十六汤品》文中多次将饮茶之壶称瓶④，且饮具载有金、银、铜、铁、石、瓷等质地。古人饮茶用三法，曰：煮茶、痷

---

① 洛阳市文物工作队：《洛阳唐神会和尚塔塔基清理》，《文物》1992年第3期。
② 石家庄地区文物研究所：《河北晋县唐墓》，《考古》1985年第2期。
③ 冉万里：《唐代金属香炉研究》，《文博》2000年第2期。
④ （唐）苏廙：《十六汤品》，该书第五：断脉汤，瓶嘴之端，若存若亡，汤不顺通，故茶不匀粹。第九：压一汤，贵厌金银，贱恶铜铁，则瓷瓶有足取焉。

茶、点茶。煮茶法系用镁煮茶，三沸后舀到碗里喝；痷茶法是将茶末放入缶中用开水冲灌，然后舀到碗里喝；点茶法是将沸水注入茶瓶，将茶末放入茶盏，再从茶瓶向茶盏注入沸水。由此得知茶瓶是一注水用具。从目前出土资料来看，唐前期的注壶口大流短，到后期演变为口小流长，这种变化与元和后饮酒开始用注子有关。因为从壶中注水冲茶需要保持温度，所以流应粗短，而注酒则不需要如此。二号塔地宫中壶的形状属于短流，应为茶具。根据墓葬出土唐代注壶形制，此壶最大腹径在中部靠上，短流偏长，应为中唐偏后。

综合以上所述：法王寺二号塔无论是塔体、地宫，还是地宫内出土文物，其时代都指向了开元、天宝以后的中唐时期。根据清人所获有"大历"年号的塔石一事，笔者认为二号塔和其地宫年代应在大历年（公元766~799年）前后。

法王寺二号塔地宫出土瓷器初探

赵会军*

　　法王寺塔林位于登封市北 5 公里太室山南麓玉柱峰下的坡台地上，南距法王寺院约 200 米。由 4 座唐塔、1 座元塔和 1 座清塔组成。二号唐塔位于一号唐塔（即法王寺塔）东北 38 米、三号唐塔南 19 米处的山坡上，坐北面南，单层砖墓塔。由于塔铭遗失无法准确判断建造时间，但根据塔身和塔刹造型，此塔应建于唐代。二号塔由塔座、塔身、塔刹组成，通高 14.05 米。塔座及塔身均呈方形，塔内有方形塔心室，塔身南面辟塔门。四周原有回廊，现不存，但塔身外壁砖面有被砍凿情况，并遗留有架梁铆口。塔刹石质，雕莲花、卷草、飞天等图案，雕工精细，造型优美，为唐代石雕精品。地宫位于塔基下的中心部位，正南向，依次为踏道、宫门、甬道、宫室，总长 9.1 米。河南省文物考古研究所于 2000 年进行考古发掘，出土了铜、瓷、陶、玉石、蚌、玻璃等类遗物。[①] 这里就在简报中发表的 11 件瓷器的相关问题进行初步探讨。

一　出土瓷器的特征

（一）器物组合

　　按数量，最多的为盒，共 4 件；其次为碗、罐，均 2 件；其他还有注子、盏和瓶，均为 1 件。就发表的材料看，二号塔地宫内出土的这批瓷器，

---

* 赵会军，河南古代建筑保护研究院研究员。
① 河南省文物考古研究所：《河南登封市法王寺二号塔地宫发掘简报》，《华夏考古》2003 年第 2 期，第 28~37 页。

不论是盒、罐、碗，还是注子、盏、瓶等均为人们日常生活用瓷。而据考察，似无使用痕迹，推测有可能是高僧去世后新制作的产品。

（二）釉色

出土的 11 件器物中，只一件黑釉注子，余皆为白釉器。白色表示清净解脱，清净修为，与佛教的信仰和处世方式相契合。解脱有好几种，往生西方极乐世界，则是其中之一，而成佛，则是永久解脱，这也与墓塔的性质和作用——埋葬高僧相符。这些白釉瓷器，体现出了白色与佛教的密切关系。而且这批瓷器均无任何装饰，只是直观地将白色凸显出来，似乎也是为了更加强调白色的重要寓意。

（三）造型

（1）4 件盒造型基本相同，均由盒盖、盒身组成。除一件（D2∶11）底内凹外，余皆平底；除一件（D2∶12）盖为平顶外，余顶皆内凹。其他方面，则基本一致。尺寸上，最大者通高 7.3 厘米（D2∶5），最小者通高 6.1 厘米（D2∶11），相差不多。施釉方面，除底部和盒内不施釉外，余皆为白釉。

（2）2 件碗，造型也基本一致。圆唇，敞口，弧腹，矮圈足。足内侧斜削，足成外撇状。施釉方面，则除足不施釉外，余皆白釉。尺寸上，亦非常接近。

（3）2 件罐的造型相差较大，D2∶2，无耳无盖，腹部较 D2∶17 亦弧，后者腹部则近直，近底时急收。二者均平底，但 D2∶17 为圈足。尺寸相去亦较大。D2∶2 施全釉，而 D2∶17 则釉不及底。而值得一提的是，两件罐均有梵文，D2∶2 在罐的底部，D2∶17 在罐盖的底部。从发表的材料看，两个梵文为同一个字。其字义虽经笔者多方考证，仍未解其意，有待有识之士予以解惑。

（4）白釉盏，从总体造型来看，除腹部较直外，其他与二件碗近似。尺寸上则较二个碗为小。施釉与碗一样，足不施釉。矮圈足的做法也同碗一样，内侧斜削，整体外撇。所以，我们倾向于将这件盏也定名为碗。

（5）细颈瓶，喇叭状口，细长颈，卵形腹，玉璧底，整体造型优美，极具特色。

（6）注子，唯一一件黑釉器，盖沿下折，器身颈部较高，器盖介入器身的部分增长，与器身更加紧密结合，创新和实用意识明显。执耳高凸，尾端向外凸出翘起，造型别致。与器身相连的两个连接点两侧均附加堆状物，加以固定，使耳与器身连接更加紧密，也是实用器的明显反映。

（四）工艺成就

从器型上看，这批瓷器均制作十分规整，几乎没有变形现象。敲之声音清脆，体现了对胎质的高标准的质量要求。而其工艺成就，则更加突出地表现在釉质方面。这批瓷器施釉较薄，施釉均匀，釉色纯白光亮，釉质泥腻，胎釉结合紧密几乎不分，透光性能较佳，体现出了高超的瓷器制作工艺水平，是当时瓷器中的上上乘之作。

二 窑口分析

对非在窑址区采集或发掘到的瓷器标本进行窑口分析，是中国古代陶瓷研究的一项重要课题，也是难度非常大的一项工作。法王寺二号塔地宫内出土的这批瓷器，虽然在发掘时曾引起多方关注，但材料发表后，鲜有跟进的学术探讨，对其窑口的分析也未有正式论述面世。当然一些专家有巩义说、邢窑说等看法，但均未正式刊布。借此机会，本文试就这一问题进行初步论述。

唐五代时期，目前已发现烧造白瓷的有河北临城邢窑、曲阳窑，河南巩县（今巩义）窑以及鹤壁、密县、登封、郏县、荥阳、安阳等窑口，山西的浑源窑、平定窑，陕西的耀州窑，安徽的萧窑等[①]。从地理位置上看，烧制白瓷的窑口基本上位于中国北方地区，也就是大家通常所说的"南青北白"的瓷器烧造局面。通过对二号塔地宫出土瓷器与其他窑口的对比分析，我们倾向于认为这批瓷器为邢窑的产品，而且是邢窑白瓷中的精品，

---

① 中国硅酸盐学会主编《中国陶瓷史》，文物出版社，2004，第202页。

理由如下。

首先，从釉质釉色上分析。邢窑的细白瓷釉质细腻，透明感很强，釉色纯白光亮。器物多施满釉。① 从法王寺二号塔地宫出土的瓷器看，其釉色釉质、施釉方式等均与邢窑无二，而在同时期其他窑口，均未发现有如此上乘的瓷器，这也是判定这批瓷器属于邢窑的最重要证据。

其次，从器形上分析。由于邢窑没有经过大规模的考古发掘，只进行过调查和小范围的试掘②，所以还无法窥其全貌。就法王寺二号塔地宫出土的瓷器而言，虽然在造型上与已知的邢窑瓷器略有差异，但所有器类在邢窑遗址中均有发现。而白釉盒（D2∶12）与邢窑的产品细白瓷盒③几无二致。碗也有相似产品发现④。而出土的瓷盏，上文已经分析，说其为碗也属恰当，其造型与相关研究文章中的图九：2号器物相类，只底部似乎略小⑤。

再次，从胎质上分析。邢窑的细白瓷产品，"选用优质瓷土精制，胎质坚实细腻，胎色纯正洁白，极少数微闪黄。从采集的细白瓷标本看，没有发现变形的现象，击之声音清脆，胎体断面平滑而且带有光泽，很少有生烧现象。"⑥ 因法王寺二号地宫内出土瓷器均为完整器，其胎质的详细情况不好判定，但从器物整体造型和敲击声音等方面判断，均符合邢窑细白瓷的产品特征。

最后，从工艺技术上分析。从装饰上讲，"邢瓷的装饰多朴素无纹，只有个别划花之物"⑦，这与地宫出土瓷器特征完全吻合，这批瓷器也全为素面，无任何装饰。在底足处理手法上，邢窑"透影白瓷底足则是在底内

---

① 内丘县文物保管所：《河北省内丘县邢窑调查简报》，《文物》1987年第9期。
② 内丘县文物保管所：《河北省内丘县邢窑调查简报》，《文物》1987年第9期；王会民、张志中：《邢窑调查主要收获》，《文物春秋》1997年增刊。
③ 内丘县文物保管所：《河北省内丘县邢窑调查简报》，《文物》1987年第9期，见图十二：26。
④ 内丘县文物保管所：《河北省内丘县邢窑调查简报》，《文物》1987年第9期，见图十三：3。
⑤ 王会民、张志中：《邢窑调查主要收获》，《文物春秋》1997年增刊。
⑥ 内丘县文物保管所：《河北省内丘县邢窑调查简报》，《文物》1987年第9期。
⑦ 叶喆民：《近卅年来邢定二窑研究记略》，《文物春秋》1997年增刊。

墙向外斜削一周，以致圈足外撇"①，这种处理手法与地宫出土的碗、盏和白釉细颈瓶做法完全一致。在装烧技术上，"精致者则单件装入小型匣钵，碗盘内并无支烧痕迹"②。在法王寺二号塔地宫内出土的这批瓷器，则均未发现有支烧痕迹，一方面说明了二者在装烧方法上的相同，另一方面说明了这批瓷器确属精品。

三　具体年代分析

法王寺二号塔地宫出土的白釉盒（D2∶12）与邢窑的产品细白瓷盒相类，后者的时代在简报中被定作第四期，时代为中唐③。碗与邢窑简报中的图十三：3号碗近似，而后者的时代在简报中被划入第五期，时代为晚唐到五代④。盏与相关研究文章中的图九：2号器物相类⑤，文章中将其划入第五期，时代为晚唐。而二号塔的时代，上文已有记述，为唐时建造。

综上分析，我们认为法王寺二号塔地宫内出土的这批瓷器时代应属晚唐时期。若此推论不误，那么二号塔的年代也可以具体一些，即同属晚唐时期。

四　结语

本文主要就法王寺二号塔地宫出土瓷器的总体特征、窑口及具体年代进行了分析。总体而言，我们初步认为这批瓷器是晚唐时期邢窑的细白瓷产品，对于邢窑的研究和中国陶瓷史相关问题的探讨，以及瓷器与佛教的关系等方面的研究，均具有十分重要的价值。当然，限于资料的缺乏，诸如瓷器的具体来源，与法王寺的关系如何，两件瓷罐上的梵文如何解读等问题，还需要进一步的深入研究。

---

① 叶喆民：《近卅年来邢定二窑研究记略》，《文物春秋》1997年增刊。
② 叶喆民：《近卅年来邢定二窑研究记略》，《文物春秋》1997年增刊。
③ 内丘县文物保管所：《河北省内丘县邢窑调查简报》，《文物》1987年第9期。
④ 内丘县文物保管所：《河北省内丘县邢窑调查简报》，《文物》1987年第9期。
⑤ 王会民、张志中：《邢窑调查主要收获》，《文物春秋》1997年增刊。

人/物/文/化/交/流/篇

中日佛教交流两题

张 总[*]

本文从中日交流两个方面,即圆仁入唐巡礼与三阶教宗派状况两题展开。

一 圆仁与佛舍利

圆仁是著名的求法请益僧、日本来华八大家之一。圆仁所作的《入唐巡礼求法行记》,即其在唐求学时的日记,史料价值极高,可与唐玄奘《大唐西域记》和《马可波罗游记》并称世界三大游记或古代东方三大游记。圆仁的日记中其中颇涉佛牙舍利等事,虽然没有具体描述嵩山法王寺塔及舍利事,但仍提及他曾路过洛阳之背景情况。

圆仁著作近代以来极得重视。日本有小野胜年教授为之作注,中国有白化文先生等校注[①],还有顾承甫等注本[②]。圆仁所载长安城中就有四佛牙:一崇圣寺佛牙,是哪吒太子从天上将来与终南山宣律师;一庄严寺佛牙,从天竺入腿肉里将来,护法迦毗罗神将护得来;一法界和尚从于阗(寘)国将来;一从吐蕃将来。从古相传如此,今在城中四寺供养[③]。

会昌元年(841)、二年初,长安四寺连续开舍利供养。会昌元年 2 月 8~15 日,荐福寺、兴福寺、崇福寺以及大庄严寺均开释迦牟尼佛牙供养

---

[*] 张总,中国社会科学院世界宗教研究所研究员。
① 李鼎霞、许德楠同作校注,又请周一良审阅。《入唐求法巡礼行记校注》,花山文艺出版社,1992。
② 顾承甫、何泉达校注《入唐求法巡礼行记》,上海古籍出版社,1986。
③ 〔日〕圆仁:《入唐求法巡礼行记》,广西师范大学出版社,2007。

会。会昌二年 3 月 8 日荐福寺与兴福寺都开佛牙会。其情况相当兴盛热闹。

会昌元年荐福寺佛牙供养会上，蓝田县设无碍茶饭，十方僧俗尽来吃。左街僧录体虚法师为会主，诸寺赴集，各设珍供：百中药食，珍妙果花，众香严备，供养佛牙及供养楼廊下敷设不可胜计。佛牙在楼中庭，城中大德尽在楼上，随喜赞叹。举城赴来，礼拜供（养）。有人施百石粳米、廿石粟米，有人（施）无碍供捻头足，有人施无碍供杂用钱足，有人施无碍薄饼足，有人施诸寺大德老宿供足。如是各各发愿布施、庄严佛牙会，向佛牙楼散钱如雨①。（圆仁等）求法僧等 2 月 10 日往彼随喜，登佛牙楼上，亲见佛牙，顶戴礼拜。至 2 月 25 日，圆仁等又诣崇圣寺礼释迦佛牙会。据说"终南山和尚（道宣）随毘沙门天太子得此佛牙。哪吒太子从天上将来兴和尚，今置此寺供养"。

会昌二年 3 月 8 日荐福寺开佛牙会。圆仁等即往诣。同日西街兴福寺亦开佛牙会，圆仁等 11 日前往礼拜时久，即住一宿。

圆仁所述佛牙来历，其中宽泛涉及南朝宋僧法献与唐僧悟空。《开元释教录》内"达摩摩提（法意）译经"处，讲法献游历西域，在于阗国得佛牙与梵匧佛典。由迦毗罗神护送佛牙至宋。先置钟山定林寺，隋代仁寿时进献到了长安东禅定寺，即大庄严寺前身②。

法界和尚即悟空。他于天宝十年（741）西行求法，得名达摩驮都（意即法界）。贞元二年（786）回长安，献上在罽宾（克什米尔）时越摩三藏所赠佛牙与译经。其事见圆照《十力经序》中摘出的《悟空入竺记》及《游方记抄》《宋高僧传》③。

道宣律师得哪吒太子授得佛牙事，见载《宋高僧传道宣》及《开天传信记》。说道宣有一次失足将跌，被人扶住。视为一少年，说其即哪吒太子。道宣说自己修道不用护卫，有佛事可帮助，太子即献佛牙。总之，崇圣寺佛牙得自哪吒授道宣。大庄严寺佛牙源自法献。而悟空获佛牙应在荐

---

① 白化文等著 373～376 页。王定保《唐摭言》说宝寿寺、定水寺也有佛牙楼。并说观看佛牙每人要交两千钱以上。

② 智昇《开元释教录》卷六，《大正藏》55 册，536 页。智昇认为此即经中谓乌苌国佛牙，佛陀所遗四牙舍利之一。《贞元录》亦有，《大正藏》55 册 834 页。

③ 《游方记抄》，《大正藏》51 册 979 页。

福寺。如此则吐蕃（西藏）所来就在兴福寺了。

1994 年山东汶上宝相寺宋塔出土了佛牙舍利。汪海波先生考定其为唐僖宗携入四川者，五代时返回。北宋时在开封大相国寺，而后迁移到汶上县。其前身即是悟空佛牙，但又推定为在大庄严寺①。山西应县木塔即佛宫寺释迦塔的佛身装臟之中也发现两颗佛牙舍利，其来源阐释多认其是道宣从哪吒太子所得，也有阐说为大庄严寺的佛牙舍利，经过入蜀又还长安的经历，最后纳入木塔佛身的②。

圆仁亲历"会昌法难"，在彼是一磨难。从今日来看所记，亦是无比珍贵的资料。这些载记与正史叙述相对照，可以印证，而且更为细致，有些细节也更准确，还有当时僧人的感情色彩在内。《行记》之中说及会昌二年十月，沙汰僧尼。有财物者可还俗充入两税户。大宦官仇士良原想拒敕，不成功后设法使寺院闭门百日，勘查僧尼财物等情况。至会昌三年正月十八日，"早朝，还俗讫，左街还俗僧尼共一千二百卅二人。右街还俗僧尼共二千二百五十九人"。

正月二十七日，太监首领军容使仇士良还召见外国僧人慰问，《行记》记有南北天竺、斯里兰卡、日本（圆仁共弟子 3 人）等国 10 僧，还有新罗与龟兹僧 11 人。

至会昌三年（844）3 月，皇帝又颁布不准供奉佛牙舍利的诏书，减少了去佛教圣地朝拜活动。日本阿南史代认为圆仁所述的长安佛牙舍利应是佛指舍利③，这一点还有待考订。圆仁还说及佛舍利、辟支佛牙与佛骨铁阁等。开成五年（840）他离开山西五台山向长安时，在金阁寺朝拜了辟支佛牙、肉身舍利和佛足迹碑，甚为崇敬。开成五年九月六日，在长安资圣寺，当院僧怀庆将佛舍利五粒来令礼拜，并语曰：如要持秘法，余能知一城内解大法人。其前的开成五年二月四日，由新罗僧常寂所请，到山东文登赤山法华院旁刘村，见到出土石像等，均是新罗人王宪得到文殊感梦，在附近古佛堂址挖出白石弥勒、文殊、普贤、大师子（势至）菩萨像

---

① 汪海波：《佛光灵踪——汶上佛牙考论》，又见《佛塔地宫探索》，文物出版社，2010。
② 关于《山西应县佛宫寺释迦塔》舍利状况，多见网上刊载。
③ 阿南史代曾著英文《入唐求法巡礼行记》，她还追随圆仁巡礼路线，再行巡走，撰作文记。刊《法音》，桑吉札西编。

各一躯，还有观音菩萨像两躯。值得注意的是同时出有佛骨铁阁共20斤以上。此铁阁很可能也是瘗藏佛舍利的容器[①]。

圆仁巡礼路线中，正是5月13日假还俗后归国途中，有可能路过洛阳一带。其返程为：6月1日到洛阳崔太傅宅；6月9日到郑州刺史李舍人处。期间有9天之空余。但是其停留抑或全行，是否到过大法王寺，不得而知。从行记时间与舍利石碑的状况来说，颇有奇怪之处。当时正是会昌灭法期间，事情非比寻常，或有难以预测的事情发生。

二　中国佛教宗派究竟为八宗还是九派

中国佛教宗派向有八大宗派之说，具体为天台、华严、三论、唯识、净土、禅、律、密宗。但是三阶教实际上也在其时。因为中国佛教宗派形成并兴盛于隋唐，而三阶教恰恰也是形成兴盛于隋唐。从宗派的定义和本身的情况来说，三阶教也不逊于诸宗各派。

我们在此就从八大宗派之说的来源进行梳理，就可以弄清楚很多问题。中国佛教宗派之说，其实与日本学界很有关系，国内则汤用彤先生的研究极为关键。其实中国佛教隋唐宗派本无八大宗派说。现在通行的八大宗派本是汤用彤先生对日本僧人与学者论及中国佛教有十宗或十三宗的说法中深入辨析，后人再归总出来的。但实际上汤用彤先生自己并非有过八大宗派说，并未确定中国佛教宗派数为八宗，他的论述中是包含三阶教的，而且其晚期的专论中也列入了三阶教（详述见后）。所以中国隋唐佛教实可列为九大宗派，虽然其中三阶教没有传承。实际上是其典籍没有传承。

以下可从具体的论述、辨析中来观察这一情况的具体细节。汤用彤先生1961年冬撰《论中国佛教无"十宗"》，而后1963年夏又作《中国佛教宗派问题补论》，从中国佛教与佛学传统，日本僧侣与学界的佛教宗派之说，详加辨析。实际上已厘清了中国佛教宗派的状况。但是其论说并没有得到完整准确的续承。

[①] 〔日〕圆仁：《《入唐求法巡礼行记》208页。245条。

1. 中国古代著述与说法

论述中国古代佛教宗派情况与问题，传统的中国佛学与佛教本身即有。但是其中有两点需要注意。一是古代僧人们所处时代跨度很大，彼时彼地的僧人面对的问题不同，或辨析印度传来学说，或是经论师承，或是教派宗派。当时人不可能划清如学派与宗派的界限等重大区别，大小乘也有混融。二是原本的论说多是从判教立场出发的，隋唐立宗时，就有不同的判教理论，而后代僧人自身也会处在某宗某派之下，著述甚至仿封建王朝列正统与伪篡，所以会出现一些不太客观或不太完整之处，或者说很难有清楚的列出与展述。

汤先生已经指明，古来中国佛教著述中涉宗及派，可以概括为宗旨—学派与宗派—教派两种不同情状。南北朝时译出很多经论先后流行，研习讲说的经师论师很多，其中多种宗说，如分析般若空的六家七宗、三论宗师等，其中有些甚至达及道统承续，但其性质仍为学派而非宗派。而教派宗派则是：有创始人、教理、教规、修行方法、徒众的集体，并有传法定祖。此以天台宗为例而说明之。天台教就是一个有固定的教行、传法的历史、有僧众、有土地的宗教集团，与成实论师及三论师等学派确有不同。

除了各种不同意义上使用的宗派以外，宋代宗鉴《释门正统》与志磐《佛祖统记》分别叙列宗派，但都是在天台立场而说、以己为正，将其余五宗列为伪宗。相关载记或思复载记，自然也不全面。中唐到北宋则缺综合记载。

2. 日本撰述

近现代时有了学术性佛教佛学研究，中日交流也较多，所以日本的古今著述研究，又返回源头，还产生了相当的影响。

但是日本特别是古代著论，本是为解决或明述日本佛教宗派，而必须叙说中国佛教宗派的，还涉及印度、朝鲜等佛教状况。其所说中国佛教宗派，关键在于传入日本及影响状况，有些源头情况，或有少许隔膜。而有趣的地方，实际上就在于近现代时反馈于中国所产生的影响。由此详情且可知，八宗或八大宗派，本是日本佛教的说法，后来竟漂移到了中国佛教。

　　日本的八宗说9世纪时圆珍（814~891）已经提及。《诸家教相同异集》中说，"常途所云，我大日本国总有八宗，其八宗者何？"答：南京有六宗上都有二宗，是为八宗也。南京大宗者：一、华严宗，二、律宗，三、法相宗，四、三论宗，五、成实宗，六、俱舍宗也。上都二宗者：一、天台宗，二、真言宗。其古京（南都）的六宗其实7世纪末已有，而天台与真言是最澄（767~822年）与空海（774~835年）求法唐朝后归国所立。比较可见，其中的成实与俱舍，流行于隋唐前且是属小乘，当时还有涅槃、地论等更盛之说，由其传入日本而列为宗。

　　至九世纪安然（841~？）《教时诤》，加入净土，成为九宗。此中仍未有禅。

　　日本镰仓后期的著名律僧凝然（仁治元年至元亨元年1321~1240年）著作很多，在佛教史方面影响极大。他先为东大寺学僧，16岁时于比睿山延历寺戒坛院（滋贺县大津市）受戒，18岁时于东大寺戒坛院（奈良市）受戒。20岁时出家为僧，拜东大寺戒坛院円照为师。22岁时从京都净土宗僧人长西学善导《观经疏》，以后随木幡观音院真空和尚、以五年功力习真言学（以空海《十住心论》为中心）。学习后继円照后住东大寺戒坛院，成为管辖法隆寺、唐招提寺等南都寺院的长老。他曾著《八宗纲要》《三国佛法传通缘起》等，据称所写共约127部1200余卷。

　　凝然在文永五年（1268）仅29岁时就写出对日本佛教史研究来说不可或缺的文献《八宗纲要》。其八宗所列，即同上述圆珍说，是为华严宗、律宗、法相宗、三论宗、成实宗、俱舍宗与天台宗、真言宗（即密宗）。此著综合中国与日本的佛教史，日本僧人在传入佛学与宗派时，往往加以质询，所以明确形成诸宗来历说法。而此著在书末，又专附有禅宗与净土宗一节。并且说，"日本近代，若加此二宗，即成十宗。"所以其八宗就成为十宗说。以后于应长元年撰成的《三国佛法传通缘起》，于日本佛教仍列八宗，于中国佛教又列成十三宗，由弘传的先后为：毗昙宗（含俱舍）、成实宗、律宗、三论宗、涅槃宗、地论宗、净土宗、禅宗、摄论宗、华严宗、法相宗、真言宗。这些宗说里涅槃、地论、摄论仍是南北朝时学派，与隋唐宗派有别。

近代以来，《八宗纲要》一书的很大影响，不仅存于日本，还返回中国。因佛教衰微。志人仁人发现日本存有不少古典经著，杨仁山从南条文雄多有获取，同时也得凝然此说。他且作《十宗说》，详加阐释。

实际上，汤用彤先生两文，列举大量史料，将学派与宗源厘清分明，将此《八宗纲要》与《三国佛法传通缘起》内、八宗或十宗或十三宗所包括的成实、毗昙与俱舍、涅槃、地论、摄论诸大小乘学派加以剔出，就成为现在流行的八大宗派说。但是汤用彤在论说时，一再举出三阶教为例，而三阶教确实并未传入日本。准确地说是未从教派形态上输入，其佛典文献还是有所传入的。日本佛教不列三阶教是当然的，但是中国佛教就应加上三阶教。

3. 中国撰说

从中国佛教宗派史角度来说，三阶教是否可以确实立为一宗呢？确可确立。虽然现在学界明确指出这一点者并不多，但是，前辈学者其实已着先鞭。有关中国佛教宗派的总体状况，以前曾比较混乱。日本方面早有中国佛教具十宗或十三宗之说。经由汤用彤先生的批驳整理，著有《论中国佛教无十宗》等专文[①]，指明日本古代佛教学者所列的成实、俱舍等只是学派，并非为宗。此后八大宗派之说才渐风行。

汤用彤先生在 1963 年文中述及此说，初撰《汉魏两晋南北朝佛教史》就注意此问题，抗日战争时又有论述。而 1954 年他曾患病，病后仍然坚持注重佛教史论方面问题。60 年代初写成两文。撰成于其学术晚年，最后出版的《隋唐佛教史稿》（1982 年），实际上在中国佛教宗派方面，诸宗论说，三阶教赫然在列。

1937 年以"遂卢"笔名在北平佛学会《微妙声》[②] 第 3 期发表对矢吹著作书评（后来收入《大林书评》），即确说三阶教之来源等问题。

1938 年出版《汉魏两晋南北朝佛教史》就有专节说及三阶教发生之情况，所列有三条：三阶教人相信当时已入末法时代；三阶教义及戒行北朝

---

① 黄夏年主编《汤用彤集》，中国社会科学出版社，1995，第 164~179 页。
② 《微妙声》1937 年第 3 期。

已流行；立无尽藏提倡布施虽为三阶教特色，但南北朝流行的佛教信仰中也不乏此义。且注明参矢吹庆辉《三阶教研究》①。

1961年汤用彤《论中国佛教无十宗》说：

> 隋唐教派风起，因每派各自有自己的理论和教义，故通称为"宗"。如"法相宗"、"华严宗"，又可称为"教"，如"三阶教"、"天台教"，各立自己的办法达到解脱，故称"门"或"法门"，如"禅门"、"净土门"。禅宗在最初之时，为楞伽师。此可说明教派之兴，系继经论讲习之后。隋唐所谓"宗"（教派），遂有新的气象。

> 隋唐以后，宗派势力既盛，僧人系属于各宗，有时壁垒森严……寺庙财产亦有所属。隋唐的时候，有所谓三阶院，以及中储财物之"无尽藏"皆属于三阶教，江浙一带的寺院多属于天台宗……

1963年汤用彤《中国佛教宗派问题补论》②：

> 根据上面阐述的佛教学派与教派的区别，我们初步认识为在晋唐之间，开始有很多学派，如般若、毗昙、涅槃、成实等等论师。其后三论师到吉藏时已表现为有教派的性质。而隋唐间天台宗及同时之禅宗、三阶教以及华严宗均为教派。

1963年文还有"如隋唐时的天台宗、禅宗、三阶教以及后来的白莲教等。用现代的话说，都是宗教的派别，实际上的所谓宗派者指此"③。

此文中还说及1958年日本《佛教史概论中国编》：

> 三论宗 鸠摩罗什—道生—昙济—道朗（僧朗）—僧铨……。天台宗 慧文—慧思—智顗……。三阶教（普法宗）信行……。净土教（莲宗）分慧远、善导、慈愍三流。法相宗 玄奘……。华严宗 杜顺—智俨—法藏……。律宗 内分出南山宗、相部宗、东塔宗。禅宗 菩提达摩……。密教 分为金刚、胎藏两部。

---

① 汤用彤：《汉魏两晋南北朝佛教史》，中华书局，1981，第588～590页。
② 黄夏年：《汤用彤集》，中国社会科学出版社，1992，第180～213页。
③ 《中国佛教宗派问题补论》，《汤用彤学术论文集》，中华书局，1985，第372页。

现在佛教史说多论的隋唐八大宗派，即天台、华严、唯识、三论、密、律、禅、净土，但从宗派角度而言，三阶教比起隋唐诸宗任何一派都不逊色，甚至较三论、净土等更有论为宗派的理由。无论从创始人、传授者、教义、教规、信徒等方面，无不具备①。仔细看汤用彤的论著，可以其所论实为九个宗派。三阶教立为中国佛教一宗的合法性，其实汤用彤先生早有探讨定论。早在1938年《汉魏两晋南北朝佛教史》中就有提及，或说已有肯定，至1982年《隋唐佛教史稿》刊出时，于宗派实列十节，即上述八宗加上三阶教，最后一节为综论各宗②。可以了知其确实肯定了三阶教为中国佛教史上一个教派。

---

① 《中国佛教宗派问题补论》，《汤用彤学术论文集》，中华书局，1985，第372页。
② 《隋唐佛教史稿》，中华书局，1983。

法王寺释尊舍利与中日佛教文化交流的思考

嘉木扬·凯朝[*]

引 言

中国与日本隔海相望，自古以来有着密切的经济、政治交往和文化交流。其中佛教曾发挥过重要的桥梁和纽带作用。尤其是以文学、美术、音乐、建筑等形式表现佛教信仰和宗教生活的佛教文化艺术具有极强的渗透力、融合力，随着佛教的传播而与两国本土文化相结合，成为民族文化的组成部分。

中日两国间的交流不应仅注重经济贸易方面，更应重视文化，即心与心的交流。许多学者大德认为两国间的文化交流是"黄金纽带"，至为坚固、宝贵。源自印度的佛教虽然不是中日两国的本土文化，却为两国思想文化发展及友好交流起到了积极的推动作用，直到今日仍是促进文化交流、交汇和交融的一道亮丽的风景线。源远流长的佛教文化艺术为当今社会的良好发展和美好未来提供更多的精神资粮和智慧源泉。

就隋唐时期的嵩山佛教及寺院来说，嵩山是当时中国佛教的核心地区之一，佛教兴盛，法王寺、嵩岳寺、少林寺、会善寺等名寺云集。佛教寺院中精湛而繁多的舍利塔和碑刻充分说明了唐代嵩山佛教寺院的繁盛。而隋文帝于仁寿时在法王寺建塔以存舍利，使法王寺在唐"会昌法难"时处于灭佛最危险的地区，嵩山作为洛阳通往豫东平原的通道，又是佛教名山，日僧圆仁由洛阳前往郑州和汴州时，必须经过嵩山，这为日僧圆仁前往法王寺提供了交通便利。日僧圆仁为保护佛教圣物，在法王寺会同天如隐藏佛舍利于地宫，与乐人天，成就了佛教史上一段令人难忘的佳话。

---

　　[*] 嘉木扬·凯朝，中国社会科学院世界宗教研究所研究员。

一　日僧圆仁《释迦舍利藏志》碑的思考

日僧圆仁、天如所立《释迦舍利藏志》碑，宽44.5厘米，长62.5厘米。碑文为正书，12行，满行8字，计88字，其全文：

> 释迦舍利藏志。汉西来释迦，东肇佛坛，嵩之南麓，法王寺立矣。隋仁寿间，帝教建浮图，遣使安佛真身舍利于内，殊因移匿地宫，函密之，盖护宝非不恭也。法门圣物，世远遗失诚恐，镌石以记，祈圣门永辉。
>
> 圆仁、天如，大唐会昌五年。①

日本学者肥田路美教授说，关于圆仁所发现的登封法王寺的思考可以以下三个问题来分析②。

（1）法王寺在隋唐时代的舍利信仰史上占有什么样的地位？

（2）法王寺的塔，其中特别是释迦舍利藏志附近所发现的二号塔，是属于什么性质的塔？

（3）舍利庄严使用什么样的装饰品？其内之装饰品，是否可以说明法王寺出土遗物以及释迦舍利藏解释的程度？

法王寺的创建追随到后汉明帝永平十四年（公元71年），与传说的感梦求法，摄摩腾、竺法栏建立洛阳白马寺是同一时期。（景日昣撰《说嵩》卷三"康熙五十五年（1716年）自序"四库全书存目丛书史部所藏）。据《说嵩》卷二，认为是同样的缘起，在嵩山太室山北麓的慈云寺（巩县石窟寺）也存在。在《汉法本内传》中记载说，这个时期，从西域带来了舍利，人们看见放五色之光明等瑞相，于是，对佛法产生了信仰。法王寺在永平创建的传承，也许是法王寺的象征——塔所带来的吧。在中国信仰舍

---

① 吕宏军：《隋唐时嵩山的寺院并石刻与交通》，《圆仁石刻与古代的日中文化交流——以法王寺释迦舍利藏志的史料性和史实》，日本、国学院大学文化讲演会资料集，2011年1月23日，第32页。

② 〔日〕肥田路美：《舍利信仰与舍利塔庄严具——以法王寺为中心》，《圆仁石刻与古代的日中文化交流——以法王寺释迦舍利藏志的史料性和史实》，日本、国学院大学文化讲演会资料集，2011年1月23日，第45页。

利，源自4世纪。这与汉译阿育王（ACoka，阿输迦）传有很大的影响[1]。阿育王皈依佛法，组织第三次佛教经典结集[2]，特别是在中国传说，阿育王要建八万四千舍利塔的宏愿，赢得广大民众对佛教的信仰[3]。其中，八万四千舍利塔中的好几座建在中国，中国所见舍利塔和遗迹，在初唐道宣撰《集神州三宝感通录》中记载有19件，其中，会稽鄞县（浙江省绍兴）阿育王寺和南京长干寺的阿育王塔非常著名，一直被朝野所尊崇。但是肥田路美教授认为，在19件之中，法王寺塔的位置虽然与嵩山东鲁密县的超化寺塔比较近，但它与阿育王塔有关系之说是一直以来虚构的。

二 法王寺二号塔的性格（特征）

依据《河南登封市法王寺二号塔地宫发掘简报》所说，法王寺现存的六基（座）塔之中，日僧圆仁发现的《释迦舍利藏志》发现于二号塔，是高15米的单层砖塔；经过2000年3~5月发掘，该塔不是舍利塔，而是高僧的墓塔。发掘情况和出土的30多种遗物，田凯先生均做了详细报道。

依据汉译《涅槃经》中记载的释迦遗体安放的方法：遗体用新布棉包五百层，入金棺，再放在铁椁中。二号塔出土的迦陵频伽盒没有那样的形状，很难认为是舍利容器。可能是放置在高僧坐像正面，作为供养用的。

---

[1] 《季羡林谈佛》，当代中国出版社，2007，第201页。阿育王即位七年时，皈依佛教，成为佛教徒，即位九年时征服了迦陵伽国，此次战争极为悲惨，10万人被杀，他感到战争的悲惨，内心悔恨，停止了战争扩张区域的政策，从战争转向和平，决定以佛法实现治理国家。向邻国也发出放弃战争，以佛法来实现和平友好相处的誓约。他也不排除其他宗教的存在，如印度教、婆罗门教等，这些宗教与佛教同样保护着他们，共同执行善法的伟大愿望。他给没有住处的贫苦人民建造房屋，建造医院，为医治牲畜还建造兽医院，禁止无益的杀生，对囚犯给予恩赐，建立立法大官等制度。

[2] 《季羡林谈佛》，当代中国出版社，2007，第202页。佛教第三次结集时，在佛教护法大王阿育王（即位时间约为公元前273年）的大力支持下，开始大规模地编纂大藏经，在首都波吒利弗（PATaliputra，现在的巴特那）由长老目犍连帝须（Moggaliputta Tissa）为上首，会集众僧，共同编纂佛典。上首又把佛教教团的长老作为传道师派遣去边境各地宣传佛教。五人以上的传道师前往各地，到斯里兰卡去的就是阿育王的弟弟（一说是阿育王的儿子）摩哂陀（Mahinda）。斯里兰卡佛教徒说，现存的巴利文《大藏经》就是摩哂陀带到斯里兰卡去的，而巴利文也是摩揭陀语（MagadhA nirutti，MagadhikA bhAsA），换句话说，巴利文就是佛所说言语语种的称谓，而巴利文《大藏经》也就是佛教的唯一正统的经典。

[3] 化普乐·罗侯罗：《佛陀的启示》，新加坡佛教坐禅中心出版，2002，第140~142页。这位公元前3~4世纪的伟大佛教帝王阿育王，曾被称为"天人所敬爱者"。

以下谈谈对利庄严器和法王寺塔出土遗物以及释迦舍利藏志的关系的思考。

在二号塔出土遗物中,最被注意的是须弥座上中央坐像膝盖前用玉石制作的迦陵频伽盒。盖部是人头鸟身的迦陵频伽吹箫的姿态。此容器中有蚌珠(沟贝的珍珠样子的珠子)61颗,一种见解认为是舍利盒。①。

要知道舍利容器是什么样的,应该参考仁寿舍利塔记录。据《舍利感应记》记载说,仁寿舍利塔的舍利是文帝即位以前,从婆罗门僧那里得到的,最初是30处所,准备了"三十舍利",各地区一粒,把舍利装在琉璃瓶,再放进金瓶里,用香泥把盖封好,送到建塔的地区,在当地用铜函、再加石函放进地下。这种方法是舍利容器的特征,实际出土的例子就应该依照上述的情况进行确认②。

纵观唐朝300年间,由日本留学生(僧)、请益生(学问僧)来中国留学,学成之后带回日本的中国佛教文化、艺术、建筑等各个领域的物品,给予日本民众以新的启迪。中国的发展,也深深地影响着日本各领域的发展。因此,中日交流一衣带水,历史源远流长。隋唐开始,日本文化一刻也没有停止吸收中国文化的长处,经过整理提炼,咀嚼融化,终于在平安朝中期以后,在各个方面,逐渐于唐风的基础上,形成了日本独特的风格优美、典雅的佛教文化。③ 应该说,日本接受中国佛教文化的影响是深远的,其中遣唐使中的求法僧等起到了承前启后的重大作用。日僧圆仁就是唐文宗朝随遣唐使一行来唐求法的日本佛教天台宗高僧。有唐一代,日本先后来唐求法巡礼的学问僧、请益僧不乏其人,其中平安朝(782~1191年)的"入唐八家"④ 尤负盛名,圆仁乃其一。日僧圆仁示寂后,清和天皇赐予"慈觉大师"谥号,在日本佛教史上,僧侣获赐大师之称者实始于此。日僧圆仁在日本佛教史上之地位非同小可,深受日本佛教信众的

---

① 庄向阳:《法王寺塔待揭之谜》,《中州古今》2000年第4期。
② 肥田路美:《舍利信仰与舍利塔庄严具——以法王寺为中心》,《圆仁石刻与古代的日中文化交流——以法王寺释迦舍利藏志的史料性和史实》,日本国学院大学文化讲演会资料集,2011年1月23日,第47页。
③ 〔日〕木宫泰彦:《日中文化交流史》,胡锡年译,商务印书馆,1980,第198页。
④ "入唐八家":天台宗最澄及其法裔圆仁、圆珍;真言宗空海及法裔常晓、圆行、慧远、宗叡。

厚爱。

日僧圆仁生于日本桓武天皇延历十三年（唐德宗贞元十年，794年），故于日本清和朝贞观六年（唐懿宗咸通五年，864年），俗姓壬生氏。入唐求法成行之前就是日本佛教界的一位高僧。日本仁明朝承和五年（唐文宗开成三年，838年），日僧圆仁45岁随遣唐使藤原常嗣一行，历尽艰难，西渡入唐。先后向扬州、五台山、长安等地高僧求法请益。在中国求法巡礼历时九年七个月。即将回国时，适逢唐武宗"会昌灭佛"，他历经曲折，备尝艰辛，终于在唐宣宗大中元年（847年）满载成果归国。

三　日僧圆仁法师与日本天台宗

日本佛教天台宗是由中国唐代传入后并发展而创建起来的。日本学者平了照在《论日中天台宗之教义》一文中曾论述："天台大师的法流分为两支，一支在中国大陆流传，称中国天台宗。一支流经朝鲜，称朝鲜天台宗。但是，朝鲜天台宗因始终未形成独具一格的法门，终于衰落了。平安时期（782～1191年），日本传教大师最澄入唐求法，得传中国天台宗的法华圆教法门，在日本比叡山开创了全新的日本天台宗的祖庭大本山。"[①]

日僧圆仁从小受中国文化和佛教气息的熏陶，"幼诵经典，心慕佛乘"。15岁时来到日本佛教圣地比叡山，成为日本天台宗创始人最澄的弟子。20岁便取得了天台宗佛学研究的高级学位。圆仁追随最澄，为弘扬天台宗教义而孜孜不倦。822年最澄已示寂，朝廷允准了最澄生前提出在比叡山设立大乘圆顿戒坛的请求，于是年方而立的圆仁便义不容辞地继承先师遗志，担任阿阇黎，开坛讲经说法，弘扬佛法，利乐人天。833年日僧圆仁写成《根本如法经》，是日本横川地区如法写经会的肇端，还建立了根本如法堂等道场，开示佛法要义，随机说法利众。因此，他在入唐之前，已经是日本佛教天台宗一位地位相当高的大师了。

838年，日僧圆仁携带比叡山延历寺未决天台教义三十条，以请益僧的身份入唐求法。日僧圆仁的最初发心是想前往佛教圣地天台山求法巡礼，但由于迟迟未获唐王朝允准，只得改变计划，到达另一佛教圣地山西

---

① 《东南文化——天台山文化专号》1994年第2期，第86页。

五台山朝拜。他先后向扬州、五台山、长安等地高僧求法请益,受学天台止观和遮那,即法华显教和真言密教。还受灌顶,学梵、汉文字,写经卷和画曼荼罗功德帧等。在唐首都长安求法巡礼长达四年十个月之久,回国前期适逢唐武宗"会昌灭佛",圆仁饱受磨难,历经两年多的颠沛辗转,终于在唐宣宗大中元年(847年)得以归国。之后日僧圆仁法师在日本创建佛教天台宗山门派,被尊称为创始人,延历寺第三世座主[①]。

四 中国对日僧圆仁等日本求法僧入唐求学之支持

在唐朝,优秀的佛教文化、艺术、建筑极大地吸引着日本的有识之士。他们赞叹、向往,狂热地试图汲取、模仿,在此激情的驱使下,从日本舒明天皇二年(630)八月派遣的犬上三田耜开始,到宇多天皇宽平六年(894)九月停派为止,前后共任命过19次。但其中的淳仁朝天平宝字五年及六年(这次是送唐客使)的两次和宇多朝的一次,都只是任命,并未成行。又天智天皇六年所派的伊吉博德等应看作是只到了百济。此外,淳仁天皇天平宝字三年(759年)派的高元度是为了接回前遣唐大使藤原清河而称为"迎入唐使"的,光仁天皇宝龟九年(778年)派的布势清直是为了送还唐客孙兴进等而称为"送唐客使"。因此,如果除去上述六次,以遣唐使名义出使唐朝的,应该共有十三次。当年所用船舶乃百济式的猪名船稍加改进,船身前后拉力小,一旦触礁,因巨浪而颠簸,易从中断

[①] 圣严法师:《日本佛教史》,《现代佛教学术丛刊》,第82期,第115~231页。关于"圆仁与圆珍"中说,圆仁出于最澄之门,但他又于仁明天皇承和五年(公元838年,唐文宗开成三年)来华。在中国泛九年,正好赶上唐武宗时的"会昌法难",目击沙门还俗者约三千人,佛像佛经,摧毁殆尽!然其在中国亲近的大德之多,范围之广,不让其师。他依终南山的宗睿学悉昙;从嵩山寺的全雅传受密教仪轨及曼荼罗等;于大兴善寺的元政受金刚界之大法;于青龙寺的法全传胎藏界之大法;又就醴泉寺的宗颖学止观法。"会昌法难",圆仁险遭池鱼之殃,化装成道士,始逃出长安,而于承和十四年(841年),返回日本。

圆仁返日之后,一心发展比睿山的延历寺,先后建立总持院、定心院、法华三昧院、常行三昧院等,一时殿堂达于鼎盛。同时承最澄之遗业,推展了舍利会、天台大师供会、不断念佛会等法会,开发了山门的基础。贞观六年(632年),以73岁之高龄示寂,八年(634年)被谥为慈觉大师。其门下之有名弟子,则为安慧、慧亮、长意、相应、安然,尤以安然为著称,深达圆、密两教之奥旨,厌离名利之争夺。

圆仁继定光为第三代座主,其弟子安慧为第四代座主,第五代座主则为义真门下的圆珍。

开，极为脆弱。在如此恶劣的交通条件下，十三次遣唐使入唐求法，且次次满载而归，其他原因姑且不说，仅就唐朝作为一个泱泱大国的宏阔胸襟在这里可见一斑。当时，遣唐使舶一次可乘 500 余人，除水手、射手、杂使等外，知识分子最多有 100 人左右，其中包括大使、副使、判官、录事四等官以及史生、知乘船事、主神、医师乐师、画师等，留学生最多则 20 余人。他们都是按专业从贵族子弟和僧侣中的有才华者挑选出来的，朝廷命他们留学，并保障一定的待遇，使之如期完成学业。

据《延喜式》7 卷三十载，任命遣唐使后，对大使赐絁六十匹、绵一百五十屯、布一百五十端。副使赐絁四十匹、绵一百屯、布一百端。判官絁十匹、绵六十屯、布四十端。录事絁六匹、绵四十屯、布二十端。其中赐给学生、学问僧、还学僧的几乎同于副使。如果留唐日久，经济拮据，有时特派使者回国请求衣粮，也有时日本朝廷托便人带来黄金等物。如曾托圆载派他弟子请求衣粮的仁好，也给圆仁赐黄金二百两顺便带来。不仅如此，唐朝也给予他们诸多扶持。例如日本文武朝的学问僧荣睿、普照、玄朗、玄法等，唐朝每年发给绢二十五匹及四季衣服。对于仁明朝的圆载，特发给五年的粮食。云游四方时，可以在各州的龙兴寺、开元寺等寺院求食请宿，如圆仁《入唐求法巡礼行记》卷三：

> 开成三年四月，随本国朝贡使，上船过海。……八月内到扬州，寄住开元寺，过一冬。开成四年二月，离扬州到楚州，寄住开元寺。至七月，到登州文登县赤山院。住过一冬，至今年二月，离登州。三月到青州，权住龙兴寺……①。

除此之外，没有寺院的地方还可以乞求民家施与。日僧圆仁带领弟子惟正、惟晓、行者丁雄万自登州出发前往五台山的两个月行程中，四处得到施舍。虽然他们留唐日久，过着清苦的僧人生活，但因受各方之支持，所以他们的生活并不艰苦。日僧圆仁入唐到扬州，从宗睿学梵语。后因上五台山，道出长安，从元政、义真学密教，并从南天竺宝月学悉昙。请回经论章疏、传记等五百八十四部、八百零二卷，胎藏金刚两部，大曼荼罗

---

① 〔日〕圆仁：《入唐求法巡礼行记》，广西师范大学出版社，2007，第 141 页。

及诸尊坛像、舍利、高僧真影等多达五十九部。仁寿四年（854年），继义真、圆澄之后，任第三代天台座主。

西安市大唐西市的店铺规模，参考了日僧圆仁著的《入唐求法巡礼行记》书中的记载。通过考述日僧圆仁与唐长安佛教，可管窥中日文化交流源远流长、一衣带水之友好往来历史的美好回忆。①。

代结语：佛塔起源与建塔之功德的思考

释尊（释迦牟尼，CAkamuni，约公元前566~486年）说法45年，讲经说法300余会，给有缘众生拔苦与乐，应得度者均已得度，未得度者均已种下得度因缘，释尊一期应化事毕，将入"涅槃"。根据佛教的观点，佛有三种身，即法身、报身和应身。法身清净无相，充满一切处，亘古彻今，不生不灭；报身极高大庄严，清净自在，寿命无穷无尽；应身，即佛有无量的应化之身，在此示生，在彼示灭，恒在世间，利益众生，随缘而兴，化毕而灭，住世80年的释迦佛即其一也。世尊养母摩诃波阇波提比丘尼不忍见佛灭度，便率五百已证阿罗汉果的耆年比丘尼到佛所礼佛辞行，佛为她们说法："身是生死本，也是诸苦本，能得涅槃乐，乃获大安祥。"佛姨母与五百比丘尼回去后各现神变，同时坐化。佛亲率诸大弟子，亲为焚化，供养舍利②。于是，佛为四众弟子说《大般涅槃经》，广明法身常住之理，并告诸弟子三月之后，我当示寂。在佛诸高足弟子中，舍利弗智慧第一，目犍连神通第一，摩诃迦叶上行第一，阿那律天眼第一，须菩提解空第一，富楼那说法第一，迦旃延论义第一，罗睺罗密行第一，阿难陀多闻第一，优婆离持戒第一，世称"佛门十哲"，为佛十大弟子。

最后，释尊来到末罗国阿夷罗跋堤河边的拘尸那迦罗城郊，憩息在娑罗双树间。这个地方四面各有两株娑罗树，枝枝相对，叶叶相映，中间是一片柔软青翠的芳草地。世尊便吩咐阿难在这里安铺绳床，头北面西，右

---

① 景亚鹂：《日僧圆仁与唐长安佛教》，2009年11月7日，佛教在线。
② 前田惠学：《前田惠学集》第一卷"释尊をいかに観るか"（如何看待释尊）（日本山喜房佛书林，2003），第88~106页。比较详细地阐述了原始佛教时期的有关世尊舍利的情况和造塔的情况以及论述了供养塔的一切功德。据此书原始佛教时期塔有瓶塔、灰塔、舍利塔。

胁著席，叠足安卧，将于夜半灭度。是夜有异学的婆罗门须跋陀罗到佛前求度，闻说八圣道法而悟道①，为释尊最后之弟子。佛又为众弟子最后讲说遗教经，其中叮嘱出家弟子要依止山林，清净自守，少欲知足，昼夜精勤，修学戒定，不要贪著世务，严摄六根，勤求解脱。并叮嘱佛灭度之后，最要尊敬戒律，以戒为师，以法为师。最后，释尊重以大悲声音慰勉四众：在这个世界上，生必有灭，会必有离，生死海中，法故如是。欲使有为法而不变灭，绝无此理。你们如忆念如来，只要用功依法奉行，就是如来法身常住不灭也。这便是释尊的最后教导。释尊说此经毕，便寂然无声，安详而灭，这一天是公元前486年四月十五日的中夜，释尊世寿80岁。从此，拘尸那迦罗城作为释尊涅槃处，成为佛教四大圣地之一。

释尊灭度之时，人天雨泪，双树变白。诸弟子在金棺之中供养7日，平治好四城门，然后在人天拥护之下，金棺自行升入东城门，游各街路，到处都有香花幡盖礼拜供养。再出北城门，渡尼连禅河到天冠寺，迦叶头陀等五百比丘才举火焚化。焚化之后得光辉晶莹的"舍利"八斛四斗，这些"舍利"被末罗民族的波婆国国王、跋离民族的遮罗颇国国王、拘利民族的罗摩迦国国王、婆罗门民族的毗留提国国王、释种民族的迦毗罗卫国国王、离车民族的毗舍离国国王、摩揭陀国的阿世王以及拘尸那迦罗城拘尸王均分，这便是佛教历史上著名的"八王分舍利"。以后，五百阿罗汉在阿难尊者的率领下，将释尊所讲的经法重加诵述笔记，形成经卷，且每部第一句均称"如是我闻"，以表明亲闻于释尊的意思。于是，经、律、论三藏法宝于焉蔚成，弘传后世。

《妙军请问续经》云：泥塑塔献十万，又献河岸沙子，其虽有过罪恶，所造一切尽消除，其以密咒之威力，今生获得密咒果。又说，因为塑造泥塔或沙塔能清除罪恶，今生得善解脱之缘分等，在《经部》和《续部》广为宣说其功德。建立所依（塔）时，至少供养僧众斋饭，成就装束器具，因脚下踩死微细的虫子，其虫也能解脱轮回之说。由七世达赖喇嘛（格桑

---

① 那拉达法师：《佛陀与佛法》，新加坡佛教坐禅中心出版，1973，第48页。初转法轮：八正道是一切道中最殊胜的，四圣谛是一切义中最殊胜的，离欲法是一切法中最殊胜的，具慧眼者是一切人类中最殊胜的《法句经》（Dhammapada）v.273。什么是"中道"？佛陀说："中道就是八正道"。

嘉措 bsKal bzan rgya btsho，1708－1757）引《班地达林宝语所依引册》（pa ndita nags kyi rin chin deb tu drags pa）云：请入身、语、意所依以及建立内殿和大经堂以及僧舍之事自不必细数。至少建门廊，建厨房和卧室，为寺院而作七步微小功德者，其人不堕入三恶趣，而获得人天之果。入三宝依处，其有缘管理饮食的烟火之有情（管理人员），其作事者之脚下死的虫子也不堕入三恶趣也。善哉，善哉！而言之①。

这些都是依据佛教经典的。建立身、语、意所依，敬礼供养等功德也有很多记载。《地藏菩萨十轮经》云：世间一切安乐与幸福，都依仗供养三宝之功德。欲求安乐与幸福，恒常精进供养三宝，三有与寂静之所有善资粮，皆由供养三宝而获得。特别是以各种不同的供物，虔诚供养三宝之功德，在此略述。《教授大王乘经》，别名《佛说胜军王所问经》（rgyal po gsal rgyal la gdams pa）云：献胜塔伞积，生于天和人，犹如那罗延（sred med bu 遍入天）身体健康，供养功德成具足，能仁之塔涂石灰，天人世间长寿命，断除身心疾病痛苦火，恒常快乐成富裕，金银装饰薄版来覆盖，由因建造能仁塔，诸人世间有区别，身体健康又美丽，若人向塔或画像，至心奉献宝盖等，其于地上大海之无边际，统治一切成国王，随喜如来一切塔，多以大伞来装饰，天人世间如大伞，成为天人之君主，无论何人舍利精髓，成为无垢之福德，竖起各种美丽飞幡，具足能力成为三有之供养处，献于如来塔宝冠，得人王吉祥与天王吉祥，享受胜乐，特别能获解脱宝冠。因献给佛塔等铃的功德，其成为语言坚定无欺名誉具足，犹如梵天悦意之声音，其能获得诸庄严，智者若谁真心信仰如来塔，供养念珠，金念珠以诸多大宝善装饰，福德具足其头顶，释尊塔等以念珠来庄严，其以缨络如意宝而庄严，以手足钏环胜装饰，装饰身体游世界。无论何人于如来塔，土与粪涂之，生于天人身美丽，没有伤疤成快乐，由打扫能仁之塔，妙观察其更庄严，容貌美丽如莲花，远离世间诸罪恶。无论何人献香及稻谷，来涂如来塔，其以檀香作供养，涂身光色如太阳，任何人供养佛

---

① 关于佛塔的起源和建塔之功德在嘉木扬·图布丹著、卓日格图蒙译、嘉木扬·凯朝汉译《吉祥果聚塔缘起——见而获益希奇莲花乐园》[（dpal ldan nbras spuns mchod rten gyi dkar chag — mthonba don ldan Go mdshar pad mani dgan dhsal ses bya ba bsugs so），民族出版社，2006] 中较详细阐述。

塔，用以清净的香水献沐浴，其身体即无垢污也，没有痛苦，没有忧愁，颜色柔软美好，任何人供养佛塔塑像，以各种颜料来装饰，其为如来一切功德以各种具足会聚一处。《转塔经》（mchod rten skor ba byas ba）云：如果能转塔，断除八无暇，天众和人众，皆获长寿命，罗刹及夜叉等，岂能敢侵害，百劫也绝不会出现瞎子和残废苦。转塔之事情，获得力量精进极圆满，此乃没有懈怠。转塔之事情，成就六神通，断除诸烦恼呈无漏，成为阿罗汉之大神变。转塔之事情，在一切世间皆成如来，以诸相庄严，获得金色身，以教诲之[①]。

---

① 嘉木扬·凯朝：《中国蒙古族地区佛教文化》，民族出版社，2009，第190页。有关转塔的情况在《四加行》（snon hgrohi khrid chen bshi）中记载说，拜十万礼，念诵百字明十万遍等。在此藏有舍利盒的画像高度四指长，其转的次数十万遍，转大经堂内一千二百遍，敬礼一百五十遍，寝室外转六百遍，敬礼四百遍，另外以自己的情况来定也是可以的。嘉木扬·图布丹恩师说：转塔的程度，皆于自己力所能及而作，经典没有详细记载。

隋唐时嵩山佛寺与日僧圆仁法王寺之行

吕宏军[*]

当历史进入 21 世纪后，在嵩山的法王寺，人们发现了一通唐代会昌五年（845 年）刻立的《释迦舍利藏志》碑。这通由圆仁和天如所立的仅仅 88 字的记事碑，却掀开了唐代"会昌法难"时由日本僧人圆仁及法王寺天如隐匿佛舍利的惊人历史。考嵩山佛教在隋唐时的历史地位，可以看出，圆仁、天如之所以隐匿佛舍利，这与嵩山隋唐佛教的兴盛及交通道路有着密不可分的关系。因此，弄清隋唐嵩山佛教寺院、碑刻及交通状况，对揭开这段历史具有重要意义。

一　隋唐时嵩山的寺院

关于佛教传入中国的时间，现在比较普遍的共识是在东汉时，而嵩山地区在当时就是佛教的传播中心。据《四十二章经》"序"云，昔汉明帝夜梦金人，大臣以为乃西方之佛，于是遣张骞、秦景等 12 人到西天取经[①]。又据《高僧传》载，永平十年（公元 67 年），摄摩腾和竺法兰白马驮经至于嵩山西麓东汉都城洛阳[②]，明帝因置之于鸿胪寺传法。又据明傅梅《嵩书》、清景日昣《说嵩》引旧志载，永平佛教传入洛阳不久即在嵩山又建立了法王寺和慈云寺。在嵩山所建的法王寺、慈云寺乃是嵩山地区最早的寺院[③]，也是中国已知最早的佛教寺院。之后，中国的寺院由嵩山地区开始向各地传播。东汉之后到唐代，嵩山有两个建寺高潮：第一个是

---

[*] 吕宏军，嵩山文化研究会常务副会长。
[①] 《佛教三百题》之《四十二章经》，上海古籍出版社，2002。
[②] 释慧皎撰、汤用彤校注《高僧传》卷一，中华书局，1997。
[③] （清）景日昣：《说嵩》卷二十一，《释氏》，中州古籍出版社，2003。

南北朝时期；第二个是隋唐时期。南北朝时由于嵩山地临京都的地理位置及名山的特殊地位，使佛教高僧纷纷在此建寺，传教弘法。从北魏到北齐，嵩山相继创建的寺院有嵩阳寺、少林寺、嵩岳寺、升道寺、栖禅寺、中顶寺、道场寺、双林寺、永泰寺、会善寺、刘碑寺、龙华寺和在孙寺①。北周时，武帝纳元嵩之说，断释老之教，"率土伽蓝，咸从废毁"②。嵩山的佛寺亦遭重创，嵩阳、升道、栖禅、双林、道场、中顶诸寺不复存在③。

隋朝建立后，由于文帝崇信佛教，嵩山地区佛寺又得到复兴。仁寿时文帝因："忽得舍利一瓶，雪豪灿烂，火焚益固，击之逾明。乃诏天下梵场，令起塔供养，为苍生之祈福也。"④ 由此，名山中岳也成为文帝建塔存佛舍利之地，法王寺、嵩岳寺、永泰寺院均建舍利塔以存舍利。

唐代建立后，佛教在嵩山地区又有很大发展。嵩山的寺院，除创于南北朝的法王寺、嵩岳寺、少林寺、会善寺、永泰寺、刘碑寺等外，又迎来了一个建寺高潮，龙潭寺、龙泉寺、上卢崖寺、下卢崖寺、华严寺、宝林寺、少室山寺等相继在嵩山建立。唐代嵩山佛教的繁荣主要有以下几方面的原因。一是嵩山名山的地位及地理位置。嵩山是五岳之一，地位显赫，历来是佛教争相开拓之地，以便借名山之势使其教广传。嵩山脚下是唐代的东都洛阳，地临京畿的位置，也使佛教易于得到帝王的支持。二是唐初少林寺十三武僧助唐平定王世充立下的赫赫战功，得到了唐太宗的嘉奖和支持，激发了佛教在此建寺的热情。三是崇信佛教的女皇武则天，建都洛阳后，以洛阳为神都，以嵩山为神岳，并在嵩山举行了史无前例的封禅大典⑤。同时，女皇还数度前往嵩山礼佛、建塔，极大地推动了嵩山佛教的建寺进程。

唐代嵩山佛教的昌盛，不仅确立了嵩山在唐代佛教中的地位，也为日

---

① 闲居寺、嵩阳寺、道场寺、中顶寺、升道寺见北魏杨衒之《洛阳伽蓝记》卷五，上海古籍出版社，1978。少林寺、永泰寺、会善寺、刘碑寺、龙华寺、在孙寺见明傅梅《嵩书》卷三，中州古籍出版社，2003。双林寺见景日昣《说嵩》卷二十一，中州古籍出版社，2003。

② 唐开元十六年（728年）裴漼：《皇唐嵩岳少林寺碑》，在少林寺钟楼前。

③ 查历代《嵩山志》、《登封县志》及笔者实地调查，此六座寺院唐代已无存。

④ 唐天宝十一年（752年）靖彰：《大唐中岳永泰寺碑》，在永泰寺。

⑤ 《旧唐书·礼仪志》，中华书局，1997。

本僧人圆仁到嵩山隐匿佛舍利起到了至关重要的作用。可以推断，圆仁极可能就是因嵩山佛教的极盛而专程前往嵩山的。唐代嵩山太室和少室的佛教寺院，加上历史上遗留下来的寺院，有史料可查的至少 16 座。现将唐代嵩山的主要寺院分述于下，以示其貌。

（一）法王寺

法王寺历史沿革 法王寺位于嵩山太室山玉柱峰下，背依嵩岭，四周合抱如椅，溪水潺流，景色幽静，被称为"嵩山第一胜地"[①]。据明傅梅《嵩书》引旧志载，法王寺建于东汉永平十四年（公元 71 年），三国魏明帝青龙二年（234 年）更名为护国寺，晋惠帝永康元年（300 年）在护国寺前增建法华寺。隋文帝仁寿二年（602 年）因在寺院建舍利塔以存舍利而更名舍利寺，唐贞观三年（629 年）太宗敕命补修佛像，更名功德寺，唐玄宗开元十八年（730 年）更名御容寺，唐代宗大历年间（766～779年）重修寺院复名法王寺。五代后唐时分为五院，五院用护国、法华、舍利、功德、御容旧名。宋仁宗庆历八年（1048 年）又将五院合而为一，赐名"嵩山大法王寺"[②]。金、元、明、清至今沿用此名。法王寺作为中国最早的佛寺之一，在佛教史上占有重要地位。在经历了从北魏到元代的繁荣之后，从明嘉靖开始，特别是清代之后，法王寺走向衰落，寺院庞大的建筑群大幅萎缩和倾倒，寺院珍贵的唐代碑刻亦多散失。"文化大革命"时，法王寺亦遭破坏，仅存晚清时重建的天王殿、大雄殿、地藏殿和大殿前东西厢房。1987 年，释延佛入住法王寺后，募资重建山门、厢房、未来佛殿、金刚殿、钟鼓楼、西方圣人殿、卧佛殿等，使法王寺又现昔日宏大的场景。法王寺现存的古迹，最为珍贵的是隋唐时的四座高大精湛的古塔。此外，法王寺还有元代延祐三年（1316 年）建的七级密檐式月庵海公塔和清康熙二十四年（1685 年）建的七级密檐式沣公和尚塔[③]，还有唐、宋、金、元、明、清碑刻 38 通及众多现代碑刻。

隋唐时期的法王寺 隋唐时期的法王寺在嵩山地区的地位是非常显赫

---

① （明）傅梅《嵩书》卷三，中州古籍出版社，2003。
② 法王寺沿革均见（明）傅梅《嵩书》卷三，中州古籍出版社，2003。
③ 元代海公塔、清代沣公塔在法王寺东侧和寺后。

的。隋文帝仁寿时，因发现佛舍利一瓶，于是诏令天下三十个州县的名山选寺院建塔以存舍利。嵩山的法王寺、嵩岳寺、永泰寺被选为建塔存放佛舍利之地。建塔之后，为了纪念此事，还特将法王寺更名为舍利寺，此足以反映当时对法王寺的重视。今法王寺后的一座高35.7米、塔身长7米的方形15级密檐式砖塔，造型精美，高大挺拔。有很多学者以为是初唐之塔，其原因是形制似唐塔[①]。但笔者以为，此塔有可能就是隋仁寿二年（公元602年）文帝敕建的舍利塔。其原因主要有以下几方面。其一，史册有载。明代傅梅《嵩书》："隋文帝仁寿二年，创舍利塔，又名舍利寺。"此外，古版《登封县志》及法王寺的古碑都是如此记载。其二，从塔的大小来说，放舍利或经卷的塔一般都很高大，如嵩岳寺的15层北魏佛塔就很高大。而嵩山地区为僧人建的墓塔都没有超过13米高的，且皆为单檐式砖塔。此塔如此高大，且为15级，符合隋代舍利大塔的特征。另外，还有一佐证，《大唐中岳永泰寺碑》载："大窣堵坡者，隋仁寿二载之所置。"显然，永泰寺仁寿二年的舍利塔就是很高大。其三，隋唐相距很近，建筑风格不可能会有很大变化，也就是说唐中晚期可以建这种形制的塔，隋代也应该会建。由此，笔者认为隋文帝敕建的存舍利塔很可能就是法王寺这个15级的密檐式大塔。隋代所赐之舍利，应该放在该塔空心的塔室中，而日僧圆仁到法王寺后因怕"会昌法难"毁掉舍利，于是从此塔中将舍利取出而隐匿于2号唐塔的地宫中。

唐代建立后，法王寺仍然很兴盛。唐太宗即位不久即敕令修补寺院的佛像，还赐庄安禅僧，这在贞观时的嵩山佛寺中是仅见的。唐代宗时重修法王寺。再从唐代法王寺所存的三座精致的僧塔看，寺院应该是很繁盛的。法王寺的2号唐塔建于唐中晚期[②]，为四边形单檐式砖塔，高12.6米，塔身边长4.4米，塔身高大，其后塔铭缺失。塔身上叠涩出檐，突出塔身较多。塔刹为圆形覆钵体，四周以8个莲花瓣插角石，再上为石雕莲花须弥座，再上为二级相轮，最上为石雕火焰宝珠。该塔硕大，塔刹造型优美，雕刻精湛，为唐代古塔珍品。2000年3～5月，此塔的地宫被

---

① 《中国营造学社汇集》第6卷第4期，知识产权出版社，2006。
② 《中国营造学社汇集》第6卷第4期，知识产权出版社，2006。

发掘，出土珍贵的舍利函、礼器、瓷器等文物20余件。3号唐塔建于唐代中晚期①，为四边形单檐式砖塔，高8米，塔下部为硕大方形须弥座，边长4.2米，其上为方形塔身，边长3.05米，塔身后塔铭缺失。塔檐突出塔身较多，其上为砖砌覆钵，四周有8个莲花瓣石雕插角石，再加上为有8个插角的石雕须弥座，再上为一级相轮，最上为火焰宝珠。该塔造型精美，塔刹雕刻精湛。4号唐塔建于唐代中晚期②，为四边形单檐式砖塔，高7米。塔下为硕大方形须弥座，边长3.3米。其上为方形塔身，边长2.33米，塔铭缺失。塔刹为方形砖砌须弥座，剥损严重。座上为二级相轮，最上为石雕宝珠。该塔石雕塔刹甚为精致，为唐代花丽雕技的代表。以上三座唐塔，规制高大，造型精美，为嵩山唐代僧塔中之佼佼者，在中国也极为罕见。此足见唐代法王寺的兴盛。此外，唐代高僧元珪原在法王寺亦有精致的古塔，已毁。纵观隋唐时的法王寺，佛教兴盛，古塔及建筑宏畅精美，这就不难理解，日本僧人圆仁在到达嵩山之后，选择的就是去法王寺护宝。

（二）少林寺

少林寺历史沿革　少林寺位于少室山北麓五乳峰下，北魏太和十九年（495年），孝文帝为安顿印度僧人跋陀落迹传教而建③。因寺院坐落少室山阴的丛林中，故名。相传，达摩曾在五乳峰石洞中面壁九年，达摩在少林传法时创立以"不立文字，静坐修身，直指人心，见性成佛"为主张的大乘禅宗，少林寺遂成禅宗祖庭。唐初以昙宗为首的十三武僧因助李世民平定王世充有功而得到李唐王朝封赐，从此少林寺武术名扬四方，少林寺也被誉为"天下第一名刹"。少林寺自唐代兴盛之后，宋、元、明三朝由于其禅宗祖庭的特殊地位，加上少林僧兵参战有功，寺院仍然鼎盛，高僧云集，建筑雄伟。自清代之后，因少林寺被视为"反清复明"的支持者，受到清朝的压制，走向衰落④，清末之后衰落尤为严重，特别是1928年，

---

① 《中国营造学社汇集》第6卷第4期，知识产权出版社，2006。
② 《中国营造学社汇集》第6卷第4期，知识产权出版社，2006。
③ （宋）史乐《太平寰宇记》卷三，中华书局，2007。
④ 《清朝禁教对少林武术的影响》，《少林功夫文集》，少林书局，2003。

军阀混战时石友三火烧少林寺,寺院重要建筑天王殿、大雄殿、藏经阁、钟鼓楼等被付之一炬,少林寺走入历史的最低谷,1978年中国改革开放之后,特别是1982年《少林寺》电影上映后,少林寺得到复兴,被焚建筑全部修复,少林武术也风靡世界。

隋唐时的少林寺　少林寺创自北魏,兴盛始于隋唐。在北周灭佛时,少林寺被废,杨坚执政后即恢复寺院,更名为陟岵,为西京、东京恢复最早的两个寺院。隋文帝即位后,恢复少林寺原名。同时,为了表示对禅宗祖庭的支持,开皇时文帝特下诏赐少林寺良田100顷,从此少林寺成为一个拥有庞大田产的庄园,这为少林的兴盛提供了雄厚的物质基础。隋末战乱,少林寺曾一度被焚毁,但唐初少林寺十三武僧助李世民打败王世充后,李世民对少林寺武僧的"壮举","频降玺书宣慰,既奉优教"。同时赐地四十顷,水碾一具,参战僧还要封官加爵,但在寺僧拒授的情况下昙宗还是被封为"大将军僧"之衔,此足见太宗对少林寺的重视。唐代不仅太宗重视少林寺,高宗和武则天也非常重视少林寺。咸亨中,高宗亲到少林寺御飞白书题金字波若碑,并留幡施物。永淳中,高宗在少林寺又御飞白书一"飞"字,题于寺壁。武则天也曾为少林寺施物赐金,为其亡母在少林寺建灵塔,并多次致御书于少林寺,还立《御制书诗》碑及《御制愿文》碑于少林寺。武周如意元年(692年),女皇武则天还将少林寺诸神像金装后,迎入宫中供奉。开元十六年(728年),唐王朝在少林寺立《皇唐嵩岳少林寺碑》,玄宗还亲自为之书额,并由天文学家僧一行送往少林寺刻于石。唐景龙时,中宗特在少林寺设置"十大德高僧"①。李唐王朝对少林寺的恩崇,可以说是以前各朝所无。因此,在唐代时少林寺高僧云集。前往印度取经的义净法师在少林寺建戒坛传法,身为"定门之首"的禅宗领袖法如,也在少林寺传禅,后被尊为禅宗六祖之一。中唐时高僧同光"演林法义,开大法门"20余年,"振动中外"②。被唐宪宗召入京师讲法的惟宽因在少林说法而名。唐代,少林寺还是一个拥有大量田产的庄园,由于田地太多,加上王城信士

---

① 少林自创建到唐玄宗时历史的情况均见开元十六年(728年)《皇唐嵩岳少林寺碑》。
② 唐大历六年(771年)《少林寺同光禅师塔铭》,嵌于少林寺西同光禅师塔上。

供施，致使少林寺的厨库都难以容纳，贞元时又新造大型厨库以存其粮。从少林现存的唐代建筑和碑刻也可证唐代少林是非常兴盛。华丽的梵天宫殿"悬日月之光华"。唐代少林寺的六座古塔，是寺院唐、宋、金、元、明、清244座古塔中为最精致的，也是唐塔的重要代表。少林寺的"法如塔"建于唐永淳元年（689年），为四边形单檐式砖塔，高6.4米，塔刹十分精美，远望如一座小宝塔。位于二祖庵建于武周万岁封元年（696年）的"大同塔"，为四边形单檐式砖塔，高5.8米，乃相王李旦所建。建于唐天宝九年（750年）的"萧光禅师塔"，为六边形石塔，高4.4米，造型独特，为嵩山石塔特例。建于唐代大历六年（771年）的"同光禅师塔"，为四边形单檐式砖塔，高8.9米，结构严密。建于唐贞元七年（791年）的"法玩禅师塔"，是少林寺塔林最古老的一座，为四边形单檐式砖塔，高8.1米，塔刹雕刻精湛。位于塔林中的七级密檐式砖塔，高12.2米，建于唐①，乃塔林中最高的古塔。总之，唐代少林寺的兴盛正如《皇唐嵩岳少林寺碑》所云："海内灵岳，莫如嵩山；山中道场，兹为胜殿。"

（三）嵩岳寺

嵩岳寺原名闲居寺，位于太室山南麓，与法王寺一岭相隔。寺原为北魏宣武帝的离宫，北魏永平二年（509年），宣武帝诏隐士冯亮与僧暹及河南尹甄琛依嵩山风水宝地而建。由于帝王的支持，嵩岳寺北魏时极盛一时："广大佛刹，殚极国财，济济僧徒弥七百众，落落堂宇逾一千间。"寺内雄伟高大的15层十二边形嵩岳寺塔，建于北魏正光四年（523年），高36.8米，乃中国现存最古老的塔。隋唐时，闲居寺承北魏之风，仍然极盛一时。隋朝建立后，仁寿元年（601年），文帝特赐名为嵩岳寺，并度僧450名。仁寿二年（602年），文帝又在寺前建立高大的舍利塔以存舍利。唐代建立后，又改建七佛殿、无量寿殿、定光佛堂等。女皇武则天和唐中宗游幸中岳时，此寺曾经为离宫。武则天还送镇国金铜佛像于寺内无量寿殿供奉。唐中宗时，又在寺院古灵台上为禅宗北宗六祖大通神秀国师追造

---

① 杨焕成《塔林》（少林书局，2007）一书，对此唐塔有详细考证。

十三级浮屠及有提灵庙①。隋唐时嵩岳寺殿堂的华丽，在嵩山佛寺中首屈一指。金元后，嵩岳寺衰落，唯存北魏嵩岳寺塔及清代重建的山门、大雄殿、伽蓝殿及白衣殿②。

（四）永泰寺

永泰寺坐落于太室山子晋峰下。据《唐永泰寺碑》载，寺院为北魏孝明帝正光二年（521年）因孝明帝妹妹永泰公主出家为尼而建，初名明练寺。北周建德二年（573年）武帝灭佛，寺院被废，隋开皇年间（581~600年）文帝下令恢复寺院。隋仁寿二年（602年），在寺院建高大的舍利塔以存舍利。唐贞观三年（629年），因寺内尼僧居于深山，恐受歹人侵扰，将寺院迁于偃师县平川地区。唐中宗神龙二年（706年），嵩岳寺都维那僧道莹奏请朝廷说：原嵩山明练寺依山带水，环境幽雅，且不会受到外界干扰，适合比丘尼居住，于是朝廷同意将寺院迁回原址。同时，因寺为永泰公主出家之地，特赐名"永泰寺"。后又大兴土木，修建了门楼、浴室、食堂、藏经阁、七级宝塔、大雄殿、皇姑楼、香台等，颇为壮丽③。寺内现存的十一级方形"永泰寺塔"，高24米，为四边形密檐式砖塔。该塔因形制似诸多的唐塔，故今多云为唐代所建，但据唐《永泰寺碑》载，笔者以为有可能为隋仁寿二年（602年）建的舍利塔，此待进一步考证。另外寺内还有唐代的经幢和唐碑。明清后，永泰寺衰落，七级宝塔于1945年倒塌，其他的建筑多废毁，今永泰寺殿堂乃1994~1998年重建。

（五）会善寺

会善寺位于太室山积翠峰下。据宋王著《会善寺重修佛殿碑》载，寺院原为北魏孝文帝的离宫。北魏灭亡后，离宫成为澄觉禅师精舍，成为佛寺。隋朝建立后，开皇中赐名会善寺④。到了唐代，会善寺达到极盛。女

---

① 嵩岳寺沿革均见明代陆東《嵩岳志》卷上所载唐李邕所撰《嵩岳寺碑》。
② 嵩岳寺衰落于金元时，乃据《嵩岳志》《嵩书》《说嵩》所载及实地考察。
③ 永泰寺从北魏到唐代情况见唐天宝十一年（752年）《大唐中岳永泰寺碑》及《嵩书》所载。
④ 会善寺创建和更名见（明）傅梅《嵩书》卷二十一及清代叶封《嵩阳石刻集记》所载（宋）开宝五年（927年）王著撰的《会善寺重修佛殿碑》。

皇武则天游幸嵩山时，曾拜会善寺道安为国师①，称老安国师。禅宗北宗七祖大照普寂曾以此寺为弘法的根据地，普寂还曾任女皇武则天、中宗、睿宗三朝国师，因有"两京法主，三帝门师"之称②。普寂还坐镇此寺与南宗慧能展开了唐代著名的"顿渐"南北大论战。唐代著名天文学家僧一行也出家于此寺，并与玄同律师在会善寺创建琉璃戒坛③，使会善寺成为嵩山唐代僧人的受戒中心，每年到此受戒者达一千多人④。此外，南宗慧能的门徒净藏禅师也在此寺传法。会善寺目前尚存唐天宝五年（746年）建的"净藏禅师塔"。该塔为八角形楼阁式砖塔，高10.3米，乃中国现存最早的八角楼阁式砖塔。寺西唐代的琉璃戒坛的遗址尚存，还有两根浮雕武士像，虽有残缺，但仍能看出唐代精湛的石雕工艺。会善寺清代后走向衰落，但其内元代大殿、清代山门等仍具有很高价值。

（六）其他寺院

嵩山唐代的寺院，除上述外，还有刘碑寺、卢崖寺、龙潭寺、龙泉寺、龙华寺、华严寺、在孙寺、天中寺、玉泉寺、竹林寺⑤。刘碑寺原名碑楼寺，建于北齐文宣帝天保八年（557年），因刘姓在此立巨型造像碑而名。唐代该寺也很兴盛，建有唐塔、碑亭等，"文化大革命"时被毁，唯存北齐碑及明清建筑三座。卢崖寺分上卢崖寺和下卢崖寺，创建于唐开元时。该寺原为唐谏议大夫卢鸿一居所，卢鸿一故去，改为寺，今寺唐代建筑已无存。龙潭寺原为女皇武则天的离宫，唐开元时改为寺。今寺内唐代建筑已无存，仅存清代建筑一座。龙华寺建于北齐武平元年（570年），民国时寺被毁。在孙寺建于北齐河清三年（564年），清代寺院废毁。龙泉寺建于唐代，但唐代建筑已无。建于唐代的华严寺、少室山寺、竹林寺、玉泉寺、龙华寺、天中寺，早已毁无存。

---

① （清）康熙《会善寺志》，清康熙时印本。
② 此据《郑州历代碑刻汇考》所载天宝元年（742年）《大照禅师碑》。香港国际出版社，1999。
③ （明）傅梅《嵩书》卷二十所载（唐）陆长源《嵩山会善寺戒坛记》。
④ （明）傅梅《嵩书》卷三，中州古籍出版社，2003。
⑤ 唐代的刘碑寺、卢崖寺、龙潭寺、龙华寺、在孙寺、竹林寺见傅梅《嵩书》卷三，玉泉寺、天中寺见景日昣《说嵩》卷二十一，龙潭寺、华严寺见1990年版《登封县志》。

二 隋唐嵩山佛教碑刻

嵩山作为五岳名山，千百年来，历代帝王将相、高僧名道、文人墨客在此祭祀封禅、传教弘法、歌咏书丹，留下了众多的碑刻，据不完全统计，嵩山太室山和少室山现存民国以前的碑刻有1500多品，多分布于寺院、庙宇、祠堂和陵墓中。嵩山现存的唐代碑刻计有42通44品，其中佛教碑刻达34品[①]，知名的有《皇唐嵩岳少林寺碑》《太宗文皇帝龙潜教书碑》《赐田牒碑》《大唐天后御制诗书碑》《金刚经碑》《法如禅师碑》《永

注：唐代的玉泉寺、天中寺所处位置不可考

泰寺碑》《道安禅师碑》《大德大证禅师碑》等。嵩山唐代佛教的碑刻不仅是唐代佛教兴盛的见证，也是研究唐代嵩山佛教的重要史料。而最近方为人知的日本圆仁所立的两通《释迦舍利藏志》碑，不仅揭示了唐代"会昌法难"一段不为人知的保护佛舍利的历史，同时也是中日两国唐代佛教交流的一段佳话。现将嵩山唐代佛教碑刻分述于下。

（一）法王寺唐碑

法王寺的唐碑已知的有三通，还有一通缺损严重的疑似唐碑待考。法

---

① 嵩山33通佛教碑刻现存于少林寺、法王寺、嵩岳寺、会善寺、永泰寺、嵩阳书院和登封城隍庙。

王寺现存最早的一通唐碑为《珪禅师塔记》[①]，刻于唐开元十一年（723年）秋七月，长47.5厘米，宽34.7厘米。碑文15行，每行12字，计180字，全文如下："大唐嵩岳闲居寺故大德珪禅师塔记。大师讳元珪，李氏，河南伊阙人也。上元贰载，孝敬崩，度疑寺焉。宿殖德本，无师自悟。及少林尊者开示大乘，咨禀至道。晚年居庞坞阿兰若，远近缁素，受道者不复胜记。至开元四年岁次景辰秋八月甲辰朔十日癸丑，终于庞坞。春秋七十有三。十三日景辰，权厝于寺北蜀之东，至十一年岁次癸亥秋七月，乃营塔于浮图东岭之左。大师昧净之所，而庭柏存焉。癸巳晦，奉迁于塔，从僧仪也。弟子比丘僧仁素等刊此贞石，以旌不朽。"碑文为隶书，苍劲有力。

　　法王寺今存的两通日本僧人圆仁与法王寺僧天如所立的《释迦舍利藏志》碑，刻于大唐会昌五年（845年）。其中一通，据法王寺僧恒兴言，发现于2000年前后。2004年法王寺将其嵌于寺金刚殿东墙壁上。2009年9月，笔者请拓工赵俊杰拓《释迦舍利藏志》碑以供研究之用。在拓嵌于墙壁上的碑刻时，赵俊杰发现地下堆有4通面向下的碑刻，当他将四通碑翻开后，惊奇地发现有一通和墙壁上的《释迦舍利藏志》碑文字一样。于是他马上电话告诉笔者说又发现了一通和嵌于墙上一样的碑刻，并让笔者前去辨识是否为同一内容碑刻，另请辨识一下碑刻是原刻还是摹刻。于是笔者立即驱车前往法王寺，经辨识确系大唐会昌五年（845年）的石刻，而且与墙壁上的那通《释迦舍利藏志》碑内容和大小完全相同。再从碑的材质看，也完全相同，风化情况也基本相同。两碑不同的是在刻制时，因用力大小不同而导致笔画略有差异。于是，笔者认定两碑都是唐代原刻而非摹刻。之后，笔者让赵俊杰将两碑拓了数张，其中交给笔者两张，其余交法王寺保存。拓后，笔者对赵俊杰说："这是一通极为珍贵的唐代碑刻，放在此太不安全了，你叫上两个僧人把它移到钟楼内保存。"后赵俊杰与僧人一起将碑移于钟楼内保存。离开法王寺回去后，笔者对为何刻内容相同的两通碑感到十分不解。因为这样的记事碑通常都是一通。后经反复推敲，笔者以为刻两通的原因有两个方面：其一是因为圆仁、天如在隐匿佛

[①] 《珪禅师塔记》现嵌于法王寺地藏殿壁。

舍利时，认为仅刻一通，恐年深日久遗失一通会造成将来无法寻到舍利，为了保险，故又刻了一通。其二是第一通碑雕刻得不够精致，有些问题，故又刻了一通。不过，笔者以为第一种原因可能性较大。

圆仁、天如所立的《释迦舍利藏志》碑，宽44.5厘米，长62.5厘米。碑文为正书，12行，满行8字，计88字，其全文如下："释迦舍利藏志。汉西来释迦，东肇佛坛，嵩之南麓，法王寺立矣。隋仁寿间，帝敕建浮屠，遣使安佛真身舍利于内，殊因移匿地宫，函密之，盖护宝非不恭也。法门圣物，世远疑失，诚恐，镌石以记，祈圣门永辉。圆仁、天如。大唐会昌五年。"

关于这两方《释迦舍利藏志》碑，目前有人提出如下疑问：其一，碑刻四周刻的回形纹（俗称富贵不断线）是明代才有的，故云此碑可能是明、清时刻的。其二，唐代的碑刻文末纪年多是干支纪年，亦疑此碑是否为后刻。笔者对此进行了研究，认为这两种疑问不存在。原因有三个。第一，从少林寺塔林唐贞元七年（791年）刻的《法玩禅师塔铭》四周的纹饰看，已有与《释迦舍利藏志》碑基本相似的连续回形纹。又查少林寺刻于元至正七年（1347年）的《达摩大师来往实迹之记》碑①，其四周纹饰，与《释迦舍利藏志》基本完全相同。由此，石碑上连续的回形纹饰并不是明代才有的，唐代已有。第二，从嵩山所存的《大唐天后御制诗书碑》《皇唐嵩岳少林寺碑》《唐灵运功德塔铭》《唐同光禅师塔铭》《唐法玩禅师塔铭》《佛顶尊胜施罗尼经》等落款时间都是帝王年号纪年，故唐代碑刻多为干支纪年不正确。第三，从《释迦舍利藏志》碑风化很严重看，其历史应该是很久的。由此，《释迦舍利藏志》应该是唐代的碑刻。

圆仁、天如所刻的《释迦舍利藏志》碑，为研究隋文帝敕建浮屠以藏舍利、"会昌法难"及圆仁、天如隐匿舍利的情况提供了可靠的史料，是两通弥足珍贵的碑刻。

（二）少林寺唐碑

少林寺作为禅宗的祖庭和少林武术发祥地，从隋唐开始，由于隋文帝

---

① 碑今在少林寺法堂前。

及李唐王朝的尊崇,佛教兴盛,所留碑刻如林,是嵩山寺院中唐碑最多的地方。虽历代多有缺损,但目前仍存唐刻 11 通 13 品。

少林寺现存的最早的唐刻为《金刚经》碑,刻于唐咸亨三年(672年)十月①。碑文为膳部员外郎王知敬奉唐高宗敕所书的"金刚般若波罗密经",正书,笔力遒劲,结法凝整。此碑早已断裂,现分为两块嵌于少林寺墙壁。又据《皇唐嵩岳少林寺碑》载:"咸亨中,乘舆戾止,御飞白书,题金字波若碑。"显然此碑的额应该为高宗飞白书的额,但额早已失。

少林寺还有两通女皇武则天撰的碑刻:一为《大唐天后御制诗书》碑,一为《大唐天后御制愿文》碑②。《诗书》碑刻于唐永淳二年(683年)九月,高 1.48 米,宽 0.6 米,顶雕四条盘龙,颇精致。额文篆书"大唐天后御制诗书"8 字。碑文分两部分,前为武则天撰的"从驾少林寺诗并序",后为武则天写给少林寺的一封书信。据《旧唐书》载,永淳二年(683 年)正月,高宗幸嵩山,此当为天后随其到少林寺所撰。书信的内容是说天后在少林寺看到为其先母在寺院所建的功德塔未完工,因送绢赐金让其尽快告竣。碑为王知敬正书,字径 2 厘米,工整秀美。另一通《御制愿文》碑也为永淳二年(683 年)九月所刻,碑制与《诗书》碑同,但有缺损。今存之碑高 0.78 米,宽 0.63 米。碑文为武则天为其先父、先母所发的祝愿其灵魂早日超度的愿文。此碑亦为王知敬正书。

少林寺的《唐中岳沙门释法如禅师行状》碑,刻立于唐武则天永昌元年(689 年)③,高 1.65 米,宽 0.7 米。碑额雕有神龛,内雕一佛二菩萨像。碑文载禅宗"定门之首"的法如修行经历及在少林寺传法情况,是一通反映初唐时少林禅学传承情况的重要碑刻。碑文为隶书,苍劲古朴,为唐隶珍品之一。此碑保存甚为完好。

《太宗文皇帝龙潜教书》碑④,高 1.07 米,宽 0.4 米。碑文为唐武德四年(621 年)四月三十日,因少林寺僧助唐有功,李世民颁给少林寺

---

① 碑今皆少林寺碑廊。
② 碑今皆少林寺碑廊。
③ 碑在少林寺西法如塔室内。
④ 碑今皆少林寺碑廊。

的"告柏谷坞少林寺上座书"。碑上有李世民亲笔草签的"世民"二字。碑文为八分隶书,无书写人,字体圆润有力。该文虽为唐代武德四年(621年)所发,但从碑刻称"太宗"及碑文的隶书特征看,此碑刻石于少林寺的时间应在初唐时的唐高宗或武则天时,是少林寺非常珍贵的一通石刻。

刻于唐开元十六年(728年)七月的《皇唐嵩岳少林寺碑》[1],高3.6米,宽1.32米。碑额"太宗文皇帝御书"七字,系唐玄宗御书。碑文内容分两部分,前部为武德四年(621年)四月李世民颁的"告柏谷坞少林寺上座书",文中亦有李世民亲笔草签的"世民"二字。碑文后部为吏部尚书、上柱国裴漼撰文并书丹,内容记述少林寺从创建到唐开元年间200多年的历史。此碑是少林寺最为著名的一通碑刻,其记载的关于太宗、高宗、武则天、玄宗等对少林寺的崇敬是研究唐代少林寺最为珍贵的史料。裴漼所书的碑文,被称为"嵩山第一行书碑"。该碑的碑阴刻唐《赐田牒》,记述了唐王朝自武德四年(621年)至开元十一年(723年)对少林寺赐地及封赏的情况。

少林寺的唐碑,除上述外,还有刻于武周万岁登封元年(696年)的《大周塔铭》[2]、刻于唐天宝九年(750年)的《灵运禅师功德塔碑铭》[3]、刻于唐天宝九年(750年)前后的《佛顶尊胜陀罗尼经》[4]、刻于唐天宝九年(750年)的《萧光师塔额》[5]、刻于唐大历六年(771年)的《唐同光禅师塔铭》[6]、刻于唐贞元七年(791年)的《法玩禅师塔铭》。

(三) 会善寺唐碑

会善寺也是嵩山的一个佛教碑刻的荟萃之地,其古碑的数量仅次于少林寺。但历史上,会善寺的碑刻损毁比较严重,唐刻散失也较多。目前,

---

[1] 碑在少林寺钟楼前。
[2] 碑铭嵌于少林寺二祖庵北万岁登封元年(696年)大周塔上。
[3] 碑今皆少林寺碑廊。
[4] 碑今皆少林寺碑廊。
[5] 碑今嵌于少林寺北《萧光师塔》上。
[6] 塔铭嵌于少林寺东《唐少林寺同光禅师塔》上。

寺院仍所存的 6 通 7 品唐刻，也是唐代会善寺佛教兴盛的见证。

会善寺的《唐嵩山故道安禅师碑》，刻于唐玄宗开元十五年（727 年）十一月①，宋儋撰文并书丹。碑高 3.4 米，宽 1.22 米。额题隶书"唐嵩山故道安禅师碑"九字。碑文为行书，共 28 行，今碑刻剥蚀比较严重，字数不可数。碑文记述了道安禅师的修行经历及在寺院的传法经过。道安是嵩山会善寺非常有传奇色彩的禅师，除武则天曾拜其为师外，碑文言其生于隋开皇四年（584 年），圆寂于唐景龙二年（708 年），寿 125 岁而终。

《净藏禅师塔铭》嵌于净藏禅师塔上，刻于唐天宝五年（746 年）②。碑高、宽均为 0.82 米。碑文共 22 行，满行 21 字，文为行书，无撰书人。塔铭载净藏初投道安为师，为禅宗北宗弟子，后又投慧能为师，是为禅宗南宗弟子。净藏在会善寺，正值北宗领袖普寂在会善寺与南宗因"顿渐"之争大论战时，具有双重身份的净藏如何在会善寺传法，当是一个值得研究的问题。

刻于唐大历二年（767 年）十一月的《唐敕戒坛碑》③，高 1.5 米，宽 0.7 米。碑文分三层，上层为"中书奉敕牒"，中层为"法门乘如谢表"，下层为"代宗御书敕"二十四字。其内容写的是会善寺僧乘如，请抽东都白马寺等七人，赴会善寺戒坛讲法，因呈表致谢，代宗同意后御书二十四字答之。

会善寺的唐刻除上述外，还有刻于唐代的《会善寺造像碑》④、唐贞元十一年（795 年）的《会善寺戒坛记》（在《唐敕戒坛碑》阴）、刻于唐太和二年（828 年）的《岑禅师塔铭》（严重剥损）⑤、还有摹刻唐代颜真卿的《天中山》碑⑥。

（四）嵩岳唐碑

嵩岳寺也是嵩山非常重要的寺院，在隋唐的地位尤为突出，但寺院在

---

① 碑今皆在会善寺。
② 塔铭嵌会善寺西净藏禅师塔上。
③ 碑今皆在会善寺。
④ 碑今皆在会善寺。
⑤ 碑今皆在会善寺。
⑥ 碑今皆在会善寺。

金元以后废毁比较严重，唐刻散失较多，但从现存的 4 品唐刻中，依然能看出嵩岳寺唐代时的繁盛。

嵩岳寺内刻于大历四年（769 年）三月的《大德大证禅师碑》是寺院中唐刻的一个代表。该碑圆首龟趺，顶刻莲纹，侧雕六盘龙。碑通高 3.47 米，宽 0.95 米，上柱国、齐国公王缙撰文，吏部侍郎、上柱国徐浩正书。碑文 25 行，满行 52 字。碑文记述禅宗北派八祖广德大证的生平。今碑文剥落许多，但从碑制及雕刻甚为精致看，乃唐刻的精品。尤其是徐浩正书的碑文，"结构整赡，秀逸天然，当与感应颂隶书并垂不朽"。

在嵩岳寺还有一唐代的八角"经幢"。幢座、幢身、幢刹通高 2.08 米，围 1.37 米。幢刹下为叠涩檐，檐下饰莲花，顶雕伏莲。经幢的八面雕刻"佛顶尊胜陀罗尼经"，共 61 行，行 51 字，行书，字经 1 厘米。整个经幢雕法敦厚，刀法圆润，是唐代经幢的代表作品。

在嵩岳寺还有一通剥蚀严重的唐代《大德先藏大师塔铭并序碑》，刻于唐元和三年（808 年），沙门温羅撰文并书丹，行书，字径 2 厘米。碑今移存于登封城隍庙内保存。嵩岳寺还有一通《萧和尚灵塔铭》残碑[①]，仅存上截。残碑高 0.78 米，宽 0.6 米，额刻"萧和尚灵塔铭"六字篆书。从残文知，萧和尚号乘如，为梁武帝六代孙。又从碑上"元年龙集庚申中秋"知，碑刻于唐德宗建中元年（780 年）。其碑侧还刻有唐代著名诗人王维赠乘如的诗，此可知乘如当是唐代名僧。

（五）永泰寺并嵩山其他唐刻

永泰寺也是唐代嵩山的一个重要寺院，还是嵩山最早的尼寺。旧时永泰寺亦有众多唐刻，但因年深日久，多有散失。今从寺内所存的两件唐刻看，也是唐代石刻的珍品。其一是《大唐中岳永泰寺碑》，刻立于唐天宝十一年（752 年），沙门靖彰撰文，处士荀望正书。碑高 2.34 米，宽 0.86 米，圆首，刻六盘龙。碑前后额及碑阴有线刻佛像、观音、花草等图案。碑文共 25 行，满行 55 字。碑文记述了永泰寺自创建到唐天宝时的历史，其中碑文中所载大舍利塔乃隋文帝仁寿二年（602 年）所建尤为重要。永

---

① 碑今在登封市城隍庙。

泰寺还有两个唐代八角《经幢》石刻。其一刻于唐天宝九年（750年）八月，高1.4米，每面宽0.23米，其上端雕有佛龛，内雕一佛二弟子像。幢身刻"佛项尊胜陀罗尼经"。此经幢乃玄宗所赐，雕刻甚精，是嵩山地区最精美的唐代经幢石刻。其二刻于唐天宝十二年（753年），上部缺损较多。

除上述外，嵩山还存有唐代"上古寺经幢"及"唐垂拱经幢"[①]。唐代嵩山所存的佛教碑刻，不仅数量多，而且内容广泛，雕刻精细，是记载唐代嵩山佛教兴盛的重要载体。同时，嵩山的佛教碑刻也为人们记述下了日本僧人圆仁到嵩山隐匿佛舍利的惊人历史，这不能不说是唐代石刻的杰作。

三　隋唐时嵩山地区的交通

嵩山是中国的五岳名山，历史上被称为"天地之中"。就是这样的历史地位造成了嵩山成为中国古代文化的核心地区之一，而其重要的交通地位也与此密切相关。中国历史上的夏、商、周三代的都城都是环嵩山而建的。《史记·封禅书》："昔三代之居，皆在河洛之间，故嵩岳为中岳。"而《荀子·大略篇》道出了三代建都嵩山的原因："欲近四旁，莫如中央，故王者必居天下之中。"同时，嵩山还被称为"万山之祖"的"神山"。《山海经》："少室、太室皆冢也。其祠之，太牢之具，婴以吉玉。"就是说嵩山的少室山和太室山是万山之祖，祭祀它必须用天子最高的太牢之礼，还得用世上最精美的玉器陪祭。由于嵩山是万山之祖的"神山"，招致历代帝王到此祭祀封禅。历史上，有确切记载共有73位帝王亲自、遣使或望祭嵩山[②]。嵩山的这个特殊的历史地位，使途径嵩山的古道成为重要的通道。

隋唐时期，由于嵩山西临东都洛阳、南接古都许昌，东通古城汴州，所以地理位置十分重要。再者，嵩山地处中国的中部，古代西部的关中平原、伊洛河平原向东进入华北平原，嵩山是必经之地。所以当年日本僧人

---

① "上古寺经幢"和"唐垂拱经幢"现存嵩阳书院。
② 《登封市志》卷三有对73位帝王祭岳详细考释，中州古籍出版社，2008。

圆仁从洛阳前往汴州,必然要经过嵩山。由此,才有圆仁在"会昌法难"时到嵩山法王寺隐匿佛舍利。

嵩山的地理位置 嵩山位于中国河南省中西部,地理坐标北纬34°13′~34°58′,东经112°18′~113°46′。嵩山山脉属秦岭伏牛山系,嵩山自嵩县东北分出,逶迤于伊川、偃师、登封、巩义、新密、荥阳、新郑、禹州之间,东西绵亘100余公里,南北宽40余公里,总面积4000平方公里。嵩山山脉自西向东,依次有香山、万安山、八凤山、马鞍山、五佛山、挡阳山、少室山、太室山、君子山、东龙门山、五指山、浮戏山等组成[1]。历史上的嵩山,则是指嵩山山脉的主体太室山和少室山,这两座山古时被称为中岳。本文所说的嵩山就是指嵩山的太室山和少室山。所以古代通往嵩山的道路,是以太室山下的登封县城为中心点的。据唐《元和郡县图志》载,唐代登封(嵩山)距东都洛阳的距离为135华里,距郑州的距离为145华里,登封距汴州(今开封)的距离为285华里,距古都许州(今许昌)的距离205华里[2]。登封现代公路距洛阳87公里(城市中心点),距郑州87公里,距开封117公里,距许昌101公里。

唐代嵩洛道 嵩洛道即嵩山通往洛阳的道路。以嵩山所处的地理位置而言,东都洛阳紧临嵩山。洛阳向东前往嵩山最近的道路是通过少室山和太室山的接合部,这里相对地势较低。据(清)洪亮吉《登封县志》载,嵩洛古道途经的路线是:登封→邢家铺(今西十里铺)→郭店→轘辕关→参驾店→偃师→洛阳[3]。嵩洛古道的历史非常悠久,而扼守于古道间的轘辕关的开通是其标志。据《淮南子》载轘辕关为大禹所开:"禹治水,通轘辕。"又据清席书锦《嵩岳游记》云:"轘辕昉于周"[4],即轘辕古道开凿于西周。此道历来就是交通要道,战国时,韩伐郑攻轘辕关,占领阳城(今登封告成)、负黍(今登封大金店),秦攻韩,过轘辕关,占领阳城、负黍。东汉河南尹何进置轘辕关为八关之一。由此可知,嵩洛古道是关中

---

[1] 《嵩山志》"概述",河南人民出版社,2007。
[2] 嵩山距洛阳、郑州、汴州、许州的距离是根据(唐)李吉甫《元和郡县图志》卷五《河南道一》、卷七《河南道三》、卷八《河南道四》所载,中华书局,1983。
[3] (清)洪亮吉《登封县志》卷六《道理志》,清乾隆五十二年(1787年)本。
[4] (清)席书锦《嵩岳游记》,民国八年(1919年)印本。

和洛阳通往东部的门户。隋唐时，这里更是重要的交通要道。隋置平洛仓百窖，依辗辕关险势而守。据洪亮吉《登封县志》载：唐代时，高宗欲封中岳，令开山凿石，劈为可通辇车的大道①。高宗及女皇武则天八次到嵩山巡幸、封禅及避暑走的皆是此道。唐以后这里仍是洛阳通往嵩山的重要通道。1936年，此道已开劈为公路。唐代时，由于此道为洛阳至郑州的必经之路，故日本僧人圆仁归国时，从洛阳至郑州、汴州必须经过嵩山。从里程上看，唐代嵩洛古道135华里，按步行每小时15华里的速度，从洛阳到嵩山一天便可到达。今访问登封的老年人，他们说小时候步行去洛阳大约11个小时即可到达。

唐代嵩郑道 嵩郑道即嵩山通往郑州的道路。嵩郑古道是嵩洛古道向东部城市延伸的道路。此道的历史和嵩洛古道同样悠久。古代帝王将相祭祀中岳从东部到嵩山走的就是此道。据（清）洪亮吉《登封县志》载，嵩郑古道的路径为：登封→中岳庙→新店→韩村→卢店→吴家岗（今吴岗）→景店→密县（今新密）→郑州②。明嘉靖七年（1528年），登封知县侯泰为方便官吏朝拜中岳，还在嵩郑古道之间的卢店和景店设立接待官吏的"官亭"。由此，唐代圆仁在嵩山法王寺前往郑州此为必经之道。唐代嵩山（登封）至郑州古道为145华里，按步行速度，从嵩山出发一天即可到达郑州。今访年长者，旧时的步行到郑州大约11小时。据圆仁所撰的《入唐求法巡礼行记》载，圆仁从唐会昌五年（845年）六月初一从洛阳出发，初九日到达郑州③。这8天中，一天时间是从洛阳到嵩山，一天时间是从嵩山到郑州，而圆仁在嵩山法王寺的时间应该是6天，这6天时间圆仁完全有时间完成隐匿佛舍利并刻碑。

唐代嵩汴道 嵩汴道实际上是嵩山到郑州古道的延续，即从嵩山到郑州，再从郑州经中牟到汴州（开封）。据唐代《元和郡县图志》载，汴州与郑州关系十分密切。隋大业二年（606年）曾废汴州，将州改为县，隶属郑州，唐朝武德四年（622年）重置汴州④。唐代郑州距开封的距离为

---

① （清）洪亮吉：《登封县志》卷四《山川记》上，乾隆五十二年本。
② （清）洪亮吉：《登封县志》卷六《道理志》，清乾隆五十二年（1787年）本。
③ 〔日〕圆仁：《入唐求法巡礼行记》卷四，广西师范大学出版社，2007。
④ （唐）李吉甫：《元和郡县图志》卷七，中华书局，1983。

140华里,步行一天即可到达。

唐代嵩许道 嵩许古道是嵩山至许州(今许昌)的古道,这条道实际是洛阳至许州道路的一段,古代从洛阳至许州要先经过嵩洛古道,然后沿嵩许古道到许州。据洪亮吉《登封县志》载,嵩许古道的线路是:登封→高家庄→东十里铺→茶亭→竹园→告成→水浴→庙庄→费庄→阳翟(今禹州)→许州①。此道历史也非常悠久,汉光武帝由此道而攻许州。隋唐时,此道仍是洛阳经嵩山到许州最重要的通道。但此道主要是通往南部许州、南阳、武汉的通道。所以唐代圆仁归国时,因日本在东方,故圆仁所走的线路是嵩汴古道而非嵩许古道。

隋唐时期嵩山古道图

结　语

　　从隋唐时的嵩山佛教及寺院来说,嵩山是当时中国佛教的核心地区之一,佛教兴盛,法王寺、嵩岳寺、少林寺、会善寺等名寺云集。佛教寺院中精湛而繁多的古塔和碑刻见证了唐代嵩山佛教寺院的繁盛。而隋文帝于仁寿时在法王寺建塔以存舍利,使法王寺在唐"会昌法难"时处于灭佛最危险的境地,嵩山作为洛阳通往豫东平原的通道,又是佛教名山,使圆仁由洛阳前往郑州和汴州时,必须经过嵩山。这为圆仁前往法王寺提供了交通便利。圆仁为保护佛教圣物,在法王寺会同天如隐藏佛舍利于地宫,成就了佛教史上一段令人难忘的佳话。

---

① (清)洪亮吉:《登封县志》卷六《道理志》,清乾隆五十二年(1787年)本。

试论元代嵩山大法王寺曹洞宗高僧群体

任　学[*]

佛、法、僧三宝之一的僧人，是佛教寺院佛事活动和佛教传播的主要力量。一所佛教寺院，其佛学水平的高低，在佛教史上是否占有重要地位，是否属于重大宗教，具有社会影响，决定于其是否有高僧及高僧群体。

位于中岳嵩山北麓的大法王寺，建于东汉永平十四年（71），是中国第一所佛教寺院，已有近两千年历史。嵩山大法王寺不仅以其历史悠久闻名于世，更以其造就了近百位高僧而享誉佛教界，如东汉时期来华的印度高僧摄摩腾、竺法兰，中国佛教禅宗初祖、印度高僧达摩，中国佛教禅宗二祖慧可，唐两京法主、三代帝师神秀，神秀高徒普寂，日本来华僧人圆仁，元代曹洞宗高僧复庵圆照、月庵福海、玉峰妙鉴、汾溪福满，等等。笔者学识有限，仅就元代曹洞宗高僧提供一些资料，作一些说明，以期对嵩山大法王寺高僧研究有所裨益。

一　元代嵩山大法王寺曹洞宗高僧群体

元代，嵩山大法王寺以其华夏第一所佛教寺院，最古老的菩提道场，中国佛教禅宗初祖达摩来华后最早的禅修地，在佛教界的地位和影响，吸引了众多高僧应请前来主持或来此禅修，如复庵圆照、月庵福海、玉峰妙鉴、汾溪福满、嵩岩圆玉、法王觉亮、云嵩思维、关中林、天宁选、十方进、护国晖、崇孝晋、宝应海、普照杲、古岩诩、临淄潮、东山照、普照志、法王沼、崇孝贤、龙潭藏、太原和、燕山寿、燕山泰、天竺憨、丹霞

---

[*]　任学，平顶山市总工会"平顶山市工会志"编纂室执行主编。

进、护国圆、尼觉安等，均为一时翘楚。因这些高僧都属曹洞宗，故称为曹洞宗高僧群体。其中，尤以复庵圆照、月庵福海、玉峰妙鉴、汾溪福满最为著名。

复庵圆照（1206~1283），上党人，俗姓李氏。法名圆照，字寂然，号复庵。年十一，剃度于紫团山慈云寺，以乳峰和尚为师。十六岁受具足戒，遂游方参学，及主法席，讲《唯识论》《楞严》《圆觉》诸经。所居学者云集，即使耆年大德，没有不心悦诚服的。当时曹洞宗高僧万松行秀为北方佛教领军人物，号称当代龙门师。圆照闻名入万松行秀丈室修禅，三年后获行秀印可，有"曹洞正宗，方圆静照"之颂。与雪庭福裕、林泉从伦、华严至温同为万松行秀四大弟子。元乃马真后二年（1243），自京师万寿寺资戒大会开堂出世，先后主持德州天宁寺、齐河普照寺、鹊里崇孝寺、嵩山少林寺、嵩山大法王寺、大都万寿寺。晚年归隐普照寺，元世祖忽必烈至元二十年（1283）三月初六圆寂，世寿78岁，僧腊62年。万松行秀为金、元之际曹洞宗中兴之主，一代宗师，名贯古今，圆照为其四大弟子之一，其禅法修为自是不同凡响。所度弟子120人，得法者30人[1]，均为一时才俊、当代高僧。

月庵福海（1242~1309），绛州翼城人，俗姓杨氏。法名福海，字普耀，号月庵。年五岁时舍入香云寺为行童，礼玉诚大和尚为师。16岁受具足戒，遂游方参学，先后参伯达诚公、柏树子、嵩岩圆玉诸名德，最后在燕京（大都）万寿寺参学于复庵圆照，经三年受印可，授以衣颂，为圆照最著名弟子之一。至元十七年（1280）开演法席，主持嵩山大法王寺；至元二十三年（1286），奉世祖皇帝忽必烈诏令，主持汝州（今属平顶山市）香山十方大普门禅寺（第十代）；元成宗大德二年（1298）应请主持泰山灵岩寺；大德六年（1302年），受邀主持南阳丹霞寺；次年，复受命住持香山十方大普门禅寺，月余再受成宗皇帝诏令，主持金、元时期曹洞宗祖刹大都万寿寺。元武宗至大二年（1309）正月十四日圆寂，世寿68岁，僧腊52年。目前尚未见到福海的传世语录，其佛学水平和禅法修为高到什么程度，了解得还不够，但从其师复庵圆照推荐他首住嵩山大法王寺，世

---

[1] 据嵩山大法王寺现存《嵩山大法王寺第九代复庵和尚塔铭并序》碑。

祖皇帝、成宗皇帝先后诏令其住持大悲观音菩证道圣地汝州香山寺、金元曹洞宗祖刹大都万寿寺，说明他的佛学水平和禅法修为是相当高的，足以称誉当世。月庵福海在嵩山大法王寺、汝州香山寺度弟子一千多人，嗣法者20多人①，更有俗家弟子无数。月庵福海和同门师弟桂庵觉达（林泉从伦嗣法弟子、汝州香山寺第十一代住持），首建汝州香山十方大普门禅寺曹洞宗派，以洞山下十五世（万松行秀法嗣）林泉从伦禅师"从"（顺德府净土寺万松行秀演曹洞宗派第二世）字起演派16字："从政思惟，妙圆觉性，祖道兴隆，永远福庆"。并将其师林泉从伦、复庵圆照列为香山十方大普门禅寺曹洞宗派第一世，至今已传承700余年。

玉峰妙鉴（1224~1283），原籍许昌，法名妙鉴，玉峰为号。金天兴元年（1232），蒙古人入中原灭金，天下大乱，少年时期即于颍河之滨下四堡寺出家，礼宏慈为师。受具足戒后游方参学，遍访名师，又至泰山从琮公讲主学习医术，后参复庵圆照修习曹洞宗法，至元七年（1270）得复庵印可出世，首住许昌净土寺五年；后嵩山大法王寺请主之，为众开堂演法，学者悉受其义，其时兼领开元一宗都司录事②；至元十三年（1276）奉国师亦璘真法旨，主持汝州香山十方大普门禅寺。玉峰至香山寺时，常住荒芜，佛事活动和僧众日常生活供应不足，于是舍己资、募化补其不足，慰安僧众，向寺院耆宿询问山门新旧田产事，知为权豪侵占。于是，亲赴京师大都，向管理全国佛教事务的国师上书报告。元世祖忽必烈亲自召见，世祖见玉峰言语倜傥，作止有序，问答教乘事智辩明达，由此侍奉御奏，奉旨香山周围地土暨鲁山婆婆店、密县南朱报恩等处田产、碾磨悉归本寺。至元二十年（1283）十月十九日圆寂，世寿60岁，僧腊42年，有门徒50余人。现存资料不见妙鉴禅师说法语录，但从他主持嵩山大法王寺时兼领河南一路佛教僧官，由国师下旨命其住持汝州香山寺情况看，应是高僧中的佼佼者。尤其是元世祖忽必烈召见时，问答教乘事智辩明达，深得世祖忽必烈嘉许，也可窥其佛学和禅法之一斑。

---

① （清）张祖翼撰《金石萃编补正》卷三·元·二十至二十四《嵩山大法王禅寺第十二代月庵海公禅师道行之碑》，光绪二十年秋八月刊行。台湾新文丰公司1978年印行《石刻史料新编》第三辑第三十六册，第3525~3527页。
② （清）陆蓉、武亿主纂，嘉庆八年刊印《宝丰县志》卷十七，元《故玉峰大禅师之铭》。

汾溪福满（1251～1314），太原汾州西河人，俗姓何氏。法名福满，号汾溪。少年时即由父母送孝义梁家庄观音院出家，礼照公为师。至元十三年（1276）受具足戒。遂负笈遍访名山，诵十万一二三乘之妙义，圆融内外，洞达真筌；演《华严》之秘典，名动多方；开《起信》之洪宗，道高当代；旁求周孔之书，无幽不达；广博道家之说，皆穷至于子史九流，无不通贯。遂参磁州大明寺堂头和尚理公，再谒万寿东川让公，告香入室，勘辨印可。镇阳大会虚席，受请住持；继为众僧推举，住持大都万寿寺，是万松行秀三传弟子中最早住持大都万寿寺的高僧，并受世祖皇帝诏令，任"诸路释教都总统"，获"佛慧普通慈济大禅师"号。大德七年（1303），受请主持汝州香山十方大普门禅寺（第十二代住持）；至大二年（1309），应请主持嵩山大法王寺。延祐元年（1314）三月二十七日圆寂，世寿64岁，僧腊37年，有徒80余人。汾溪福满虽然是万松行秀三传弟子，嵩山大法王寺延祐元年八月立的《宣授诸路释教都总统佛慧普通慈济大禅师汾溪满公道行碑》[①]，列其修习佛学、禅法记载颇为详细，道行高迈，堪称一代宗师。

　　上列四位高僧，复庵圆照为万松行秀亲传弟子，月庵福海、玉峰妙鉴为复庵圆照亲炙弟子，万松行秀法孙，汾溪福满为万松行秀三传弟子，均为一脉相传的曹洞宗。4人先后受高僧推荐或众僧推举出任嵩山大法王寺住持；复庵圆照、月庵福海、汾溪福满先后主持大都万寿寺；月庵福海两次受皇帝诏令，先后主持汝州香山寺、大都万寿寺；玉峰妙鉴受国师亦璘真法旨主持汝州香山寺；汾溪福满主持大都万寿寺时，成宗皇帝下诏任其为"诸路释教都总统"，并获封"佛慧普通慈济大禅师"号。可以说，在元代高僧中，复庵圆照等人是出类拔萃的，在嵩山大法王寺历史上，包括佛教史上，都是具有重大影响的人物。

二　元代嵩山大法王寺住持制度与曹洞宗高僧

　　元代嵩山大法王寺历代住持，多由复庵圆照法系高僧担任，始终保持

---

① （清）张祖翼撰《金石萃编补正》卷三·元·十四至十九《宣授诸路释教都总统佛慧普通慈济大禅师汾溪满公道行碑》，光绪二十年秋八月刊印。台湾新文丰公司1978年印行《石刻史料新编》第三辑第三十六册，第3522～3525页。

了高水平的佛学、禅法素养，德行高迈，这与嵩山大法王寺当时实行的住持制度密切相关。住持制度，是唐代禅宗高僧百丈怀海制定的禅宗寺院管理制度之一。至元代，禅宗寺院管理制度有了很大发展变化，住持制度成为一项重要的人事制度，并在寺院管理中发挥着越来越重要的作用。

住持制度关键在选贤。宋代，各禅宗寺院普遍实行选贤制，即寺院住持从十方名德中产生。宋代以后，有的寺院建立了寺院宗派，按照法系依次传承，称为子孙丛林或子孙院。有些子孙丛林也实行选贤制，即在本寺院法系范围内选贤，和十方丛林制度相比，这种选贤范围要小得多。元代的嵩山大法王寺为十方丛林，实行从十方名德选择住持的制度。选择的方式、途径主要有：一是前住持提名，寺院具疏邀请；二是本寺院僧众推举，寺院具疏邀请；三是由两序职事僧邀请，本宗派各大寺院有名望的住持和高僧共同商议推荐，本寺院具疏邀请；四是地方高级僧官提名，本寺院具疏邀请；五是国师下旨任命；六是皇帝下诏任命。这六种住持选任制度，常见的是前四种，往往是四种方式的综合，国师直接下旨任命比较少见，皇帝下诏书任命的更是少之又少。据现存《元法王寺请玉公长老疏》[①]，可见元代嵩山大法王寺疏请住持的基本内容和方式，现将《疏》文转录如下：

  皇帝圣旨里

   国师下

    宣授诸路释教都总统

     劝请

    嵩岩玉公长老住持河南府嵩山大法王禅寺为

    国焚修祝延

    圣寿无疆者

  伏以法王大刹，自古名蓝，居中岳之中阙，主中之中，非人心力，诸圣安排。伏惟玉公长老，磊磊落落，巍巍堂堂，得言句之总

---

① （清）张祖翼撰《金石萃编补正》卷三·元·十至十一《元法王寺请玉公长老疏》，光绪二十年秋八月刊印。台湾新文丰公司1978年印行《石刻史料新编》第三辑第三十六册，第3520~3521页。

持,为丛林之模范,孤当惟论,半肯举扬,无故全提,跳出门里门外。草慢慢,肯向声前声后浮逼逼;玉峰峰下拈一炷香,嵩岩岩前祝万年寿。

谨疏!

至元十五年(1278)八月　日　疏(宣授总统诸路释教印)

这篇《疏》文是嵩山大法王寺僧众邀请汝州香山寺卸任住持嵩岩圆玉长老担任住持的正式文件,以国家佛教事务管理机构高级僧官"宣授诸路释教都总统"名义签发。从《疏》文可知,对佛教寺院选任住持,皇帝颁布圣旨作过具体规定,各佛教寺院选任住持,都要依照皇帝圣旨规定办事。在国师的领导下,以佛教最高僧官"诸路释教都总统"名义,劝请某某名德高僧出任某府某州某县某寺院住持,为国家祈祷祝皇帝万寿无疆。介绍拟任寺院基本情况,拟任住持的佛学修养、人格品行、领导能力等,认为其是最合适的住持人选,特此具疏邀请。《疏》文末行署年月日,加盖"宣授总统诸路释教印"。然后是寺院迎请新任住持,新任住持开堂说法,设茶汤,进行小参,留请两序职事僧,报谢宾客,交接前任住持所留账物簿册等。以上是元代嵩山大法王寺邀请十方名德高僧担任住持的程序和内容,其中最关键的一环是如何选人。而选人的方式一般是僧众和同门寺院住持、高僧及地方僧官共同商议、共同选择、共同决定,这一选择方式对寺院邀请到名副其实的高僧起到了制度保证作用。

嵩山大法王寺从十方丛林疏请名德高僧担任住持,据现存《嵩山大法王寺第九代复庵和尚塔铭并序》《嵩山大法王禅寺第十二代月庵海公禅师道行之碑》《宣授诸路释教都总统佛慧普通慈济大禅师汾溪满公道行碑》等碑刻资料记载,这些名德高僧主要来自以下寺院:大都万寿寺、顺德天宁寺、山东灵岩寺、鹊里崇孝寺、邢州净土寺、青州普照寺、汝州香山寺、南阳丹霞寺、嵩山少林寺、裕州大乘寺、洛阳天庆寺、洛阳龙门宝应寺、上都华严寺、山东龙泉寺、中山乾明寺,(以下有寺名无地名)十方寺、松云寺、护国寺、古岩寺、龙潭寺、藏云寺,(以下有地名无寺名)关中、临淄、东山、太原、燕山等地。据不完全统计,至少有26所大中型寺院。这些寺院遍布河南、河北、山东、山西、陕西、北京等北方广大地区。这些，从地域上为曹洞宗僧人提供了广阔的舞台和活动空间。

  这里所说从十方寺院聘请来的僧人在佛学和禅法修为上普遍高，涉及十方丛林僧人的培养机制。十方丛林僧人剃度后，除了一个入门老师，受具足戒后都是以游方参学为务，遍访名师，参究学问，直到开悟，受其师印可，方能出世开堂演法。如果在所参老师处不能开悟，立即寻访另一位高僧。这些高僧无论在佛学或禅法修为上，都是颇有造诣、各有特点的，无论能否在某一高僧处开悟，在佛学和禅法修为上或高或低都能再上一个新台阶。这样，一个一个名师参访下去，足以造就一个高僧。子孙丛林僧人虽然也游方参学，仍以本寺院老师为主，博采众学上有欠缺，也有可能造就一个高僧，但和十方丛林僧人的培养机制相比，还是有差距的。

  由于禅宗的历史演变发展，元代的政治、宗教形势，形成了曹洞宗占据北方的统治地位，从而为曹洞宗僧人发展提供了一个广阔的天地。大法王寺以其位于中国佛教禅宗发源地嵩山，历史上禅宗高僧禅修地，吸引曹洞宗僧人晋住禅修，成为曹洞宗重镇，一方大刹名刹。十方丛林的特点是开放，比较有活力；子孙丛林的特点是封闭，比较保守。元代嵩山大法王寺实行十方丛林制度，对寺院形成并存在一个曹洞宗高僧群体，保持比较高水平的佛学和禅法，确立、维护寺院在佛教界的地位，具有重要价值和意义。

嵩山大法王寺第九代住持复庵圆照史事考

崔 波*

嵩山大法王寺第九代主持复庵圆照（1206~1283），在元初中原佛教史上，是一个重要人物，对于少林寺的中兴亦起过重要的作用。著名佛教考古专家温玉成就说道："蒙元初年，万松行秀的三位大弟子先后作了少林寺住持。他们是乳峰德仁（1197~1266）、雪庭福裕（1203~1275）和复庵圆照（1206~1283），从而奠定了少林寺'中兴'的基础。"① 但考察诸书记载，均甚简略，或语焉不详。如徐长青先生在其《少林历史与文化》一书中曾说道："万松行秀另一弟子圆照寂然（复庵）也住持过少林寺，但时间不详"②。著名嵩山学者吕宏军先生在其《嵩山少林寺》一书中亦说道："复庵为乳峰德仁嗣法弟子，立于塔林的《少林寺第四代住持复庵和尚碑》称其为第四代。金末少林寺住持的顺序为教亨、志隆、铸公、性英和乳峰，其为第四代，可能是继曹洞名师志隆之后的第四代……复庵在少林寺任主持时间很短，大致在乳峰之后。"③

雪庭福裕和复庵圆照基本是同时期人，同为万松弟子，对少林寺的中兴和中原佛教的发展，都作出过重大的贡献。故依照相关的碑文和记载，对有些模糊不清的史事加以考证。

复庵圆照俗姓李氏，法号圆照，字寂然，号复庵。元代潞州上党（今山西长治）人，年十一，送之紫团山慈云寺，从乳峰和尚为师。而在《少林乳峰仁公禅师塔志铭》中记载，乳峰"自童角弃家从佛，师事州之紫团

---

* 崔波，郑州大学图书馆馆长、研究馆员。
① 温玉成：《少林寺历史概述》，《中国佛教与考古》，宗教文化出版社，2009，第167页。
② 徐长青：《少林历史与文化》。
③ 吕宏军：《嵩山少林寺》，河南人民出版社，2002，第516~517页。

山慈云院僧道荣"。故圆照于其师傅乳峰为同乡,且同在一个寺院出家为僧。

"十六,登坛受具。遂游山东……学于璨、达二坛主。研精覃思,积十年数之久,乃主法席,讲微识论、楞严、圆觉诸经。"① 其在山东参学璨、达二坛主,时间长达十数年,是其成长的重要阶段。但现在对璨、达二坛主的情况一无所知。估计所学亦应为唯识、楞严、圆觉诸经。

年方十六的复庵此时何以来到山东?除佛教因缘外,此时的山东东平一带由投降蒙古帝国的豪强严实占据,原来处于蒙古、金和南宋交错地带的山东,处于相对稳定的状态。此后严实父子实际统治山东东平一带达五十年,各州县皆造战乱,唯严氏治下之东平社会相对稳定。故四方民众多赴东平,文人、曲家及散乐艺人亦多来聚,严氏亦竭力网罗人才。此时泰山周边各地多在严氏控制之下。随着年龄和识见的增长,复庵除佛学修持外,主要的活动就是争取山东一带军政首脑对佛教的支持。其塔铭所言:"中书右丞严公,镇国上将军、德州总管刘侯,及其子奉国上将军、淮西道宣慰使复亨,其孙中奉大夫、荆湖宣慰使泽,皆杰魁人也。为师护法始终……余四十年。"中书右丞严公,即为其塔铭书额的"资德大夫中书右丞严忠济"。而严氏家族,为山东豪族。严仲济(? ~1293)能辞善曲,其《天净沙》谓:"宁可少活十年,休得一日无权。大丈夫时乖命蹇。有朝一日天随人愿,赛田文养客三千!"可谓当时活泼泼的生动写照,亦是严氏家族被忽必烈削夺实权后的无奈叹息。而严仲济之父严实,曾为世侯,为山东一带的军政首脑,权倾一时。严氏父子曾手握重兵,且"东平严公喜接寒素,士有不远千里来见者"②。一代名士元好问也常去东平,与严氏父子及其幕僚交往频繁。为复庵撰写塔铭的"翰林学士太中大夫知制诰同修国史阎复",曾受业于严实开办的东平府学,号称当时"四杰"之一。而"镇国上将军、德州总管刘侯"即指刘通,字仲达,东平齐河人。初从严实归元,后屡立战功,晋为齐河总管,寻授镇国上将军、左副都元帅、济南知府、德州总管等职。其子复亨袭父军职,曾征日本,授奉国上

---

① 法王寺存碑《嵩山大法王寺禅寺第九代复庵和尚塔铭并序》,以下标塔铭者俱出于此。
② 元好问:《杨君神道碑》,《乾县志》,陕西人民出版社,2003,第750页。

将军、淮西道宣慰使都元帅。

严氏家族及刘氏家族,都是山东东平的世家大族,是十分显赫的人物。复庵圆照在山东弘法,得到实力派的极力支持,故成就突出。在山东先后主持德州天宁寺、齐河普照寺(碑文中的刘侯,即刘通大力支持的寺院)、鹊里孝严寺(起初当为严氏家族的家寺)。

除取得这些豪家大族的支持外,据塔铭记载,与一代名士大金杨礼部仲明,杜处士仲梁,咸以文章道艺缔交。杨仲明,生平事迹不详。而杜仲梁(约1201~1283后),原名杜之元,字善夫;后改名仁杰,更字仲梁,号止轩。山东长清人。金末元初著名散曲家,与元好问相友善。《录鬼簿》把他列入"前辈已死名公"。杜仁杰在山东亦为地方实力派严氏集团重要幕僚人物。

复庵在山东多年,"研精覃思,积十年数之久"。此后"乃主法席,讲微识论、楞严、圆觉诸经。所居学者云集,虽耆年宿德,靡不悦服"。但复庵仍精进不辍,参访万松行秀,行秀称其为"当代龙门师"。且"一入丈室,甚器重之。服膺三年,即蒙印可,有'曹洞正宗,方圆静照'之颂"①。

此后,复庵先后主持德州之天宁,齐河之普照,鹊里之崇孝,嵩山之少林、法王。但复庵在这些寺院的时间和具体作为,现在已经不甚清楚。只能根据有限的资料,稍作勾勒。特别是其在少林寺和法王寺的时间,根据有关资料和碑文,作些介绍。

吕宏军先生认为,乳峰主持少林寺的时间"大致是蒙古太宗七年(1235)至乃真马后二年(1243)","复庵在少林寺任住持的时间很短,大致在乳峰之后,时间约为乃马真后三年(1244)左右"②。

而温玉成先生认为:约1239~1248年的九年间,德仁主持少林寺。刚来的时候,他看到长年战乱,少林寺殿宇崩毁十之七八,便竭诚修复殿宇;又种树种竹,绿化周围;整理庄园田产,恢复生产。几年的时间,使少林寺旧貌换新颜。1249年,万松老人派雪庭福裕主持少林寺,德仁便回

---

① 法王寺存碑《嵩山大法王寺禅寺第九代复庵和尚塔铭并序》。
② 吕宏军:《嵩山少林寺》,河南人民出版社,2002,第516~517页。

南宫养闲，究析古贤道义。不久，奉诏主持燕京大万寿寺，得赐"正宗兴教大禅师"之号。德仁去世时（1266），弟子复庵圆照是少林寺的"书记"（操持文笔，相当于文书），后来做了少林寺住持。①

那么，复庵圆照主持少林寺具体是什么时间呢？在《正宗弘法大师大名僧录庆公功行之碑》中，有这样的文字记载："己未（宪宗九年，1259），少林乳峰闻其名（指庆公），招为侍僧，壬戌（中统三年，1262），雪庭复命——甲子（至元元年，1264）秋还少林时，复庵在，顾遇甚厚。乙丑（至元二年，1265），嵩少有御寇之扰，即殄法王，因亦芜废。雪庭请复庵兼住其寺而经理之。以师供副寺职，同四知事，辱举灵源代之。丁卯（至元四年，1267），足庵住少林，迁十州提领。——丁丑（至元十四年，1277）春，万卦、复庵二老相与言。"②

这样就有一个十分明确的信息，那就是复庵至少在1264～1265年期间，曾主持少林寺，并于1265年兼任法王寺住持。

那么复庵开始主持少林寺的具体时间是哪一年呢？诸书均没有详细的记载，唯在复庵的一个嗣法弟子嵩岩圆玉道行碑中有明确的记载。"未几，照退齐河，归东平鹊里崇孝，应严侯之命。公（嵩岩）以大事未决，复往依之。朝参暮请，又仅十载。中统三年（1262），照受少林之请，公亦从之。既至，委重权，领寺事。……由是，以衣颂而付之……命就少林开法，次迁宝应，又居法王及汝南香山。"③ 由此可知，复庵开始主持少林寺的时间是1262年。

而此前按照复庵是少林寺第四代住持算来，乳峰德仁后，则当还有一位住持，即少林寺第三代住持。有关少林寺诸书原均不详其人，据叶德荣先生在其《宗统与法统：以嵩山少林寺为中心》一书中考证，少林寺第三代住持为乳峰的弟子圆明，是乳峰德仁的宗子、复庵圆照的宗兄。时间是1257～1262年。这样就和复庵接替少林寺主持的时间正好衔接起来。

---

① 温玉成：《少林史话》，金城出版社，2009，第126页。
② 汤燕：《少林寺庆功功行碑考释》，白化文主编《周绍良先生纪念文集》，北京图书馆出版社，2006，第374～376页。
③ 汝州香山嵩岩玉公长老道行碑，嘉庆《宝丰县志》卷十七·金石。

而复庵从少林寺去职及足庵净肃接替住持又是哪一年呢？

叶德荣先生是研究少林寺的著名学者，其在《宗统与法统——以嵩山少林寺为中心》一书中考定的复庵圆照主持少林寺的时间是1262～1265年，其接替者净肃主持少林寺的时间是1265～1273年①。

据《正宗弘法大师大名僧录庆公功行之碑》载："丁卯（至元四年，1267），足庵住少林，迁十州提领。"②这样就很明确地知道，足庵净肃至少在1267年是少林寺的住持。又《灵岩足庵肃公禅师道行碑》载："当是时，嵩少阙人，就命开法于万寿之堂。越明年，宣授河南府僧尼都提领，居九祀，革故鼎新，未尝少息。"也即在净肃受"河南府僧尼都提领"的上一年，开始主持少林寺。而在少林寺元延祐元年（1314）所立《元圣旨碑》明确记载净肃受"河南西路十州提领"的时间，为"龙儿年正月二十五日青山儿里有的时分写来"。这样就可确定，足庵净肃开始主持少林寺的时间是1267年。

由此可知，复庵圆照接替其宗兄圆明主持少林寺共计五年，时间是1262～1267年，比叶德荣先生的考证多出二年。

复庵于1265年兼任法王寺住持，至1267年则专任此职。直到元至元十一年（1276），主持大都万寿寺。这期间共计十个年头，主要是在法王寺度过的。

晚年的复庵主持大都万寿寺数年。据《嵩山大法王寺禅寺第九代复庵和尚塔铭并序》："京师万寿，本宗禅刹也，师晚年居之。以寺之恒产为前人所废，力为兴复，敝者新之，质者还之，坠者举之。居数岁。"又《十方大灵岩禅寺第三十二代普耀月庵海公禅师道行碑并序》载："至元丙子，闻复庵受大都万寿寺疏，遂北上入复庵室以师。"碑文说明复庵到大万寿寺的时间是至元丙子（1276）。复庵嗣法为桂庵觉达。觉达为河南尉氏人，最初出家拜洛阳宝应寺的嵩岩圆玉为师，后成为著名高僧。灵岩寺之净肃道行碑、就公禅师道行碑、月庵海公禅师道行碑等，均为觉达撰文或劝募或书丹。

---

① 叶德荣：《宗统与法统——以嵩山少林寺为中心》，广东人民出版社，2010，第298页。
② 汤燕：《少林寺庆功功行碑考释》，白化文主编《周绍良先生纪念文集》，北京图书馆出版社，2006，第374～376页。

复庵最后的岁月则是返回了年轻时主持过的山东齐河普照寺，时间大致是1280~1283年，并圆寂于此。

而法王寺住持的顺序，则是复庵圆照、嵩岩圆玉、觉亮、月庵福海。

复庵出家剃度师为乳峰德仁，其同宗师兄弟的情况，据现查到的资料，有宗兄圆明，是少林寺第三代住持。有宗弟圆敏，曾做过洛阳龙门奉先寺的首座。

在以往绝大多数少林寺史志文章中，对复庵圆照的生平多有误解。盖多误读《少林乳峰仁公禅师塔志铭》所致，《少林乳峰仁公禅师塔志铭》载，乳峰德仁圆寂于至元三年，"嗣祖者一人，曰圆照。圆明偕照书记，自少林以币走东原，以方仲矩，求铭勒石"。故温玉成先生解之为"德仁去世时（1266），弟子复庵圆照是少林寺的'书记'，后来做了少林寺主持"[①]。《嵩山少林寺石刻艺术大全》所收碑文，更是点读为"嗣祖者一人，曰圆照，圆明偕照书记。自少林以弊，走东原入方仲矩，求铭勒石"[②]。此处"书记"之意，盖当书写传主行实，书写传主生平大概之意。而非当今"书记"之意也。由此误解始，对于元初少林寺住持的更迭顺序产生了更多的错误。

复庵在金末元初的高僧中，志行卓然，力学无倦，有其师乳峰的风范。在少林乳峰塔铭中，有赞乳峰"面目冷峻，不矜名誉，不贪渎货赂，不趋炎附势"的赞词。而复庵塔铭中则称复庵："以为佛理不可以不明也，故讲经以明义；佛性不可以不悟也，故参禅以悟性；行道不可以不广也，故随缘以应物；应物不可以忘返也，故言归以逸老。""岂非丛林之孤凤，法海之玄珠乎。……可以方驾木庵英公，龙兴汴公。至于内典咏洽，深入壶奥，则师真积之力为胜。"

1985年，山西五台山管理局文物处在显通寺铜塔内发现金字《华严经》十六轶，每轶五册，其中第一轶多出一册，为《复庵和尚华严纶贯》一册。即是指导阅读此经的提纲。此经抄写于明代万历年间，故有人著文认为复庵当是万历时人。其实，此册著作极有可能就是本文所述

---

① 温玉成：《少林史话》，金城出版社，2009，第126页。
② 王雪宝：《嵩山少林寺石刻艺术大全》，光明日报出版社，2004，第288页。

复庵圆照所为。有可能万历时抄写此经时，复庵这本著作对读《华严经》有重要的指导意义，故一并抄写置于卷首，说明此书已经流传较长时期。

复庵富有文才，儒释兼通。除可能有讲经著作外，在泰山灵岩寺后土殿东有诗碑，存有复庵圆照两首诗词并序。其一为："中统二年六月旦日，重游方山，少林复庵圆照敬题。再到灵岩古道场，俨然乔木蔽云房。十分山色四时好，一味松风六月凉。老树挂藤侵石壁，落花随水入池塘。主人乞与禅床卧，梦里如闻天上香。"其二为："复庵老衲游山漫兴，谨赋拙偈。至元十八年清明后十日题。年来乘兴一闲游，直拟寻山山尽头。之字水从斜涧出，羊肠路到断崖休。古藤依倚岩前树，老木侵欹涧下流。啼鸟催归日将暮，林阴扑翠湿衣裘。"两首诗上石时间为"至元三十一年孟冬下旬三日，桂庵野纳觉达立石。锦川夏中兴刊。"[①]

复庵在山东、河南及京师传教多年，僧腊62年，先后主持大万寿寺、少林寺、法王寺等众多寺院。嗣法弟子众多，在塔铭碑后，刻有《复庵宗派》，其中嗣法弟子三十二人。重要的有：关中林禅师、天宁选禅师、十方进禅师、法王晖禅师、灵岩复禅师、松云德禅师、护国圆禅师、崇孝普禅师、净土坚禅师、宝应海禅师、普照杲禅师、古岩诩禅师、嵩岩玉禅师、香山鉴禅师、临淄潮禅师、东山昭禅师、普照志禅师、法王沼禅师、崇孝智禅师、香山海禅师、龙潭藏禅师、太原和禅师、法王亮禅师等。

其中的关中林禅师、十方进禅师、法王晖禅师、灵岩复禅师、护国圆禅师、崇孝普禅师、净土坚禅师、宝应海禅师八人，列于青原下第二十四世法王照法嗣之下，且在《续指月录》中有此八人的语录。只是在《五灯会元》及《续指月录》中，均把净土坚禅师，作"净土里禅师"，不知何据，据碑文应误。

在这些众多法嗣中，事迹多亦不可考。唯香山海禅师，即主持法王寺的第十代住持月庵福海。法王亮禅师，即接替复庵任法王寺住持的觉亮，也即在法王寺为复庵立石的"香山主持嗣法小师福海，法王主持嗣法小师觉亮"。嵩岩玉禅师，即洛阳宝应寺嵩岩，法号圆玉，号嵩岩。河北南宫

[①] 孟昭水校点集注《岱览校点集注（下篇）》，泰山出版社，2007，第689页。

县岳家寨人，原姓刘。中统三年（1262），复庵圆照主持少林寺，嵩岩亦随之到少林寺，领寺事，最后得圆照衣颂，开坛讲法少林。关中林禅师，颇疑即其后主持少林寺的中林智泰，因中林智泰曾到山东鹊里孝严寺参访复庵，依之数年，此后又到少林参访乳峰德仁，又到大万寿寺参访雪庭福裕，最后接文泰主持少林寺。

附录一　复庵和尚塔铭（篆额）

嵩山大法王寺禅寺第九代复庵和尚塔铭并序
翰林学士太中大夫知制诰同修国史阎复撰
资德大夫中书右丞严忠济撰额
嵩山大法王寺主持传法嗣祖觉亮书丹

师讳圆照，字寂然，姓李氏，复庵自号也。其先上党人，幼颖悟，不嗜荤茹，父母异之，谓宿有善缘。年十一，送之紫团山慈云寺，从乳峰和尚侍巾拂。十六，登坛受具。遂游山东，传义（此字漫漶不清）学于璨、达二坛主。研精覃思，积十年数之久，乃主法席，讲微识论、楞严、圆觉诸经。所居学者云集，虽耆年宿德，靡不悦服。时万松老师主盟宗教，权衡人物，号称当代龙门师。一入丈室，甚器重之。服膺三年，即蒙印可，有"曹洞正宗，方圆静照"之颂。

皇朝癸卯岁（1243），集诸路僧，建资戒大会于京师万寿寺。自此开堂出世，住德州之天宁，齐河之普照，鹊里之崇孝，嵩山之少林、法王。诸方礼聘，殆无虚岁。金季杨礼部仲明，杜处士仲梁，风节蔼然，一代名士也。咸以文章道艺缔交于师。中书右丞严公[①]，镇国上将军、德州总管刘侯[②]，及其子奉国上将军、淮西道宣慰使复亨[③]，其孙中奉大夫、荆湖宣慰使泽，皆杰魁人也。为师护法始终，寅奉馀四十年，其道业尊严，从可知矣。京师万寿，本宗禅刹也，师晚年居之。以寺之恒产为前人所废，力为兴复，敝者新之，质者还之，坠者举之。居数岁，仓廪有储，府库有

---

① 即严实，《元史》有传。
② 刘侯，即刘通，字仲达，东平齐河人。
③ 刘复亨（？~1283），元代将领。齐河县人。德州等处二万户军民总管刘通公之子。曾远征日本，晋镇国上将军、淮西道宣慰使、都元帅。官至奉国上将军而卒。

积。寺业即完，以年当谢事，将求归宿之地。追惟普照故居，奉国刘侯无恙时，施田百五十亩，足供斋厨之费。于是杖锡南来，燕处凡四载，以至元癸未三月六日示寂。寿七十八，僧腊六十二。

师平生志行卓然，力学无倦，以为佛理不可以不明也，故讲经以明义；佛性不可以不悟也，故参禅以悟性；行道不可以不广也，故随缘以应物；应物不可以忘返也，故言归以逸老。变通不失其宜，动静不失其时。岂非丛林之孤凤，法海之玄珠乎。若夫耽嗜儒素，游艺辞翰，高风逸韵，论者谓，可以方驾木庵英公，龙兴汴公。至于内典咏冶，深入壶奥，则师真积之力为胜。所度弟子至百人，嗣法者三十。振厉宗风，有若泰山灵岩复公；文行超卓，有若上都华严叔仁，其他升堂演法，皆至纲领一方。

师之葬也，士庶倾城来会。临座，有鹤百数，盘旋其上，观者无不叹息。明年叔仁状师之行，致书于复，请为塔铭。复自弱冠，熟师之名。且叔仁乎，方外友也，义不可辞，既诺其请。尘冗相夺，因循积年，铭成。一付叔仁，一付普照，一付法王上石。

其辞曰：如来灭度，化行千载。孰教孰禅，孰分内外。万法川流，同归渤澥。万松一枝，曹溪正派。虎啸禅林，鹏搏觉海。儒释并行，不相留碍。度六十腊，跨三千界。玄鹤舞空，白云归岱。性复一真，体还四大。是塔何有，须弥纳芥。是铭何有，虚空绘彩。沧海尘飞，昆明劫坏。觉海圆融，寂然自在。

元贞二年七月自恣日，香山主持嗣法小师福海，法王主持嗣法小师觉亮，提点僧小师觉定，监寺僧小师觉成同立石。洛阳刘庭秀刊。龙门奉先首座弟圆敏助缘，山门知事，首座明昌，维那明智，书记思言，副寺信妙，典座海福、直岁、智山、了撒。修造提典僧小师觉旨。

复庵宗派（在塔铭背面）

嗣　　法

关中林禅师、天宁选禅师、十方进禅师、法王晖禅师[①]、灵岩复禅

[①] 法王晖禅师，在法王寺未见到有关记载，颇疑即山东徂徕山光华禅寺之晖禅师。详情待考。

师、松云德禅师、护国圆禅师、崇孝普禅师、净土坚禅师、宝应海禅师、普照杲禅师、古岩诩禅师、嵩岩玉禅师、香山鉴禅师、临淄潮禅师、东山昭禅师、普照志禅师、法王沼禅师、崇孝智禅师、香山海禅师、龙潭藏禅师、太原和禅师、法王亮禅师、燕山□泰禅师、尼觉安禅师、龙渊石居士、南宫左居士、历山□居士、□□□居士、□□□□□、丹□□禅师

师门弟子

觉正、觉道、觉和、觉如、觉东、觉海、觉□（性）、觉□、觉挺、觉云、觉荣、觉洪、觉本、觉范、觉光、觉用、觉□、觉俊、觉定、觉善、觉林、觉添、觉印、觉然、觉锁、觉志、觉成、觉□、觉□、觉□、觉便、觉聪、觉住、觉□、觉宗、觉通、觉超、觉忠、觉瑞、觉□、觉月、觉应、觉庆、觉善、李菩萨、觉海、觉□、觉因、觉望、觉愿

尼小师觉悟、觉明、觉玉、觉妙、觉安、觉祥、觉澄、觉全、觉秀

师孙

了清、了晋、了光、了□、了□、了用、了春、了□、了真、了□、了通、了阎、了宣、了□、了□、了泥、了澈、了□、了□、了容、了□、了□、了顺、了文、了奉、了万、了空、了忍、了慧

重孙①

义高、义泉

附录二 复庵和尚塔铭（篆额）②

少林寺禅寺第四代住持复庵和尚碑铭

少林禅寺嗣祖传法住持沙门永达撰，本寺书记普顺书。

详夫静以虚其应，动以利于物。有时万重山里转大法轮，有时十字街

---

① 重孙辈分，根据福裕所定少林寺宗派，应是"本"字辈，不知何以是"义"。
② 此碑存少林寺，是关于元初少林寺史事的一篇重要碑文。从碑刻立石曲折过程，到碑文的欲言又止，足以让人体察元初少林寺佛教传承的微妙之处。此碑嵩山数种史志均有转录，惜误文漏字甚多，标点亦不甚准确。此次对照原碑重新过录，并重新进行了标点。原碑碑阴有"复庵宗派"，叶德荣先生《宗统与法统——以嵩山少林寺为中心》一书有转录，此次未能获得拓片或照片核对，故只能待以后补充考证。

头壁立千仞。拽转今人鼻孔，坐断化佛舌头。取舍何心，兴夺有则。以大事为己任，视利禄若浮云。委寿夭于毫端，致生灭于度外者。予于复庵老师而见之矣。

师讳圆照，字寂然，复庵其号也。其先上党李氏之子，童年颖异，父母许出□①，遂礼紫团山慈云寺乳峰和尚为师。巾瓶累年，不辞寒暑。年至十六，登坛受具足戒。迤杖锡观方，研穷教典，偶山东□②、达二坛主，见而异之，依止数年。唯识、大论、楞严、圆觉，目击道存。乃主法席，学者云屯。次闻万松老师道价轩昂，只钵单瓶，直造室中。服懃数年，遂蒙印可。

明年癸卯岁，奉朝廷集诸路龙象于京师大万寿寺，建制普度资戒大会，众命出世。既而德州天宁、齐河普照、鹊里崇孝，嵩山少林、法王，专使继踵命住持事，前后数十余年，曾无懈倦。旧者新之，碎者完之，不令而偃草之风，不化而归源之水，寺风益盛，学者云臻。当时，杨礼部、中书右承东平严公、德州刘侯、齐河刘侯、皆与师方外友也。名公硕德，寅昏承侍，不可尽举。一日，大都万寿寺虚席，众命主之，师忻然从诺。一居数载，其间，兴坠起替，举废扶倾，纲领昭然，门庭大振。暮③年退居于齐河之旧隐，经营院务，不数年间，颇就大概。

迨至元癸未三月初，示有微疾，至初六日怡然而逝。俗寿七十八，僧腊六十三。嗣法小师二十余人，落发门人一百余人。

门人觉善，乃汝洲梁县东庄保斜桥村人氏，不舍法乳之恩，欲铭师行实于少林，不果如愿，亦去世矣。伊之俗弟郭二、俗侄郭伯亨，状师行政，不远数百里，躬诣祖庭丈室，谒予求铭。予谓，复庵老师素非等列，岂可以文字语言而能发扬老师之万一耶？正如以管窥天，以瓢酌海。辞至于再，不获已。乃为之铭曰：

开大解脱门，居大解脱位。若真知有人，无物堪为累。果佛祖之命脉，人天之机智。逆行而顺化，扬真而掩④伪。唯我复庵师，出伦而拔萃。

---

① 此字漫漶，或当"家"字。
② 此字漫漶，或当"栾"，法王寺碑作"璨"。
③ 暮，原碑文作"莫"，二字相通。
④ 掩，此字漫漶，颇疑或当"揭"。

于世出世间，忘他亦忘自。童年弃俗居，不与同徒类。度水而穿云，遍历诸讲肆。复扣万松轩，平生方□地。双眼既圆明，爪牙皆具备。数处狻猊筵，诸方龙众器。拨草瞻风者，接踵而联辔。得皮得髓者，自利而兼利。一月印千江，光光体无二。百川归一海，源源本一致。海墨书功名，难穷其一字。河沙数行实，难尽其一义。愿我身为碑，广行师法施。愿我舌为铭，广勒师实志。怡然而告寂，示有□终事。少室竖丰碑，今古应无坠。

助缘僧提点智资。

时大元大德岁次丁未正月□日，维那妙委，监寺智同、智辛，提点智明、智进，洛京刘庭秀刊。

宣授祖庭大少林禅寺嗣祖传法主持沙门永达，□提夅惠山，门人觉善同孙郭子元立石。

唐代嵩山大法王寺与高僧元珪禅师

释门森[*]

唐代是法王寺非常鼎盛的一个时期，这从唐代的营建情况、石刻艺术、高僧大德中可见一斑，而高僧元珪在法王寺讲经期间对佛教教义、禅理的阐释，可以说对禅宗的发展起到了重要作用。

一 唐代的法王寺

（一）从唐代的营建看法王寺

唐代法王寺的史料不是太多，不过实物资料还是比较多的，从现存的史料及实物中，可以透视出唐代法王寺的盛况。

据明傅梅《嵩书》载：唐太宗贞观三年（629年），敕补佛像，赐田庄以安禅僧，并更名功德寺。玄宗开元十八年（730年），因置御容于寺中，更名御容寺。代宗大历元年（756年）重修，更名为文殊师利广德法王寺。从这些记载可知，在唐贞观三年（629年），太宗李世民曾亲自敕命为法王寺绘制佛像，并特赐田庄以安禅僧。唐代是佛教非常兴盛的时期，寺院、兰若众多，而在这众多寺院中，唐太宗下令为法王寺绘佛像，并赐田庄以安僧，足见李世民对法王寺修建的重视。玄宗时置御容于寺，代宗又大修，也说明了唐帝室对法王寺的重视。

唐代法王寺的兴盛，从法王寺所存的建筑实物中也可证实。法王寺现存有三座单檐式唐塔，虽三塔的铭文已经遗失，但从其造型及对其一地宫的考古发掘可以证实这三座古塔为唐塔。三塔高大挺拔，结构严谨，尤其

---

[*] 释门森，福建省福州市连江含光寺。

是塔刹雕造精湛，为唐代高超建筑艺术的代表作。2000 年 4 月，在对一唐塔地宫进行考古发掘时发现，地宫不仅建筑精良，构造奇特，而且地宫内出土的镏金铜炉、白瓷瓶、黑瓷钵，玉制迦陵频伽盒等 20 多件珍贵文物，每件都是精品。从唐代法王寺建造的三座精致的唐塔及地宫出土的珍贵文物可以看出唐代法王寺的兴盛。

（二）从唐代的石刻艺术看法王寺

法王寺原先唐代石刻甚多，但多遗失，然而从仅存的石刻中可以看出法王寺在唐代的兴盛。法王寺现存的石刻中，已知年代最早的是唐代开元十一年（723 年）刻的《大唐嵩岳闲居寺故大德珪禅师塔记》。碣石高 0.35 米，宽 0.47 米，高 0.1 米，撰书者不详。碑文有 15 行，满行 12 字，字为隶书，字径 1.5 厘米，其文如下："大唐嵩岳闲居寺故大德珪禅师塔记　大师讳元珪，李氏，河南伊阙人也，上元贰载，孝敬崩，度疑寺焉。宿殖德本，无师自悟。及少林尊者开示大乘，咨禀至道。晚年居庞坞阿兰若，远近缁素，受道者不复胜记，至开元四年岁次景辰秋八月甲辰朔十日癸丑，终于庞坞。春秋七十有三。十三日景辰，权厝于寺北蜀之东，至十一年岁次癸亥秋七月，乃营塔于浮图东岭之左。大师昧净之所，而庭柏存焉，癸己晦，奉迁于塔，从僧仪也。弟子比丘僧仁素等刊此贞石，以旌不朽。"元珪禅师的这方石碣原嵌于元珪禅师塔上，塔后来被毁，石碣独存。此碣虽小，但雕刻精美，书法遒劲，碣石虽历经一千二百年完好如初。

法王寺的石刻中还有两座舍利石函，一为元珪禅师的舍利石函，一为景晖禅师的舍利石函。景晖舍利石函已遗失，唯元珪舍利石函存于世。元珪舍利石函高 1 米，宽 0.6 米，周长 2.4 米。石函共分三层，四周均刻有花饰，画面共分三层，上层刻武士，中间刻乐舞图，下层刻缠枝卷草图。此舍利石函乃元珪禅师的灵骨舍利函，原存于塔内，后塔毁，石函犹存。此石函刻工精细，雕琢精湛，是唐代高超石刻艺术的代表。

法王寺还有两通唐会昌五年（845 年）"会昌法难"时留下的石刻。这两通石刻乃僧人圆仁、天如所刻的。两碑形制完全相同，碑高 0.445 米，宽 0.65 米。碑文 12 行，满行 8 字，其全文是："释迦舍利藏志。汉西来释迦，东肇佛坛，嵩之南麓，法王寺立矣。隋仁寿间，帝敕建浮屠，遣使安佛真身舍利于内，殊因移匿地宫，函密之，盖护宝非不恭也。法门圣物，世远疑失，诚恐，镌石以记，祈圣门永辉。圆仁、天如。大唐会昌五年"。这两通石碑，刻制时正值"会昌法难"的特殊时刻，虽不够精致，但这是嵩山地区仅存的"会昌法"难高峰时的佛教石刻，弥足珍贵。

唐代法王寺的石刻中，最能代表法王寺繁盛的是其唐塔上的石刻塔刹。三座唐塔上的石刻塔刹大体相同，都坐落于砖雕覆钵上，其四周有8块雕花石，造型精美，其上为精湛的石雕仰莲盘绶花，之上置鼓状式相轮，最上为石雕火焰宝珠。其塔刹石雕上的角石、莲花、卷草、飞天、相轮等雕工精细，刀法精湛，为嵩山地区唐代石雕艺术的珍品和仅见者，在全国也极为罕见。

（三）从现存的史料看唐代法王寺和嵩岳寺的关系

唐代元珪禅师塔铭署："嵩岳闲居寺故大德元珪禅师塔记。"但此塔铭及塔则在法王寺。又据古建专家刘敦桢1936年在法王寺考察时还发现寺内有开元二十年（732年）制的《大唐中岳闲居寺故大德寺主景晖舍利函》，末署："开元二十年岁次壬申七月辛丑朔十五日乙卯弟子比丘琰卿等记。"此舍利函今虽已失，但从铭文知，景晖是闲居寺僧，但其塔也是建在法王寺。闲居寺就是嵩岳寺，唐时名闲居寺，和法王寺一岭之隔。那么元珪、景晖碣石言其为闲居寺僧，却葬于法王寺，这是为什么呢？考嵩山墓塔，皆为当寺僧人的塔。由此，元珪和景晖既是闲居寺僧也是法王寺僧，而法王寺应是其祖根。又从清《会善寺志》载，唐代的法王寺、嵩岳寺和会善寺为一寺（？）。从唐代高僧葬于法王寺可知，其地位在唐代也是非常高的。

二　唐代法王寺高僧元珪及其佛学思想

（一）高僧元珪其人

唐代法王寺的鼎盛与高僧在其地讲经说法有着密切的关系，其中最有代表的高僧是元珪禅师。据《大唐嵩岳闲居寺故大德珪禅师塔记》《宋高僧传》等载，元珪俗姓李，河南伊阙（今洛阳）人。出生于唐太宗贞观十八年（644年），高宗上元二年（675年）出家，无师自悟。后禅宗北宗六祖之一的法如在少林寺讲禅，元珪前往，拜其为师，得法如大师真传，成为名僧。永淳二年（683年），居于闲居寺（嵩岳寺）讲禅说法，名扬四方。晚年，居于闲居寺不远的"庞坞"修行，闻其声前往拜师参学者不可胜计。时梁武帝后裔灵运禅师闻其名，拜为师，后来也成为一代名师。开元四年（716年），元珪禅师圆寂于庞坞，终年73岁。元珪弟子仁素等在法王寺后为其建功德塔。元珪一生讲法于法王寺和闲居寺，名振佛坛。

（二）元珪讲法的故事透视出其对佛学的高深见解

元珪禅师在法王寺和嵩岳寺讲法期间，留下了众多关于其讲法的传奇故事，这些故事虽经演绎，但元珪所讲之佛理则是对佛教禅学的一个全新的阐释，对禅宗的发展有着极为重要的作用。

《宋高僧传·元珪传》《嵩书》等记载着关于元珪给中岳神讲法的故事："一日，有峨冠贵人徒步造访。珪异其英伟，问：'所从来？'对曰：'我此岳神也，愿受正戒。'珪曰：'神既乞戒，即既戒也。戒外无戒，又何戒哉？'神稽首，再拜恳请，珪辞不获，既为张座焚香。"这段极富传奇色彩的岳神求法的故事，当然是不存在的。但这些应当是后人为反映元珪的思想而托的一个故事。也就是说，故事里元珪讲的话是元珪的思想，只是托了一个神话故事讲出来了。这个故事深层次的含义就是元珪讲法精妙无比，就连岳神都向他求戒，足见元珪在禅学方面造诣之深。

《宋高僧传·元珪传》记载元珪与岳神对话内容如下：

> 珪曰："汝能不淫乎？"神曰："亦娶也。"珪曰："非谓此也，谓无罗欲也。"神岳："能。"珪曰："汝能不盗乎？"神曰："何乏我也！焉有盗取哉？"珪曰："非谓此也，谓飨而福淫，不供而祸善也。"神岳："能。"珪曰："汝能不杀乎？"神曰："政柄在躬，焉能不杀！"珪曰："非谓此也，谓不滥误疑也。"神曰："能。"珪曰："汝能不妄乎？"神曰："我本正直，焉能有妄？"珪曰："非谓此也，谓先后不合于天心也。"神曰："能。"珪曰："汝能不遭酒败乎？"神曰："能。"珪曰："如上是为佛戒也。"

元珪与岳神的这段话虽托对话之口而出，但实际上是元珪对佛教"五戒"的一个崭新的阐释，一个富有独到见解的阐释。仅以元珪与岳神对话中关于"不淫""不杀"见解中完全可以看出。当元珪问岳神能不能不淫时，岳神也很诚实地回答说：我已经娶妻了，怎能不淫呢？而元珪的回答是：我说的不淫是指不能有无止境的过度纵欲。这样岳神答道：能做到。元珪又问其能不能不杀生？岳神说：我掌握着生杀大权，怎能不杀呢？元珪则回答说：我说的不杀，不是不让你杀，而是不能滥杀无辜。岳神听后说：可以做到。很显然，元珪对五戒的认识实际上是注重内心的修行，而不在于表面上遵守清规戒律。元珪对佛教五戒的阐述表明，从事任何职业的人，只要一心向佛，都可以信佛、成佛，这就是元珪对佛教五戒富有现实意义的阐释。

元珪对佛教还有许多高深的见解。《宋高僧传》《嵩书》等还有一段与岳神的对话："珪曰：'以有心奉持，而无心拘执，以有心为物，而无心想身，能如是，则先天地生不为精，后天地死不为老，终日变化而不为动，毕尽寂默而不为体，是谓无心也。无心则无戒，无戒则无心、无佛、无众生、无汝及无我，孰能戒哉？……，神曰：'我诚浅昧，师授我戒，即闻命矣。愿报慈德，效我之能。师必命我世间事，少展奇功，使天下有佛有神耳！'"

《宋高僧传》载，在元珪讲法之后，深受感动的岳神要为寺院做件好事。元珪说寺院的东岩没有树，它可是寺院的屏障啊！你岳神能把北岩的松树移到东岩吗？岳神答应。是夜，风雨大作之后，北岩之松树都移之东岩。这个故事实际上是元珪教导人，要根据自己的能力，做自己能做的善事。

元珪对佛教教义的独到见解，是其对佛教要适应社会、适应大众心理要求的颇具改革性的阐释。元珪对佛教的解释，就是要让人们不要死板地遵守教义，要随着社会的变化而变化，随着需要的变化而变化。可以说，元珪的这些见解对禅宗的改革和"顿悟"学说的形成起到了重要的作用，不愧为一代名师。

日本僧人圆仁与法王寺

——揭开尘封千年的佛教疑案

闫振堂[*]

日本自隋朝首遣使臣到中国学习典章制度、文化艺术之后，到唐代达到极盛，因此被后世称为遣唐史。在日本众多的遣唐使中，唐开成三年（838年）大德高僧圆仁以请益僧的身份加入第十八次遣唐使团前往中国求法最为引人注目。在中国因遇"会昌法难"，圆仁在极为艰苦的条件下，写成了著名的《入唐求法巡礼行记》一书。这部名著与唐玄奘的《大唐西域记》和马可·波罗的《东方见闻录》并称为世界三大文化游记。圆仁用日记写的《入唐求法巡礼行记》中，从东都洛阳到郑州的8天却是空白。2000年，在法王寺发现的唐会昌五年（845年）的《释迦舍利藏志》碑，揭开了这段尘封千年的疑案，并在中日佛教文化史交流上写下了令人难忘的一页。

一 入唐求法的日本僧圆仁其人

圆仁，公元794年出生于日本国下野国都贺郡（今栃木县），15岁时出家于比睿山，拜最澄和尚为师。其师圆寂后，专修苦行，后成为鉴真东渡日本所传天台宗第三代座主。

圆仁之时，中国的唐朝是当时东方佛教文化的中心，也是日本僧人向往之地。故日本在唐代遣众多的使者前往中国求法，其中著名的有入唐八大家，圆仁是其中之一。据《入唐求法巡礼行记》载，日本承和四年（837年），圆仁为实现到中国求法的愿望，第一次渡海前往中国，但因海

---

[*] 闫振堂，中国收藏家协会会长。

上遇到台风，船上 140 人仅有 20 余人生还。日本承和五年（838 年），船舶修好后再次渡海前往中国，再遇逆风，大船被毁。虽遭两次渡海失败，但圆仁百折不挠，决意前往中国求法。唐开成三年（838 年），45 岁的圆仁又一次辞家渡海前往中国，经九死一生于农历七月初二在江苏沿海登陆。之后从扬州出发，经楚州（今淮安）、海州（今连云港）于开成四年（839 年）到达山东文登。接着又经登州（今蓬莱）、莱州、青州、齐州（今济南）、见州（今清河）于开成五年（840 年）到达河北赵州。之后又经五台山到达山西太原，经汾州（今汾阳）、晋州（今临汾）到达唐代都城长安（今西安）。在长安留居至会昌五年（845 年），时值"会昌法难"，圆仁被迫于会昌五年（845 年）农历五月离开长安前往东都洛阳。之后圆仁从东都过嵩山前往郑州，经汴州到达江苏泗州（今盱眙）。之后前往扬州，山东密州（今高密）、登州，文登，江苏涟水，山东乳山，最后在文登登船，于唐宣宗大中元年（847 年）回到日本，前后在中国达 9 年。回日本后圆仁在比睿山延历寺设坛讲法，成为天台宗第三代座主。公元 864 年，圆仁圆寂，终年 71 岁。两年后圆仁被授予"慈觉大师"之号。

圆仁在中国的九年间，行经江苏、安徽、山东、河北、山西、陕西、河南七省的广大地区，一路访寺院，拜高僧，交流佛学之要旨。在中国的初期，圆仁的求法之路是比较顺利的，在各地都受到礼遇。到"会昌法难"时，圆仁因"无唐国祠部牒"，被列入还俗之列，因而被迫离开长安，最后从山东半岛归日本。圆仁在中国期间，把他的所见所闻，用日记的形式写成了《入唐求法巡礼行记》一书。全书用中文写成，共四卷，7 万余字。书中记述了唐代社会的政治、经济、宗教、文化、平民生活及中日文化交流等诸多方面，是研究我国唐代历史的珍贵史料。

二　从隋唐到会昌法难时的法王寺

法王寺创建于东汉佛教传入中国之始，乃中国最早的寺院。到隋朝时，由于文帝崇信佛教，法王寺得到复兴。隋仁寿时，因发现一瓶佛舍利，于是下令在全国州县的名寺建塔以存佛舍利，法王寺被选为建舍利塔之寺。据明傅梅《嵩书》载，隋仁寿二年（602 年），法王寺舍利塔建成，并因此将寺院更名为舍利寺。今存于法王寺后的十五层大塔即为隋朝建立的舍利塔。进入唐代之后，法王寺走向兴盛，唐太宗和代宗时都曾大修法王寺。今法王寺后所建的三座精致的唐塔是寺院兴旺的见证。唐代的法王寺高僧云集，名僧元珪、景晖禅师都曾在此讲经说法。

法王寺在经历了隋唐的繁盛之后，到了唐后期武宗时，因"恶僧尼耗天下"，在道士赵归真的鼓动下，实行灭佛，佛教称"会昌法难"。会昌五年（845年）七月，武宗下令毁山野招提兰若，除京都并各州县留极少数寺院和僧人外，其余僧人皆敕令还俗，并拆毁寺院，田产没收入官，铜像、钟磬等铸钱。此次"会昌法难"共毁寺四千六百余座，归俗僧民26万余，毁招提兰若四万余座。在此情况下，嵩山的众多寺院也是"遂从毁废"。法王寺作为嵩山建立最早的寺院，在当时也处于极度危险之中。尤其是存于法王寺舍利塔内的佛祖真身舍利，更是有被毁的危险。这成了当时法王寺僧众最为关心的大事。

在"会昌法难"危机之时，法王寺内的佛教圣物佛舍利怎么样了呢？是被毁了，还是被保存下来了？这一直是一千多年来的一个历史疑案。这个疑案在2000年终于被揭开了。是年，法王寺发现了一通唐朝会昌五年（845年）刻立的《释迦舍利藏志》碑。该碑长62.5厘米，宽44.5厘米，碑文12行，共88字，其全文是："汉西来释迦，东肇佛坛，嵩之南麓，法王寺立矣。隋仁寿间，帝敕建浮屠，遣使安佛真身舍利于内。殊因移匿地宫，函密之，盖护宝非不恭也。法门圣物，世远恐失。诚恐，镌石以纪，祈圣门永辉。圆仁，天如。大唐会昌五年。"

从这段碑文中不难看出，所谓"殊因"，即"会昌法难"。也就是说，在"会昌法难"时，当法王寺佛舍利处境危机之时，僧人圆仁和天如将其从舍利塔中取出，密封于舍利函中隐藏于地宫，并刻制《释迦舍利藏志》碑，企盼将来佛教得到恢复后，佛舍利重现光辉。那么，这个带头隐匿佛舍利的圆仁是哪里的僧人，为何要不顾危险隐藏佛舍利呢？

三 圆仁隐匿佛舍利的因由

圆仁是何人？这是破解隐匿佛舍利的第一个关键。查记载有唐代高僧的《宋高僧传》《景德传灯录》《五灯会元》等书传，中国僧人中没有叫圆仁的，更没有发现一个在"会昌法难"特殊时期中名叫圆仁的僧人。在查僧传时，发现唐会昌年间只有作为遣唐使来中国求法的日本僧人叫圆仁。再查日本僧人圆仁所著《入唐求法巡礼行记》一书有这样一段记述："（会昌五年五月）二十日，过潼关，是国城之咽喉也。渭南县、花阴县、永宁县，皆有杨卿书状，并通入讫。六月一日，到东都崔太傅宅，送扬卿书。太傅专使来，传语安存，施绢一疋。九日，到郑州刺史李舍人处。"从这段记载中，可以看出，圆仁在"会昌法难"时，从长安出来，五月二十日过潼关之后于六月初一到达东都洛阳，然后由洛阳到达郑州。而嵩山正处洛阳和郑州之间，圆仁当时在嵩山并且到法王寺隐藏佛舍利是完全可能的。由此，隐藏舍利者应当就是日本入唐求法的圆仁。

我们说圆仁从洛阳到郑州必经嵩山，这从当时的交通道路情况可以证明。据唐李吉甫《元和郡县图志》载，洛阳到嵩山自古就是一条通道，称嵩洛古道。此古道从洛阳经偃师、轩辕关到嵩山。这条古道历史非常久远，它是长安、洛阳前往嵩山祭岳的主干道，当年汉武帝、武则天、乾隆皇帝祭祀中岳走的都是此条道路。这条道路由嵩山向东则是通往郑州、汴州（今开封）的古道，向东南则是通往古都许州（今许昌）的重要通道。由此，日本僧人圆仁经嵩山前往郑州是必然的。

再从时间上考察，圆仁在《入唐求法巡礼行记》中说是从六月初一到东都洛阳，应当在六月初二出发，然而到初九才到在郑州，行程时间整整为8天。查《元和郡县图志》，东都洛阳距中岳嵩山的距离是135华里，嵩山距郑州的距离是145华里。按当时的步行的速度，圆仁一天时间足能到达嵩山，而从嵩山一天时间即可到达郑州。那么除去两天的行程外，其余6天的时间圆仁到哪里去了呢？这里只有一种可能，就是在嵩山停留了6天。

嵩山在唐代是中国佛教的传播中心之一，佛教非常兴盛，寺院林立，高僧云集，当圆仁路过嵩山时到寺院参拜应是必然的。圆仁在嵩山停留的6天中所去的寺院，当是法王寺。因为法王寺在唐代不仅是著名的佛寺，更重要的是寺院还存有隋仁寿二年（602年）所置的佛教圣物佛舍利。这个对于渴求佛法的圆仁来说，去佛教圣地法王寺参拜是他梦寐以求的事。

在法王寺，圆仁为何要保护佛舍利呢？应当说，圆仁到法王寺参拜后，除了和寺院方丈等论佛谈法之外，必然会谈论到因"会昌法难"而处于危险之地的佛舍利。对于一个不远万里到中国求法的虔诚的佛教信徒来说，保护佛教圣物佛舍利当是一个佛教信徒义不容辞的责任。在此情况下，圆仁便和天如和尚一起将佛舍利取出并隐藏于地宫之中。今法王寺二号唐塔地宫内发掘出的玉制迦陵频伽盒极有可能就是当年圆仁存佛舍利之函。

圆仁在法王寺转移隐藏佛舍利并立碑之事，圆仁的《入唐求法巡礼行记》中为何没有记载，这里面有着深层次的原因。因为，在"会昌法难"时，如果隐匿佛舍利和立碑之事被官府发现，必然会牵涉到法王寺所有僧人的生命安全，当然也包括圆仁本身的性命。因此，圆仁当时隐匿佛舍利是冒着巨大的生命危险的。如果圆仁没有归国，在中国发现他的日记中写有隐藏佛舍利和刻碑之事，不仅圆仁回不了日本，生命也会受到威胁，法王寺众僧也都有被处死的危险，所以圆仁写的《入唐求法巡礼行记》中肯定是不敢记载此事的。

总之，日本僧人圆仁在唐代"会昌法难"时来到嵩山法王寺并隐匿佛舍利，不仅保护了佛教圣物，并使佛舍利得以传承至今。同时，《释迦舍利藏志》碑的发现，揭开了法王寺佛舍利在当时灭佛情况下命运的千古之谜。圆仁在法王寺的举动，在中日佛教文化交流史上写下了令人难忘的一笔。

图书在版编目(CIP)数据

佛法王庭的光辉：嵩山大法王寺佛教文化艺术论坛文集/
何劲松主编. —北京：社会科学文献出版社，2014.12
 ISBN 978 - 7 - 5097 - 5559 - 4

Ⅰ.①嵩… Ⅱ.①何… Ⅲ.①佛教 - 宗教文化 - 文集
Ⅳ.①B948 - 53

中国版本图书馆 CIP 数据核字（2014）第 002031 号

佛法王庭的光辉
——嵩山大法王寺佛教文化艺术论坛文集

| 主　　编 / 何劲松 |
| 副 主 编 / 恒　兴　吕宏军　张　总　张小燕 |

| 出 版 人 / 谢寿光 |
| 项目统筹 / 范　迎 |
| 责任编辑 / 范　迎 |

| 出　　版 / 社会科学文献出版社·人文分社（010）59367215 |
| 　　　　　 地址：北京市北三环中路甲29号院华龙大厦　邮编：100029 |
| 　　　　　 网址：www.ssap.com.cn |
| 发　　行 / 市场营销中心（010）59367081　59367090 |
| 　　　　　 读者服务中心（010）59367028 |
| 印　　装 / 三河市东方印刷有限公司 |
| 规　　格 / 开本：787mm × 1092mm　1/16 |
| 　　　　　 印张：26.75　字数：416千字 |
| 版　　次 / 2014年12月第1版　2014年12月第1次印刷 |
| 书　　号 / ISBN 978 - 7 - 5097 - 5559 - 4 |
| 定　　价 / 169.00元 |

本书如有破损、缺页、装订错误，请与本社读者服务中心联系更换

▲ 版权所有 翻印必究